天津文史资料选辑第129辑

海河畔的新侨故事

——庆祝改革开放40周年专辑

中国人民政治协商会议天津市委员会文史资料委员会
天津市归国华侨联合会 编

天津出版传媒集团
天津人民出版社

图书在版编目(CIP)数据

天津文史资料选辑. 第129辑, 海河畔的新侨故事：庆祝改革开放40周年专辑 / 中国人民政治协商会议天津市委员会文史资料委员会, 天津市归国华侨联合会编. --天津：天津人民出版社, 2018.12

ISBN 978-7-201-12308-0

Ⅰ. ①天… Ⅱ. ①中… ②天… Ⅲ. ①文史资料-天津 Ⅳ. ①K292.1

中国版本图书馆CIP数据核字(2018)第286353号

天津文史资料选辑第129辑　海河畔的新侨故事
——庆祝改革开放40周年专辑

TIANJIN WENSHI ZILIAO XUANJI DI129JI HAIHEPANDE XINQIAOGUSHI
——QINGZHU GAIGE KAIFANG 40 ZHOUNIAN ZHUANJI

出　　版　天津人民出版社
出 版 人　刘　庆
地　　址　天津市和平区西康路35号康岳大厦
邮政编码　300051
邮购电话　(022)23332469
网　　址　http://www.tjrmcbs.com
电子信箱　tjrmcbs@126.com

责任编辑　岳　勇
装帧设计　明轩文化 TEL:23674746 ·杨历楠

印　　刷　高教社(天津)印务有限公司
经　　销　新华书店
开　　本　787毫米×1092毫米　1/16
印　　张　27
字　　数　300千字
印　　数　3200册
版次印次　2018年12月第1版　2018年12月第1次印刷
定　　价　78.00元

序言

今年是改革开放40周年，40年春风化雨、春华秋实。改革开放极大改变了中国的面貌、中华民族的面貌、中国人民的面貌、中国共产党的面貌。习近平总书记在中共中央庆祝改革开放40周年大会上讲道："改革开放40年来，从开启新时期到跨入新世纪，从站上新起点到进入新时代，40年风雨同舟，40年披荆斩棘，40年砥砺奋进，我们党引领人民绘就了一幅波澜壮阔、气势恢宏的历史画卷，谱写了一曲感天动地、气壮山河的奋斗赞歌。"

40年改革开放的发展历程中，包含着广大侨海人员的积极贡献，他们怀揣报国梦想，响应改革开放建设祖国的号召，在中国经济、科技、文化、教育等领域辛勤耕耘、艰苦创业，把爱国之情、报国之志融入祖国改革发展建设的伟大事业中，谱写出了新时代归侨侨眷和留学归国人员的奋斗华章。

值此改革开放40周年之际，为记录和再现改革开放以来广大归侨、侨眷和留学归国人员拼搏奋斗、爱国爱乡的心路历程，从不同侧面展现改革开放以来国家对归侨侨眷和广大留学归国人员的重视、关心和支持，天津市政协文史资料委员会、天津市归国华侨联合会联合编撰了《海河畔的新侨故事——庆祝改革开放40周年专辑》，以此作为庆祝改革开放40周年的献礼。

书中40位归侨侨眷和广大留学归国人员的精彩故事与庆祝改革开放40周年的寓意不谋而合。他们用真挚的话语表达了对祖国的热爱之情、对改革开放的感激之意，用他们各自鲜活的经历，从不同角度、不同侧面讲述了动人的改革开放故事，唱响了时代的磅礴之音。王昶先生说道："感谢40年岁月，我不仅是改革开放的参与者，也是祖国巨变的见证者，还是基本国策的受益者；致敬40年发展，点赞改革开放的新时代，收获改革开放的新成果，庆祝改革开放的新发展。"韩立红女士说道："只有在国外生活过的人才能真正体验什么叫祖国、什么叫爱国！归侨对祖国的热爱是与生俱来的本能，难以用语言去讲明白的。"张俊红女士说道："我庆幸自己赶上了一个伟大的时代，搭上了改革开放祖国经济快速发展的列车。"张中标先生说道："我回来了，因为一直就没想留居异国他乡；再也不会走了，因为这儿是我的国，这儿是我的家。"吴强先生说道："作为一名归国创业的海外游子，我的行囊已装得满满的——责任、使命、抱负、贡献。"……

四十载惊涛拍岸，九万里风鹏正举。中国人民和中华民族在历史进程中积累的强大能量已经充分爆发出来，为实现中华民族伟大复兴提供了势不可挡的磅礴力量。千帆竞发、百舸争流，海河畔的儿女与祖国各族同胞将共同站在新时代新的起点上，不忘初心，牢记使命，为实现中华民族的伟大复兴的中国梦接续奋斗！

中国人民政治协商会议天津市委员会文史资料委员会
天津市归国华侨联合会
2018年12月

目录

坚持与勤奋齐飞　兴趣共梦想一色

艾　玎*

作为留学归国的青年学者，我跻身于推动祖国科研进步的大潮中，有幸能做出一些贡献，感到光荣而有成就感。我的经历同改革开放以来千百万爱国归侨的故事一起，汇成了今天中国梦的一部分。

童年——耳濡目染，立志成才

作为独生子女的一代，我出生并成长在北京高等学府最密集的海淀区。我的祖辈是新中国成立前与韩素音一起的那批留欧学生，因此从小我受到的家庭教育就是好好读书，报效祖国。记得小时候爷爷在欧美同学会的同事经常来家里与他回忆当年一起留学的经历和回国后的发展，这些点滴也许为我日后的留学和海归埋下了种子。

虽然是独生女，但是家里对我的要求很严格。海淀区是个学霸满天飞的行政区，家长重视教育，名校鳞次栉比。在别的同学奉行"学好数理化，走遍天下都不怕"的名言，天天补习奥数和计算机的时候，爷爷要求我每周背诵古诗词一首。当时我特别不理解，甚至有些叛逆，导致成绩

* 艾玎，女，1983年出生，天津医科大学生理与病理生理学系教授、博士生导师。

有些偏科，英语还可以，语文总是考不好。爷爷知道了，把我喊到身边，语重心长地和我说："英语可以为你打开另一个世界，是你飞翔的翅膀，但是永远不要忘记中国文化才是你的根基。"这句话在我今后的人生中起到了至关重要的作用。

求学——科研之路，兴趣使然

和许多医学院的学生一样，我从小的梦想就是可以穿上白大衣，救死扶伤。那句"健康所系，性命相托"的医学生誓言对我来说充满了吸引力。读高三的时候，随着生物学的兴起，我开始接触到基础医学这个专业，并了解到它是所有的药物研发与临床诊疗的基础，基础医学的突破可以给更多人带来福音。于是中学毕业后，我考入了北京大学医学部（五加三）八年制本—博连读基础专业。

艾玎近照

在大学三年级轮转实验室时，正值朱毅教授〔后来任国际心脏研究会（ISHR）中国分会主席〕自美国回来。我就在朱教授的实验室学习，朱老师的学术思想和理念对我的冲击特别大。相对于之前本科阶段的医学教育，在实验室中没有了固定的书本知识，更找不到有精确答案的考卷，一时间我陷入了迷茫。有一次和朱老师讨论课题的时候，给他讲到了我的困惑,他告诉我作为一个科研工作者,知识面很重要,一个人拥有广博的学识,才能把多种信息融为一体,激发出创新的点子,把同一个课题给两个不同的人,最后做出的研究结果可能存在天壤之别。他鼓励我多阅读文献,特别是国外一流期刊的热点文章,多了解别人的技术方法,因为当你站在前人的“肩膀”上时,你才知道怎么做,如何做更好,如何创新。随着我对自己研究领域知识的了解,国外的著名实验室一口气也能说上几个,关于他们最新的研究进展我也能如朱老师一样如数家珍地说上一通。在这个过程中,我在做实验的方法上都得到了明显提高,问题意识也更加明确,那时起我便萌生了要出国交流的念头。

在进入朱老师实验室3年后,我的第一篇研究论文在《美国科学院院报》(PNAS)发表,它是公认的世界四大名刊之一,也是因为这篇论文的发表让我获得了国家留学基金委联合培养博士生项目的资助,赴美国加利福尼亚州大学戴维斯分校 Bruce Hammock 教授实验室进行访问研究。

这所大学是具有医学计划的综合性博士研究大学,被誉为“公立常春藤”盟校,属于 Tier-1(最高级别)全美最顶尖公立大学之一。而 Bruce Hammock 教授是美国科学院院士,在这样的实验室经过一年的历练,我仍然感到自己就像个刚刚涉水的泅渡者,面对着科学领域的汪洋,必须顶风破浪才能达到胜利的彼岸。因此毕业后,我选择到哥伦比亚大学进行博士后研究。

留学——开拓思路,执着前行

哥伦比亚大学是八大常春藤盟校之一,是一所位于美国纽约曼哈顿的世界顶级的私立研究型大学,是美国大学协会创始成员,也是培养诺贝尔奖获得者最多的大学之一。哥大校园里还走出5位美国开国元勋,罗斯福、奥巴马等4位美国总统、34位各国元首、首脑,以及10位美国最高法院大法官。1767 年哥伦比亚大学出现了第一个医学博士学位，这也是美国历史上第一个专业博士学位。

我的博士后导师是哥伦比亚大学医学院的 Alan Tall 教授，他在 31 岁已是正教授，他主攻的研究是血脂代谢紊乱和动脉粥样硬化的发病机制。随着生活方式的改变，越来越多的人因为饮食结构改变以及运动减少等原因患上了高血脂和冠心病，Tall 教授从 20 世纪 80 年代起就因为对胆固醇外流机制的研究而蜚声国际，更是因为发现胆固醇酯转运蛋白（CETP）而奠定了现在多家国际大型药厂针对这一靶点的药物研发基础。初进这个知名的实验室，周围都是经验丰富的科学家，Tall 教授只是简单介绍了一下实验室的情况，然后提到他最近对于糖尿病如何促进动脉粥样硬化的发生很感兴趣，希望开展相关方向的课题，一周之后写出实验方案来讨论。

相对于之前导师都是指明一个具体的实验课题，这种大海捞针的方式让我觉得既迷茫又有挑战。对于导师交给的第一个任务，我打起十二分精神，想让他知道我很能干，很有见解，希望得到他的肯定。于是通过一周的文献阅读，我把 *Nature*、*Science* 及 *Cell* 三大专业顶级期刊上近十年的相关文献都看完了，并且将相关领域的知识和最新研究的成果汇集起来，做了一个幻灯，满心欢喜地跟教授汇报。然而在我汇报结束，Tall 教授皱着眉头说道："Ding，你很好地收集了背景知识，但是这并不是做科研，你应该提出自己的见解和看法，怀疑是科学发现的推动力，一流期刊的文献不一定都是对的，你要找到自己的观点。"教授说完，我的脸就红了，我明白我所欠缺的正是批判性思维。在之后的一段时间，通过不断地与教授沟通，我们提出关于为何 II 型糖尿病而非 I 型更易伴发动脉粥样硬化的猜想。我提出胰岛素抵抗是 II 型糖尿病的重要表型，与其他胰岛素信号通路的蛋白不同，mTORC1 作为一种丝 / 苏氨酸激酶，不仅参与胰岛素信号通路，并且可以汇集包括氨基酸、细胞因子等多种分子信号，从而使其下游靶蛋白磷酸化产生生物学效应。在

2016年在天津参加PUFA国际会议(右一为作者)

两种类型的糖尿病中,mTORC1的反应性可能不同,由此导致对动脉粥样硬化的作用相反。在和Tall教授讨论后,他赞许地点点头,鼓励我大胆开始进行预实验。

之后的科研过程更是我职业生涯的全新培训,Tall教授对待博士后非常严谨,实验结果都会过问,论文是一字一句地进行指导,每个细节都不放过,他会不断提出质疑,督促我们进行思考,经过4年的努力,研究成果终于在*Journal of Clinical Investigation*上发表。

除了工作能力上的进步，哥伦比亚大学也为我提供了前所未有的视野。作为美国一流的大学,经常会有各种学术明星来交流。有一次坐电梯时,发现身边是两位诺贝尔奖获得者。他们是美国西南医学中心的Brown和Goldestein，他们发现低密度脂蛋白在心血管疾病中的作用,为他汀类药物奠定了基础。能与这样的大师比肩而立,真是有一种莫名的惊喜和激动,同时也为我增添了自信。我暗暗地下定决心,把他们作为自己的楷模,要向更深的医学领域进军。

归国——全心投入，实现价值

回国后经常有人问我为什么离开纽约那样的大都市、哥伦比亚大学那样的好学校，回到中国。每次我都笑笑，其实回到中国也没有什么特别的理由，这是我的祖国，就像我们为什么过年过节一定要回家看父母一样。就是感觉这里是生我养我的地方，是我的根基。我想不光是我，所有在国外的华人，只要有合适的机会，大部分还是愿意回国的。科学没有国界，而科学家是有祖国的。就像新中国成立伊始，华罗庚曾在给留美学生的公开信中所说："梁园虽好，非久居之乡。归去来兮！为了抉择真理，我们应当回去，为了国家民族，我们应当回去，为了为人民服务，我们也应当回去，就是为了个人出路，也应当早日回去，建立我们的工作基础，为我们伟大的祖国的建设和发展而奋斗。"美国哥伦比亚大学的研究条件确实比较好，但是中国的发展更快，平台更大，机会更多。如果说想要追求生活的舒适，美国可能比较适合。但是如果你个人想做一些重要的事情，或者希望为生你养你的民族、国家做些事，毫无疑问——回国。有时候，寻求改变和追求生活的不同方向非常重要，我们不仅要做好眼前的点滴琐事，还要给自己的理想寻找一个合适的航向，去追逐属于自己的未来。人生适时到来的"改变"，是最美的机遇和幸运。

回国加入天津医科大学之后，在学校的大力支持下，我完成了从博士后到独立研究 PI 的角色转换，组建了自己的团队，科研工作也有条不紊地开展起来。在这个过程中，令我深受触动的是天医学子的努力和认真。相对国外比较成熟的实验室来讲，我们的实验室人员构成比较年轻，充满活力，做事非常认真，领悟力和执行力很强。初为人师，同一群年轻的医学生在一起，我也仿佛看到了求学时的自己。面对同学们对未来的迷茫以及在科研中遭受的挫折，我都试着耐心解答，给他们信心。

"困难只是一时的，只有坚持到最后才能看到你想得到的回报和收获，不能半途而废，也不能一时泄气，要坚持下来。"

在科研的过程中，我认为有两类问题是需要我们关注的：一类问题是本领域重要的，另一类问题是本领域没有解决的。在指导学生的过程中，我也会引导他们去把这个方面的问题当成研究的目标，先经过一段时间对它产生兴趣，然后就可以组织资源、准备资料、花费时间和精力尽力去解决它。如果你成功解决了这个问题，那么它就是一个新的科学发现，可以应用于实践。这些年来，学生们的一步步成长让我感到充实和喜悦。令我印象最为深刻的是一位博士生，从一开始面对课题毫无思路，到现在能够发表影响因子为14的SCI论文。陪伴她一路走来，我深知此中的艰辛与付出。她每周要在实验室工作60个小时以上，每次我帮她分析实验进程和数据时，都能看到她的进步。在跟学生相处的过程中，我经常会以自己为例子，告诉他们自信与坚持在学习和科研中的重要性。

2017年参加哈尔滨冰城心血管会议时留影

回国后我也承担了一些本科生和研究生的课堂教学任务。在我讲授的"生理学"课堂上，为了让同学们理解更深刻，也经常引用国外的教材和知识，引领学生们广泛涉猎，同时给他们提供思路以寻求科研的兴趣。与此同时，积极鼓励有兴趣的同学更早参与到科研中来，帮助他们在求学和发展过程中奠定扎实的基础。

中国传统文化讲究尊师重教、师道尊严，因为海外留学的经历，我更认为导师和学生之间应该是平等关系。我从不让学生叫我"老板"，我更希望我们之间成为朋友。上大学以后，大家都有自己独立的思想、独立的人格，我们都是平等的个体。对于导师的话学生并非必须听，对于学生的话导师也不能全然无所谓，我们应该互相尊重，像朋友一样平等地相处。在专业学术方面，我可能有更多的经验积累，可以传授给学生们；而生活方面，我们可以平等地互相交流，互相学习。只要导师和学生把彼此当成朋友，师生之间就不会存在难以处理的问题。从我自身来讲，“良师”很难做到，但“益友”我努力去做了。把自己的人生经历和感悟拿来跟同学们交流，对自己、对学生都有好处。

自2013年回国以来，我已在天津这个城市度过五个年头。随着国家“海外引才”计划的大力开展，我作为回国比较早的一批青年科研工作者，回国初期在工作中和生活上都得到了天津医科大学极大的关怀和照顾。学校的领导，同事们的无私帮助让我在天津这个陌生的城市感到家一般的温暖。这些年，在学术上我跟我的团队一起稳步成长和发展，同时我也积极融入更多的社会活动中，接受历练。2015年，我在天津医科大学加入了中国民主同盟，并作为天津地区代表入选中国民主同盟中央青年委员；2018年，我有幸作为医疗界代表当选天津市青联常委，也借此机会和更多天津的年轻同人有了接触和交流。

正如很多归国的同胞所说“不想当祖国发展的看客”，5年前我遵从内心的呼唤，回到了故土，开展了自己的一份事业，和我的团队一起

参加天津医科大学2018届本科生毕业典礼并致词

成长;5 年里,我目睹着祖国科研水平的快速提升,高水平科研成果层出不穷,各个领域的创新科研团队凝聚力和实力快速增强。中国就像一个大磁场,吸引着越来越多的海外留学人员重归故土,在创新的大舞台上发挥更多的光和热。中共十九大推动了又一个新的时代,并为科学家的发展提供了广阔的平台和无限的可能，而我作为留学归国的众多学子中的一员，落脚在天津这个充满生机与活力的城市，跟我的团队一起,怀抱着对科学的热情和对祖国未来深切的期盼,融入天津飞速发展的步伐中。

我是“侨”的孩子　热爱“桥”的事业

曹　景*

一

20世纪60年代，远在印尼的一对青年男女随着大批有识之士回到祖国母亲的怀抱，那时年轻的他们在北京进行着专业的学习，汲取着知识的力量，学业有成后，他们积极投入到祖国的建设中，来到了现在的天津市市政工程设计研究院工作，在工作中他们体现了归国华侨对祖国的一片热爱，积极投入热火朝天的市政建设中。

这一对从事着市政工程的印尼归国青年华侨，后来结为了夫妇。在市政设计院，他们努力工作，对事业充满了热爱，和同事们结下了深厚的感情。1982年不幸双双因煤气中毒去世，留下了两个孩子，其中的大儿子就是我——曹景。

当时市政局、院党委妥善处理了父母的后事，对我们兄弟俩的生活做了周到、精心的安排，随后我们跟随湖南的叔叔一起生活。每到逢年过节，院里都会寄来生活和学习用品，当时设计院党委书记孙焕时还到湖南看望我们，鼓励我们要刻苦学习，将来报答祖国。

---

* 曹景，1969年出生，天津市市政工程设计研究院副院长、正高级工程师。

在即将高考的前夕，设计院领导打听到天津侨联要举办归侨子女高考复习班的消息，当时设计院齐洪恩书记和其他叔叔把笔记和复习题等及时寄给人在湖南的我，使我的复习得到了进一步的巩固。就是在这样的无微不至的关怀下，我如愿考取了西安公路学院，学习道桥设计。1991 年，我以连续 4 年一等奖学金的好成绩大学毕业，并到了天津市市政工程设计研究院工作。

正是得到市政局、设计院领导和叔叔、阿姨们无微不至的关怀，我才有了美好的人生。因此，可以说我不仅是设计院的一名职工，更是设计院的孩子。是党抚育我成人，是市政公路建设事业这片热土培养、造就了我。能够为市政公路建设事业做贡献，回报组织、回报社会是我最大的心愿，能够得到组织的肯定，体现个人价值，是我最大的追求和快乐。

曹景近照

经过十多年的磨炼和党的培养，我在工作上和思想上均得到了锻炼和提高，技术、业务水平提高很快，先后参与了多项工程的设计工作，从一名学生成长为了生产骨干，担任室主任、专业总工、院副总工程师，直到现在在领导岗位上工作。这些成绩不是我一个人的，在这背后有着市政局党委、设计院党委和叔叔阿姨们对我的关心和培养，有着和我一起工作的同志们的共同努力和支持，更有改革开放热潮给予我们工程设计人员施展的广阔空间。

二

我的工作历程是伴随着改革开放的春风一起前进的，一谈起心爱的桥梁设计，我想和大家一起分享一下自己的成长历程，回顾在投身祖国改革开放发展建设中的点点滴滴。

我工作的最大感受就是要“爱岗敬业”。爱岗敬业，既是一种工作态度，也是我们在汇聚干事创业力量，努力创造成果不可或缺的一种工作要求，是我们必须遵守的职业道德。

作为一名专业技术人员，我深爱自己的工作，也深爱自己的专业，在工作中努力去充分发挥自己的聪明才智。我从最基础的工作做起，由局部到全面，从不断地积累经验，不断地增加知识，一步步丰富着自己的经验，我也就由一名大学毕业参加工作的懵懂少年，逐步成长为一名合格的设计负责人。

记得那是2004年，我有幸参加了佛山一环路北线的投标工作。我和其他同志一起，每天加班到深夜，尤其在最后几天，经常通宿加班，常常至凌晨5点。功夫不负有心人，我们在同国内多家高水平设计单位的竞标中，一举中标。该项目是设计院当时设计收费额最高的一标，为院争得了荣誉和效益。同时，这次中标对设计院的对外开发和进一步解放思想具有很大的意义，极大地鼓舞了全院职工的生产积极性和投身到外埠干事创业的决心。

“爱岗敬业”不是一种口号，是我们自身发展的必要条件，只有我们自己认真对待，才能得到尊重和认可。爱岗也是对自己工作态度的一种要求，是自身幸福感和荣誉感的源泉。

开始时我也是从最基本的工作做起，比如先是学习绘图，掌握基本知识，然后逐渐从桥梁的每个单体部位的简单计算、设计去接触，从手算到电算，把一块一块的内容弄清楚，再往后在项目中担任专业负责人，虚心向老同志学习，努力学习从总体上进行把握，对各个部位的接口和主要控制部位进行深入思考，正是这种认真负责的态度，我们才能在一个又一个的工程项目中保质保量地完成任务。

改革开放对我们提出了很多新的要求，而学会查找问题、勤于思考，成为我在工作经历中的又一认知，成为我做好工作的首要之策。

多年来，我已形成了遇到问题主动思考的习惯多问自己几个为什么，由于养成了这样的思维方式，现在在大部分工程项目的设计中，我都能够较快地发现问题，也能较好地推动工作向前发展。

深入施工现场巡查

回想多年前，唐津高速公路工程要实现加宽改造，需要把双向四车道加宽为双向六车道。百千米多的扩建里程中有8座互通立交、两座跨河特大桥梁和8处跨铁路桥梁，以及三十多座中小桥梁。当时的道路交通繁忙、路线长、地质情况复杂、结构物众多。针对这个项目，我陷入了深思："如何拆除旧桥？如何在旧路基础上加宽才能最大限度利用好现有结构物？如何做能保障施工过程中的安全？运用什么工艺才能不影响交通正常运行？如何才能为今后的类似工程提供经验？"

这一连串的问题时时在我的脑里打转，为此，我仔细翻阅设计老卷，熟悉原有的结构设计，和设计团队一起前往外地正在实施的高速公路加宽项目进行学习考察，"为什么他们要这样加宽、他们的设计方法能不能在天津适用？"就这样不断地思考，不断地寻找答案，我和项目组成员一遍遍地过滤设计思路，一遍遍地进行计算和分析，并与大学合作开展相关的技术研究，从而完成了较为满意的设计成果。正是通过这种方式，通过提出一个个问题并逐一破解，帮助我解决了许多桥梁设计中的问题，让我能够完成好一项项的设计工作。

我觉得一要有认真踏实的工作心态，二要有不断学习的工作态度，三要有勤于思考的自我要求。我想，很多人可能都有这样的体会，当你完成了一项你以往没有经历过的工作时，当你第一次自己完成了一项自己担任负责人的任务时，你一定会有一种成就感、一种满足感、一种喜悦感。那这就是一种收获，这就是一种技术上和工作上的提升，这也就是我作为一名工程设计人追求的目标。

三

随着工作的时间越来越长，我发现，仅仅在工作中主动思考还是不够的，还要在学习借鉴别人的经验基础上，形成自己的独到见解，不断创新，才能适应时代的要求，才能不断前进。

吉林江湾大桥，这座屹立在七百多米宽松花江上的桥梁，是我作为项目负责人完成的一项具有一定施工难度的桥梁。无推力连续系杆拱桥的设计方案，当时还没有类似的设计先例，虽然建成后让桥型如彩虹横跨江面，但设计工程中的难度非常大。作为项目负责人，我遥想着未来桥梁建成后的壮美景观，心里想如何才能给吉林市带去一个完美的设计作品呢？为此，我虚心向老前辈学习，认真翻阅大量桥梁设计资料，运用设计软件重新设定技术参数，建立模型进行受力分析，尤其是学习本单位以前在海河金钢桥上的设计经验，学习外省市其他类似项目的设计方法，结合本工程特点，创新地开展了基岩下沉井与锚桩结合的设计方法，开展了连续系杆的设计研究等。经过不断分析研究，最终完成大桥的设计，解决了桥梁结构形式新颖带来的难度，按期高质量地完成了设计任务，并获得发明专利一项，大桥结构体系研究与应用获得科技进步奖，达到国内领先水平。

在设计过程中，一定会有不同意见的碰撞，也会有不同设计思路的辩论，尤其在创新的过程中一定会有意见分歧和不同想法。作为一个好的设计师，一定要学会听取各家所长，用收集的资料，用论证的手段，加上自己团队的主张和见解，通过比较分析，以及大量的调研和充分的技术分析，这样，就能实现创新的推进，完成一个个好的设计作品。

随着改革开放的不断深入，设计行业的技术也在不断发展，这就要求我们与时俱进，不断进行经验总结，不断追求完美设计。

桥有不同的种类，每座桥梁又都有自己的特点，比如斜拉桥、城市立交桥、大型拱桥、开启桥、景观桥梁等。这些千变万化的桥梁让我对桥一直有着浓厚的兴趣，所以每设计一座桥梁，我都觉得富有挑战性，充满了乐趣。但要想有进步，就必须要有总结，只有总结过去，才能更好地面向未来。桥梁设计的大量工作主要体现在设计师的大量计算和分析工作上，因为每种结构必须通过大量的计算和分析，每设计一座桥，都要有所总结，在下一次设计中去完善、去补充，这样我们才能设计出一座座既美观又安全的桥梁。

作者在写总结报告

作为一名设计师，一定要与时俱进，推进信息与技术的深度融合。目前，BIM 技术的普及应用实现了勘察设计的技术提升。我们在工程项目策划中，集成应用 BIM、GIS 等技术，对相关设计方案及结果进行模拟分析及可视化展示；在工程项目设计中，普及应用BIM 进行设计方案的性能和功能模拟分析、优化、审查以及可视化沟通，提高设计质量，与时代要求同发展。

正是因为怀揣爱岗敬业的工作态度，正是有了勤于思考的工作方法，正是因为有不断追求美好设计的向往，才能完成好一件件设计作品。我主持完成的内蒙古呼和浩特市鼓楼立交工程荣获铁道部优秀工程一等奖、国家优质工程银奖，上海莘庄立交工程荣获国家优秀设计银奖，天津市外环线东南半环改造工程荣获建设部优秀设计二等奖、国家优质工程银奖；主持审定了国内首次实施轻轨托换技术与施工工艺的滨海新区中央大道下穿四号路地道工程、北方第一个沉管隧道——海河隧道、亚洲跨径最大的双叶立转式开启桥——响锣湾开启桥等。通过自己和项目组成员的不断努力，我获得过省部级科技进步奖一等奖 3 项、二等奖 3 项、三等奖 5 项；国家级优秀设计银奖 1 项；全国工程勘察设计行业优秀设计一等奖 2 项、二等奖 4 项；市部级优秀设计一等奖 6 项、二等奖 5 项；拥有专利 20 余项，参加国家行业标准编制 3 部、天津市地方标准 4 部，出版著作 3 部，撰写论文 30 余篇。

四

对工作岗位的热爱，也使我更加珍惜现在的时光。天津市市政工程设计研究院不仅是我的工作单位，更是我的精神家园，这里有能让我心无旁骛地追求我热爱的桥梁设计事业，在这里工作，不断地实现我的人生价值，让我的工作、生活的幸福指数不断升高。随着改革开放地不断深入，作为设计院的一名员工，一定要秉承好“团结、务实、开拓、奉献”的优良传统，在“创品牌、扩总量、强管理、促和谐”的工作主线下，发挥好自己的特长，多为社会做贡献。

天津市市政工程设计研究院一直把人才建设放在十分重要的位置，实施了院人才计划，积极鼓励各种人才培训、导师带徒等制度。依据工作能力和培养计划，设有青年岗位新星、优秀项目负责人、首席设计师等荣誉称号，对专业技术带头人还设有院特贴专家等，不断激励人才创新。我就是在这样的环境中成长起来的，而这样好的环境也正是因为跟随着改革开放而不断发展的结果。

回想自己的工作历程，我先从一个不懂事的孩子成长为一名大学生，尽管失去双亲是人生的不幸，但我却得到了设计院党委、领导和同志们无微不至的关怀，得到了真心的体贴与照顾。作为一名侨眷，天津市侨联也时常挂念我，时时关心我的工作和进步。是党抚育我成人，是市政公路建设事业这片热土培养了我。党组织、院领导的关怀与扶助，是我不断严格要求自己、不断努力工作的源泉，是我不断进取、奋发向上的动力。

我曾获得天津市十大杰出青年、天津市新长征突击手称号、天津市"十五"立功先进、天津市劳动模范、全国归侨侨眷先进个人和天津市"十五"立功先进个人、第六届中国公路百名优秀工程师等荣誉称号，入选天津市"131"创新型人才培养工程第一层次人选、国家百千万人才工程，被授予"有突出贡献中青年专家"称号。这些荣誉首先应该归功于培养我长大的社会各界人士和那些关心我、资助我、关注我，让我永远铭记于心的叔叔、阿姨。

与同事们一起分析图纸(右二为作者)

爱因斯坦说，兴趣是人生的最好导师。我对桥梁设计有着极大的兴趣，它对我也有着强烈的吸引力，看到自己的作品一件件在完成，感觉未来的每一天都是一个新的开始。我相信在设计院这个舞台上，在改革开放的春风里，我一定能谱写出人生更精彩的篇章！我希望自己能够在技术创新上不断进步，为天津市的市政公路行业，尤其是桥梁技术水平的提高贡献自己的力量。

造国货为荣 扬国威筑梦

——记我所认识的郑春阳①

陈 珊*

郑春阳近照

翻看中国近代史,外企品牌的发展经常压制中国本土品牌的成长。因此,充分发挥中国人的聪明智慧以及走智能制造之路是建设制造强国的重要举措,也是新常态下打造新的国际竞争优势的必然选择。我们天津强微特生物科技有限公司掌舵人郑春阳博士,正是凭借其学历高、知识广、技术精等优势,回国创新创业,为中国生物技术行业和日化行业的发展做出了突出的贡献。

强微特公司2010年成立,我次年入职后一直担任郑春阳博士的助理,工作中相处了七年有余,见证了他及公司各个阶段的发展历程。我所了解的郑总是一位具有远见卓识、胸怀大志、自信果敢、勇于拼搏、知

---

① 郑春阳,1976年出生,天津强特微生物科技有限公司董事长兼总经理,全国政协委员、天津滨海高新区留学生联谊会副会长。

* 陈珊,女,天津强特微生物科技有限公司董事长兼总经理助理。

人善任、礼贤下士的企业家。

“母亲是位淳朴的劳动妇女”

郑春阳博士1976年2月出生于唐山市唐海县的一个普通农民家庭，凭着先天禀赋和后天努力而成为一名生物技术领域的优秀专家，离不开其母亲抱朴见素的教育和引导。

他小时候活泼调皮，爱好运动，有广泛的兴趣……有一次淘气竟然把把一池子的鱼都弄死了。母亲责备了他，让他意识到鱼儿的生命很脆弱，要爱惜。从尊重小生命到选择学生物，有母亲教诲的影响。郑春阳曾这样说过：

> 对我一生影响最深的人是母亲，她是一位普通的中国劳动妇女，除了对我有养育之恩，从小就教育和引导我树立朴素的价值观和人生观。这为我在国内外求学、工作和创业期间搭建友好的人际关系奠定了良好的基础，朋友越来越多，路也越走越宽。在我18岁那年，我代表中国参加国际生物奥林匹克竞赛获得了银牌。当时的电视新闻和报纸都有报道，自己很得意，母亲告诫说：“荣誉不能当饭吃！”她的一句话使我意识到要踏踏实实做人的道理。当我在国外工作后，收入比较多，消费无节制，还是母亲提醒我“花钱要物有所值”“买东西之前要三思”。今天，我是公司老板，对大量资金有着支配权与决策权。母亲的这些朴素道理一直影响着我，让我把人力、物力和其他资源有效地投入到公司发展最正确的方向上。

小学的时候，郑春阳参加数学竞赛，获得河北省一等奖。中学考到省重点中学——唐山一中，得到老师的重点栽培，学习成绩进一步提高，问鼎全国生物竞赛冠军。他的智力发展很全面，各科成绩都名列前茅,高二的时候参加国内奥林匹克化学竞赛获奖后被上海复旦大学提前录取,但教委因他差一年的学籍,没批准。接着,他因在高三代表中国参加国际生物奥林匹克竞赛荣获银牌,而被保送至北京大学生命科学学院生物化学专业。郑春阳很自豪地说:"我们班里有多个省市的高考状元,和他们在一起让我受益匪浅,也对日后的发展提供了有力的帮助。"

"出国学习是为了更好地回国"

郑春阳在大学里对分子生物学有了更深刻的理解,也产生了浓厚的兴趣。为了进一步地深造,1998 年,郑春阳申请了全额奖学金前往美国学习。2004 年获得罗切斯特大学(University of Rochester)生物化学专业博士学位,2006 年完成美国康奈尔大学(Cornell University)药理系的博士后研究。2006 年至 2008 年在美国波士顿 BioHelix Corporation 公司担任研究员,参与了"含引物酶的全基因组扩增技术"和"依赖解螺旋酶的核酸恒温扩增技术"的研发,在医用检测试剂盒灵敏度提高的研究上取得了突破性进展。2008 年至 2010 年在美国波士顿 IntelligentMDx Inc 公司担任资深研究员,作为核心成员之一,全程参与了甲型 H1N1 流感检测试剂盒(商标名 PanFluOR)设计、研发、生产以及"医用智能检测技术"(Clinically Intelligent Diagnostics)的研发和应用。

2004 年在美国罗切斯大学博士毕业时留影

讲到留学之路，郑春阳表现出一脸的轻松。因为有全额奖学金，且专业是自己喜欢的学科，当然会全力以赴，加上基础较好，他在美国从事研究期间，先后发表多篇学术论文，提交多项国际专利申请，还获得过美国癌症协会、美国纽约州卫生部、美国国防部等多项研究奖励，被美国药理学会、美国生物化学及分子生物学会、纽约科学院及美国华人医药协会等多个团体吸纳为专家和会员。

但是有一点与大多数留学生不同，就是尽管在美国学习工作多年，郑春阳博士作为一名中国人对于美国的各种饮食、文化既不完全认同也不想融入。譬如，美国人喜欢橄榄球、垒球等激烈冲撞的运动，而他却喜欢羽毛球、乒乓球之类的运动，而且他始终保持着对国内社会发展的密切关注。他初到美国的1998年，美国媒体鲜有中国的新闻报道，而随着东方巨龙的崛起，到了2008年各个媒体大量报道中国的事情。如美国开始爆发的金融危机，引发了全球性经济危机和衰退，也令人们开始反思资本主义发展模式中的制度性弊端，而使中国经验和中国特色更加为世人瞩目；在汶川地震的废墟上，在那些无名的救助者中间，也让世人看到了一个“新的中国”，大地断裂之处，人性得以弥合；第29届奥运会在北京开幕，这是历史上规模最大，也是最为成功的一届奥运会，国际舆论达成共识：中国更加自信、理性和开放。中国改革开放辉煌成就，得以在全世界集中展现。虽在异国他乡，作为中华儿女，郑春阳时时为国家的日益强盛而感到非常幸运和自豪。

梁园虽好，终非我家。身在异国他乡的郑春阳深受祖国发展愿景的感召，被国内重视人才的大环境、先进的思想理念，日益增强的综合国力所吸引，同时也为一些关键核心技术长期受制于人，一些重要原材料、关键零部件、高端装备、优质农产品等长期依赖进口而忧心。恰逢此时，郑春阳在美国见到天津滨海新区的招商调研队伍。经过沟通了解，他觉得滨海新区的开发开放是中国经济新的增长点，而且得到很多政策支持，非常适合创业。所以慎重思考之后，2010年郑春阳毅然辞去美国高薪工作选择回国创业。

“在国外做科研项目做得再好，不过是给人家打工，回到故土做一番事业是我一直都有的梦想。”于是兑现了他当年“出国是为了更好地回国”的初心，创立了天津强微特生物科技有限公司。他感到的不仅仅是实现创业的兴奋，更有了一种沉甸甸的使命感。

“一定要打破外国人的工业垄断”

郑春阳选择的创业产品是生物技术蛋白质。这可以用当前“中兴芯片事件”来举例说明，美国禁运中兴通讯芯片政策的出台，中国芯片、半导体产业近些年的发展历程与各种问题，被媒体如数家珍一般曝光在人们眼前，原来国货并没有想象中那么强大。而大到精密机床、半导体加工设备、飞机的发动机，小到高铁的螺丝钉、电子产业的芯片、液晶显示用间隔物微球、微电子链接用的导电金球、分析检测用的色谱柱填料、生物制药用分离纯化层析介质等，核心技术均掌握在别人手里。这不由让人又想起前些年的圆珠笔“滚珠”事件，泱泱大国，圆珠笔产量全球第一，多少年来居然生不出一颗小小的“滚珠”。国外一个很小的隐形冠军企业如果不供应相关材料，就可以让中国万亿级的产业瘫痪，这不是危言耸听，而是我们面临的残酷现实。上述种种情况无不提醒了高速发展的中国，需要真正重视核心技术了。

生物酶制剂是生物产业最基础的研发原料，但国内95%以上的酶制剂都需要靠国外进口。酶制剂被国外垄断，不仅增加我国生物技术领域的科研成本，还会制约科研进度，其影响的不仅是国内几家生物企业，甚至可能是中国整个生物产业的发展。然而回国前，国际上从事高温酶制剂研发的人还不多。在全球倡导可持续发展的今天，工业酶制剂无毒无害无污染，其应用节能环保，是促进绿色生产工艺的催化剂。他们公司创立之初的方向是研发新型极端工业酶制剂，这种酶制剂能耐

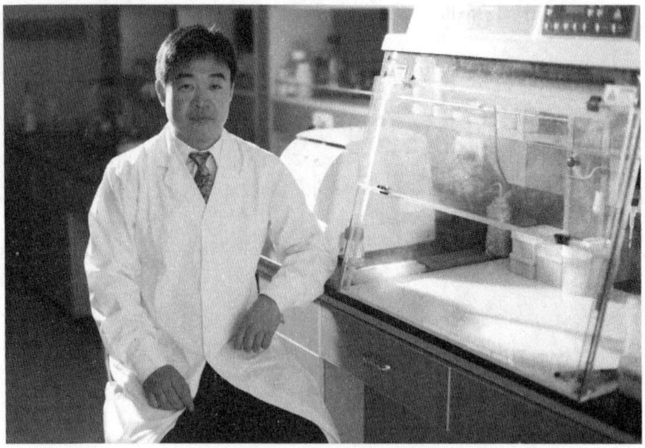

郑春阳在强微特实验室

90℃以上的高温，如果研发成功将填补国际空白。然而在研发过程中，他们发现这个项目的投入是超预期的，研发周期需要拉长。虽然目前产品原型已经研发出来，利用极端工业酶把秸秆转化为酒精的技术也取得了重要进展，但是新的技术需要再攻关、再突破，90℃以上高温的酶制剂研发还在继续。他们有信心用自己的极端工业酶填补国际空白，领先国际、引领绿色产业升级，赶超经济社会发展速度。但是郑春阳清楚地明白，新型极端工业酶制剂的继续研究，需要大量资金的支持，公司需要战略调整。

为了补给工业酶的长周期发展，郑春阳开阔思路，运用所掌握的多项国际尖端生物技术，理智的制定了“三短一长”发展战略，通过三个短线项目来支持长线项目的发展。短线项目为“分子生物学工具酶”“化妆品用生物活性因子”“顶级生物护肤品”。短线项目，郑春阳博士首先想到了同属蛋白质工程领域的工具酶的开发。分子生物学工具酶是基因工程和生物工程中必须要用到的工具产品，现在这一市场基本上也被国外产品所垄断。他带领着年轻的创业团队，夜以继日地查找资料、分析数据，冥思苦想、反复试验，最终功夫不负有心人，强微特公司研发出了五十多种工具酶，并已投放市场，填补了多项国内空白，打破了国外产品的长期垄断，同时将一些关键酶制剂的价格大幅度拉低，极大地促进了我国生物医药高科技行业的发展和普及，如2012年在国内率先研制出测序建库用的转座酶，使市场价格由当年的外购100万元/毫升降为现在的5万元/毫升，为这几年高通量测序产业的快速发展做出了重要贡献。

对于这些成绩的取得，他认为："回国创业的契机离不开政府创业平台的搭建，政策是硬措施，服务是软环境，企业好比是一棵树苗，要生根发芽乃至枝繁叶茂，取决于很多因素。回国创业这8年，我和公司的每一步成长和发展均离不开天津高新区这片肥沃的土壤，离不开区域创新驱动发展战略，离不开前瞻性的政策支持体系和务实的工作作风。强微特公司由我作为光杆司令、一间办公室和一间实验室发展到员工近百人，研发面积两千多平方米，生产厂房三千多平方米，年销售额翻倍增长……是受益于祖国发展的大势。"

"一定要生产中国高端护肤品"

郑春阳认为，化妆品行业虽然入门门槛比较低，但随着近年来的消费升级，本土品牌里却找不出像兰蔻、雅诗兰黛这样的大牌来满足国内日益增长的市场需求。并不单是本土品牌的技术薄弱，影响更大的是基础没有打牢，观念落后。很多本土品牌大把大把砸钱做广告，而研发投入却少得可怜，并且存在着许多这样的观念：缺技术，我们可以买；缺人才，我们可以挖；缺高端品牌，收购一个高端品牌远比自己做一个来得容易，如此种种怎么可能有高端品牌成长起来呢？

因此，他决定自己做一个高端品牌！他认为要真正要做到有效、性价比高，一定是基于对各种原料、配方、用户特质等最基础的方面有深度的了解之后做出的产品。可以利用自身的生物技术优势，在分子调控和代谢机理层面上研发产品。比如EGF（生物表皮生长因子）是一种蛋白质，其最大特点是能够促进细胞的增殖分化，从而以新生的细胞代替衰老和死亡的细胞。随着年龄的增长，皮肤中 EGF 含量会逐渐下降，补充 EGF 就会再次激活细胞内的信号通路，增强细胞活性，修复衰老损伤肌肤。目前只有一些高端化妆品才使用 EGF，而强微特公司可以生产 EGF，这对于打造具有自主知识产权的国产高端护肤品“芭睿芭睿”创造了坚实的基础。

虽说基础研究也不是所有在起步阶段的企业能够承担的，但郑春阳相信做好基础研究其实是能够给企业“省钱”的，通过对皮肤机理、对材料特性的研究能够充分发挥原料的功效，扬长避短，甚至能够节省产品的工业成本，而且像欧莱雅、雅诗兰黛、资生堂等企业都会有那么几个高端品牌从来都不打广告，但消费者就是愿意买单。从某种层面上来说，真正把产品和品牌做好了，不打广告也照样有大量消费愿意购买。

2016 年郑春阳在中央党校学习时留影

正是有了这种坚定的信念，郑春阳博士带领研发团队在打造国产品牌的道路上执着前行。从 2012 年护肤品“芭睿芭睿”被推向市场，到如今逐渐被高端用户认可，强微特公司也走过了一段非常艰难的路。在国外大牌护肤品充斥国内市场、国产品牌被贴上中低端标签的背景下，如何让“芭睿芭睿”这个在功效上可以与国际顶级护肤品相媲美，而价格却亲民的产品被用户认可成为最大的一个难题。没有重金做广告宣传，他们通过高端用户体验、电商平台、实体店代理，在一步一步的摸索中，“芭睿芭睿”逐渐被人们所了解和认可，网上销售的回头率可以达到40%以上，越来越多的营销商想与强微特合作。

努力终会获得回报。2015年，一个中国台湾新竹代表团来天津访问。作为接待方的天津市滨海高新区政府就用“芭睿芭睿”作为礼品相送。这个代表团回去不久，就又通过天津市台办来回购此产品。每每听到这样的反馈和认可，郑春阳都无比欣慰和自豪。与此同时，作为企业带头人，他始终牢记着社会责任。

2015年是抗日战争70年，得知参加天安门广场检阅队伍中的仪仗队反复在烈日下演练，郑春阳无偿赞助他们使用“芭睿芭睿”进行皮肤防护。在企业发展中，这样的例子比比皆是，郑春阳始终认为这是企业应尽的责任。

“天津是我的第二故乡”

如今的天津强微特生物科技有限公司有了一百余人的创业团队，研发人员近三十人。公司申请国内外专利六十余项，获得专利授权三十多项，分子生物学工具酶的研发填补了国内空白，目前已经有五十多种工具酶投放市场。公司的高端生物护肤品牌“芭睿芭睿”也在行业中占有了一席之地。

郑春阳所带领的强微特公司被认定为国家高新技术企业，是中国留人员创业园百家最具创业潜力企业、国务院侨办“重点华侨华人创业团队”公司，公司设有天津市耐高温工业酶企业重点实验室、省级博士后科研工作站等研究平台，承担科技部科技型中小企业技术创新基金、天津市滨海新区科技小巨人成长计划、天津市滨海新区重大科技项目、天津市科技支撑计划重点项目、天津市创新平台与人才专项计划重点实验室项目等科研项目。

刚过了不惑之年的郑春阳先后获得天津市“131”创新型人才培养工程第一层次、国家“千人计划”专家、天津市青年五四奖章、天津市十大杰出青年科技创业新锐、天津青年创业奖、中国侨界贡献奖等荣誉称号。作为中国化妆品研发界的领军人物，郑春阳曾受邀担任亚洲最大的生物工程学会 AFOB 化妆品分论坛主席，2018 年作为新侨科技人才的代表被选为全国政协委员，出席了全国“两会”。对此他表示“担任政协委员不仅是一种政治荣誉，更是一份政治责任。天津优秀企业和优秀企业家很多，作为一个科技工作者来说，我们要深刻理解国家创新驱动战略，抓住创新驱动、结构调整等产业结构转型升级给企业发展带来的重要机遇，用实实在在的创新成果为企业、为天津更高质量发展提供有效支撑”。

虽然至今，郑春阳在天津仅生活了 8 年，然而这是他创业伊始的 8 年，是他拼搏奋战的 8 年，是他实现梦想的 8 年……因此他把天津这方热土视为自己的第二故乡。他说：“天津的近代史发展是辉煌的，化工业有范旭东在天津创办久大精盐公司、侯德榜研制成功的‘红三角’牌纯碱……可是这些叫响世界的知名品牌都正在走向默默无闻，还有许多在中国居前的天津品牌产品也趋向没落，这与天津直辖大城市很不匹配。饮水要思源，我们公司能有今天的成就，得益于祖国良好的创业环境，得益于天津市政府的资金支持，尽自己的绵薄之力回报社会也是我的愿望。”谈到作为一名“海归”回国创业，他深有感触地说：“技术出身的留学生创业者一定要有自知之明，清楚地认识到自己的不足，虚心学习，并且善于利用资源，才能补上短板，成为一名合格的企业掌舵人。”

在担任滨海高新区留学生联谊会副会长后，郑春阳积极参加各级政府和留学生联谊会组织的各项公益活动，如扶贫捐款，到儿童福利院、贫困地区慰问等。作为专家，他积极参与了天津各级政府组织的项目评审工作，为社会、为政府贡献了自己的智力支持。

他还多次赞助天津滨海高新区留学生联谊会的各项联谊和商务活动、庆“三八”女性新型企业家沙龙活动、一些创业类公益项目活动。天津滨海新区“8·12”大爆炸发生后，他代表公司赞助了治疗烫伤的产品。“我从一个科研工作者转变成了一名创业企业家，在摸爬滚打中，滨海新区不仅让我圆了创业梦，更是在创业道路指引我走向了成功。”

中国现在正处在黄金时代，正在经历着改革开放后可喜的变化。新一代海归躬逢其盛，是幸运，更是使命。宋代文学家苏洵说过：为一己谋则愚，为天下谋则智。希望这一代海归郑春阳们能够“修身、齐家、治国、平天下”，不忘初心，开拓生命本质，取得更大成功！

走在“折纸”的大道上

陈　焱*

有一首诗里写道：“曾经聚揽的光彩，曾经搭建的交梯，曾经相信一切，人生仿若花艺，折纸不平，各技其形。”只要一提及“折纸”往往就认为是孩子们的游戏，其实折纸是一个古老的东方艺术，也是一门新兴的前沿科学，是数学、机械、力学、材料、控制、生物、医学等多个基础学科的交叉领域。我就是在这一学科里孜孜不倦、努力探索，并且愿以此为终身事业。

陈焱近照

“折纸”是一门上天入地的大学问

在这个领域中，艺术家创造了丰富的折纸结构；数学家致力于二维折痕分布与三维折纸结构之间的映射算法的研究；而现代工程师们更是想方设法实现折纸结构在工程中的各种应用，例如太阳能帆板、卫星天线等大型空间可展结构、新型超材料与轻型复合材料、可

* 陈焱，女，1974 年出生，天津大学机械工程学院机械工程系教授、博士生导师。

变形机器人等。美国自然科学基金会和空军科学研究局于 2011 年将折纸研究列为为数不多的几项前沿科学课题之一，并已经投入了高达六千万美元以上的研究基金。

一直困扰着科学界和工程界的是折纸科学中重要的基础科学问题之一 —— 折纸的运动学模型,早期的研究都是以假设纸张是零厚度为基础的。然而面对真实的工程对象,厚度是不可忽略的问题,显然这种假设是不现实的，所以涉及厚板的折展机构学理论成为本领域的前沿问题。

此前，众多学者提出了各种在零厚度折纸模型的基础上增加板厚的方法,但得到的厚板结构或者不平整连续,或者无法紧密折叠;其根本原因是球面机构模型将折叠运动铰链约束于同一交点，从而无法有效实现板厚与折叠运动的协调。于是如何像折纸一样轻松折叠厚板,成为科学家和工程师都梦想要解决的问题。

选对了道路就是对人生最大的负责

我于 1974 年 10 月出生在大连市的一个知识分子家庭，小学和中学都在家乡大连就读。2004 年,毕业于英国牛津大学,获得结构工程博士学位。在牛津读博士期间,研究方向是结构工程中的可展结构设计,小众的应用方向是时髦的建筑结构设计，大众的应用则是航天中的大型可展结构。

2005 年至 2012 年,在新加坡南洋理工大学任教。但由于新加坡无论是在国家需求还是科研项目都没有航天结构相关的研究，我的研究方向只好转向基础的机构学研究,很多想法无法实现,有力无处用的感觉困扰着我,不能不说是一种遗憾。

2009 年我的先生被公司派到北京中国分公司工作,于是我把回国工作的计划提到日程上来。开始时因为孩子小,对回国这事并不积极,正当我感到彷徨时，看到国际上各种新型航天结构的发展，结合折纸艺术，折叠结构衍生出更为多样化的模型。尤其是看到我国航天事业的迅猛发展，让我意识到国内是大有可为之地，非常希望自己的研究成果能够飞向宇宙，服务于国家的战略需求。

此时，根据《青年海外高层次人才引进工作细则》的规定，海外高层次人才引进工作专项办公室组织实施了第四批“青年千人计划”申报评审工作。经初审、通信评审、面试评审，共有 185 名人选通过评审，我有幸入选其中。回国去！不仅为了家庭团聚，更为了自己所从事的专业，如今看来，我的选择是非常正确的。

折纸科学从理论到应用的突破

2012 年，回国后我来到天津大学机械工程学院任教，并很快创建可动结构实验室；组建起一支主要从事可展结构、折纸结构、空间机构与机器人研究的团队，并首次提出了一套完整的将过约束机构用于可展结构设计理论、并由此创造了一系列新的可展式结构。

我的科研工作面向国际学术前沿与国家重大需求，以机构运动学

同学生一起研究问题（居中为作者）

理论为基础，集中研究了“可动结构”这一涉及机构学、力学和结构工程等学科的交叉领域，重点研究了可折展、可重构和柔性可动结构的基础理论与工程应用。尤其是近五年来，面向折纸工程这一国际新兴前沿学术领域，建立了通用刚性折纸的运动学模型，实现了刚性折纸的创新设计，攻克了厚板折纸的国际难题；提出了基于折纸的轻型结构与超材料设计理论，推进了折纸科学工程化的发展；该研究以大型航天展开结构为背景，瞄准机构学理论前沿，突破了空间可展结构的设计难题。

折纸工程学是将折纸艺术与数学应用到工程的新兴学科。刚性折纸是一类特殊的折纸结构，通过沿预定折痕的折叠实现在不同折叠状态之间的连续运动，在工程中有着巨大的应用潜力。同时，由于工程结构的物理厚度无法像纸张一样忽略，厚板折纸则是折纸工程学中的一个主要瓶颈。这两方面都是国际折纸研究的前沿热点与难点。

为了在这些难点中有所突破，我结合古老科学与学术前沿，在交叉学科中努力寻找创新点，将机构运动学与刚性折纸相融合，系统研究并建立了针对刚性折纸折痕分布的运动学模型与分析理论；获得了基于二维分布球面机构网格的一系列新的平面刚性折痕分布规律；针对厚板折纸问题，摆脱了原有的折纸运动学模型，用空间结构代替球面机构，建立了基于过约束空间机构网格的厚板折纸运动学模型；完美实现了折纸结构与厚板结构运动学的等价，成功解决了厚板折纸问题。“厚板折纸（Origami of Thick Panels）”的研究成果突破了折纸科学从理论到应用的主要瓶颈，为折纸结构工程应用铺平了道路，可直接用于建筑结构、太阳能帆板、空间天线反射面等大型面状结构设计，以及人体自然腔道狭小空间下手术器械运动机构设计等方面。

该成果于 2015 年发表在顶级期刊 *Science* 上，被 *Nature*、国家自然科学基金委官网首页、《科技日报》头版、《光明日报》报道，立刻受到国际同行的长期广泛关注，两位 ASME Fellow 和一位中国可展结构专家九十余次引用该成果论文，并指出：“（陈焱等）关于过约束机构在可展结构中的应用研究形成了结构工程的一个新的分支"，"（陈焱等）是利用空间可展的结构性机构为构建单元来设计大型空间可展结构的创始者"。

上述成果以"*Origami of Thick Panels*"（厚板折纸）为题目，于2015年7月24日在线发表在*Science*期刊上。该研究得到了国家自然科学基金重大项目（51290293）、国家优秀青年基金项目（51422506）和英国皇家工程院的资助。

新颖的教育策略培养出多名英才

在教学中我打破传统模式，将最新的研究成果引入课堂，让学生获得专业前沿知识，进而提升他们的实践能力和专业素质，"带着模型、玩具去上课"是上课的常态。尤其在本科生的"机械原理"全英文授课部分，针对凸轮、齿轮与轮系这类直观性较强的教学内容，我在授课中引入了大量的实际机械案例与实物玩具模型，按照会玩儿、会分析、会设计的思路引导学生掌握核心知识。其中在齿轮箱玩具的课程项目中，在授课之前要求学生通过观察玩具的运动方式推测玩具的内部机构设计，在授课之后要求学生拆开齿轮箱，画出正确的机构设计图。这样一来，学生不仅掌握了凸轮、齿轮与轮系的基本知识，还复习应用了连杆、机构简图等机械原理的知识，以及机械制图、机械设计、CAD软件应用等其他相关课程的知识。整个项目激发了学生的兴趣与潜力，同时也培养了他们的团队协作能力和中英文口头演说能力。2015年主讲的国家级视频公开课"神奇的机构"第六讲"可展结构"，已在"爱课程"网站上线播出，在国内同行和学生中引起广泛好评。

回国近六年里，已指导博士研究生3名、硕士研究生5名毕业；目前指导在读博士生5名、硕士生9名。在科研团队的带领与培养方面，我注重于学生思路的开发、兴趣的培养，给予每位学生广阔的思维空间，引导学生自己寻找解决科研难题的方法，养成学生敢想敢做，勇于创新的科

作者与折纸模型

研精神；并且加强与英国牛津大学、美国佐治亚理工大学、澳大利亚昆士兰大学、日本明治大学等国际知名大学的科研合作，为学生提供广阔的学术交流平台和发展空间，开阔学生的思路和视野，从而提高其综合素质，让每一个学生都能得到自觉自主的发展。

在研究生培养中另一重点关注的是严谨的治学态度，无论是在平时的实验、讨论中，还是在论文、报告撰写中，我力求亲自指导学生，始终强调研究细节，以最严格的要求完成科研工作中的每一步。往往一个研究生的期刊论文要进行十遍以上的修改，对每一个图、每一个公式都要反复推敲，通过言传身教，建立起学生严谨的治学态度，让他们对自身的科研工作有强烈的责任感，进一步推进学生独立研究的能力和动力。同时，作为学院学位委员会成员，对本学科研究生的学位论文质量更是严格把关。

牵手海内海外共谋学科健康发展

作为归国留学人员，我积极利用国际资源服务于学校发展。在入职第一周，我邀请了折纸工程学的创始人、日本著名教授萩原一郎来天津大学访问、讲学，同机械和力学专业的师生进行深入的学术交流。作为

“机构理论与装备设计”教育部重点实验室常务副主任，我非常注重学术交流，2014—2015学年，先后邀请和组织国内外专家学者到实验室进行学术讲座和交流三十余次，形成重点实验室的常规学术活动和浓厚的学术交流氛围，为广大学生、老师提供了高水平的交流平台、开阔了学术视野。

2017年，我作为大会主席在天津大学成功举办了第二届国际折纸工程研讨会，来自美国、英国、德国、澳大利亚、中国、日本和韩国的11位国际折纸工程领域专家分别从艺术、数学、物理、力学、机构学、机械工程、土木工程、超材料等方面的折纸研究进行了精彩的专题报告。本次研讨会吸引了国内外30个科研单位、约一百五十名相关研究人员的参与和研讨。在研讨会期间，与会人员参观了天津大学可动结构实验室，并对折纸科学与工程的未来发展进行了全面的讨论，提出了各个方面的合作途径。

了解到学院的工业设计专业要进行国际化建设，我第一时间推荐以前一起工作的新加坡南洋理工大学的工业设计专业负责人、国际工业设计系统著名教授陈俊贤来天津大学担任客座教授，指导工业设计专业的教学与科研工作，还安排本校工业设计负责人到新加坡几所大学访问学习。以此为开端，经过3年的发展，工业设计的国际化已取得显著的效果，吸引了十余名国际著名专家学者来天大授课、开设设计工作室，形成了该专业在国内的重要影响力。

在学科建设方面，快速融入管理工作，先后担任了教育部重点实验室常务副主任和天津市工程中心常务负责人，并在2016年主持了天津大学机械工程学科第四轮教育部学科评估工作，全方面为学科的建设发展献力献策。

六年的韵律奏响科学的弦歌

斗转星移，我回国已经近六年了，这段时间可以说是我事业的黄金时代，也非常荣幸赶上了中华民族振兴发展的关键时期。纵观我们的祖辈、父辈，横看世界的东、西方，当今的中国对于年轻学者来说是一个最好的时代。尤其是回国后发现，祖国给了我们更大的舞台，也感受到祖国的深切厚望。年轻人的奋斗承载着国家的未来，国家的人才强国战略和天津市的一系列人才政策，为广大留学归国人员在工作和生活上提供了强有力的支持，使我们能安心科研教学，不断取得新业绩。

回国以来，在方方面面的支持下，我在工作上取得一些成绩，也获得了一些荣誉。2014 年获得国家自然科学基金优秀青年基金资助，并担任机构理论与装备设计教育部重点实验室常务副主任；天津市医疗机器人及器械技术工程中心的常务副主任；2016 年入选科技部中青年科技创新领军人才。同时，服务国际机构学和机器科学联合会多年，2013 年当选机构与机械控制委员会委员，2016 年当选中国委员会副主席；2015 年当选英国机械工程学会会士（Fellow of IMechE）。并先后获得天津市三八红旗手、天津市五一劳动奖章、天津市青年科技奖、中国侨界贡献奖等称号。到目前为止，已发表论文六十余篇，其中包括国际顶级学术期刊 *Science*（《科学》）上 1 篇，具有 350 年历史的世界上第一个英文学术期刊 *Proceedings of the Royal Society A*（《皇家科学学报》）5 篇，机构学顶级期刊 *Mechanism and Machine Theory* 12 篇；并著有英文学术专著 2 部；授权国际发明专利 2 项，国家发明专利 5 项。目前主持项目7 项，包括国家自然科学基金优秀青年科学基金项目、英国皇家工程院的英中交流项目、科技部国际科技合作与交流专项、国家自然科学基金面上项目等，作为第二执行人参与国家自然科学基金重大项目 1 项。

展望未来，任重而道远，我将不负期望、不忘初心，在自己的工作岗位上，发挥才智，不断突破，不断创新，为加快建设国际一流大学、一流学科，为早日实现中国梦做出更大的贡献！

益农为本 垦心田

陈中红*

400年前，明代徐光启将南方水稻在天津试种成功，撰书《宜垦令》编著进《农政全书》，从此北方有了大米。宜垦的名字取自于此……我对天津这块土地有着深深的热爱与自豪，天津是历史名城，有着许多的中国乃至世界第一产业，天津是洋文化、名人故居、桥文化的聚集地……

施展才能——巾帼不让须眉

童年和少年时期我是在山东省的胶东半岛度过的。当年，父亲因参加国家援外建设长期身处异国他乡，母亲只好带着我们姐弟三人长年住在蓬莱的姥姥家。蓬莱依山傍海，有仙境之誉，这美好的环境，还有山东人那爽朗、勤劳、朴实的性格，以及姥姥做事的执着、为人的豁达与善良都对我产生了深刻的影响。父亲虽然长年在国外，但每次回国探亲时，都会带来一些国外的画报，讲许多国外新奇的故事，对我影响颇深。“外面的世界很大、很精彩”，父亲让我对外面的世界产生了数不清的幻想，飞向冥王星的人，堂吉诃德的风车，追寻真理的浮士德，寻找奇迹的

---

* 陈中红，女，1967年出生，宜垦集团董事长，全国政协委员、天津市妇联兼职副主席、民主建国会企业家工作委员会副主任、天津市归国华侨联合会常委。

国王亚瑟,甚至家里墙上贴的一幅画,父亲都会讲述一个生动的故事给我听……也许父亲未曾想到,多年以前对着我随意讲述的故事竟有这番影响。内心要做英雄,要到外面的世界去闯一闯的梦想一直牵动着我。小学毕业的时候,我不顾母亲的反对,坚定地考取了寄宿重点中学,从此开始了寄宿求学的生活。

陈中红近照

20 世纪 80 年代末,改革开放 10 年之际,在国家领导人小平同志“开发区大有希望”的题词感召下,我来到中国首批沿海经济技术开发区——天津经济技术开发区。当时的开发区还是片寸草不生的盐碱荒地,我先后在日资、美资,独资、合资等公司工作过,由于工作需要,多次赴国外学习,被西方发达国家超前的理念,先进的技术所吸引所震撼,从中看到许多新事物,学到了许多新知识。

后来,我进入了香港南华集团。刚进入这家公司不久,便萌生了退出的想法,原因是港方投资嫁接了一批老国企,百事待兴,老国企的工作效率太低与先前我所工作过的公司有很大的反差。我是一个对工作认真负责的人,即使在决定离开时也不例外。我根据公司的情况,设计制作了一套财务管理报表,完整地反映出下属几家公司的财务状况,便于日后总部管理。我的这个做法得到了香港总部的高度重视,执行董事在了解我辞职的原因后,便采取了激将法,说我的辞职是逃避,是懦夫的表现,强者应勇于面对并设法改变它。俗话说“请将不如激将”。这一激,触动了当时年轻气盛的我,就真的留了下来,而且一干就是 8 年。我凭借着年轻不服输的劲头开始了人生的奋斗历程,全身心地投入工作,先后建立并管理了北京、天津、广州办事处等，从财务总监、公司营运总监到首席代表、公司董事。在不断升职的过程中，愈干愈挥洒自如。但由于长期高负荷的工作压力和拼命三郎似的工作作风，我的身体经常处于亚健康状态，终于有一天亮起了红灯。我想到了退休，过一些平淡的生活……我深知自己在公司的重要地位，在悄悄选择好接替人选和安排好工作后，才又一次提交了辞呈。公司一再挽留，但见我去意已决，最后保留我的位置，让我先去休养。

随后，我去了新西兰，准备换一种生活方式，也正是这次计划外的行程，改变了我今后的人生方向……

域外休养——与绿色有机结缘

以“绿色”著称于世的新西兰是太平洋南端的一个岛国，现代农牧业、旅游业十分发达。当我在这青山绿水、蓝天白云下徜徉时，当看到儿童们赤脚在草地上追逐足球时，我灵魂深处的一个心弦被拨动了。

新西兰这个发达农业国的含蓄、文明深深地吸引着我，经过进一步了解，我认识到新西兰农业现状得益于农业与商业的密切结合，他们按照市场需求调整生产规模和品种规格，积极开拓外销种类。农产品加工技术先进，农业生产技术水平很高，这让我意识到了发达农业与环境、食品安全、人类健康的紧密联系。又一个偶然的机会，我在超市里看到了一个新名词 ORGANIC（有机）高价的标识在并不美观的天然食材上，这更刺激了我的神经，于是我开始在网上搜寻有关 ORGANIC（有机）的信息……

有机产品是 20 世纪 70 年代在西方发达国家兴起的一种基于人文、环保的生产、消费理念。有机食品是从英文 Organic Food 直译过来的，有的国家也称之为生态或生物食品，必须通过独立的有机食品认证机构的认证。这让我产生了许多联想。中国正处于改革开放初期，中国是一个农业大国，民以食为天，农业是根本。尽管我没有从事食品行业的经历，但由于我在中国香港长期的工作训练，对市场的敏感度，以及对新西兰现代农业的感受和对有机食品业的认知，燃起我无限的激情，认定这是能造福后人，有益于社会的事业，是一个朝阳产业，于是想去干事创业的激情猛烈地撞击着我的心扉，全然忘记了自己是来新西兰养病的。

有机食品、环保、健康、食品安全等一系列可持续发展的新概念在脑海中蹦跳着，一个非常大胆的蓝图在一天天织画出来。实现自己的理想，开拓一片崭新天地，要做拓荒者，要做行业的引领者，更要遵守职业操守。当时中国内地正是食品安全告急的特殊时期，SARS之后，毒粉丝、毒鸭蛋、毒奶粉等事件，创业必定要面临极大的挑战。

全国三八红旗手

我的性格是很独立果敢的，一旦决定的事情就会义无反地做。我很快飞回中国香港，处理好相关事务后，开始了人生的第二次拓荒之旅。首先进行国内外有机产品市场的考察，国外有机产品发展比较早，当时已经进入多品类、精深加工阶段，涉及食品、服装、化妆品等多个行业，而中国则刚开始起步，尚处于有机原料生产阶段，大多数中国企业都是廉价地向国外提供有机原料，高附加值的有机精深加工技术都被发达国家控制着。我深知投资有机食品业所面临的巨大挑战，但还是愿意甘当中国有机食品业的拓荒者和铺路人。我当时太理想化了，拿现在话来讲简直就是裸奔啊！没有想到过回报，只想干一番事业，把目光放在了未来。

十多年的外资工作，让我学到了很多先进的企业管理理念与管理模式，如生产管理、财务管理、营销管理、人力资源管理等，这些都在我设计公司发展战略、提高管理水平等方面发挥了很大的作用。“要做就做最好的”，我要高定位这个公司，给公司起名“宜垦”，与英文ECO(生态)音译相通，中文又源自明朝徐光启在天津开荒屯田种植水稻成功撰书的《宜垦令》，这充分说明了天津是我创业的好地方，我一定要在这块土地上生根发芽，我当时年轻的心澎湃着在天津用“宜垦”命名定要开启“中国制造”新篇章。我从知识产权入手，以野生采集农业为切入点，选择全球最有权威的欧盟有机认证作为公司首家认证机构，目标是世界上发达国家的高端市场。选择闻名世界的牛奶公司（DAIRY FARM）作为首家合作商，在中国香港最大的天然有机食品超市销售Springlife（新食力）产品，使宜垦公司有了一个很高的商业起点。经过努力，公司的第一个有机食品——天津有机即食甘栗，一年内先后取得了欧盟（EU）美国农业部（USDA）、日本农林水产省（JAS）有机认证，这是中国首批深加工的有机食品。宜垦的产品也成为了全港最大有机食品超市当时上架销售的唯一中国制造的有机食品。虽然市场占有率很低，但满满的自豪感占据着我的心，对未来的美好规划与憧憬，刺激着我无限的激情，这份事业我要干下去了……

宜垦责任——致力于中国制造

我在选择商业合作伙伴方面，始终瞄准那些有国际影响力的大公司，宁愿损失暂时的营业额。除了各项国际认证外，宜垦公司的新食力产品还要高成本地按批次到欧盟最有权威的EUROFORN或SCS等检验机构进行包括农残在内的四百多项目的检测，目的是为了证明中国制造和“新食力/Springlife”品牌的实力。一些在高端消费市场上不接受中国制造的欧洲公司，包括中国香港的外国公司，都被宜垦的坚持与诚信所感动，最终与我们签订了合同。有的还免费帮助做宣传，推荐中国制造的“新食力 /Springlife”。这种成功的喜悦不是来自利润，而是一种赢得国际高端销售商对中国制造认可与尊重的自豪!

随企业的发展和市场需求的变化，迅速扩大市场范围、提高产品质量和服务意识已成为公司的当务之急，与国外有实力的公司进行强强合作是企业发展的必由之路。正当各项合作工作紧锣密鼓地进行时，我再次病倒了。2007 年和 2008 年，在中国香港作了三次大手术，体重不足 45 千克。在 ICU 病房里，我对生命有了重新的定义，同外方的合作项目正在进行中，在天津的公司总部和生产基地的基建项目还在施工。决不能因自己的病让合作伙伴担忧，更不能为此让公司停摆。强烈的事业心和责任感促使我拖着虚弱的身体开始了紧张的工作。全部合作项目方案是我在病床上完成的，我用电话指挥着公司的正常运营。记得在最后一次手术中，我听到护士医生叫我睁开眼睛不能睡觉时，我觉得自己必须得站起来，因为我的使命还没有完成，合作伙伴需要我，公司需要我，我的家人更需要我，还有很多需要我的人和事情……也许是事业心，也许是责任感，也许是我当时立下的信念，我又一次醒过来了！在医院了我看到肢体残缺更病重的人，我感恩我活着还有一个完整的身体，使命感油然而生。当我听到汶川大地震的消息后，再也躺不住了，还发着烧从医院请假回来天津参加市妇联和侨界举办的捐款活动，为逝者祈福……

全运会火炬手

中国是 20 世纪的世界工厂，大多数是靠出卖廉价劳动力，我把知识产权作为创业蓝图的第一笔。

经营高质量的有机食品作为一种责任,并不是一句口号,多年间我一直坚守着这份责任感，坚持以真挚和诚意在有机食品行业中执着追求。在有机食品成本高且百姓对有机食品缺乏理解的背景下,执着坚守着对中国制造的原则与自信,以“环保、健康、安全、美味”为经营理念,靠着顽强的毅力,坚持自己的选择,初心不改。这是我的理想,在祖国的青山绿水中发展健康环保可持续性的农业产业,既可造福子孙后代,又能证明我们中国制造一定行!为了实现理想,全身心投入有机食品行业中。功夫不负有心人,通过不懈奋斗,宜垦终于得到了国际有机行业的认可和肯定,成为行业内的著名品牌,向世界证明了中国制造!

15 年里,新食力品牌成为著名品牌! 宜垦以中国制造走出国门,将天津文化融入其中,自主商标品牌“Springlife/ 新食力”有机素食面 100 多个品种、100 余项专利,远销 20 多个国家及地区。

企业文化——坚持中国特色

企业文化是企业管理的一种有效抓手。随着企业的发展,我越来越意识到规范的组织文化对企业发展的重要意义。

“宜农宜商宜百业,垦天垦地垦心田。”我在天津以农为本创办了宜垦公司,将天津文化融入其中,发展成为综合性企业集团。走进宜垦集团可以看到各种与天津有关的农业文化、食品文化伴随其中,我成为义务招商引资员，向外地来的客人讲解讲述天津故事,“天津不是市井文化,天津书写着近代中国的科技先进与文明,多少个世界第一、中国第一起源在天津,近代中国百年看天津……”并送给每位到访客人一份宣传天津地方文化、名人故居、桥文化的天津伴手礼,这是我自己创意设计的饱含着对事业的自信,对天津的热爱。

发展是动力,创新是生命,不能停止发展创新,建设先进的企业文化,已成为现代企业改革、发展、文明、进步的重要标志。

宜垦集团产业定位及升级规划始终与区域发展保持一致，宜垦eBia商务产业园区引进或投资了多个天津市第一或全国首个的创新项目，4S酒店、天猫家具电商O2O体验店、教育培训、科技孵化器、众创空间、云计算大数据“互联网+”智慧便利店等多种产业。以商招商，主动创建国家级海峡两岸青年就业创业基地、天津市华人华侨创业创新基地等，呈现出更加深远的政治意义，得到政府的充分肯定，实现了多方共赢。

企业的发展离不开政府及社会各界的支持。我有着多重社会职务，在市妇联的支持下，利用天津农业发展巾帼促进会会长、天津市农学会副理事长及常务理事、全国农产品流通协会副会长的身份，在宜垦集团召开多次全国范围的大会，研究讨论帮扶农业企业优化结构转型升级。我积极发挥宜垦龙头带动作用，将企业文化借助互联网大数据嫁接到农业产业，帮助贫困地区农业产业建设，带动更多人创业发展，变输血为造血，让农民增收致富。

科技是产品的生命。我看到国内的一在些产品被侵权后陷入了深思。只有走科技之路，才是公司的发展方向。在当年“食品不就是吃的吗?又不是保健品，更不是药，能有什么科技含量?”的质疑中，宜垦组建科技研发团队，积极与大学合作，投入大量研发资金，最高时将高达60%的资金用于产品开发研发中，经过几年对中国传统面条的潜心研究，使其科技化，又适合现代人口味。截至目前，宜垦集团自主创新品牌“新食力/Springlife”七大系100多个品种，远销20多个国家及地区，连续多年为天津市专利试点企业，还荣获天津市食品安全示范企业、天津市农业产业化经营市级重点龙企业、守合同重信用企业、全国主食加工示范企业、全国百佳农产品品牌、国家高新技术企业等，向世界证明了中国制造。

中共十九大报告提出，建设现代化经济体系，必须把发展经济的着力点放在实体经济上，做强做大实体经济才是国之根本。宜垦的发展正是在服务型政府的平台支持下，在各界人士的认可下才有今天。发展好企业的同时一定要回馈社会，这是社会责任。

宜垦集团一直热心社会公益事业，多年来为灾区、孤残儿童、贫困母亲、孤寡老人等弱势群体奉献爱心，定期捐款捐物。还启动“爱心食品银行”、“好妈妈影响三代人”等多个慈善主题活动，带动和帮助更多需要帮助的人。为此，我也荣获了全国巾帼建功标兵、全国三八红旗手、民建全国社会服务先进个人、第二届京津冀精英女性年度影响力女性、巾帼榜样、天津市杰出女企业家、爱心助残大使等荣誉称号。

参政议政——积极建言献策

作为全国政协委员，我感觉非常自豪发自内心地感到这是政府对本人寄予的充分肯定和关爱。在做好本职工作带领宜垦集团全力发展的同时，我积极发挥新时代政协委员作用，积极建言献策，参政议政，履职尽责，传递正能量，把责任扛在肩上，把事业放在心上，带领更多的人为中国特色社会主义建设做贡献。

第十三届全国政协会议政协委员

我紧紧围绕统筹推进“五位一体”总体布局、协调推进“四个全面”战略布局，围绕促进经济健康发展和社会和谐稳定，踊跃提交提案，积极建言献策，积极宣传两会精神传播正能量，为天津市发展，为中国强国建设贡献力量。两会期间，我带来了多个提案，如《优化结构为传统企业减负》等建议，今后，我会更加严格要求自己，按照懂政协、会协商、善议政和守纪律、讲规矩、重品行的标准要求自己，将政治协商、民主监督、参政议政落到实处，与祖国一起谱写更加辉煌、更加绚烂的诗篇。

不忘初心——我的使命

段宏泉*

费希特指出学者的最主要使命就是为社会服务。他说，学者“他的进步决定着人类发展的一切其他领域的进步；他应该永远走在其他领域的前头，以便为他们开辟道路，研究这条道路，引导他们沿着这条道路前进”。我认为，这也是所有做学问人的人生准则和使命。

心有良知璞玉，笔下道德文章。我的此生基本的定义就是“学问无止境，教学是本分，求知是宿命”。在如今信息爆炸的时代，多种多样的知识如汪洋大海一般向我们涌来，只有那些能够塌下心来汲取其中精粹的人才能在知识海洋中不惰泅渡，享受知识给我们开阔出的博大无垠境界。

海外求学如逆水行舟

1965年，我出生在天津小白楼一带的一个天主教徒家庭。我从福建路小学、新华中学一路求学，直到考上天津医科大学，可以说在这16年的学习生涯中，我是一路坦途，学习的成绩还算上乘。在读大学的时

---

* 段宏泉，1965年出生，天津医科大学药学院常务副院长、教授，天津市第十四届政协委员、农工党天津市委会常委。

候，我最热衷于大学生活里的各种课外活动，积极参加各种活动。1988年本科毕业后，被分配在天津医药科学研究所工作。家人和亲朋都劝已是为人夫为人父的我，说天津医药科学研究所是一般人祈求莫及的好单位，只要本人努力工作，前途可以说是一片光明。可是我并不甘心这样墨守成规地生活，很想到外面的世界去看看，以取得更大成就。于是在一股出国留学的大潮挟裹下，我于1993年赴日本留学。

当时的出国形势相对来说，自费留日的门槛较低，还可以通过打工来负担学费和生活费。我明知那种日子很艰苦，但是为了深造还是义无反顾地去了。放弃了温暖舒适的小家，放弃了稳定悠闲的工作，告别了亲人和朋友，一个人来到这个陌生国家。开始租廉价的房子，找各种打工的事由。既然这是自己的选择，要来追寻未来的梦，就要有勇气去承受已知和未知的一切艰苦。初来时，我只是在国内跟着电视（节目）教育台学过一点基础的日语。身处异国他乡，语言又有障碍，面临的困扰远不只是学习上的，而是基本的生存。

段宏泉在日本讲学

于是，我开始了一边读书学习，一边打工挣钱的生活。那几万日元的助学金根本不能保障基本生活，我就在餐馆里洗碗，做小工；在地毯厂、电器厂打工……有时白天做实验，加班到很晚，下班后就到麦当劳、料理夜店打夜工。由于语言不通，这样的工作也很难找，并且常常遭到老板的白眼和训斥。这样艰苦的环境更激发了我学习的迫切感，仅用了一年多的时间，我就可以流利地用日语对话了。

潜心搞科研迎接新挑战

我的头脑很清醒：自己到日本是来求学的，学术上的收获和建树才是最最重要的任务，所以我总是严格控制打工的时间，在能维持自己最基本的清苦生活和对家人仅尽绵薄之力的前提下，我绝不多浪费更多时间在打工上，而是把绝大部分的精力倾注在了学业上，每天在实验室要待到晚上 12 点才回去，充分利用德岛大学优越的实验条件，一丝不苟地查资料、做实验、做研究、写论文。

功夫不负有心人。因为我贵在坚持，埋头苦干，只问耕耘不问收获，那么收获会自然而至。1996 年年底，我获得了日本文部省颁发的国费奖学金。这笔奖学金当时对我来说至关重要，使我不需要再为基本生活而奔波；并且从此结束了分居的日子，把妻子、儿子都接到日本来了，一家人得以团聚。这对于我来说是莫大的欣慰和鼓励，这是我生命的一次转折。得到奖学金之后的几年，是我论文完成最顺利、研究成果最为丰硕的一段黄金时间。

我考上日本国立德岛大学读研究生的时候，我的导师从《中华医学杂志》(英文版)上看到了中药雷公藤的临床应用报道，上面刊登了雷公藤临床治疗类风湿性关节炎的显著疗效，他就对我说："你是来自中国的，就来做这项课题的研究吧。"

雷公藤主产于我国南方，朝鲜和日本也有分布。它的主要功效是祛风除湿、通络止痛、消肿止痛、解毒杀虫，用于湿热结节、癌瘤积毒，临床上用其治疗麻风反应、类风湿性关节炎等，有抗肿瘤、抗炎等作用，但是其药效作用物质基础一直尚未阐明。我知道，做科研从来不是一蹴而就，要付出很苦的精力和体力，常常是费很大气力做一个研究却得不出成果。有时一个实验目标要做上百次才能成功，但是只要坚持，就能看到最后的胜利。

在日本大多数人生活节奏都很快，走路都像是小跑；对待工作都很有冲劲，毫不拖拉。我的导师经常在实验室里工作到晚上9点，我们做学生的自然不会先他而撤。这种环境对我是一种有益的直接熏陶。尤其旅居在外，我都会总结自己今天完成了哪些任务、做好第二天的计划就成了我每晚入睡之前的必修课。每年拿到签证时，要为今后一年的幸福生活做祈祷，希望明年会在哪里、会干什么，这些都是未可知的疑问。这种压力使生活的紧迫感增强了，人也就更努力了。

日本德岛大学药学部长高石喜久教授来天津医科大学访问，并在药学院前合影（右二为作者）

经过几年的刻苦努力，我完成了雷公藤、民族药物等15种中药的生物活性成分；在抗炎免疫抑制、抗艾滋病毒和抗癌天然先导化合物发现方面，取得了突出的业绩；合作完成了日本大塚制药公司与日本德岛大学药学部的合作开发项目——天然产物由来的抗类风湿性关节炎药物研究项目。这个研究成果后来刊登在日本全国性报纸《日刊工业新闻》上（2002年1月22日），随后被朝日新闻、德岛新闻多家转载。

最终,我取得了药学硕士、博士学位,并作为德岛大学博士研究员留校工作。

回归本土使命犹不怠

2001 年,我的父亲患上了严重的冠心病。作为家中的长子,我匆匆结束了在日本的一切工作和事物,举家赶回来了,以尽孝道。那时我在日本已经拿到博士学位,在德岛大学药学部担任了一年多的博士研究员。经济条件尚佳,社会地位也算上乘。但是由于我学的是生药学(中药学),我深信最适合自己发展的土壤在中国,而且年迈的父母都在天津需要照顾。

回国后,我继续从事中药和民族药物的研究。开始在天津大学筹建药学院,并担任教学工作。环境虽然不同了,但我一直保持着紧张的工作节奏。朝九晚五的"正常"工作日对我来说是太奢侈的了,就连暑假,我的研究生放假时间最长的也只有两个星期。

来到天大,由于现有的实验、研究条件所限,我又面临了种种新的难题。但是毕竟是回到祖国,有领导和同志们的帮助支持。在我看来,人生不能没有追求;但精力毕竟有限,认清自己要做什么也非常重要。脚踏实地、力戒浮躁是我工作的信条。往昔面对问题的那种不屈韧性、实事求是针对现实环境寻求解决办法的态度又能够充分地展现出来。我全身心地扑在了科研和教学上,开始从事中药有效化学成分(色谱指纹图谱)、中药现代质量控制等方面的研究,为中药现代化贡献着自己的力量。在研究生的培养上,我非常注重启发式教育,看重对学生自主研究能力的培养。2002 年度我获得了天津大学教书育人优秀教师称号。

天津医科大学的有关领导得悉我回来的消息,就动员我回到母校,因为母校太需要搞药学的人才了。2003 年我回到天医,研究了二十余

作者在天津医科大学药学院试验室

种土家族民族药物的生物活性成分，发现了在抗糖尿病和抗肿瘤转移方面的天然活性先导化合物。

虽然我在活性天然产物研究方面取得了一些业绩，但是研究领域较窄，局限性大，我感到后续研究发展的难度越来越大，而且国家对该领域的资助也在逐年减少。天然产物研究走向何方？我一度陷入迷茫之中。经过深刻的思考和反省，我认识到，作为一名药学研究者，其最终目标是发现新药，寻找更加有效的药物，任何研究都不能离开社会需求这一核心研究方向，这也是药物学的研究意义所在。

因此从2006年开始，我毅然决定改变研究方向，放弃自己擅长的活性化学成分研究领域，开始了活性天然产物的衍生合成和构效关系研究。衍生合成是从天然产物中寻找先导化合物，是新药研究与开发的重要途径之一。离开了自己擅长的领域，经验不足使刚起步的合成研究遇到了很大困难。我一方面作为导师指导学生，另一方面又作为学生，虚心向有机合成专家求教，并查阅大量文献，探索解决办法，克服一个又一个困难，2007年年底获得了国家自然科学基金项目的资助，成功踏入了新的研究方向。

披荆斩棘打通前进路

人常道,不如意事十八九,能与人说只一二。殊不知,我们医学研究是研究作业常上百,能成功时只一二。在研究中不断针对新药基础研究中的核心问题——活性衍生物药理分子机制、直接作用靶点的阐明,开始了重点研究。在继续进行衍生合成的同时,开展了分子细胞药理学研究领域的探索。我们紧密围绕先导化合物的药理作用机制和靶点研究,阅读了二百余篇国外文献,在细胞生物学、探针技术方面虚心请教专家,边学边做,与学生共同攻关,终于在抗糖尿病衍生物的分子机制和靶点研究方面取得了突破,经过多次的失败,最终成功开拓了新的研究领域,积累了成功经验。

我在国内工作的期间,不仅研究了多种云南等地区民族药物的有效化学成分,而且着重开展了现代中药质量控制研究方面的工作,在中药饮片质量标准的提升、中药雷公藤的分析研究,特别是针对色谱指纹图谱进行了深入研究,主持的两个校企合作课题——康艾注射液药学研究和大株红景天注射液的质量标准提升研究,所完成的两个中药注射液质量标准顺利通过国家药典委员会的答辩,成为国家标准。并已经应用于企业的生产,经济效益实现飞跃,2016 年实现产值 214556 万元,上缴税金 45827 万元;2017 年实现产值 183400 万元,上缴税金 45500 万元。

自回国以来,我承担了国家"863"计划、国家自然科学基金面上项目 5 项,教育部、天津市科委等重点项目 6 项,获得科研经费 1800 余万元。在国内外杂志上发表了 200 余篇学术论文,其中 SCI 收录论文 102 篇,他人引用 1000 次以上,出版学术专著 4 部,参编教材 2 部,申请公开国际发明 PCT 专利 1 项,中国发明专利 14 项,获得发明专利授权美国 1 项,日本 1 项,中国 5 项;国内外学术会议特邀报告 1 次,邀请报告

4次。

总结自己过往的经历,我教导学生,要对未知有强烈的探求兴趣,哪怕孤独求败也要穷追不舍,一定要搞明白。我在致力于新药研究的同时,非常重视教书育人工作,不仅在教学中传授专业知识,答疑解惑,而且强调育人,在日常生活中关心爱护学生,通过具体事情,将人生哲理灌输给学生。在工作中以身作则,对思想有问题的学生开展心理辅导,促膝谈心。我们的实验室不仅仅是一个研究课题组,更是一个温暖的大家庭。

作者(中间立者)在做实验

印象很深的是一名来自广西的硕士研究生,一个又黑又瘦的小姑娘,第一次和她见面是在我的办公室里,她低着头,面带泪痕,小声地说着她和导师在课题研究中发生的矛盾。她是我一个学生的舍友,偶然间听到学生们之前聊天,说的就是这个学生的事情。当天下午的长谈,了解到这个学生由于家庭条件困难,长期外出打工,与导师的矛盾不好调解。我考虑到该学生的心理问题,联系学校部门,几经沟通将该学生通过转导师到自己名下。没过多久,她竟然在实验室突然晕倒,我赶紧叫上几个学生把她送到医院,垫付了住院费用,安排其他学生轮流照顾。后来了解到,这次的晕倒又是因为她同时兼顾在外打工和实验,又不舍得把钱花在吃饭上，体力长期透支。经过那次，为了帮她解决了经济问题，我开始每个月给她多发一部分补助。在我和其他学生的帮助下，该学生出院后逐渐摆脱了心里阴影，开始新的学习生活，在实验室刻苦努力，顺利完成学业，我也非常欣慰。

在学校里，我不只是一名科研工作者，还是一名教师，所谓“学高为师，师爱为魂”。我愿尽心帮助我的每一名学生，创造属于他们的美好明天。多年来，我的许多学生成为制药企业、医院的技术骨干，2 名博士毕业生已经晋升为教授，3 名学生晋升为副教授。其中 1 名教授于 2018 年当选为辽宁省政协委员。

作为项目负责人，我坚持以非常认真负责的态度对待每个项目的进展。有一次，我被派往日本访问，但是一直担心着国内正在实验的药物制剂释放平衡、匀速控释问题。该制剂工艺研究既要避开国外的专利，又要创新出自己的方法。那时的国际长途话费很贵，我就与在校内的学生们约定，夜里 1 点，用 QQ 保持联系，遥控着实验进度，指导每个细节。

我是天津医科大学药学学科带头人，自 2004 年开始负责药学院的科研与学科建设工作，当时药学院既没有任何国家自然科学基金，也没有在国外高水平 SCI 收录杂志上发表学术论文。在学校的大力支持下，药学学科 2005 年进入天津医科大学重点建设学科，2006 年成功进入天津市“十一五”综合投资建设学科，并于 2006 年底成功进入国家“211 工程”三期建设学科行列，获得了药理学博士点和药学一级学科硕士学位授权点，并成为天津市重点学科。此后药学学科得到了快速发展，连续获得天津市“十二五”“十三五”综合投资学科建设项目，并于2018 年 3 月获得国务院学位办批准设立药学一级学科博士学位授权点。这是天津市所有高校药学学科中，首次获得的一级学科博士点。天津医科大学药学学科成功进入天津市一流学科行列。我本人也很荣幸地在 2003 年年底入选教育部优秀青年教师资助计划；

2004 年评为天津市特聘教授;2007 年被评为全国优秀教师,2009 年获得天津市五一劳动奖章,2018 年被聘为天津市双一流学科——药学学科首席科学家。

我常对学生们说:"作为一名科研教育工作者,通过自己的努力,能为新药研究和药学学科的发展做出自己的贡献,这是自己人生的价值所在,也是幸福感的体现。"

关注社会而参政议政

我一向主张,做学问的人要顺应时代要求,与时俱进,绝不是僵化古板的老学究。我们要不忘初心,时刻关注国家大事和民生民情。

从 2003 年至今,我任职天津医科大学药学院科研副院长、教授、博士生导师。社会兼职有:天津市人民政府特约教育督导员、天津市药品监督管理局药品审评专家。我加入了中国农工民主党,至今已连续三届成为天津市政协委员。在政协会上,我的提案多次获得优秀提案。

由于天津市城市建设发展速度快,公交站名没有及时更新,而有的站名与当地百姓约定俗成的叫法不一致,部分公交站存在一站多名、公

2011 年参观传统文化展时留影

交站名与地名不太匹配的问题。在市中心繁华地段存在多个公交线路，公交站牌各自为政，较少乘车的乘客要从头到尾寻找一遍才能了解，给群众出行带来不便。我出席市政协十二届二次会议的时候递交提案，建议加强公交站牌管理，设立集成线路向导图，解决目前公交站名混乱的状况，使途经该地点的几条公交线路一目了然。

目前一些城市对机动三轮车“一刀切”，采取扣车、罚款的措施，也有一些城市采取“默认”的态度。我认为，现有机动三轮车有两类，一类是使用汽油，一类使用电池或电瓶。全面禁止机动三轮车上路，无法根本解决问题。应该保障残疾人的权益，交通部门承担监管责任，在国家强制性标准出台前制定本地区的管理办法和标准，实施备案管理，对驾驶人员信息、车辆信息备案登记后，为符合标准的配发车牌，并规定年检和保险等要求，完善对机动三轮车和驾驶人的管理制度。通过规范化管理，既有效限制了大多数不符合规定的机动三轮车进市区，又保障了残疾人的出行权利，市区交通状况显著改善。我也关心每年冬天的居民取暖问题，为供暖部门想方设法出谋划策，改造旧管道……

作为高校教授，我理所当然要特别关心高校的人才引进。我曾在提案里提到，可以参照有些省市区的做法，年薪另计，出台能够吸引高级人才的政策，使天津的高校教育水平得到更高的提升。

人生没有一帆风顺的路，2013 年，一个平常的工作日，我如往常一般在办公室处理手头的工作，突然眼前一黑，我心头顿时一紧，心想，这眼睛是怎么了。在天津医科大学眼科医院诊断为视网膜脱落，需要赶紧安排手术。我的心一下子揪了起来，我明白医生的诊断，意味着手术失败，我将失明，我将不得不离开我热爱的科研工作，我将失去所有的色彩，陷入黑暗中。现在回忆起来都还能感受到当时的痛苦和无奈。万幸经过两次眼科手术，我又看到了光明，手术成功了，虽然视力受到很大影响，但我依然心存感激，更加珍惜每一天的生活。

日月如梭，我已经从朝气蓬勃的学生新秀成长为指导当今大学生的学术导师，从青涩的留洋海归变成饱经沧桑的大学教授，言有物，行有格，在学术岁月里已经度过了大半个人生。为了问鼎知识高峰，我还要保持不惰不息的学习心态，坚守自己的人格本质，为一代代学子做人梯，铸就一段求学者的人生佳话。

我是中国人

韩立红*

我的祖籍是山东日照。若干年前的中国人外流三部曲:下南洋、走西口、闯关东,我的祖先就是这支闯关东大军中的一员。他们的颠沛流离仅仅是为了谋得生机,他们的离乡背井是有着难言的苦衷,那走出村口一步三回头的情景,不堪追忆……

我是“资深”的小归侨

我于 1964 年 12 月生于朝鲜咸镜北道罗津市, 在那里度过了我的幼年。1967 年年末,在我只有 3 岁的时候,随同爷爷和奶奶及母亲回国了。他们本想回到我们的老家,也就是祖父母的故乡——山东日照,但是因为国家就近定居的归侨政策,便定居在距离朝鲜不远的延边龙井。

我的姥爷、姥姥和舅舅一家因为在朝鲜已经生活习惯了,继续侨居在朝鲜咸镜北道罗津。而我的妈妈为了爱情忍痛告别娘家父母和弟弟,带着我们姐妹三人跟随我的爷爷、奶奶回到祖国,与父亲团聚,定居在延边龙井。

---

* 韩立红,女,1964 年出生,南开大学教授、博士生导师、日语系主任,南开大学侨联暨留联副主席,天津市第八届、九届侨联委员、常委。

侨居在海外的华侨往往是抱团取暖，一般都是在某一个地方集聚在一起生活，并在那个地方建立供华人子弟读书的小学和中学。所以大部分侨居在朝鲜的华侨子女接受的还是中国的传统教育，使用的第一语言还是汉语。

父母在朝鲜时拍摄的结婚照

我回国的时候年纪太小，依稀记得，在20世纪六七十年代，我的父母和叔叔姑姑们走到哪里都不愿意告诉他人自己是归国华侨，因为怕被别人当作海外特务被监视、被歧视。但是即使在被怀疑、被误解的年代，我的父亲和叔叔姑姑们也都一生追求进步，要求加入中国共产党，大部分被考验了十几年以后终于入党。而我从小便深受各位长辈们的影响，考入大学以后就写了入党申请书，在大二下学期的1985年加入了中国共产党。因为我知道中共党员是中国人的先进分子，我是中国人，也要做到先进。

我的外祖母和舅舅一家于1983年带着姥爷的遗骨回到祖国，也定居在延边龙井。他们将姥爷的遗骨从朝鲜的土地挖出，整理后重新埋葬在中国的土地上。这也是姥爷临死前的唯一遗愿。这恐怕是绝大多数侨居海外的中国人的选择，因为落叶归根，根在中国。

我的母亲非常重视教育，在朝鲜做华人小学教师的时候，强调不要忘记自己是中国人；回到祖国后，很希望让我们在掌握朝鲜语以后，有机会进入外交部为国家做翻译工作。所以母亲有计划地在我小学毕业之际，将我特意送入了朝鲜族学校从零开始学习朝语，希望我有朝一日可以去外交部给国家做一名忠诚的朝鲜语翻译。我这个小归侨认真学习朝鲜语，就是希望能为祖国尽忠报效。

失之东隅　收之桑榆

我高考的 1983 年，正是祖国改革开放后的第五个年头。遗憾的是，我本来想报考的北京大学东语系朝鲜语专业隔年招生，1983 年不招生，于是特别想进京的我报考了在吉林省有 2 个名额的北京外国语大学日语系。那一年我的高考成绩是 537 分，据说是吉林省外语类（当时分文科类、理科类和外语类三种）考生状元。我同班有三个同学去了北大，一个是 530 多分，一个是 500 多分，还有一个是 480 多分都去了北大。而我这样一个高分竟然没有考上北京外国语大学，不明就里的我哭着吵着说是华侨的身份让我吃亏了。父母也不知道为什么我没有被北京外国语大学录取。于是在我哭着去南开大学报到的时候，父亲开始给中国侨办、中国侨联、教育部写信。

我已经在南开大学就读半年后，邓颖超办公室回信了，说南开大学是中国最著名的综合类大学之一，在那里我会有更大更好的发展。而我那时已经喜欢上南开大学，当时南开大学在中国大学的排名在前五名，除了清华、北大，北有南开，南有复旦，于是我连北外也不想去了。后来知道，北外日语系在吉林省的招生基本上面对长春小外的毕业生，不过我也不想去北外了，已经爱上了南开，爱上了天津——就这样一路本、硕、博读下来，毕业后在南开大学工作至今。

我想，当时若不是我在南开大学就读，若不是我是归侨，邓颖超办公室也不会给我父亲回信吧。

乘着改革的东风来到天津读书的我，每月领着国家的助学金，每年拿着各种奖学金，如饥似渴地在图书馆、教室中穿梭。记得有一年我获得外语系万荣芳奖学金竟然是 600 元，而当时的物价是每月生活费 50 元足矣。我父母当时供三个大学生在各地读书，若不是国家的助学和供给，我家三个孩子读大学，双职工的父母怎么供得起呢？

作者(三排居中)和弟弟妹妹及堂弟堂妹

改革开放后国家对教育的大力投入和支持，给了我们这一代人一颗报效祖国的感恩之心。我接着读了硕士，然后在南开大学外事处国际交流科做日语、韩语翻译。

华侨爱国无须理由

都说只有出过国的人才能体验什么叫爱国。归侨对祖国的热爱是与生俱来的本能，难以用道理去讲明白。在我做南开大学外事工作的时候，归侨的身份常常让我自豪，也常常提醒我该怎样为祖国多做贡献？我当时在学校主要负责联络接待来自日本、韩国大学以及跨国公司的高级来访人员，给校领导做翻译。20 世纪 90 年代初，也正是中韩刚刚建交的时候，一些韩国大企业看上了我的韩语能力，每每问我是否可以在他们的中国办事处工作，每月可以拿最低薪水 1000 美元，都被我谢绝了。虽然我那时的工资每月仅仅 200 元，但是我喜欢南开大学，喜欢我的国家，我从来没有想过换老板、换工作。

我想，应该是祖父母和父母给我的传统教育，即“富贵不能淫、贫贱不能移”的国本精神已经融入了我的血液当中吧。

在我1993年开始攻读南开大学历史研究所国别史博士的时候，学校把最好的留学名额给了我，1994年派遣我去日本东京立教大学做博士论文。当时的中国尚处于并不先进的阶段，而日本的发达让很多人目不暇接、流连忘返。丰富的物质条件对我并没有多大的诱惑，我知道，海那边有我亲爱的丈夫和孩子，有我敬爱的父母和亲人，还有多年养育我培养我的国家。我只是鞭策自己好好学习，好好写论文，早日回国报效祖国。1995年，我的一篇文章在东京华人报《中华导报》上全文刊载，其中有这样一部分内容：

我的老师戴国辉先生说，人有三个尊严：一是出生的尊严——对个人而言，任何人的出生都无法事先选择，是带有命运性的一种“结果”，而个人的坐标轴之基点便是在其出生，因而非固执不可。二是民族之尊严——民族是半悠久性的，对自己民族的认同是一件极为严肃的事情，来不得半点马虎。战争、动乱一类的话题和课题，最多不过是以十年为思考“时域”(the range time)的，但一国或一民族之有关文化、社会的命运的思考“时域”则是以百年甚至千年来作单位的。三是学术之尊严——作为社会科学研究者，重要的是坚持学术的纯洁性和尊严。

…………

在东京大学经济学研究科攻读博士学位的一位韩国留学生对我说，中国能担负起这个使命，也只有中国才能担负起这个使命。

他说，今日的亚洲，日本国已不复存在，韩国也不复存在，包括整个东南亚。一切以美国为目标，一切向美国看齐。而这些只不过是美国的亚洲翻版。犹如黄种人染黄了头发，磨白了皮肤，垫高了鼻子，但依然不能成为白种人，还丧失了自己原有的美好。只有中国人，有着强大的自信，学习美国，但从始至终坚持着中国文化而不弃，最根本的是中国人不妄自菲薄。无论何时，中国人都认为黑头发、黑眼睛、黄皮肤为最美，以中华的自尊与自信与西洋文明博弈。今日的世界，西洋文明已走到尽头，技术革命虽已达到顶峰，但人与人的关系愈来愈冷淡、麻木，人类的灵魂愈来愈走向孤独，陷入干涸的荒漠不能自拔。只有主张和谐、天人合一、重视心之修养的东方思想才能拯救今日的世界……

他激动地说着，我却有些诚惶诚恐。我不否认西洋文明，也不菲薄东方文明，我希望将来的世界能摄取东西文明的精华，创造更美好的未来。但是我有些担心。处在这样的时代，中国人能负起这个重担吗？中国能重整旗鼓，堂堂屹立在地球上吗？

我的心情越来越沉重，不停地在追问自己，能吗？能吗？……

一定能！

“犯我中华者虽远必诛”

这是西汉时期的大将陈汤的一句名言，每当想起此话，我都激情贲张。

1998年，我随同丈夫参加了中国工商联青年企业家访日代表团。我们一行在张绪武主席的带领下，在东京、神户、大阪等地与日本经团联、商工会议所、松下、索尼等大企业进行各种会谈及交流。一路上非常顺利，当来到大阪时，记得下榻在大阪帝国酒店。刚到酒店，我就发现，酒店前飘扬的各国旗帜当中，除了中国的五星红旗之外，竟然还有青天白日满地红旗，这么著名的酒店，不会这么没有常识吧？

我诧异着和丈夫嘀咕着，一边观察着周围，才发现酒店旁立着一个牌子写着欢迎中国工商联代表团，不远处还有一个牌子写着欢迎我国台湾某代表团，原来是一个规格很高的我国台湾某代表团在这个酒店举办国际会议。于是我和丈夫向团长及各位团员汇报了此事，团长张主席非常重视这件事情，马上向我国驻大阪领事馆领事汇报此事的同时，

韩主任(右一)和丈夫(左一)与时任中国驻日本大阪领事在一起

交代我作为代表立即和日方交涉,要求撤掉酒店前的这面旗帜。于是我通过前台找到负责人交涉。日方接到我们的抗议,只好撤掉了酒店前的旗子。在当天晚上大阪领事处举办的宴会上,张绪武主席和杨领事表扬了我,同行的团员也将热烈的掌声送给了我。2003 年,我陪同南开大学合唱团去韩国参加世界合唱比赛,团长是当时的副校长张静,陪同老师有现在的南开大学副校长杨克欣等。记得那次在韩国釜山比赛,南开大学获得了一等奖。韩国比赛结束后,全团顺访了日本国学院大学和爱知大学,并在两所大学大礼堂做了合唱表演。记得在神户停留的时候,我和张校长及克欣校长打车的时候,出租司机听到我们在车上讲中国话,下车付钱找零的时候,对我使用了粗暴的简体语,而没有使用尊敬语。

倔强的国家自尊心和民族自尊心又回到了我的身上,虽然司机不知道我是韩立红,但是他知道我们是中国人。我们是乘坐他出租车的尊贵客人,我们付给他费用了,他就应该对我们尊重。

下车后,我用敬体日语问他,为什么不对客人使用敬语。

他说,我说话就是这个习惯。

我问他,你不知道服务行业该对客人使用敬体吗?

他说我知道,但是这是我的语言习惯。

我说，好吧，你承认这是你的语言习惯，我就可以投诉你。你把车窗前的工牌给我看，我要向你们公司投诉你，作为从事服务行业的人员，不会使用服务行业应该使用的语言。

于是司机慌了，他支支吾吾地使用敬体语言和我说，我也不是这个习惯，我向你道歉可以吗？

我说，可以，你知道错了改正我接受。请你正式向我们的校长和几位同事道歉。

他支支吾吾地用敬体日语向我们几位女老师说，对不起，请原谅。

我说，这个不可以，你要鞠躬道歉，并且是诚恳地鞠躬道歉。

这位司机于是深深地低下了刚才还趾高气扬的头，向我们鞠了 90 度的躬，说对不起，请原谅我。

我说，请你今后不要对中国人使用简体日语，他也给你钱，也是你的服务对象，你要感恩地对待客人。

他流着汗水，低头哈腰地说是。

今后的他是否知道尊重来自中国的客人了呢？我不得而知。

在国外，无论是在北美，还是在西欧，抑或是在日本、韩国，碰到别人问我“Where are you from?”我总会自豪地仰着头大声说“Beijing，from China!”我是中国人，我是一个自豪的中国人。

工作中恪尽职守报效祖国

我在近三十年的教学生涯中，培养了一批批高素质的优秀学生。我的学生中，有的在全国各高校作日语教师，有的在国家行政事业单位工作，有的在世界 500 强跨国从事管理工作。现在我任日语系主任，以党员教师为骨干，带领全体教师进行了本科以及研究生教学的新课改，对落后于时代的课程进行清理，增加提高学生实践能力和国际视野的课程。目前南开大学日语系学生的国际交流实现了本科生层面 1/3 覆盖，研究生层面100%全覆盖，并洽谈成功了研究生国际培养双学位项目。而我本人自2017年开始指导来自日本国学院大学的博士研究生，为南开大学的教育国际化做出了贡献。我也获得过南开大学“敬业”奖以及名师奖等各种奖项。

我牢记立德树人的教育宗旨，不仅注重对学生思想道德方面的教育，努力培养学生健康的人格、积极乐观的人生态度、团结协作和无私奉献精神。我自己也乐于助人，多年参加各种捐款活动。2017年毕业30周年之际，在我的倡议和筹划下，组织外院87届校友成立了“青苗助学金捐款平台”，我本人也积极参与了捐款。

在科研工作中，我的主要研究领域为日本思想文化与中日思想文化比较研究、近世中日儒家思想比较研究。我在以上几个领域的研究均有独到之处，在研究同行中有一定的影响。我编著的著作《日本文化概论》于2013年获南开大学教学成果一等奖。目前为止，出版专著3部，译著3部，发表论文20余篇。

自1990年就职南开大学以来，我为学校国际学术交流工作以及各种国际学术会议，担任日语韩语即席翻译和同声传译。我曾经为日本茶道里千家家元千宗室担任翻译，为韩国前任总统金大中先生以及夫人担任过翻译。在韩国精神文化学院留学期间，还为韩国前总理李会昌先生担任过即席翻译。

作者在国学院和南开大学学术会议上讲话

作为日语系党支部书记，我带领基层党支部的8名教师，在党委的领导下，充分发挥基层党组织的战斗堡垒作用和党员的先锋模范作用，始终围绕人才培养和学科建设等中心工作抓党建，教育引导广大党员在实现学校建设双一流大学、开发本科生主干课程等方面多做贡献。承担国家社科项目3项，教育部社科项目3项，天津市重大项目2项，一般项目2项。

在社会工作方面，我自2007年起担任南开大学侨联暨留学归国人员联谊会副主席，并在天津市第八次、九次归侨侨眷代表大会上，当选为天津市归国华侨联合会第八届、九届委员会常委。多年来，在繁忙的教学科研工作之余，我坚持兼职从事侨联工作，满怀热情、不计得失，充分发挥了侨联与广大归侨侨眷联系的桥梁和纽带作用，为侨联建设和发展做出了自己的贡献。

目前，南开大学有老归侨22人，绝大多数已经年逾七旬，我始终牵挂着老归侨的健康和生活，定期到老归侨家中看望慰问，为他们带去学校党委的关怀，向他们汇报侨联的工作情况和取得的成绩，认真听取老同志们的意见建议，询问他们的身体情况、生活起居和子女状况，主动帮助老归侨解决生活上的实际困难，让他们安享晚年，受到老归侨的充分肯定。

我是在改革开放的环境中成长起来的，十分注重了解天津市经济社会发展的水平、了解学校建设发展的状况，在南开大学侨联开展的“爱南开、爱天津、献一策”活动中，我积极建言献策，提出了多项关于提升校园环境、减轻学生负担的意见建议。

我多次代表南开大学侨联参加市委统战部、市侨联的会议和活动，2010年，我参加了国侨办组织的“归侨侨眷杰出人士世博行”活动，充分感受到了国家对归侨侨眷和高端人才工作的高度重视，也感受到了国家科学技术的飞速发展。我还多次在天津市侨界人士迎新春座谈会和天津市侨界庆祝中国共产党成立大会上，代表南开大学侨联发言。2013年，我获得全国侨联系统先进个人奖。我坚持认真做好侨联留联工作，愿意为侨联留联建设和发展一如既往地做出自己的贡献。

2014年获得南开大学教学成果一等奖，2018年获得南开大学教学十大名师奖。

附录：在国外求学和从事外事工作的过程中，作为一名中国人，我有很多感触。此文是1995年我在日本留学时，刊载在日本东京《中文导报》上的一篇文章，仅以此篇文章表达我的一些心声。

断编残简（上）

（一）

我的老师戴国辉先生说，人有三个尊严：一是出生的尊严——对个人而言，任何人的出生都无法事先选择，是带有命运性的一种“结果”，而个人的坐标轴之基点便是在其出生，因而非固执不可。二是民族之尊严——民族是半悠久性的，对自己民族的认同是一件极为严肃的事情，来不得半点马虎。战争、动乱一类的话题和课题，最多不过是以十年为思考“时域”(the range time)的，但一国或一民族之有关文化、社会的命运的思考“时域”则是以百年甚至千年来作单位的。三是学术之尊严——作为社会科学研究者，重要的是坚持学术的纯洁性和尊严。

（二）

星期一去学习院大学听山本先生的“东洋思想史”课，令我浮想联翩。山本先生在讲到日本江户时期受中国的影响，将当时与日本进行贸易往来的葡萄牙人的贸易称作南蛮贸易的时候说：“中国自古以来自认为处于世界的中心，所以自称为中国，而居高临下地对待周边落后的国家。将中国以东称为东夷（类似鱼虾），包括日本；以北称为北狄（类似犬类）；以南称为南蛮（类似虫鸟），包括今天的东南亚；以西称为西戎（好战志仁）。我们常常批判中国的大中华思想，但我个人认为，中华思想以及中国人特有的自尊是基于其5000年悠久历史文明的。正如法国人在西洋特有的自尊是基于法国文明一样，中国的文明向四周辐射，对其周边国家的社会产生很大的影响，日本也是其中的一个国家。日本虽然有文化，创造过文化，却没有文明，并从未产生过文明。今天，日本人的日常生活的每个角落无不渗透着中国文明，连我们的姓名都不得不依靠中国的汉字……

（三）

我想起了前两天接到的韩国精神文化研究院（相当于中国社科院）一位研究"训民正音"韩国语言学者教授的来信"……从历史来看，韩半岛自三国时代（高句丽、百济、新罗）至高丽、朝鲜，及现在的韩国，可以说百分百地受到了中国的巨大影响，并因此韩国有了今天的发展。我本人对中国是怀着感激之情的。当然，自1950年之后，相互处于一种不幸的关系也是事实……"

今年8月，我去韩国收集博士论文资料时，曾为韩国的中国古代哲学思想研究的累累硕果所惊叹。曾为中国近现代人所不屑的孔孟之学等，在韩国一直被作为珍贵的文化遗产受到尊重、保护和研究，并将其融进平凡的日常生活中……

作为中国人，我感到的是惭愧。

（四）

日本江户时代的著名学者荻生徂律是中国文化的热烈崇拜者。他坦然以"东夷"自居，还把自己祖上的日本式复姓"物部"改为中国式的单姓"物"，自称"东夷物茂卿"。他反对以日本式的训读而主张以汉语直接阅读儒家经典。他还为能够移住于品川（东京的一个区）而高兴不已，因为这里离他向往的中国总算又近了些许。

当时，日本知识分子的崇华意识，造成了他们自日本文化向中国文化的"心理逃亡"。到了明治初年，中国虽已落伍，但崇拜中国文化的古风依然笼罩着日本的上层社会。清驻日使馆的参赞官黄遵宪，由于诗名很高，成为当时东京汉诗沙龙的明星，经常是"户外履满，剪趾相接"。这里不排除他个人的魅力和才气，但起主要作用的恐怕还是自古以来日本对中国文化的崇拜和依恋心理。后来的著名作家夏目漱石、永井荷风等,也以热爱中国文化著称,荷风甚至说过:“我爱中国甚于日本。”

(五)

说这些,也许会让读者觉得我是阿Q的自我陶醉“我们祖上也曾阔过……”

其实,我只是有些怀疑,我们祖上若真是使周边国家如“百鸟朝凤”般仰慕过的中华,那么身上依旧流淌着祖先之血的现在的中国人怎么了。

我只记得还是上小学的时候,读《青春之歌》,第一次碰到了“中国人与狗不能入内”的句子,我幼小的心灵受到巨大的冲击。上中学学习历史后,知道了中国近代以来百年的屈辱史。而如今,身处日本,更怀疑毁掉近代中国的那些中国人真的曾是“气壮山河”祖上的后代。

我常常想, 我宁愿不要享受现代文明的方便, 也愿意生在盛世唐代,去享受那时的自豪和精神上的自由。

自小我们就被告诫“循顶至踵,皆父母之遗体”,一个人不仅代表其父母、其家族,甚至代表一个民族、一个国家。因此,无论身处何地,自强不息,处处谨慎。

阿Q也不曾否认过自己不是阿Q。

可是现在有些中国人,却宁愿否认自己是中国人。

两个月前,一个朋友对我说过这样一件事,一位在日本留学多年、日语说的和日本人无甚两样的中国女士,不喜欢自己的中国名字,甚至和中国人在一起时也不愿讲中国语。当初次和她见面的日本人问起她的情况时,她一般说自己是日本混血儿,爸爸虽是中国人,而妈妈是日本人……

明明是百分百的中国人,朋友很气愤,我却感到了一种悲哀。

我不知道哪位中国女士将自己的血液里注入伪冒的日本血会觉得比纯粹的中国人高贵到哪里。

曾几何时,中国人已沦落到这种地步!

中国人到底是怎么了?

（六）

昨天在某报上读到一篇文章，说的是“留日女士的悲哀”。也是同一家报，四五月份曾登载一篇《留日男士的悲哀》一文，说“中国男人文明不足、修养不足，既没有古代人的优雅，也没有现代人的风度。中国男人什么时候变得不伦不类？”并指导中国女性如何追求“温柔、彬彬有礼”的日本男性，从而导致胡天先生的“留日女士的悲哀”一文。

文中写道：“……恋爱的运动场上将会呈现怎样的景象呢？日本男人在前面跑，中国女性（大约不止一位）在后面追，中国女性后面又跟着几位长跑技术不佳、气喘吁吁的中国男士。——这景象实在太可悲，太让人心酸了。不过，在这种奇怪的赛跑中，第二名和第三名一样可悲，因为她追赶的究竟是爱情、幸福与金钱？还是一个虚幻的影？恐怕连她本人都没弄清楚。”

从而胡天先生叹道，这便是“留日女士的悲哀”，亦是“留日女士的荒谬”。

（七）

我本人对日本男性是不感兴趣的。这倒不是因为“吃不到葡萄，便说是酸的”。本人虽然其貌不扬、才疏学浅，只因为略通日语、韩语，也曾有“亲切、温柔、文质彬彬、温文尔雅”的日本男士一表倾心（当然不是半老徐公，亦不是休妻再娶），甚至追到了中国。

我是一个爱情理想主义者，我所强调的是共同的文化背景与道德伦理价值观念，只有中国男人才会真正了解中国女性的价值，知道中国女性并不是很强，中国女性也不是不温不柔，他们会真正理解当代中国女性所承受的来自社会的和家庭的双重压力和内心的需求，而去珍惜她、爱护她。那种“两情若是久长时，又岂在朝朝暮暮”及“心息相通，志同道合”的感觉，也许在国际婚姻中是难以寻求的东西。直到近日，我还认为，中国男性是最有涵养、最体贴女性的男性。而且我认为，大多数中国女性与我有同样的想法。

(八)

然而,现在我在日本,越来越感到的是“留日中国人的悲哀”。

今年夏季,日本东北某地举行了国际青年研讨会,与会者多达百人,其中近三分之一是日本学生,其他是外国留学生。有那么几位自称已“日化”的中国男性的表现实在令我困惑不已。每天每刻,会上会后无时无刻围着日本女孩转,显示出极大的耐心和殷勤,而对中国的女留学生却是一副冷冷的表情,连招呼都懒得打,作为旁观者的我,真不知是一种什么滋味。

我不知道,他们洋洋自得的“日化”是什么?是因为日语说得与日本人一样好?还是因为自己像日本男人那样可以随便发生两性关系?或是与日本姑娘结婚,穿上和服,住上榻榻米,就是“日化”吗?

我不认为日本女士会比中国女士逊色多少,更不否认日本有许多值得我们中国人学习的地方,但我想提醒这些口口声声准备娶日本妻子“归化”的中国男士不要忘记自己曾是炎黄子孙,不要磨灭自己个人人格的甚至民族的尊严。

我不否认,拿了美国绿卡,或是申请美国国籍,于日后的研究工作或事业发展会有许多有利之处。中国护照,在一定的时期内,出入世界各国的确有些不便。且美国等毕竟是个传统的移民国家,在那里,拿美国护照,你不一定要放弃自己所属弥足的尊严。然而,现在的日本,其包容各民族自尊的社会条件尚不成熟,整个社会的排外性、闭锁性很强。当你在法律上成为日本公民时,整个社会要求你磨灭自己的民族特性,把你同化于大和民族单一的熔炉中,迫使“归化”人改姓换名。

正因为如此,我的老师戴国辉先生居日四十多年,在立教大学教书二十多年至今保持着中国的国籍。

留日中国人,当你真的要“归化”日本,请你不要犹如得胜的将军般大声喧哗,不要吵醒已睡的、为我们创下如此大的家业的祖先,更不要将你的整个灵魂“归化”。

(九)

中国人应该怎么办呢?

我在韩国时,仁川市仁荷大学一位研究东洋史的年轻教授,曾与我就中国进行过争论。

他说,邓小平过世后,中国肯定要发生内乱。我说,会有一些变化,但不会发生内乱。日本某些学者害怕中国强大,贪羡中国广大的土地与资源,希望中国四分五裂。所以总是散布中国会发生内乱的言论,你是受到他们的影响。我认为中国不会分裂,绝对不会分裂。广东、上海等省市虽然富裕,地方权力大,但是大家都是中国人,都知道中国是个统一的国家,是整体的一个人。人的躯体怎么能分开呢?这种事情中国人连想都没有想过。

听到我的辩解,他叹了口气说,其实我何尝不希望中国强大呢?我把我的希望都寄托在中国人的身上了。我在法国留过学,留学时的一件事使我的心灵受过创伤,至今不能愈合。我坐公共汽车时,法国女人都不愿意坐到我这个黄种人身边,即使勉强坐到身边,也是如临大敌般护着自己的手提包,犹如望贼似的看着我。在大多数白人眼里,东方黄种人永远是贫穷愚昧的。

作为黄种人,日本人站起来了,经济实力仅次于美国。但日本人却未能提高黄种人的国际地位,因为日本没有与西方文化媲美的文化可抗衡。韩国人也站起来了,但也不能扭转这个局面。只有拥有五千年灿烂文化、拥有十亿人口的中国人站起来时,黄种人才算是真正站起来。

中国,但愿你能担负起这个重任!

(十)

我没想到,还有对中国寄予如此巨大希望的外国人。中国人,你能担负起这个使命吗?

在东京大学经济学研究科攻读博士学位的一位韩国留学生对我说,

中国能担负起这个使命,也只有中国才能担负起这个使命。

他说,今日的亚洲,日本国已不复存在,韩国也不复存在,包括整个东南亚。一切以美国为目标,一切向美国看齐。而这些只不过是美国的亚洲翻版。犹如黄种人染黄了头发,磨白了皮肤,垫高了鼻子,但依然不能成为白种人,还丧失了自己原有的美好。只有中国人,有着强大的自信,学习美国,但从始至终坚持着中国文化而不弃,最根本的是中国人不妄自菲薄。无论何时,中国人都认为黑头发、黑眼睛、黄皮肤为最美,以中华的自尊与自信与西洋文明抗衡。今日的世界,西洋文明已走到尽头,技术革命虽已达到顶峰,但人与人的关系愈来愈冷淡、麻木,人类的灵魂愈来愈走向孤独,陷入干涸的荒漠不能自拔。只有主张和谐、天人合一、重视心之修养的东方思想才能拯救今日的世界……

他激动地说着,我却有些诚惶诚恐。我不否认西洋文明,也不菲薄东方文明,我希望将来的世界能摄取东西文明的精华,创造更美好的未来。但是我有些担心。现在,西洋文明充斥全球,甚至许多的中国人都瞧不起自己。处在这样的时代,中国人能负起这个重担吗?中国能重整旗鼓,堂堂屹立在地球上吗?

我的心情越来越沉重,不停地在追问自己,能吗?能吗?……

但愿能!

祖国是我绽放的源泉

韩立梅*

岁月如梭,唯一能抵抗无情岁月的,是生命本身的更新能力。不断地汲取水和养分,不停地呼吸新鲜空气,站在风里,获得自我的饱满、丰富、从容和安宁。像大树学习:一边专心致志地深入,根须钻进泥土,是熟虑、是思考;一边畅快淋漓地绽放,枝叶轻飏空中,是俯瞰、是远眺,因为这所有的繁荣都是大地的供养。我们是一株株树苗渴望成长,大地就是我们伟大的祖国母亲。

1969年刚回国的爱国小华侨(中间为作者)

我是1965年出生的朝鲜归侨,父母在我很小的时候听从祖国母亲的召唤,回国参加建设。回国后父母选择就近在与朝鲜隔江相望的边陲小镇朝鲜族自治州扎根落户,报效

* 韩立梅,女,1965年出生,天津市德利得集团五矿进出口有限公司副总裁、天津市侨联常委、天津市南开区侨联副主席、天津市南开区政协委员。

祖国。我的父亲是一名知识分子，20世纪60年代初大学毕业，回国后全身心投入工作，可是在60年代中期，他因为走白专道路站“错”了队伍，遭受了冲击，让我们这些尚处于幼年的兄弟姐妹每日都生活在担惊受怕之中。

庆幸的是改革开放后，组织上为我父亲平反并调到市侨联工作，任职延边自治州龙井市侨联主席。父亲一生为归侨侨眷服务，安置了大量归侨侨眷，解决他们的生活待遇问题，还兴建了华侨大厦，获得了全国侨联授予的先进个人称号。我的母亲是一名教师，一直任教到退休。

我的祖籍是山东省日照市，父母秉承了孔孟故乡的儒家家风，在做人和做事方面都对我们产生了深远的影响，正直、诚信、善良是我们做人做事的原则，己所不欲勿施于人，以一种良好的心态面对自己和他人。我的童年、少年时代就是在这样一个热爱国家，服务华侨侨眷，重视文化教育，团结和睦、充满爱的华侨家庭中成长度过的。

经历改革开放大潮涌动，投身国企12年

受家庭氛围的影响，我自小喜欢读书学习。高中毕业后我考入了长春轻工业学院读专科，后升本到无锡轻工业大学，我所学习的专业都是食品酿造和微生物工程。毕业后我就职的第一家单位是江苏省连云港市酿化厂，这是一家省市知名的老国企。主要产品是人民生活离不开的调味品：味精、酱油、食醋、酱菜等，工厂原料产品检验相当严格，质量很好，消费者认可度相当高，工厂门前的直销店经常是很多人在排队。当年我是作为技术人才被引进的。进入工厂后，我被分配到生产科，负责全面整理产品工艺流程和质量标准。为了尽快实现理论和实践的结合，我主动要求到车间一线，从基层工作干起，向工人师傅学习。

调味品生产属于发酵制品，需要三班倒跟踪产品属性变化。为了能够尽快掌握生产技术关键点，我就主动在每道生产线、每道工序连续跟

班，熟悉车间生产的工艺流程及各道工序，起草并修订企业所有的调味品产品标准，积累了全套产品的技术和实践相结合的方法。1988年5月，老国企在改革开放的呼声中对公司中层管理干部采用竞聘上岗的方式，我积极准备材料和演讲提纲，走上前台参加竞聘。由于我准备充分，演讲深入人心，更由于我的日常表现和为人已经得到了厂里领导和职工的普遍认可，我在众多竞聘者当中脱颖而出，走上了中层领导干部的岗位。从一名普通的技术员、工艺员成长为能够独当一面的车间主任、分厂厂长，并被聘为工程师，在调味品研究所进行产品研究、开发新产品等工作。当时我在厂里分管质量，对生产工艺严格把关。我总是第一个对在发酵生产过程中出现的问题、遇到的困难每每都能提出独到的技术解决办法的人，提高了产品的优质品率。我积累了管理经验，为企业增产创收和发展做出了自己的贡献。因为表现突出，我于1992年加入了党组织。

继改革开放十多年来，我国在不断探索总结经验教训，到20世纪90年代，大锅饭、等靠要等机制受到冲击，改革从上到下展开。1997年初，国企改革，工厂变成了股份制的企业。新班子进来，体制创新的同时也开始改进产品，大力降低各种成本，改进传统工艺流程，寻找粮食原料的替代品，研究快速发酵方法等，全面新建产品结构。其实这对我来说正是大展身手的好机会，但是改革春风已经把市场主导型的中外合作制，推到我国的沿海。虽然新领导班子百般挽留，但是我也想投身改革大潮中体验新的工作和环境，也不甘心在此固化自己的人生，而是希望在这个时刻走出去，到社会上淬炼、摔打、考验自己，不论精彩与否，希望自己再能摸索出另外一条人生之路。

敞开国门引进外资，体验外资企业的5年

1997年，利用晚上和周末的业余时间上课学习，我通过了日语能

力2级考试,这为我日后在众多的应聘者激烈竞争中胜出创造了条件。不久，我进入了一家在连云港市开发区新成立的全日资的独资企业——(日本)雅玛珂紫菜有限公司工作。公司董事长白羽清先生是日本著名的紫菜大亨,承担了日本70%的紫菜供应。白羽清先生乘着中国改革开放的东风,在江苏省多地投资近十亿元。我也得以进入这个全新的企业,为此充满了期待。我依然分管自己最熟悉的生产部门,负责制造及原辅材料的检验和分析,并协调同检验检疫的商检、通关、船期等管理工作。

当时,我的小家庭三口人是远离家乡的,孩子刚上小学,爱人也在葡萄酒厂做没有固定时间的同类型的技术工作(酿造工艺)。我新就职的(日本)雅玛珂紫菜有限公司在距离市区较远的开发区,我们每天上下班有公司班车接送,每天是早出晚归,而公司的产品全部出口美国、新加坡、日本等,业务十分繁忙,我作为一个妻子和母亲,对家庭的付出每每都是心有余而力不足。另外，雅玛珂品牌在国际上很有竞争力,所以每年一次的国际紫菜交易展览会就定在我公司举行,每逢此国际会议的筹备和会议期间,我每天带领制造部员工连续作业,公司安排有员工宿舍和员工餐厅,我们吃住就在公司里,经常是夜以继日地加班加点,安排布置展会需要的产品分类加工。记得那年国际会议结束后，全部安排妥当已经是凌晨1点，公司安排第二天回家休息一天，我拖着疲惫的身体回到家里,家里没有人,爱人上班去了,孩子

韩立梅近照

上学去了,看着这个我多日没有回来的家,我这个妻子、母亲充满了愧疚感,赶紧下楼采购了好多食品,为家人准备午餐,孩子中午放学回来了,看到妈妈喜出望外,使劲抱着我的脖子不肯撒手,我眼含泪水、满含愧疚地对孩子说:"孩子,是妈妈不好,不能好好陪你学习,给你做好吃的饭菜,因为妈妈不单单是你的妈妈,妈妈还是一个制造部的带头人,还是一个外企管理干部,在这个工作岗位上,妈妈还要做好自己的工作。"

在独资企业里,在国际水平的管理制度下,在自己的食品专业基础上,我认真钻研紫菜加工技术,寻找契合点,紫菜加工掌握烧烤的温度和时间最重要,我都在一线亲自严把质量关,总结经验手把手地带领新人。因为表现突出,公司决定派我去日本学习,掌握更先进的管理经验和工艺加工技术。含泪道别了爱人和孩子,我在日本接受了公司安排的系统的管理培训,一年多后我又回到企业,我把在日本学到的管理和技术同企业的实际及原料紫菜特点相结合,生产的产品口感好,质量上乘。几年来,我所带领的制造部门生产的产品几乎没有发生客户投诉现象,为雅玛珂公司赢得了良好的国际和国内信誉,订单像雪片一样飞来。

在多年同日本企业和日本普通百姓打交道的过程中,我对于日本文化和日本人对企业的管理模式及理念有了深刻的了解和切身的体会,他们细致、严谨的工作作风和忘我的敬业精神深深地打动了我。印象很深的是在企业里上至六十岁左右的临近退休的员工,下至二十多岁从学校刚毕业的年轻人,每一个人都那么热爱企业,热爱岗位,热爱周边的人,但是一旦遇到了不按操作流程工作或其他违背公序良俗的不和谐音符时,他们就会立即批评指正,没有丝毫情面和商量余地;他们干净整洁、礼貌待人的日常行为举止让我对日本及日本国民有了全新的认识,也成为我个人今后的企业文化素养。走到办公室及生产车间的每一个房间,都能看到"确认、确认、再确认"的警示语挂在墙上,这也成为我一直以来的座右铭,鼓舞和规范我的一切管理和工作、生活。

在江苏工作的十几年里，我身为华侨，开始积极投身社会活动，参政议政，关心社会发展，参与地区建设，先后当选为江苏省连云港市第四、五届华侨联合会常务委员；江苏省连云港市第七届青年联合会委员；政协江苏省连云港市委员会第九届、十届委员会委员；江苏省第九届青年联合会委员，并获得 1992、1995、1996 年连云港市商业局积极分子荣誉证书；连云港市经济技术开发区计划生育先进个人；1998、1999、2000 年被评为中共连云港市经济技术开发区委员会优秀党员。在这些社会工作中，我都能始终与党保持一致，建言献策，参政议政，认真履职尽责，也在这一过程中努力学习，不断充实自己、完善自我。

深入改革开放前沿，扎根民营企业 16 年

20 世纪末，我的父母投奔在南开大学工作的姐姐来到了天津。于是 2001 年底，强烈亲情的召唤使我离开工作生活了近二十年的江苏省，来到了天津，来到了年迈的父母和至亲的兄弟姊妹身边。到天津后，我想，我有在国企、外企的工作经验，还没有在民营企业历练过，民营企业机制灵活，舞台广阔，应该是检验自己发挥更大能量的天地，能让自己更有作为。于是我进入天津大型民营企业德利得集团有限公司工作。天津德利得集团组建于 1996 年，是天津市百强民营企业之一，连续 3 届被评为全国“光彩之星”。德利得集团所属品牌“德利得物流”连续 2 年入选“全国物流百强”。

进入集团后，最初在集团公司综合管理部门工作，因为专业不对口，我从一名办公室的普通文员开始做起，虽然当时公司给我的工资仅为我在江苏时收入的 1/4，但是我没有丝毫怨言，满怀激情投入没有接触过的大型集团企业管理当中，车辆管理、人力资源管理、集团资产管理、日常接待管理、出差报销等，我怀着高度的责任感和认真学习的工作态度从头做起，不懂就问，不会就学，虚心勤奋，我的努力赢得了大家

的认同和赞许。

让我印象最深的是，2002 年上半年，通过近半年时间对集团公司各部门的熟悉观察后，我将自己对管理的理解和想法形成近一万字的报告提交给高层，经当时的公司高层顾问推荐，我被任命为公司大酒楼业务总监，并接手集团办公室主任一职；紧接着，又被任命为集团党委副书记、党办主任、工会主席、团委书记。至此，我开始走上了一个大型民营企业集团高管的重要工作岗位。

在刚接手这些工作一年多的时间里，我有太多的不懂、不会，太多的疑惑不解，太多的学习和付出，一下子置身于对我来讲如此陌生的环境、陌生的行业、陌生的企业、陌生的工作、陌生的人群，我不习惯、不适应。当时自己曾经有过失望和失意，曾经有过退缩和逃避。应该说，一年下来我坚持挺了过来。在一次一次的量变到质变中得到成长，回首时感慨万千，既有成绩又有教训，既有付出又有收获。

集团公司办公室的工作范围很广，事情也比较复杂烦琐，都是我以前没有经历过的。在这里，我虚心学习，认真对待自己经手的每一件事，勤恳做事，坦荡做人，对公司的管理体制、架构及人员安排、车辆管理、印章使用等多次向高层管理者提出合理化建议，大多被领导采纳，使公司人尽其才，物尽其用，经营成本大幅度下降。那些年里每天我都是最后一个离开公司，离开时经常是带着大把的工作，回到家里后再处理，晚上睡觉前习惯性地认真思考和反省自己白天所做的每一件事。

我毕竟是普通人，极度认真的工作态度和巨大的工作量形成超负荷的压力，令我不堪重负。2002 年 12 月 1 日这一天，一大早胃口疼痛恶心到醒过来，睁开眼睛，就是天旋地转，连续呕吐，住院诊断为长期紧张压力大而导致免疫力低下，低血糖。住院后我依然惦记着工作，将自己的工作笔记带在身边，上面记录的自己每天几十条需要想着的工作内容，然后电话联系安排继续完成。

2003 年下半年，我因工作表现突出被提升为集团董事长助理、集

2006 年 4 月，德利得集团捐助鹤童(川府)老人院功德碑落成仪式(前排右一为天津市原副市长、人大常委会副主任鲁学政，左一为作者)

团副总裁，后又在 2005 年初升为常务副总裁，分管集团办公室、人力资源部、法务部等。集团董事会将公章审批权和财务审批权也交给了我。对我来说，这更是一个挑战，我从来也没有接触过法律方面的事物，完全不摸门，同时也感到了自己的不足，该学习的东西太多了，法务部每一件经手的协议或诉讼少则几十万元，多则上亿元，但是我不怕困难、勇于挑战自我，边学边干。此时，我利用业余时间，参加了南开大学的在职 MBA 进修，通过两年系统的学习，使自己的综合管理知识有了很大的提升。在集团的一些诉讼案件中，我与集团法律团队及聘请律师一起组织材料，外出查找证据，自己虽然没有律师证，可是亲历多年法务工作让自己在这方面也有了很大的进步。在国家以和谐为原则的诉讼倡导下，我提出自己的观点，宁可我们多让点，把精力投入到做业务上，使公司多个房地产方面涉及以亿元计的案件最后以调解结案。

哲人说，世上只有一种成功，那就是能够按照自己的方式度过一生。社会文化不鼓励我们以随意的自我出现，人生的主角就是自己，从开幕到闭幕时间短暂，能否成功，得到喝彩，就看自己的表现。只有全身心投入，充分展示出自己的风采，才能享受到成功的喜悦，才能对“观众”负责，也对自己负责。工作中，我不怕苦，不怕累，埋头苦干，呕心沥血，多次因劳累病倒在工作岗位上。也许有人会说我这是自虐，但我却认为这是自律。我觉得组织和父母多年对我的培养教育，不去忘我工作就有负罪感。

管理公章和财务审批，管得好不好都是得罪人的事，但是我身正不怕影子斜，以认真负责的态度，把握对事不对人的原则，得到了大家由衷的肯定。在人力资源方面，我对每一个员工都是给以关怀和体贴，经常在休息时间主动地与员工们进行谈心，了解他们的想法，关心他们的生活，对每个员工的家庭状况等都做了资料存档，以情来打动员工，让每一个员工都在宽松的工作氛围中自觉主动地发挥个人潜力和主观能动性。对于员工提的一些好的建议及要求，我都及时地向上转达并妥善解决。

当企业利润与社会责任发生矛盾时，身为一个大企业的决策者之一，我更看重的是社会的和谐、稳定与企业应该承担的义不容辞的社会责任。

国企体制改革中的原天重起重机械厂，原来的国企员工尤其是一些老职工，过去无论是企业还是个人一切由政府解决的社会问题，改制后却变成了活生生的企业难题。最难的难题是人的问题，一千多名退休和在职职工无法接受自己身份转变的现实，他们怀揣着各自的想法和各种要求，多次组织多人直至上百人的集体上访，提出了各种各样的条件，让我这个分管的常务副总裁一个个面对，一个个解决，稍有不慎就会有一次次的围攻。同事们说我是“草根总裁”。

然而，正因为我是“草根”出身，我更理解改革大潮中最基层百姓的所思、所想、所盼、所依。那时，我刚动完大手术，伤口愈合得本来不好，每天发着低烧，只能靠吃药强顶着处理这些难题。职工们的拖欠工资公司给补了，他们的医药费公司承担了，养老保险一分不差，有能力、没能力工作的职工，公司全盘接收，连涉及家属的生活、疾病等问题我们也解决。终于绝大多数员工的情绪平稳了，工作安定了。我刚要喘上一口气，然而，意外却发生了。

这个厂有位开龙门吊的女职工刘某，当时 50 岁了，正值更年期的她因为和工友的工作矛盾引发了火气，趁机发作起来，她的口头禅是“我是国家人，就吃国家饭。”她站在了十几米高的龙门吊上，扬言不答应她的条件就“死给你们看”。“110”来了，消防队来了，救生的气垫也铺好了，还有看热闹的人在下面起哄。我当时正输着液，听到了这个消息，自己动手拔下针头，火速赶到现场。为了能和刘某说话，我不顾天旋地转，独自顺着铁梯爬上龙门吊的钢梁，面对面开导她。当时刘某哭了，我也哭了，作为女人，我理解她，更同情她。我苦口婆心，因势利导，最后经过不到一个小时的说服，刘某终于自己下到了地面，而我此时几近虚脱，是两位工友搀扶着我才勉强下来。本来问题接近解决，可此时“110”民警却不干了，因为动用了那么多的社会资源，事情闹得这么大，非要拘留刘某不可。我一把将刘某拉到身后，一边用自己的身体护着她，一边对民警说“这是我们自己家里的事，我们自己能解决。”听到这话，刘某一下子扑到我的怀里放声大哭。我懂得这是真情的泪水，是内心情感的真实流露，这样的事例真是数不胜数。

此外，我作为董事会成员负责集团下属的物流公司的经营班子和董事会协调工作，我们的物流公司是由集团与上海菱通软件技术有限公司合资组建的新型第三方物流专业服务企业。旗下拥有 4 家全资子公司及 80 余家物流配送企业加盟的全国物流配送联盟。德利得物流为国家级 4A 级综合物流企业，以先进而完善的现代物流服务体系为依托，为包括雀巢、松下、美国通用、阿克苏·诺贝尔等跨国公司在内的第三方物流需求客户提供物流解决方案与服务，以为客户创造价值、提升客户的整体竞争力为最终目标。自 2000 年成立以来，在大家的共同努力下，得到了长足有效的快速增长。

我常告诫自己和员工，社会是大海，我们是条船，风平浪静前程远，

2016 年 11 月，参加德利得物流入选全国物流先进企业授牌仪式

波涛汹涌易沉船。有了这样的理念和责任，2008 年德利得物流承担了奥运火炬的全程运送任务。从北京到上海，从井冈山到韶山冲，一直把火炬安全运送到了喜马拉雅山脚下，全程 103 个省、直辖市、自治区和革命圣地，没出任何差错，未现半点疏漏，当奥运圣火在珠穆玛朗峰熊熊燃起的那一刻，我的眼泪夺眶而出。这是德利得人的骄傲，更是全体中国人的自豪！为了这份荣誉，德利得人付出了多少，只有自己知道。2008 年正是我女儿高考的年份，作为母亲，我怎会不焦虑，哪能不担忧。然而正是为了这份沉甸甸的责任，我当时的角色只能认定为公司执行总裁，而不只是一名考生的母亲。令我欣慰的是，女儿以优异的成绩考入了香港中文大学，后又在中国香港考取了研究生，现在也在职场上取得了优异的成绩。我想，她没有得到母亲的娇惯和溺爱，没有成为骄、娇二气的"小公主"，而是从自己母亲的身上学会了什么是责任、担当与自强，这或许是我留给她一生受用不尽的宝贵精神财富。

我们肩负的不仅是企业的一己之利，我们更看重的是沉甸甸的社会责任。在集团董事长王学利的经营理念倡导下，德利得集团近年来为社会公益事业捐资、捐物总额 4000 万元人民币，其中捐建各地希望、光彩学校 12 所，我公司是天津人熟知的鹤童公益老人院发起人，1997 年捐款100万元，鹤童老人院专门以德利得命名了南开区的一所老人院叫德利得鹤童川府养老院。公司为社会提供下岗再就业岗位超过2000人次。在此期间，作为集团内唯一的一名女性高管，我充分发挥了自己的特殊身份和地位角色。多年来，我一直在公司提倡人性化管理，给员工充分的自由发挥空间，挖掘潜力，从未主动辞退过员工，即使是退休员工，我们也尽量留用，尤其是在与离职员工面谈时，我总是耐心地听取他们的想法，对于他们提出的问题予以解决。2003年以来，公司未发生过一起劳动纠纷，而且有多名员工在外面工作一段时间后，认同公司的文化，又重新要求回到公司工作。

在天津工作这近二十年的时间里，我以饱满的热情和高度的责任感，积极参政议政，献计出力，得到了组织上的认可，连续三届当选为南开区政协委员。我开展广泛深入的调查研究，征集民智民意，每年都提交多份调研报告和政协提案，得到了政协组织的表彰和奖励。在当选南开区妇联执委时，我荣幸获得天津市三八红旗手称号。市侨联组织也增选我为侨联委员和常委委员，连续两届连任南开区侨联副主席，并进而当选天津市朝鲜联谊会常务副会长。

2015年慰问八十多岁归国老华侨(右为作者)

我在基层侨联组织和朝鲜联谊会的工作，接触的工作对象是归侨和侨眷家属。南开区的归侨，包括我们朝鲜联谊会的老归侨们，大多是20世纪五六十年代回到百废待兴的祖国母亲的怀抱，从事教育、医疗等工作，几十年来他们在各自的岗位上报效祖国，辛勤耕耘，无私奉献。当年的归侨们大都离开家族选择回国，故亲属不多，且都生育子女数量相对较少。现在这些归侨们体弱多病，可以分担照顾的亲属不多、子女远离等诸多困难。面对这种情况，我带领年轻的侨联委员们每年定期不定期地深入老归侨侨眷家中，谈心走访，特别是在生活上关心、帮助他们。每逢重大节日都精心组织慰问活动，累计看望归侨侨眷几百余人次，送去价值上万余元的慰问品。南开区朝鲜归侨郭寿山老人，早年从朝鲜回国，夫妻两人都是体弱多病，家庭特别困难，我多次带人深入走访这个老归侨，捐款捐物。为了让出行不便的老人能多走出来参加侨联联谊及祝寿等各种丰富多彩的活动，我都主动联系老人、开车接送。老人在过生日时，我自费购买蛋糕礼品去其家中祝寿看望，老人感动之际，含泪说："韩主席工作这么忙还总想着我，念着我的生日，让我感受到政府对老华侨的关心和照顾，感到心里暖暖的，谢谢党和政府。"看到因为我的工作让这些年迈的老归侨发自内心地感谢党、感谢国家，我感到由衷的欣慰，觉得自己所有的苦累和付出都值得。因为我是一个年轻的老华侨，我是在一个热爱祖国的华侨家庭成长的华侨之子，我的根是祖国。

我与燃料电池行业同步前进

焦　魁*

“海阔凭鱼跃，天高任鸟飞”，作为“海归”人员中的一分子，我真切感受着我们的国家和行业在进行着深刻的变化，很荣幸能够见证祖国伟大复兴的历史进程并亲身参与其中。作为一名为燃料电池产业化奋斗的科研工作者，我衷心感谢国家对新能源汽车产业的扶植，也为燃料电池行业这几年的巨大进步感到欣喜。接下来我将从个人角度，聊一聊从回国前夕到现在7年间，自身同燃料电池行业和祖国共同发展进步的历程。

叩响燃料电池研究大门满载归来

我的父母很注重教育，在我比同龄孩子小一年的时候就让我进了小学，而且我们小学是五年制。高二时，又在父母的支持下，出国留学。我于2005年、2007年分别获得加拿大温莎大学的本科和硕士学位，2011年获得加拿大滑铁卢大学博士学位，求学期间一直从事燃料电池的研究工作。燃料电池是一种直接将化学能转化为电能而不必经过热机过程的能量转换装置，不受卡诺循环限制，因而能量转化效率高，且

*　焦魁，1984年出生，天津大学内燃机燃烧学国家重点实验室教授、博士生导师、机械工程学院副院长。

无噪音，无污染，正在成为理想的能源利用方式。与燃料电池的结缘是在大三，我开始在周彪老师实验室从事此方面的研究工作。4 年后进入滑铁卢大学读博时，我已经积累了一定的研究成果和经验，并决心在燃料电池水热管理方面进行更深入的探索。如今十余年过去，水热管理已经成为燃料电池产业化的关键技术之一。

焦魁近照

随着毕业日期越来越近，留在境外还是学成归国，这个从出国开始就萦绕在无数留学生心中的问题，也开始不断地出现在我脑海。在毕业前的最后一年，我一直在思索，自己当初是抱着何种目的出国学习？什么理由能值得舍弃故土留在国外？又会因为什么学成后归国发展？其实与周围的同学朋友以及有经验的前辈聊天，包括自己观察了解到的方方面面，很容易能总结出三个问题的可能答案，只不过对于不同的学子，自身的特点以及关心在乎的东西不同会导致他们做出不同的选择。那么对于我自己，我是如何在最后坚定了回国的决心呢？

从就业环境来说，2011 年国内整个燃料电池行业的发展情况还很滞后，国家政策不明朗，投资成本高和短期无法盈利使企业均处于观望状态，研究经费申请困难让科研机构望之却步，回国发展无疑是需要勇气，而留在行业发展已经颇为成熟且市场潜力较大的北美，似乎是一个能够更容易做出的选择。

当时也有专家提醒我，你在国内研究燃料电池，如何申请科研经费？但也许正是这个选择来得太轻易让我毕业前有时间思考得更深、更全面：其一，我当初选择出国留学无外乎两个原因，出国感受不同文化的魅力和抱着一腔“师夷长技以制夷”的热血，如果完成学业却仍留在他国，岂不与内心的坚持相悖？其二，随着环境问题的加剧，发展可持续经济和新能源产业的呼声越来越高，多年在燃料电池这个研究方向的耕耘以及看到了国外政府和企业对燃料电池的投入力度，让我能够预测燃料电池作为一种清洁和可持续的能源动力，今后必将在各个领域发光发热，中国政府在评估这一技术的潜力后，政策和资金一定会向这方面有所倾斜，此时回国为行业添砖加瓦和提前铺路，对于我自身发展未必不是一个很好的契机；其三，出于文化认同感和家庭团聚考虑，在国外定居需要承担相当大的生活环境和文化适应的心理压力，而注重父母亲情和天伦之乐是天性，另外我当时还在国内的女友也就是后来的妻子，也是我选择回国的一个重要原因。

坚定了回国的决心后，我开始思索第二个问题，去企业做产品还是去高校继续学术研究？就个人而言，我更偏爱高校的工作模式和习惯于进行基础的科学研究，而且国内企业并没有给我太多的选择余地，当时认真在做产品和填补技术空白的公司只有新源动力和神力科技等寥寥数家，整个产业链也存在严重断层，国内的燃料电池研发水平距离商业化的程度还很遥远。此外，不光是国内企业，燃料电池行业当时在国际上也只是处于示范运行阶段，产品在成本、耐久性和功率密度等方面都存在很大的进步空间，而这些方面的改善急需基础理论的发展和指导，企校合作和产学研的模式才是这个行业良性发展的道路。因此结合个人特点和行业现状种种因素，在 2011 年博士毕业后，我毫不犹豫地选择回国并以特聘研究员的身份来到了天津大学，在内燃机燃烧学国家重点实验室继续从事燃料电池水热管理方面的应用基础研究工作。

与学生亦师亦友建起科研队伍

2011 年回国后，我在两年内依次入选了天津市首批“用三年时间引进千名以上高层次人才”计划、教育部“新世纪优秀人才支持计划”、天津大学“北洋学者青年骨干教师计划”和“北洋青年学者计划”,并顺利申请到了相关的自主创新基金项目和科研经费，以及自己的第一个国家自然科学基金面上项目(科学基金最基本的资助项目类别)。

同时作为指导教师，我参与了学校能源与动力工程学科本科生的“传热学课程改革”项目,这次课程改革让我首次直接接触到了天津大学的本科生，并感受到了他们对待科学研究的认真和热情。项目完成后,我与8名有兴趣继续从事燃料电池研究的本科生一拍即合,并讨论确定了他们各自的研究方向,一起讨论,一起钻研,一年之后,学生们的科研有了进展,可以写文章了。或许是初生牛犊不怕虎,几个学生便开始用英文写起了论文。最终,夜以继日的学习和攻克难题让他们在本科毕业前陆续完成了研究任务并各自在本领域知名国际期刊上发表了学术论文。这些学生本科毕业了,最初的8个人有7个选择了继续深造。

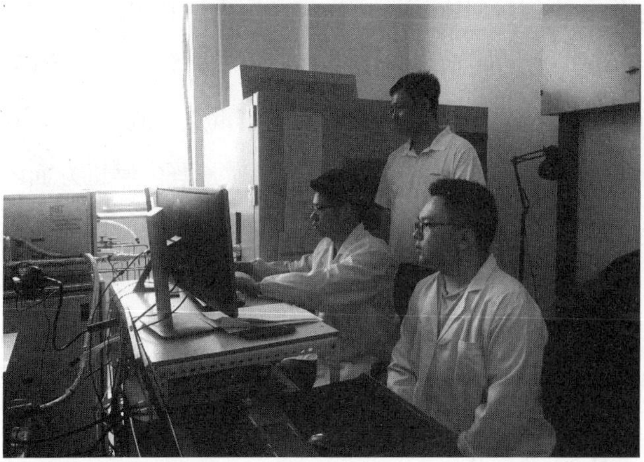

和学生一起进行燃料电池低温启动性能和电化学测试(后立者为作者)

这一成功的尝试也让我顺利地建立起了自己初期的研究队伍,可以说这两年是我成功地由学生向导师身份转变的两年，也是更深入了解燃料电池行业短板所在和发展需求，并有针对性地布局和调整自己研究方向的两年。从循规蹈矩、按部就班到独立思考、自主实践,我这个年轻的老师和更年轻的学生都感受到改革带来的压力，同时也迸发出超强的创造力。

感恩时代照亮筑梦的康庄大道

在这里，我必须再次感谢教育部、天津市政府、天津大学和天津大学内燃机燃烧学国家重点实验室，在我毕业时给了一个初出茅庐的“海归”学生这么好的平台和这么高的起点，并在初期缺乏经费和学生的情况下，为我逐步完善科研条件和壮大科研队伍提供了有力的帮助和支持。我特别要感谢杜青老师、尧命发老师、舒歌群老师和我的博士生导师李献国老师对我回国后的指导和帮助。燃料电池作为内燃机燃烧学国家重点实验室的一个新的研究方向，得到了实验室主任尧命发老师的大力支持。

还记得我刚回国时由于资历尚浅和国内燃料电池产业发展滞后等原因，在燃料电池方面所能获得的经费支持非常有限，很难确保团队的正常运转。而我所在的内燃机燃烧学国家重点实验室是国内内燃机行业的领军单位，如果我当时分散一些精力做一些内燃机方面的项目，应该不难获得一些科研经费的支持。但当时尧命发老师明确告诉我，做研究要专，别人只会记住你做得最好的研究成果，做的太杂，反倒没有特色。他要求我坚持燃料电池方面的研究，并且告诉我不用担心经费，他可以提供经费支持。虽然我后来自己坚持了下来，但尧老师的教诲深深地影响了我，对我后面获得一系列的科研和人才项目的支持起到了决定性的作用。

与此同时，伴随着改革开放的持续深化，政府越来越重视国内对环境问题改善、节能减排和能源结构转变的诉求，燃料电池行业作为新能源产业也因此被提上了日程。尤其是进入“十三五”规划时期，政府多部门先后出台了相关支持氢燃料电池汽车产业发展的政策和发展目标。

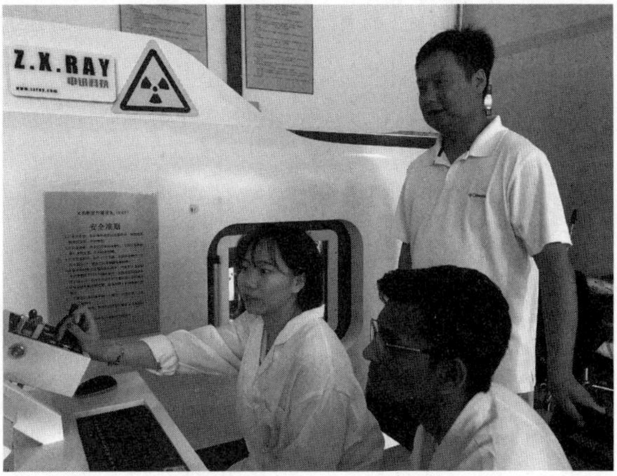

与学生一起进行燃料电池X射线在线观测(后立者为作者)

在以国家政策为导向的背景下，国内的燃料电池行业开始迎来属于自己的春天，这在车用燃料电池领域表现得则更为明显。各大汽车厂商，包括一汽、上汽、广汽和长城等大型车企开始加大燃料电池方向的研发投入。不仅如此，一些传统内燃机行业的领军企业，如潍柴和玉柴，近几年也开始对燃料电池领域进行研发投入，一时间，国内燃料电池行业发展如火如荼。

但是除了在技术储备方面的不足意外，国内车用燃料电池领域还存在巨大的人才缺口。也是因为这个原因，我得以在回国之后的几年时间里，迅速找到实现自己人生价值的平台，为祖国在燃料电池领域的发展贡献自己的一分力量。

埋头耕耘天道酬勤 7 年收获颇丰

自 2011 年进入天津大学任教以来，我个人主持的第一个比较大的燃料电池项目是 2016 年由大连新源动力股份有限公司承担的新能源汽车领域国家重点研发计划中的一个课题，主要负责为燃料电池电堆的设计和水热管理优化提供仿真计算支持。

随着项目的进行，我们开发的仿真模型也根据实际需要进行调整，服务于产品研发。其中解析模型可作为工具用于产品研发中的材料、结构、操作条件范围的快速筛选，二维和三维数值模型可为结构设计和控制策略提供具体的优化方案。目前此项目研发的 HYMOD-300 型电堆已成功突破 5000 小时的耐久性难关，并实现了 -10℃环境下的低温启动和 -40℃储存，而我的团队也在仿真计算、水热管理方面贡献了自己的力量，在降低实验成本、缩短研发时间和深入理解水热传输机理等方面起到了关键作用。

此次合作让实验室的研究成果和实际产品紧密地结合在了一起，提升了学生们的自信心，也让我对此后的研究方向有了更深刻的理解。以该项目为支撑，我开始逐步拓展自己的研究方向，由之前单纯的三维宏观燃料电池模型发展到现在的一维、二维和三维模型体系，研究尺度由微观分子尺度、介观微孔尺度到宏观大型单电池、电堆和系统尺度，研究对象从单一燃料电池部件、全电池、电堆再到整个燃料电池系统；实验方面，系统化的性能和物性测试实验室也已搭建起来并稳定运行，我们的研究团队也从刚开始的几个人发展到现在的 70 人。以新源动力发起的国家重点研发计划为契机，后续我又负责了一系列的新能源汽车领域的国家重点研发计划以及横向课题，我的团队所开发的燃料电

天津大学内燃机燃烧学国家重点实验室燃料电池团队
2017 年底合影(前排左六为作者)

池仿真模型已经应用在了一汽、上汽、新源动力、宇通等整车和燃料电池发动机研发企业。

与此同时，我也在一直坚持燃料电池基础研究方面的工作，过去5年，在Web of Science数据库以“Fuel Cell Water Transport（燃料电池水传输）”检索，我们团队所发表的SCI论文数在全球所有高校和科研机构中排名第二，仅次于中科院（包括所有研究所），排在宾州州立大学和加州大学伯克利分校前面，而以“PEMFC Simulation（质子交换膜燃料电池仿真）”检索，我们团队所发表的SCI论文数在全球所有高校和科研机构中排名第三。基于在基础研究方面的坚持和所获得的成果，我在2016年获得了国家自然科学基金“优秀青年基金”的支持，同年年底获得了“天津市青年拔尖人才”称号，并在2018年获得了“霍英东青年教师奖”，和英国皇家学会“牛顿高级学者基金”以及天津市“杰出青年基金”的支持。

这些年我也结识了国内许多燃料电池领域的专家学者，对于国内的燃料电池行业也有了更加深入的了解。结合自己7年来回国发展的经历，我真切地感受到，祖国的发展为自己提供了足够广阔的平台。毕竟，个人发展只有结合历史进程才能发挥出自身的最大价值。此外，在工作的这几年间，我顺利地通过了组织的考察，加入了中国共产党，以更强的责任心和使命感参与到了燃料电池行业发展和改革开放的伟大事业中。

回首改革开放历程开启未来奋斗路

回望改革开放40年的历史，那些筚路蓝缕，以启山林的故事在历经岁月沉淀之后愈发给人以智慧的启迪。

自1979年1月邓小平访美之前的首批50多名中国学者赴美留学开始到2017年年底，据官方统计，我国累计已有519.49万人到海外学习，其中374.08万人完成学业，313.2万人选择回国发展，占已完成学业群体的83.7%。作为将世界最新信息和先进技术带回祖国的宝贵人才，“海归”们奋斗在科研一线，活跃在产业前沿，为祖国的发展和国际交流贡献了不可忽视的力量。与此同时，今天快速发展的祖国也为“海归”个人发展提供了一个实现人生抱负和自我价值的广阔平台。

40年的发展历史已经无数次证明了以党的十一届三中全会为标志的改革开放的正确性。在这40年时间里，中国历经从计划经济到商品经济再到市场经济的探索，从无到有构建了具有中国特色的社会主义市场经济并不断自我完善。40年砥砺奋进，40年春风化雨，中国人民用双手书写了国家和民族发展的壮丽史诗。正如习近平总书记所指出的：“今天的中国，前所未有地靠近世界舞台中心，前所未有地接近实现中华民族伟大复兴的目标，前所未有地具有实现这个目标的能力和信心。”

在改革开放40周年之际，中国没有停下发展的步伐，而是以更加挺拔的姿态稳步向前。2016年的《中国制造2025》提出，坚持“创新驱动、质量为先、绿色发展、结构优化、人才为本”的基本方针，通过“三步走”实现制造强国的战略目标。在这一发展理念下，人才的作用无疑至关重要，国家开始注重全方面吸引海外人才为国效力。以高校为例，国家和地方“青年千人计划”的实施给海外留学人才提供了一个绝佳的归国平台，充足的启动经费和后勤保障正吸引着越来越多的青年人才加入到祖国的建设事业中。最后，衷心祝愿祖国越来越好，祖国的青年越来越好。

新时代“疫苗”强拳出击

——康希诺生物股份公司五位海归的自述

姬　洋*

疫苗(vaccine),凡是具有抗原性,接种于机体可产生特异的自动免疫力,可抵御感染病的发生或流行的制剂,总称为疫苗。在疫苗研制这个领域里有这样一批新生力量,他们积极发挥能量,抗击病毒感染,形成一个新的防御体系,可称为人类新时代的“疫苗”!健康、希望、承诺是康希诺成立的初心,也是康希诺名字的由来。

康希诺五位博士

步入天津滨海新区的康希诺楼层,与其说是一个公司的驻地,不如说是一座学术的殿堂。这里没有一般企业对高管的职位“某董”“某总”的称谓,而是姓氏后加以学位的直呼:宇博士、巢博士、朱博士、毛博士、邱博士……体现着对知识的尊重,散发出浓郁的知识氛围,值得效仿。

* 姬洋,女,天津市作家协会会员。

董事长、总裁宇学峰，南开大学毕业，加拿大蒙特利尔麦吉尔(McGill)大学微生物学博士，曾是加拿大多伦多的赛诺菲巴斯德最年轻的高管之一，拥有全球细菌疫苗开发总监的头衔；首席运营官巢守柏博士曾任阿斯利康(世界五百强企业)高级副总裁，主要负责企业全球生物医药业务；首席科学家、研发副总朱涛，清华大学毕业，美国匹兹堡大学博士，曾任巴斯德公司高级研发科学家，现入选国家"千人计划"，是国家生物医药专项责任专家；主管产品质量的高级副总毛慧华，中国改革开放后的第一批中国科学院博士，入选天津市"千人计划"、特聘专家；主管商务合作的高级副总邱东旭，北京大学药物学博士，曾任多家国际名企高管。

五位博士都是出身于象牙塔尖的名门学子，具备顶级专业能力、运营经验，在齐心合力之下，何愁不成大业？五位核心灵魂，犹如五峰相连指向苍穹的五指山，有深厚的经验植被和丰富的智慧资源，更有大量宜人御病的负氧离子，让人仰止、行止、心向往之！

一、宇学峰[①]——新征程的跋涉

1981年我刚满18岁，从河北省张家口考入南开大学生物系，开始了在这一领域的跋涉。1985年9月，获南开大学生物系学士学位；1988年7月，获南开大学生物系微生物学硕士学位。我的导师周玉良教授是知名的真菌学家。周玉良教授早年在美国一所大学的生物系读书，1949年12月在佛罗里达州与我国著名诗人穆旦结婚。20世纪50年代，在积贫积弱的祖国百废待兴、急需人才之时，她毅然选择回国并一直在南开大学任教。老师的家国情怀对我是影响深远，使我自然而然地就会步其后尘。

---

① 宇学峰，1963年出生，康希诺生物股份公司创始人、执行董事、首席执行官。

走出国门为谋求更大发展

宇学峰

我在硕士研究生毕业后，留校做了教师，完成了“七五”攻关项目之后，我发现了世界上有许多发达的科技，而我们国家还处于起步阶段，甚至还没有涉及，因此“出去看看”成为我们许多学子的共识。1991 年，我作为改革开放后第一批留学生，远赴加拿大留学深造；1997 获得加拿大蒙特利尔麦吉尔大学微生物学博士学位。麦吉尔大学是加拿大的一所著名大学，在医学领域，尤其在癌症研究、免疫学、遗传学、呼吸道疾病和神经病学等方面均取得了很大成就。

那时，我们这些留学生全靠自己打拼，我靠着为教授们做些工作而得到一点资助，作为起步资金，在第二年我获得了奖学金，并且在探索研究中设计出“细胞反应器”。在毕业时写论文，进入了工业界，我很喜欢这种应用产业化工作，利用酶制剂做疾病治疗，临床三期，生产出制剂晶体，在领域中处于领先地位。

当时在国外有一种职业是行业猎头，就像丛林狩猎一样，接受企业的委托，每天专注于为企业物色比较合适且优秀的人选，寻找企业需要的科技人员。1998 年我被“猎入”到全球疫苗生产顶尖企业——加拿大多伦多的赛诺菲巴斯德。我的工作业绩得到公司老总们的赏识，在我还不满四十岁的时候，从科学家做到了公司全球开发总监。但是作为中国人，对祖国的关注，尤其是对国内的医药疫苗行业的关注，从来没有停止过。在我看来，尽管疫苗行业的利润大多来自于发达国家，但是最需要疫苗保护的却是更多的发展中国家，当然包括我们国家。

当时，我所在的部门刚刚完成了一番扩张，美国的研发中心被合并到了加拿大，而原来我只负责细菌疫苗开发，现在又将病毒疫苗也接了过来。对我个人来说，留居在这里无论是“仕途”还是事业，都有极大的上升空间，而且贤妻相依，幼女绕膝，工作条件和生活环境也非常优越，可是更强烈的吸引力是中国科学家的责任啊！

自从1991年出国读书，1998年进入赛诺菲巴斯德，直到2001年我才第一次回国，但只是简单停留，又返回了加拿大。只这短暂的一瞥，我就发现了国内外是有差距的。2006年，赛诺菲巴斯德准备针对中国市场制订战略计划，当时负责全球工艺开发的我被派回国进行前期的行业调研。通过几次回国调研，回国创业的想法开始令我魂牵梦绕，特别是看到国内整个生物医药产业在质量管理体系方面的建设也不够健全，使得我很是担忧。生产技术的差距将直接影响产品质量和产量，同时质量的可控和稳定也会影响生产效率。

长久以来，全球疫苗产业被葛兰素史克、默沙东、赛诺菲巴斯德以及辉瑞所垄断，他们的年销售额占全球市场总额的80%以上，重大疫苗产品几乎全部来自这四家跨国公司。而这一次回国，让我开始真正意识到中国疫苗产业与国际水平的巨大落差，“中、北美疫苗技术、质量差距太大”。我此前从没想过国内疫苗行业在生产技术和产业转化上有如此明显的缺口和不足。所以我决定回国创业，希望用生平所学去改变国人的“健康命运”。

中国是全球最大的人用疫苗生产国，根据中检院数据披露，我国每年经中检院批签发疫苗的数量在5亿—10亿瓶(支)，数量位列全球首位。前瞻产业研究院数据显示，从2004年开始，国内人用疫苗市场以年均20%的速度增长，2005—2015年的10年间，中国人用疫苗市场规模从65亿元增长至250亿元。有些国际上已经纳入免疫规划多年的疫苗，在国内还没有进入比较普遍地接种。

当时在全球四大疫苗公司里做产业化工作的中国人其实并不多，如果我们都不去做点什么，那这个事情还能有谁来做?面对生产技术的鸿沟和巨大的市场需求，我觉得这是自己要担当的事情了，而这些事情在原有体系内是不太可能做成的。我很清楚，由于技术保护等原因，全球这几家疫苗巨头鲜少有在中国设厂，所有人都知道中国是个很大的市场，但怎么进来怎么做，再加上跨国企业对中国市场的不甚了解，因此在这个环境里下决心投资建厂很不容易。

经过一段时间的考察和思考，2008年我决定迈出创业的一步，虽然我知道自己可以在跨国药企的那个位置上稳稳当当直线上升，但是远不如自己去做一件事情时有更大效果。虽然我的思维尚在萌芽状态，但是更感觉到要付诸行动了。故而我先后找到了志同道合的朋友邱博士、朱博士和毛博士，经过几次的酝酿和反复考量，我们四个人的意见达成一致——回国创办一家有特色的疫苗产业升级换代的创新企业——这就是摇篮中的康希诺。

回国创业为国家人民效力

对我来说，决定回国并不是一时的心血来潮，而是经过了多年的思考和许多条件的不断积累。我坦言，选择回国创业，是看中了国内市场的巨大潜力，希望做出一番事业。创办这个公司，前前后后想了好几年，商业计划书就做了好长时间。真到决定对老板说我要离开，离开这个很好的位置的时候，自己的心里是非常忐忑的。为什么忐忑？因为这确实要承担风险，谁知道这个创业之举一定成功？创业成功率有多少？然而，中国有这样一句俗语"明知山有虎，偏向虎山行"，在充满险阻而趋向成功的大道之上，我是既如履薄冰，又势在必行。

这里还要特别说明一下，我所获得的"军功章"都有我夫人的一半。她明知道这条创业之旅是个充满风险的事业，但是她是个极其没有物质欲望的女人，理解我所做的一切。我一旦离开这里，她就成了"单亲母亲"，要培养教育两个尚在初中读书的女儿，冬天铲雪、夏天除草……里里外外都是她的活了。然而她没有提出任何反对意见，就像安徒生童话里"老头子做事总是对的"那样，给予了我无限的信任。这是贤德无声的支持,无论结局是凯旋还是铩羽而归,这个女人都会让丈夫毫无后顾之忧而义无反顾地向前。

就这样,我放弃了在加拿大已拥有的一切,开始了新的职业阶段,直到自己完全安定下来,才把妻女接到了天津。从在一家公司要位里任职到直接做自己公司的老板有着巨大的飞跃,但是在我迈出这一步之前,已经对中国疫苗市场非常熟悉了,并且做了很多准备。我觉得,自己一直想回到中国,生产出能为国民健康服务的产品,现在感觉是时候了。

我不久前刚刚换了辆迈腾,之前那辆威驰从 9 年前回国之后我就一直在开,如果不是时间太久以至于车子性能已经大不如前,我原本仍是不打算换的。从跨国知名企业到本土初创公司,从职业经理人到公司始建人,我知道,今后会有相当长一段时间的艰苦奋斗,勤俭节约,必须要“把一个钱掰成两半儿花”。

志同道合朋友们的诚心结合,国家的优惠政策落实,由此康希诺生物的团队正式组成。在外界看来,这一直是康希诺生物最重要的核心竞争力之一。几位北美跨国企业出身的职业经理人,带着高远的志向和丰富的产业化经验,分工明确,又扎根在最适合中国市场的疫苗这一细分领域。我们有机地组合在一起,有踩油门的,也有踩刹车的,还有调方向盘的,所以康希诺生物这辆车才能沿着正确的方向往前走。这种四驾马车的模式,各司其职地拉动着康希诺生物这辆车飞奔起来。我们的出现,必将会前途无量。

治疗性疫苗一度作为一种新概念受到追捧,多位分析人士认为治疗性疫苗是国内疫苗发展方向。然而我却提出了不同看法,我曾经说过:“在世界范围内,治疗性疫苗的研发都还处于初期,即便乐观地讲,治疗性疫苗形成规模化产业至少也需要 10 到 15 年时间。”我认为,赶超疫苗先进企业难以一步到位,国内企业不妨踏踏实实地将精力放在市场潜力依然巨大的预防性疫苗上,我们的目光落在国内欠缺针对易受传染病侵袭的老年患者的预防性疫苗。

在行业内，我作为企业负责人一定更为谨慎，认为急于求成心态明显、研发不足、同质化竞争严重、评审机制和监管法规有待改进等均为限制行业发展的不利因素，并表示企业和政府都不应盲目乐观，逐步积累研发实力、缩小与国际先进企业差距仍将是一段时间内疫苗行业的主基调。

我们清楚地看到，虽然国家政策层面是利好的，但是具体执行层面与宏观政策并不十分匹配。期望监管部门在鼓励企业创新的同时，也能提高自身创新能力，适时调整和完善国家的法律、法规及有关政策，以适应行业发展的要求。

比如对于疫苗产业热门发展方向之一的联合疫苗，我表示："根据国内现有法规，要生产联合疫苗，企业必须拥有组成联合疫苗的所有产品，不允许不同企业的产品合并，这容易导致重复性建设，而且某家企业自身的技术优势也未必适合将联合疫苗的所有组成品种都生产出来，反而容易影响产品质量，不利于企业间的合作与整合。"

对于很多"海归"，选择创业公司并不是为了钱，而是在历史转折点肩负着责任。"海归"认为他们可以为中国的生物技术产业做出重要贡献，同时生物技术的创业公司对团队的能力要求也同样会更高。在一个大型公司中，一个人产生的影响和对发生的事情所负的责任是微不足道的，但是在中国，你真的可以为这个行业乃至整个社会做出贡献。

对于我自己而言，决定放弃加拿大多伦多的赛诺菲高管职位，成为一名中国企业家的确存在风险。但是我有丰富的实践经验，而且我认为回到祖国成功机会非常高。以至于后来康希诺与中国军方合作开发的埃博拉疫苗获得国家食品药品监督管理总局(CFDA)批准，这可以作为衡量我们成功的一个依据标准。

青春逆袭为人类健康而战

随着中国人生活水平提升，高标准医疗水平的需求愈发强烈，医药更是精益求精。虽然我们都是已过半百之人,但是投入自己钟爱的事业——为人类健康而奋战,仿佛青春焕发,激情四射,有用不完的干劲。

2017 年 10 月 20 日上午 10 点左右，原国家食品药品监督管理总局在官网公布消息:“批准重组埃博拉病毒病疫苗(腺病毒载体)的新药注册申请”,该疫苗是我国独立研发、具有完全自主知识产权的创新性重组疫苗产品，由军事医学科学院生物工程研究所和康希诺生物股份公司联合研发。

消息公布时，我并没有在第一时间看到手机短信中来自同伴的祝贺消息,当时的我正忙着接待各方来宾。这天,康希诺生物发起主办了一场生物制品产业化技术与合作论坛,参加嘉宾包括政府、投资人和国内外生物医药领域的领导者。下午,我还将邀请他们见证康希诺生物首个疫苗产业化基地的落成庆典。

然而这个消息犹如平地起惊雷,迅速在现场散开,一度使论坛的原定议程停滞。当大家消化完这个消息,外界媒体才开始纷纷发问:康希诺生物是谁?

康希诺生物对医药产业来说是陌生的新秀。疫苗产业一直是政府高度监管、技术壁垒高的领域,很难通过查询申请专利、论文等公开信息来定位一家企业的真正实力,我曾经这样描述:“没有任何信息,外人不知道,但行业内的人口口相传,都知道谁做得不错。”埃博拉疫苗的获批让除了业内人士以外的更多人第一次知道，康希诺生物已经掌握了疫苗业内人士秘而不宣的“know how”。康希诺生物揭开面纱,正式在公众面前亮相。

漂亮的第一战让我创业 8 年来第一次松了口气。在产业化基地落成庆典上,我几乎是喜极而泣:“我们一路走来非常不容易。”站在我左右的是康希诺生物的另外三位创始人:朱博士、毛博士、邱博士,这是我们四位几年来少有的可以暂时将邮件、电话、会议抛诸脑后的时刻。好像我们应该相拥雀跃，但是却表现得出奇的冷静，然而心中的激情燃烧。要知道，冰层下的激流汹涌澎湃是难涉笔以尽的。

对于我们四个来说，有理想，有技术，有经验，但创业具体是什么，会怎么样，实际上并没有太多概念。但是我们知道，对于一个初创公司以及之后的公司运转来说，组建一个优秀的团队是必备的。这个团队是由有着优秀技能且志同道合的人组成，每个人在他们所在的领域里有着专业的知识以及熟练的技能，以饱满的激情投入工作，这样一个有凝聚力的团队是必不可缺的。

康希诺生物打赢了第一仗，吹响了在中国市场战斗的号角。它带着实力出发了——从一个初创的研发型企业到生产型企业，到最后成为真正拥有全产业链的疫苗企业，为中国提供全球新疫苗以及与国际同步的高质量疫苗，只是时间问题。2018 年 1 月，原国家食品药品监督管理总局批准了康希诺生物研制的“吸附无细胞百(三组分)白破联合疫苗”的临床试验申请，这是康希诺生物成立之初就瞄准的核心产品之一。我随即发了一条朋友圈，写道：“这些年的努力总算小有结果。”

我之所以称其为“小有结果”，是看到了康希诺必定有着更远大的愿景，更辉煌的蓝图，更美好的明天！

2018 年 3 月，世界卫生组织(WHO)召开埃博拉疫苗协调会，只有四个公司——史克、默克、强生和康希诺受邀参加，前三个均为药界大鳄，只有中国的康希诺是初出茅庐。

大国形象承担起国际责任

人类历史上曾爆发过多场瘟疫，例如近年来出现在世界各地的埃博拉、禽流感、MERS 等。疫苗，成为人类能与这些“天敌”较量的利器。在此，我具体说说埃博拉病毒。

这个病毒于 1976 年在非洲苏丹南部的埃博拉河地区发现，感染者死亡率可高达 70%至 90%。2014 年的 3 月 21 日，几内亚卫生部报告一种急性传染病，感染病例数 49 例，死亡率极高。感染者标本被紧急送往法国里昂巴斯德研究所，后确诊为埃博拉病毒感染。随后的 3 月底，邻国利比亚里报道发现感染病例；5 月，塞拉利昂发现感染者。至 6 月 18 日，三国已经合并感染 528 例，死亡率达 64%，埃博拉疫情呈现扩散爆发趋势，正式被确定为有史以来最大规模的一次疫情暴发。

宇博士在新思路论坛上发言

埃博拉的恐怖，从文字的描述就足以让人战栗。1994 年，美国作家理查德·普雷斯顿出版纪实小说《血疫·埃博拉的故事》，描述感染埃博拉病毒之后的症状道：“就像遭受了辐射，身体所有孔窍都在出血，高烧、喷吐鲜血、临终休克。”自上一次 2000 年乌干达暴发疫情之后，埃博拉又开始席卷西非。

世界卫生组织高度重视，中国也紧急启动防控体系，相关的研究开始加速进行。由于中非之间人员交往频繁，为了防范埃博拉病毒侵袭中国，同时也为了几十万“援非”中国员工的安全，中国政府从 2014 年 8 月起便开始投入大量人力物力，包括派遣多批医疗队奔赴非洲疫区，帮助非洲人民征服这一“恶魔”，开始向埃博拉宣战。此时，军事医学科学院生物工程研究所已经研究埃博拉疫苗超过十年，前期技术已然储备成熟，急需一个产业转化平台将埃博拉疫苗推出实验室——康希诺生物被选中了，因为我们拥有国内唯一的腺病毒载体平台。

在其原本的计划中，此平台将用来研发新型肺结核疫苗，但它完全符合埃博拉疫苗的需求。就在疫情最紧张的时刻，康希诺临危受命，参与研发生产埃博拉疫苗。接下来便是连续 3 年的马不卸鞍，人不卸甲。技术的成熟、原 CFDA 对此疫苗的重视和特别审评程序、疫情背景下的紧迫感使埃博拉疫苗的研制创造了空前的速度。从时间线上看,2015 年 1 月申请临床试验,2 月 13 日批准临床;4 月下旬,塞拉利昂正处于疫情暴发时的暴乱期,我们团队在这里考察并确定临床试验能顺利开展。这在中国是第一次,在此之前,没有哪个创新药企曾去非洲做疫苗临床。

对于我们来说,完成埃博拉疫苗临床试验,时间是最大的问题。而且,当时其他国家研发的埃博拉疫苗必须 -60℃的条件下才能保存,而在气候炎热的非洲,这显然不利于疫苗的使用,要改变这一难题,必须进行创新攻关,研发生产出适宜高温保存的疫苗。时间紧,任务重,难度大,但是团队所有成员无不全力以赴。终于在 2015 年 3 月,第三次埃博拉疫苗世界卫生组织协调会上,康希诺研发的重组埃博拉疫苗以领先世界的冻干技术引发了国际关注,疫苗在 37℃高温条件下活性可以保持两周,这是国际生物医药领域一项重大的技术突破。

康希诺与军科院生物工程所合作,快速推动"重组埃博拉病毒病疫苗"进入临床研究阶段。经中国食品药品检定研究院检测及临床试验验证,康希诺生产的疫苗产品不仅防控针对性最强,而且是全球首创冻干粉剂型,在 37℃环境下可保持稳定两周以上,适合疫苗冷链条件难以保障的西非热带地区使用, 与国外疫苗需 -80℃保存和运输相比具有明显优势。该疫苗是全球第三个进入临床阶段的埃博拉疫苗,目前作为联合研制单位的康希诺已具备该产品大规模生产条件。

与此同时,中国军事医学科学院与康希诺公司合作,开始了埃博拉疫苗的"突击"研制工作。前者的基础研究加上后者的先进技术,强强联手,经过两个月的攻关,第一批可用于人体注射的埃博拉疫苗便完成了生产。在中央领导的直接指示下,该疫苗以超常规的速度完成了检定,并按照"国家军需药品"完成了临床报批。几个月后,19 个装着埃博拉疫苗的大箱子被运到了中塞友好医院,临床试验开始。这个过程可以用"惊心动魄"来形容,除了需要控制深入世界上最可怕的埃博拉疫区本身的风险,还有许多需要理顺的流程。当地供电不足、资源严重匮乏,一个创可贴都可能需要从中国运过去。

说到康希诺公司两个月研制出埃博拉疫苗这件事，我认为，虽然有机缘巧合，但更重要的是“条件积累”。之前，为了研制肺结核疫苗，康希诺公司派专人到加拿大国家安全院学习，并引进了一项成熟的先进技术。正在这时，埃博拉爆发，我们很快把这个技术用到了研制埃博拉疫苗上，并获得了成功。如果没有技术的积累储备，别说两个月，两年都不够。

2017 年 3 月，Ⅱ期临床试验结果出炉，这时军科院与康希诺生物联合开发的这款埃博拉疫苗已经被国内外相关人士紧紧盯着。我们负责海外法规事务的高级副总裁毛慧华代表康希诺生物汇报了公司的埃博拉疫苗进展和成果。这是一场高级别的行业闭门会议，参会嘉宾包括欧盟药品监督管理局、美国食品药品监督管理局、世界卫生组织、盖茨基金会、非洲国家卫生部等官员或专家，现场一共只有四家公司参加汇报：默沙东、强生、葛兰素史克、康希诺生物。作为唯一一家来自中国的疫苗企业，在埃博拉疫苗这个领域，康希诺生物已经能与其他三大跨国药企巨头齐头并进。

2017 年 4 月正式申报生产，10 月 19 日拿到新药证书和药品批准文号。

2018 年 1 月，这批疫苗在国内完成了（第一期）120 名中国志愿者和 60 名非洲人群的临床实验，疫苗的安全性获得证实，目前正在非洲疫区进行第二期临床实验。

2018 年 3 月赴非洲临床实验考察期间，中国的研发人员受到了国宾般的礼遇。非洲国家上至总理、部长，下至疫区村民，还有众多在非工作的中国同胞，热切盼望早日用上安全有效、使用方便的疫苗，彻底战胜“魔鬼”埃博拉。同年 4 月，康希诺公司埃博拉疫苗临床实验成果发表在国际顶级的权威期刊《柳叶刀》（*The Lancet*）上，引起业界同行的极大关注。

说起这些难忘的经历，我很感慨，我们挑战的是危害人类健康的埃博拉病毒，并且战胜了它！一个人有幸在一个历史时刻参与其中，自己内心会感觉到这一辈子不白过。在此之前,全球仅有美国和俄罗斯两个国家具有可供使用的埃博拉病毒病疫苗。与国外的液体剂型埃博拉疫苗相比,我国的冻干剂型埃博拉病毒病疫苗具备更为优良的稳定性,特别是在非洲等高温地区进行运输和使用时,具备更加突出的优势。

“重组埃博拉病毒病疫苗”展示了我国生物医药领域科技创新的实力跃升,对国家生物安全具有重要的战略意义,也为我国在全球性公共卫生事件爆发时能够有效控制疫情提供了新的手段，彰显了我国主动承担国际责任的大国形象。

打破垄断为中华民族争气

长期以来,全球85%的疫苗市场被欧美的四家企业所垄断,中国的疫苗产品占全球市场不足7%,且大多是低端产品。因此,康希诺公司的产品开发策略从创业伊始就定在了“替代进口”“(国产品)升级换代”和“创新产品”三个方向。肺炎结合疫苗,全球市场份额40亿至70亿美元,但中国不能生产,全部依赖进口,一支疫苗800元(人民币),每个小孩要打4支,不堪重负。为了让更多中国孩子用上平价疫苗,康希诺瞄准这个市场,凭借多年积累的过硬技术成功开发了相关产品,目前已获准临床试验,质优价廉的国产疫苗替代进口产品指日可待。

自从2016年开始,康希诺生物开始从研发质量管理体系向生产型质量管理体系转变,培训了一批新员工，顺利完成了转型。2017年10月，康希诺生物3.8万平方米的疫苗产业化基地正式落成，一座现代化的疫苗生产工厂已经开始运行起来。

宇博士接受媒体采访

目前，康希诺年产3亿剂疫苗的产业化生产基地已经落成。这标志着全球首个埃博拉病毒疫苗的量产将在天津完成。党的十九大报告提出要加强应用基础研究。我们有幸在过去几年承担了国家15项重大科技创新项目，用科技创新思路助力国家更加强大。同时，公司还承担起4项国家“十二五”重大专项和3项“863”研发项目。其研发成果不仅受到中国政府的高度重视，也得到国际权威同行的认可。

现在“康希诺何许人”的惊诧已然归于平寂，更对名不见经传的中国同行所取得的突破性进展表示出极大的兴趣和由衷的赞叹。在2008年左右国内涌现的一批由“海归”创办的创新型制药企业中，专注于人用疫苗且成功进入产业化阶段的至今都唯有康希诺生物一家。这或许印证了一个真理“做疫苗产业需要耐得住寂寞”。我们这些人就是做产业的，我们有技能。我们不做，谁来做？

铁肩担重责，志在济苍生。事实上，在我的内心常念：“不仅仅在中国，在古老的非洲大陆，在世界很多其他地方，传染病依然击碎着无数人的希望、憧憬和可能美好的人生。而这其中的很多明明是可以用疫苗来预防的。从那时起，我和我的团队再一次作出了选择——不仅仅为中国，也要为世界上一切困厄于传染病的民众而战斗。”

现在，我获聘“京津冀医药产业化示范区领军人才”、天津市特聘专家，入选天津市人才战略“千人计划”，入选国家科技创新创业人才。这些荣誉也好，褒奖也罢，对我来说都是一种引领，让我向更高、更好的方向挺进。

二、朱涛①——创新药研发实现破冰

我是浙江省金华市武义县人，我的求学经历很简单：1995年获清

① 朱涛，1973年出生，全国人大代表，康希诺生物股份公司首席科学家、研发副总。

华大学生物科学与技术学士学位，1998年获清华大学化学工程硕士学位，2002年获美国匹兹堡大学生物化学工程博士学位。2002—2004年在美国卡耐基梅隆大学从事博士后研究。2004—2005年在芝加哥Integrated Genomics Inc任职科学家，从事生

朱涛

物信息学和代谢工程的研究。虽然这十多年的简历能够一口气说出，然而每一节点的艰苦却是一言难尽的，绝不是一两句话能够说尽的。

我为未来的公司打头阵

在国内的一切都算顺利，有父母的呵护、亲友的帮助，只要一心修身，努力读书就可以了。但是出国就不同了，一切都要自力更生。刚出国的时候，经济上捉襟见肘，记得捡到一张很干净的床垫，我们夫妻俩抬着走了1000米的雪地；也记得为了做科研，经常是在实验室里三天三夜不回家；还记得那时还没有“富二代”一说，我所看到的留学生都为了果腹、求学在打着各式各样的工，没人叫苦……所幸，在坚持和拼搏中能够收获颇丰。

宇学峰博士是长我10岁的挚友，我们经常保持通话热线，彼此交流。由于宇博士引荐，我从美国去加拿大，加入了他所在的赛诺菲巴斯德，是做具体技术工作的。由于我解决了一个生产载体，是生产技术的突破。一年后，我被提升为高级科学家，当时的奖励是赠予我这个大公司的一部分股份，但是面对这样的终身可依的经济享受，我并没有接受，而是选择了回国创业。

2008年，赛诺菲巴斯德正式停掉了13价肺炎结合疫苗的项目，这让我觉得很可惜。对于前者来说，市场已经有了Prevenar 13这个强大

的竞争对手,并牢牢占据相当高的市场份额。他们再打进去就很难了,也不愿意再追。但在中国市场则完全不同,这个改变世界疫苗市场格局的重磅产品在这里还是空白。一次和宇博士闲聊时,我提及这样的项目其实完全可以在中国继续进行下去。这次聊天让我有了回国的意念,也注定了我们将并肩苦斗。

说实话,我对于回国当时其实并没有更明确的想法。当宇博士问我“要不要考虑回国”的时候,我才第一次闪过要回国的念头。事实上,当时我并没有觉得回去创业有多难,在我看来,选择几个在中国有较大市场潜力的品种,或是引入国际新技术,这对于还有较大空白的中国疫苗市场来说,都会有不错的发展前景。于是按照和宇博士商量好的方案,我决定为未来的公司打前阵,作为排头兵,我最先回国是要来完成一系列先期工作:组织公司雏形、选择办公场地、招聘适用人才、筹建研发团队、接洽课题谈判……我在2009年最先辞职回到了国内。我没有选择回南方老家,而是来到了天津。

我们之所以选择天津创办生物制药企业,是我们几个创始人深思熟虑的结果,而事实也证明,我们当初的选择是正确的。因为我们了解到,天津市政府为吸引海外高层次人才来津创新创业,出台了一系列优惠政策,建立保护知识产权、鼓励创新创业的良好政策环境,建立阶梯式的投资融资渠道,形成对不同阶段成果的持续资金支持机制。其中包括创新三大机制面向全球广纳贤才、实施四大计划让“海归”融入天津、搭建五大平台助力人才实现梦想等。通过引进海外高层次人才,带动先进的科学理念、知识、技术、项目逐渐向天津集聚。这对于我们初涉创业领域的人来说,是有相当大的吸引力。

2009年1月,我来到天津滨海新区。进入天津国际生物医药联合研究院大楼时,这里还在装修。我们是联合研究院第一家入驻企业,也是第一家在此孵化的企业。进驻的单位很少,上下坐电梯里都是空荡荡的,尚未具有“人气”。到2012年5月我们搬出时,楼里已经是人满为

“欢”了，坐电梯很挤，甚至要等上一两趟。可以说，我们来的时候确实是第一粒种子。

我拿到了联合研究院601的钥匙，恰逢邱东旭博士来探望，毛慧华博士回国来访，就在实验室内，我们三位博士合影了一张“桃园三结义”。开始了康希诺生物的项目搭建，没有太多的实验设备，用的也是联合研究院的仪器，属于康希诺生物自己的只有一台发酵罐，它也成了公司最早的仪器设备。准备与我们合作的单位来人，看了看周边说，你们没有生产某项产品的设备。我自信地回答，我们有生产这个产品的最精湛的技术。

公司成立后的一路打拼

2009年公司落户滨海新区后，研发的经历很是艰苦，我们一直处于奋战状态。靠着多年积累的技术经验和我们几个人拿出的积蓄，康希诺生物度过了创业初的艰难时期。偶尔回想起当初回国的决定，我总会想如果能准备得更充分些就好了，比如积累更多的技术经验、吸引回来更多的质量控制和分析科学的人才。但我也知道，很多时候机会就在一念之间转瞬即逝，自己抓住了回国的良机是对的。

人的潜力和能力是在你被逼到不得不拼的时候才能爆发，如果有了退路很多时候也就做不好。正因为如此，我才断了退路，让自己义无反顾地在既定的路线上走下去。2011年，我把妻子和上小学的女儿也都接来了天津，自此之后就再也没回去加拿大了。刚开始的时候我跟她们说没几年就可以做完，孩子还可以回去读初中，后来就变成读高中，现在看来只能她自己回去读大学了。不过，她们很理解并支持我，女儿很黏我，也许会走我的路。

2012年5月18日，公司与加拿大国家研究委员会（NRC）在天津国际生物医药联合研究院（TJAB）签订了在疫苗研发和技术领域的合作协议。协议同意，根据2007年1月16日签订的中加科学技术合作协议的精神，双方将会在肺结核疫苗的研发方面进行合作。加拿大国家研究委员会将应用其专有的符合 GMP 标准的细胞株 HEK293 及其生产技术促进康希诺肺结核疫苗的工艺开发和生产，以促进该疫苗的产业化进程。双方将就合作的具体模式进一步磋商。

宇博士和加拿大国家研究委员会生命科学研究所所长兼人类健康及治疗专项负责人 JimRichards 博士代表双方签署了该项协议。天津市科委领导夏秋雨处长、联合研究院副院长王林和周泽奇博士、加拿大科学理事会高级科学馆陈王学博士以及公司全体员工出席了签字仪式。我们研发的脑膜炎、百白破等多个疫苗项目已完成了临床申报，进入临床实验阶段，而埃博拉疫苗也成了我们疫苗产品的更新突破，这些疫苗产品借助我们在新区西区的 GMP 中试厂房，实现了研发生产效率的提升。

除了研发突破外，在资金方面，公司也成功获得了美国礼来制药战略投资，这也标志着康希诺正式向产业化发展转向。康希诺研发的埃博拉病毒疫苗获得临床批件、多价联合疫苗开发项目入选 2015 年"重大新药创制"国家科技重大专项；艾赛博植物细胞提取物紫杉醇也即将进入产业化生产阶段；瑞奇外科自主研发的无创超声切割止血刀实现产业化生产；贻诺奇生产的真菌检测试剂盒完成临床试验，开始规模化生产……同年 10 月，我和援非团队在塞拉利昂福利院举办了一些公益活动，看到那里的人们多么需要医药。

自 2016 年开始，康希诺生物开始从研发质量管理体系向生产型质量管理体系转变，培训了一批新员工，顺利完成了转型。

2017 年 10 月，康希诺生物 3.8 万平方米的疫苗产业化基地正式落成，一座现代化的疫苗生产工厂已经开始运行起来。继而原 CFDA 批准了首个重组埃博拉病毒病疫苗的新药注册申请，这是我们与军事医学科学院生物工程研究所联合研发的产品。也正是这个疫苗的获批，让外界更多人知道了康希诺生物。与作为国家安全储备的埃博拉疫苗不同，康希诺生物目前的研发管线内,ACYW 脑膜炎球菌结合疫苗和 AC 脑膜炎球菌结合疫苗即将结束Ⅲ期临床，这也是目前康希诺生物两个真正意义上即将商业化的产品。

随着国内认真做疫苗的企业纷纷加大投入力度，后续研发上市品种逐渐进入收获期。国内二类苗企业目前都在布局，等产能逐渐释放后,竞争将非常激烈。在发展新疫苗的同时,市场国际化思维也在这些企业中铆足了劲。

2018 年 7 月 8 日,在天津召开的主题为“做强京津冀现代生物医药产业,打造区域高质量发展新引擎”的京津冀现代生物医药产业专题研讨会上,我做了《疫苗研发的进展》的报告。会后与其他同行们的发言将形成一个研究报告,就京津冀生物医药的研发和产业化提出建议,并报送国家和京津冀三省市有关部门，为国家和京津冀三省市关于生物医药产业决策部署提供参考。

9 年过去了,康希诺生物的研发管线已经包含十几个新型疫苗,涵盖了肺炎、肺结核病、埃博拉病毒病、脑膜炎、百白破、宫颈癌等多个疾病领域。

针对人们健康现状靶向研制

2017 年,一场流感横扫全国,各大医院儿科挤爆、治疗药物脱销的场面仿佛就在眼前。而 2018 年年初,一篇《流感下的北京中年》刷爆了朋友圈,作者记录了岳父从得流感到去世的经历,让人唏嘘不已。至此,如果你还认为流感只是普通感冒,那就别怪它无情肆虐。这篇在微信圈刷爆的长文,让公众了解到流感以及并发肺炎的危险。其实,成人免疫对于保障中国中老年人的身体健康有着投入低、见效好的作用。同样的经费投入,用于疫苗接种的效果要远大于疾病治疗的效果。应建立和完善成人免疫策略,加大科普力度,让成人尤其是中老年人认识到接种疫苗的重要性。

在我看来，现在的中老年群体中，有许多人在儿时没有接受免疫接种。他们也许在过去躲过了传染病的侵袭，却仍然处在患病的危险之中。即使曾经接种过疫苗，疫苗的保护期还会因人而异。比如乙肝疫苗，儿童期进行过免疫接种，成年之后体内的抗体可能消失殆尽，而老人的免疫系统在退化，同样处于风险之中，比如带状疱疹。

另一个风险在于，成人已成为某些传染病的常见传染源。我看到天津市曾经观察到126起成人百日咳的聚集性发病，其中，首发病例是患儿父母的占81.64%，传播模式为成年人—婴幼儿的占77.78%，是百日咳家庭聚集性发病的主要传播模式。成人免疫存在多种障碍，包括成人对自身预防疾病的知识缺乏关注，经费投入巨大，疫苗及接种服务、整体提醒系统缺乏等，这些环节还会相互影响。一般来说，财政支持越多，相应的疫苗推荐也越完善。此外，稳定的医疗保险也会影响成人接种率。

因此我建议，有关部门应组织调研成人传染病的发病率和传染机制，为成人疫苗的研制和推广提供依据。在此基础上，建立免疫策略和预防措施，以防代治，提高中国的人口健康和生活质量，降低社会支出。同时，建议扩大对可预防的成人感染性疾病的科普和教育，提高流感、肺炎等疫苗的接种率。对于法定传染病的成人免疫，建议给予国家经费支持，在适宜的年龄段科学地强化免疫，扩大保护人群。

婴幼儿组分百白破疫苗获批临床，给了我不小的动力。在我的规划中，尽快把成人用组分百白破疫苗也推向临床，这是我2018年最重要的工作之一。

最近我们也有新的高管加入负责产品产业化与商业化推进，流脑疫苗一旦成功上市，不仅是对我们整个团队的巨大鼓舞，也验证了我们使用的新载体的优越性。这两款产品的靶向性是有很高，我对它们的期望值也很高。

关于疫苗上市的一些问题

回国9年，我目睹了国内生物技术研发日新月异，包括EV71疫苗等新药上市，都离不开重大新药创制等国家资金的支持，2017年我们与军事医学科学院合作开发埃博拉疫苗，取得了显著的成效，也离不开国家资助。但同时，美国生物医药企业融资很容易，有一个新概念并做到临床一期或二期，就可得到资本投入以及金融支持，甚至在纳斯达克上市，从而助力科研发展，但目前这一点在国内尚难实现——研发公司若没有盈利便不可以在A股上市。

中国香港H股2018年对国内未有收入的生物企业开放了，对于大部分做生物技术的企业，这是一个利好消息，目前已有多个公司表示有意赴港上市。但这里面存在一个问题，如果企业中存在中资股份，就仍不能在H股流通，如果是外资股份就可以，这并非法律原因而是行政审批。中资股份不能流通，导致投资者之间利益不一致，使上市"搁浅"。

在2018年的两会上，我也就全流通问题做了一个提案——我们应该打通全流通，使得资本能够最有效率的支持创新。在中国香港H股，投资者对生物技术创新公司的风险识别、风险承担能力相对好很多，是一个成熟市场。我们可以设计让资金通过封闭渠道回流到境内，保证在符合国家外汇管理战略的情况下实现全流通。目前许多生物技术公司已经长期投入资金，项目进展更好，急缺社会资本来实现产业化和销售盈利，希望能通过全流通，激发公司赴港解上市融资，助力创新创业，这样也会引导国内更多的资金投入生物技术创新企业中。

现在的政治环境和市场环境与以往有所不同，在强力反腐反贪的大背景下，让一些垃圾上市公司退市还掀不起风浪，要想让A股市场健康发展，必须要启动退市制度。

从美国股市的历史来看，也是经历了这样一个过程，美国股市目前也就3000多家上市公司，而且是从1997年的6797家减少到今天的一半左右。美国上市公司数量减少的主要原因是市场优胜劣汰机制决定的，留下来的都是能够在当下具备快速成长和有投资价值的好企业，一旦出现亏损、滑坡和业绩造假会迅速清理出资本市场，道琼斯指数和纳斯达克指数都是极少数的好企业代表，而且更新率非常之高，因此资本市场必须要有优胜劣汰和并购整合的机制，绝不是鼓励大量同质化的企业 IPO。

政协委员必须关注全社会

作为全国政协委员，2018 年全国两会上我把关注的重点别放在了青少年教育的话题上。目前我国现存政策主要关注的是“农村留守儿童”，但其实留守儿童问题不分城市还是农村。孩子和父母三个月不能见面的就可以定义为留守儿童。特别是心理层面，无论是乡村还是城市，孩子的差异并不大，都会因为与父母长期分离而产生心理健康问题。2017 年我们进行过一次调查统计，1.5 万名青少年进行了调查问卷，比较农村和城市儿童留守的问题。父母都不在身边的农村为 28%，城市也有 11%之多，这说明留守儿童在城市和农村同样存在。

在解决这个问题上，我认为：一是对留守儿童的帮扶要从物质层面转移到心理层面；二是对心理层面的关注不能泛泛而谈，集中先干预“自我评价低这个问题”；三是更新帮扶的对象，帮扶的对象应该是家庭或是家长，让家长学会如何与孩子相处、如何进行教育。除了政府部门加大投入和研究之外，希望能够进入民间力量，发挥公益组织和民间智库的力量。随着科技手段的增加，亲子之间通过互联网、微信远程交流并不困难，更重要是掌握正确的沟通技巧，多和孩子说说话。

在 2018 团中央与全国人大代表、全国政协委员面对面“拓宽新兴青年社会参与渠道”主题活动中，我做了对青年人的发言：青年发展中遇到压力是一个普遍性问题，包含工作压力、毕业压力、择偶压力、生活压力等。结合自身经历，我的体会是，关于工作压力，关键是选择自己喜欢的工作还是选择能挣钱的工作。我建议选择自己喜欢的工作,“选我所爱、爱我所选”,才能坚持到底、才能深刻投入。同时注意不断充电、提高自己,保持良好的工作状态和不断更新的知识体系。

朱涛出席全国政协十三届一次会议并发言

在学习中共十九大报告的过程中,我最大的感想是关于新的社会保障的定义,这充分体现了中国共产党以人民为中心的思想。我本身工作是做中医药做疫苗研发的,下一步将为在保护人民群众生活健康做出更大的努力,特别是在传染病的防治上推出更多的创新药和疫苗,这也是我们的责任。我们赶上了好时代,国家经济建设稳步发展,各项制度建立健全,而如今又赶上了决胜全面建成小康社会, 全面建设社会主义现代化国家的特殊历史时期,我的创业梦已浑然融入中华民族伟大复兴梦,我已成为历史的见证者和实践者,为此,我兴奋不已。

中共十九大报告“实施健康中国战略”中指出,“人民健康是民族昌盛和国家富强的重要标志。要完善国民健康政策,为人民群众提供全方位全周期健康服务”,“坚持预防为主,深入开展爱国卫生运动,倡导健康文明生活方式,预防控制重大疾病”。对于企业,康希诺的目标产品是预防疾病的人用疫苗。没有全民健康,就没有全面小康,健康是国之大计,而疫苗是预防控制重大疾病的利器,疫苗直接关系到人民的切身利益,关系到下一代的健康成长,是健康中国战略中举足轻重的一部分,我们的事业任重而道远。康希诺成立于 2009 年,立志让中国人用上最好的疫苗。在“十二五”期间,企业启动了 13 个疫苗项目的研发完成研发布局,完成了多个产品的临床前研究和临床申报。“十三五”期间,我们要建成疫苗产业化基地,完成多个产品的临床试验,把 2—3 个疫苗产品送到消费者手中，为此，任务艰巨，责任重大。但是今天，党和国家求真务实改革创新战略给了我坚定信心和决心，我们誓将奋力前行，我们的目标终将实现。

雄关漫道真如铁，而今迈步从头越。新时代对党和国家工作提出了新的要求，全国人民开启新的筑梦征程。中共十九大报告中指出，中国共产党人的初心和使命，是为中国人民谋幸福，为中华民族谋复兴。我想，这也是我们出国留学和归国创业的初心和使命。我作为党外人士和留学归国的新的社会阶层代表，将抓住大好的政策环境务实工作，全力以赴开发创新疫苗，培养专业人才队伍，发展壮大企业，推动产业进步，同时，我将发挥归国人员的“侨”的优势，积极参政议政，紧密团结在以习近平同志为核心的中共中央周围，为实现中华民族伟大复兴的中国梦、实现人民对美好生活的向往继续奋斗。

对于自己这些年的付出和对公司的贡献，我个人感觉是有一点点的成就感，无怨无悔。因为我知道自己是在做着对人类有意义的事情。作为新的社会阶层代表人士，我将抓住大好的政策环境，务实工作，带领团队全力以赴开发疫苗，加强专业人才队伍建设，不断发展壮大企业，推动行业创新进步。

三、毛慧华①——我的“疫苗强国梦”

1977 年恢复高考，我很幸运，作为在校考生刚刚 15 岁时被南昌大学录取，成为“文革”结束后第一届考生，后来又在中国科学院读完了硕士、博士。1988 年我毕业后，获得中国科学院化学工程博士学位，是我国改革开放后的第一批博士。

1988 年年底，我选择去加拿大滑铁卢大学，在加拿大皇家科学院院

① 毛慧华，女，1962 年出生，康希诺生物股份公司创始人、高级副总裁。

士、滑铁卢大学教授默瑞·木杨教授的研究室继续博士后的研究。这之后，我就一直留在了多伦多，并在加拿大最大药企Apotex负责质量管理，我和宇博士也就是在那段时间相识。

毛慧华

从1988年出国留学到2008年，我在海外待了20年，从职业发展的角度来看可以说很顺利。2001年在离开Apotex后，我移居去了美国，加入惠氏制药，后来成了质量管理总监，负责上市药品的技术转移、质量管理和新药注册等。

其实在我的心里一直有种回归故里的情结。博士毕业之后就直接出国留学，20年来也从未在国内工作过，很想回来做点什么。更重要的是，随着国内新药申报注册的逐步改革与开放，越来越多的企业受到国际的影响，开始逐渐提升质量管理水平。

2005年我回国开会的时候，很多人都问我什么是GMP合规，什么是验证，他们非常渴望了解国际的先进生产技术和质量管理方法，这在将来一定有很大的发展空间。于是回国发展的想法就这样在我心里滋生蔓延开来。

2008年我和宇博士再次相见时，我俩在回国创办公司的想法上一拍即合。当时并没有想以后能将公司做多大或者走多远，而是将更多的注意力放在了怎么开始上。现在回头看虽然进程比当初预期要慢一些，但对于一开始追求的目标一直没有走偏。作为疫苗企业，康希诺生物始终把产品质量放在优先位置。

如何开始？换句话说，在康希诺生物创立初期，我更多的担忧还是资金从何来。开始的时候有一些小项目，但资金都非常少，甚至人家给了5万块钱，我们也都觉得挺好。2010年，康希诺生物在购买完初始研发设备之后账面上只有几十万元。第二年,康希诺生物完成了3000万元的天使轮融资。有了资金基础就可以脚踏实地地准备扩大,我觉得是时候回来了。

我曾任美国恩德公司全球质量管理总监及美国惠氏医药上市药品的技术支持经理和全球质量管理总监,所以是拥有20年的药品研发和工业生产经验的。

2009年6月25日,天津的最高温度已经逼近了39℃。整个6月下旬,全市的平均气温比常年同期高出了3.6℃,是1951年以来同期的最高温度。

我这一次从美国出差回国心情别样激动。尽管燥热的天气让人很难受,但刚得到通知,之前在天津国际生物医药联合研究院内租下的实验室今天就可以搬进去了,我迫不及待地想要去看一看。

到达位于天津开发区的联合研究院时,我发现创业伙伴朱博士和邱博士已经等在那里。我们三个之前见面的次数屈指可数,住在不同城市让我们绝大部分时候只能靠电话会议来进行沟通。“你们是第一个搬进来的入驻公司”,联合研究院的负责人将一把崭新的钥匙交到了我们手中。

新建的生物医药联合研究院大楼刚刚通上电,整栋20层的大楼楼道和房间都是空荡荡的,但我觉得很兴奋。我们的实验室被分在了6楼,门上只挂着一个简单的门牌号:601。推开门,里面除了三排试验台和几把椅子外几乎什么都没有了。

在北美跨国药企工作了20年的我习惯了一切都装备完善的研发实验室,推门就可以进行操作;可就是这个空空如也的实验室,一切都要靠自己来筹备,却让我感觉莫名的满足。这是我第一次实实在在地感觉到,我们参与创办的名叫康希诺生物的公司已经落地,并且真实地存在了。我知道,“主帅”宇博士将公司的一切初始事情都交由朱博士办理,我们都是后续部队,之后我又回到了美国。

直到 2011 年 5 月，我彻底放弃了美国的工作来到康希诺生物。这之前，我只是偶尔趁着回国出差的机会就来公司看一下，其余的时间则都是通过电话或是邮件与国内的同事们保持联系。对于我来说，下决心回国全职在康希诺生物工作，是自己跨出的人生转折的一大步。

宇博士曾自嘲地说，刚回来的时候经常不太理解一些事情。“那时候别人总说，一看你们就是‘海归’，对中国国情和规矩根本不懂。哪有那么多为什么，几十年大家就是这种习惯，这个系统也已经设置成这样了。”

我同样有这种不适。尽管从 2015 年药审改革以来，新药审评审批的流程已经大幅度与国际接轨，有了较大变化。但在七八年前，对于生物制品的要求并不如现在这样清晰，特别是在具体实施方面仍旧比较模糊。现在中国加入 ICH，质量体系和国际全面接轨的速度越来越快，对新药开发是一个很大的促进。

肺炎球菌结合疫苗最早由美国惠氏公司研发，是疫苗界知名的重磅产品，该产品自 2008 年开始对中国出口，860 元一支，每个儿童需要接种 4 支，不仅价格昂贵而且经常处于断货状态。康希诺开展该产品的研发，就是为了填补国内产品的空白，同时降低接种成本。相较于只适用于儿童接种的肺炎球菌结合疫苗外，康希诺正在研发肺炎蛋白疫苗。该疫苗是国际研发的热点，有望替代肺炎球菌结合疫苗，因为它不受血清型限制，适用各年龄段人群，特殊的生产工艺显著降低产品成本，更适合在发展中国家普遍推广。

此外，和肺炎蛋白疫苗同属于国内外均未曾上市的“一类”新药的新型结核病疫苗也是康希诺在研项目，该科研成果应用后将大大降低中国、印度等亚洲国家结核病的发病率。我们启动这些研发难度大、市场急需的创新产品，希望推动我国疫苗由“仿制”到“创造”，创出中国名牌。

2017 年 3 月，Ⅱ期临床试验结果出炉，这时军科院与康希诺生物联合开发的这款埃博拉疫苗已经被国内外相关人士密切关注着。在美国华盛顿埃博拉全球疫苗研讨会上，我代表康希诺生物汇报了公司的埃博拉疫苗进展和成果。这是一场高级别的行业闭门会议，参会嘉宾包括欧盟药品监督管理局、美国食品药品监督管理局、世界卫生组织、盖茨基金会、非洲国家卫生部等官员或专家，现场一共只有四家公司参加汇报：默沙东、强生、葛兰素史克、康希诺生物。作为唯一一家来自中国的疫苗企业，在埃博拉疫苗这个领域，康希诺生物已经能与其他三大跨国药企巨头齐头并进。

同年 10 月 20 日，康希诺在开发区西区的产业化基地也正式落成。届时将实现埃博拉疫苗、流脑疫苗、百白破疫苗等 7 个人用高端疫苗的上市生产，产能预计超过 7000 万剂，实现年产工业产值 35 亿元。基地一期工程 3.8 万平方米，达产后年产 3 亿剂疫苗产品，帮助国家的疾控事业。

在过去几年时间里，我和团队在建设康希诺生物质量管理和 GMP 合规体系上投入了很多精力，使得整个临床试验材料生产、临床申报和注册能够符合中国的 GMP 监管要求。此外，在 2015 年和 2018 年康希诺生物也两次通过了欧盟质量授权人（QP）的 GMP 现场审计。我们也希望开发区能够对像康希诺一样处于研发阶段的有前景的生物医药企业提供全链条政策扶持，对企业的创新项目给予支持，让泰达大健康产业快速发展起来，聚集吸引更多的明星企业，生产出更多拥有自主知识产权的先进医药产品。

虽然我已近花甲之年，但心里仍像许多年轻人一样有着创业激情，在实验室里加班加点参与研发，在疫苗车间里指导生产线的调试，还要负责建立公司质量管理体系以及新成果全球注册，公司的大事小情我都愿意尽力而为。我们几位创始人想把自己拥有的经验带回祖国，用我们的所长共筑“疫苗强国梦”。

四、邱东旭[①]——出去是为了更好地回来

邱东旭

我1960年出生于沈阳新民县的农村家庭，1978年考入了沈阳药科大学。那时的公社（村）里有十个班，有五百余名考生，而考上大学的就我一个人，所以我是背负着父老乡亲的热望——任重而道远。1987年在北京医科大学获得博士学位，学科专业为药物化学，博士论文指导教师为蔡孟琛教授。还曾获得西安大略大学（University of Western Ontario）Richard Ivey商学院的MBA学位。

出去就是为了更好地回来，目前可以说是回国创业的大好时机。这是我的初心，不论在国外有多辉煌的成就，多么美好的前途，回国则是时刻准备着。

我夫人是我大学同学，婚后志同道合、夫唱妇随。2008年的夏天，在加拿大的家里，我夫人端上滋滋冒着香气的烤肉和加了冰块的啤酒招待我的几位朋友。我们第一次聊起了未来公司的商业计划，而在决定分工上，大家让我来做负责"解决资金困扰"的人。

在资金方面，康希诺公司真是白手起家。2009年，创业初期，除了拥有技术，几乎一穷二白。当时，为了能享受到政府的一些优惠政策，公司申请入驻某科技园区，但那个园区的某位负责人答复说，康希诺不符合入驻政策条件。后来，通过多方协调，才驻了进去，但政策中规定的50万元扶持资金又迟迟不能到位。与其他公司有所不同，康希诺生物

① 邱东旭，1960年出生，康希诺生物股份公司创始人、执行董事。

的开办资金是4位创始人以自家多年积蓄凑成。我们忍痛割爱，将压箱底的一项核心技术转让给了国内一家医疗企业，换得了数百万美元的“第一桶金”，渡过了起步期的资金“难关”。

有了“第一桶金”，凭借着自身的技术优势，康希诺很快步入良性发展轨道。由这些技术开发的疫苗产品也都陆续获得原CFDA的《药物临床试验批件》，技术实力得到验证。

当然，靠技术转让的方式寻求资金支持毕竟不是长久之计。2011年，康希诺生物完成了天使轮融资。在我看来，初创企业融资，最困难的永远是第一轮。第一轮很关键，我一定要找那些了解投资，同时对我们很信任的投资人，愿意放手让我们去做，而不会过多干涉。不久便得到了风投公司的青睐，完成了第一轮风险融资。

我自认在这一点上做得还不错，有了第一轮的基础，接下来的几轮融资也就变得水到渠成。

我们这几个康希诺的主要决策人都不是天津人，而是天津滨海新区的引进人才。在这一点上我很认可，因为这个新区的办事人员是我所见的新区里面最好的，办事讲效率，服务好，答应的事情不拉抽屉。选在这里是对的，对的人、对的时、对的地，第一步迈对了，就不会遑论其他。

资深投资人徐小平曾说，创业第一件事就是要找合伙人，联合创始人比商业方向更加重要。我们四个人缺一不可，每个人都管理好自己负责的内容，如若有了错误马上纠正。每个人坚持的理念都会有所不同，也不需要去改变，只是放在一起的时候要融合好。这就是齿轮效应，不论大齿轮小齿轮，契合起来就会步调一致。

如今我已经58岁了，我已经认定康希诺生物会成为自己职业生涯中的高光时刻，也将会是我最后的“战场”，一定要拼一把。高科技公司的几部曲是天使阶段—风险投资—私募—上市。生物技术是高投入、高风险和高回报的高技术产业。

2017 年 4 月 18 日，我们公司完成 4.5 亿元人民币的新一轮融资。本轮融资由国投创新投资管理有限公司(简称“国投创新”)管理的先进制造产业投资基金领投，由歌斐资产、达晨创投、金石翊康等新投资人以及礼来亚洲基金、启明创投等原有投资人共同出资完成。完成这轮融资后，康希诺生物的股权融资总规模接近八亿元。这是迄今为止中国疫苗行业最大规模的私募股权融资。本次募集的资金将用于加速在研疫苗产品的开发与临床研究、新疫苗产品的引进、生产运营、市场开发以及管理信息化建设等方面，进一步提高科学技术能力、加快产品供应能力、完善产品布局。

如今，康希诺已顺利完成了第二轮、第三轮融资，其中不乏国际知名的投资公司。资金早已不是问题，因为嗅觉灵敏的风投公司自会有它们的评估标准。人家看见你确实往前走了，有一些成果了，有一些价值了，自然就会来找你投资。现在我们的情况是推都推不掉。

2017 年 7 月 16 日，康希诺生物正式向港交所递交了上市申请文件。此举也意味着公司有望坐稳港股“疫苗第一股”。毕竟，在生物医药漫天飞的当前，港股并没有一只属于自己的纯正疫苗股，而康希诺生物的出现恰逢时机，这是双赢。

直率、大嗓门、性情中人，这是周围人对于我的直观印象。我们是在对的时间遇到了对的人，彼此非常信任，也十分友好。但是这不代表我们没有意见分歧的争吵，而且吵起来我的嗓门儿最大。最主要的是，一切都是桌面上行为，没有任何小动作，最后达成一致就完事。光明磊落是我们 4 位创始人均有的风格。对于接下来康希诺生物面临的挑战我直言不讳：从 2009 年到现在，融资的钱已经花掉了大半，但是还没有产品真正实现商业化。按照我的规划，未来两年康希诺生物肯定还要再融资，除了研发和生产，更要全力打造具有竞争力的疫苗市场营销板块，特别是埃博拉疫苗的获批使康希诺生物在融资中获得了加分。

今天我们所取得的一切业绩，可以说是“运气”。考大学时，赶上了改革开放好时代；自主创业时，赶上了国家优惠政策的好时机……总之，我认为之所以能够遇到合作好伙伴、选对公司、好地址都应该归结到运气。时来才能运转，眼下中共十九大召开后，公司会有更多的创新红利。

有人对我说，你们都真傻，其实凭你们每个人的本事都能够独闯天下，独立山头，打出自己的一片江山。我则异其趣，人生难得一知己，我们的股份基本一样，有什么可争可抢的呢？合作好的是 1+1=3，合作不好是 1+1=0。看着那些闹内讧，争名夺利打得像乌眼鸡一样的公司人，真是好没意思。

康希诺依托具有国际先进水平的疫苗研发技术平台，拥有多项疫苗核心知识产权及专有技术，并承担了多项国家重大新药创制及重大传染病专项，已建立由 10 余个新型疫苗组成的研发管线，已有 4 个新型疫苗产品分别在北美、非洲和中国进入临床 I—Ⅲ期研究，3 个产品等待临床批准，投资近 5 亿元兴建的新型疫苗产业化基地一期工程将于年内竣工，设计建设标准符合中国及世界卫生组织要求，达产后可实现多个疫苗产品的供应，产能将超过 1 亿剂。

康希诺生物带着实力出发了，但对于产品的营销前景，以及疫苗上市后的供应、流通等一系列工作，一切工作都尚在布局中。我也在为即将到来的战斗做充足的准备，包括筹备新一轮融资和向跨国公司及本土先行企业学习。

正像一句歌词：“一句话一辈子，一生情一杯酒。朋友不曾孤单过，一声朋友你会懂，还有伤还有痛，还要走还有我”人生如此，浮生如斯。

五、巢守柏[①]——加盟康希诺是我的再起点

巢守柏

我和毛博士是江西老乡，大学、研究生、留学生的同学，同为1962年出生。我们的履历基本相似，只是我1987年获得中国科学院硕士学位后，到加拿大滑铁卢大学生化工程专业博士学位，先她一年出国。那年头，在国内的82元工资尚属中上等生活，可是到了国外就捉襟见肘了。因为是恢复高考的第一届大学生，基础文化底子很薄，出国后语言是一大关，再者从原来的化工专业转为生物专业，又是一大关。幸而中国的教育方法，使得学生自学能力强，通过一番快速恶补，很快赶上了外国的甚至加拿大的同学，终获得加拿大滑铁卢大学生物化学工程博士学位。

后来，在滑铁卢大学生化工程系完成了博士后研究，1993—1997年在赛诺菲巴斯德担任细菌疫苗经理；2001—2007年则前往 Wyeth Pharmaceuticals 担任疫苗技术助理副总裁；加入康希诺之前，任阿斯利康制药公司做了10年的副总裁及高级副总裁，负责全球疫苗、生物制药、生物类似药业务。

我是世界生物工程界著名的大师木杨手下第一个中国博士。木杨大师是中外混血儿，但是他过去一直不承认是中国人，而随着中国的强大，在世界上占有重要地位，2017年他从中国回去后，承认自己是中国人了。说这个不是笑话的笑话段子是为了说明，一个国家的强大是多么重要，尤其是对海外游子更是至关重要的。

---

① 巢守柏，1962年出生，康希诺生物股份公司执行董事、首席运营官。

我和宇博士早在赛诺菲巴斯德的时候就是同事，彼此之间颇为了解。2008年年底，在北京的一次会议上我们两个人碰上了。那时我在赛诺菲巴斯德一直负责多个疫苗的生产和技术管理，只是后来我离开赛诺巴斯德，并先后加入了惠氏和阿斯利康继续从事疫苗和抗体的后期研发及产业化生产高级管理工作，这样两人见面的机会才少了许多。宇博士把想要回国的重要打算告诉了我，并发出了邀请，希望老友再次合作聚首，一同创业。

但是我认为现在还不是时候。就很直接地跟宇博士表示，自己的经验和专长是在生物制品产业化生产、技术转移和企业运营管理上，而在那个时间点加入一家初创公司显然不能够发挥自己所长，故而此时加盟不在我的计划之列。

实际上，自从2014年以来，我几乎每年都会来康希诺生物看一看，看着它从一家小型的研发公司逐渐成长到现在同时具有研发和规模生产的一家中型公司，产品线覆盖了从临床前、临床Ⅲ期到上市产品，他觉得是自己能够发挥作用的时候了。2017年，宇博士再一次邀请我加入康希诺生物作为首席运营官，我开始清理手头的工作。

我结束了10年在阿斯利康作为全球疫苗和抗体技术和产业化生产的高级副总裁，完成了所负责的几个产品的Ⅲ期临床和商业化后，在2018年的4月30日正式退休（阿斯利康的体制是：干满10年根据本人意愿，既可留任，也可退休）。

5月1日我就乘飞机回来了，正式加入了康希诺生物，这时距离宇博士第一次向我发出邀请已经过去了10年。特别的创始团队，完整的产品线以及适合中国和新兴市场的产品定位，是吸引我加入的重要因素。而对于即将进入第十年的康希诺生物来说，随着产业化阶段的来临，也需要一位在产业化和后期产品技术转移方面经验丰富的领导者，而我是自信有这样的能力的。6月，我就起身去了刚果（金）疫情区，进行实验室的工作。

加入康希诺生物的第一天，我和所有的管理层见了面。宇博士在全体员工欢迎大会上说："巢博士在全球疫苗和生物制药领域的业务开发、研发、制造、质量、供应链、市场等方面有近三十年的丰富经验，在北美生物制药领域参与了多个重磅产品的研发和上市，对全球 GMP 法规有深刻理解。巢博士曾任美国华人生物医药科技协会会长，是全球生物医药行业不可多得的顶尖人才。巢守柏博士的加盟将为康希诺生物带来新的经验和实践，使公司的发展达到新的高度。我代表公司董事会和全体员工热诚欢迎巢守柏博士加盟康希诺生物。"并特别强调说："巢博士是全球生物医药行业不可多得的顶尖人才，我们非常幸运并且非常高兴能够邀请到他加入康希诺生物。"朱博士以及其他高管也对我的加盟表达了真诚的欢迎。

这语重心长的极高期望值，让我感到既欣然开心又有负重之感。我当场表示："疫苗的发展对人类健康做出的贡献是巨大的，康希诺生物致力于为公众提供高质量疫苗产品，拥有丰富的产品线。康希诺生物的公司文化是注重科学与质量，这与我的个人理念非常匹配。很高兴能够加入康希诺生物，也希望能把自己在疫苗和生物制药领域的管理经验与公司的发展结合起来，将把康希诺生物打造成面向全球高质量人用疫苗的研发和生产型企业，为中国和世界公共卫生事业做出贡献。我愿和公司全体员工一起努力，结合自己多年在疫苗和生物制药领域的管理经验，把康希诺生物打造成面向全球高质量人用疫苗的研发和生产型企业，为中国和世界公共卫生事业做出贡献。"我相信，我与公司彼此将有非常正面的互动和相助。

我想要了解管理团队的一些想法，为接下来在运营规划上做好准备。过去一年，康希诺生物发展迅速，很多原来制定好的商业计划已经和眼下的实际运营不太相符。比如接下来的产品上市，这在人才战略上和此前纯粹做研发会完全不同。这些都需要尽快系统梳理，好让接下来的工作能够推进得更快、更顺利。

在决定加入康希诺生物之前，对于未来，除了是否能吸引更多的人才加入，我其实并没有太多的担忧。我知道现在人才竞争的激烈程度，自己当时要从阿斯利康离开的消息传出时，不少中国和美国的顶尖制药企业都向我伸出了橄榄枝。“曾经沧海难为水，除却巫山不是云。”我不为所动，因为现在中国真的不是钱的问题，是人才的竞争。而一个企业的优势，完全就体现在有没有合适和优秀的人才上。随着公司业务的发展，人才聚集效应凸显，海内外不同层次的专业人才不断充实到各个岗位，公司从创业之初的 5 个人发展到现在的 300 多人。在加入康希诺生物之前，他们或是在跨国药企负责疫苗项目的生产工艺开发、放大及临床材料的生产，或是依靠敏锐的市场感知力，有效把握市场动态和市场方向，抑或是在本土企业主持完成多项疫苗产品开发并获得新药证书及生产文号等。

除了疫苗，我还考虑到了乳腺癌药物赫赛汀（Herceptin）。这款抗癌药的问世给 HER2 过度表达的转移性乳腺癌患者带来了巨大的福音。我身边就有这样一个真实的例子。当时我老板的太太得了乳腺癌。正是因为这款药物，她得以存活下来。这一抗体药物 2017 年销售额排在全球前十，给罗氏带来了巨大的经济效益。而我夫人毛博士的一位同学因早期治疗时人在中国，未能及时用上 Herceptin 在 3 年前离开了人世。这个故事再次反映了国内医药行业长期存在的一个问题：即国外上市的领先产品在国内要晚很多年才能上市。这不但是行业管理制度滞后的责任，也是我们行业人责无旁贷的义务。

离开熟悉的国外优越环境，来到国内。对于外部环境的巨大变化，我并没有太多不适。何况像康希诺生物这样的企业有着独特优势：如此高效、反应迅速、技术领先并具有国际视野。我会时常去工厂或者实验室看看，近距离地接触一线员工，和他们沟通交流了解情况，这是我在过去 10 年里不经常做的事情。我深深感觉到“疫苗真的非常适合中国市场”。中国人口占全世界人口的 25%，而与费用高昂的治疗性药品的逻辑不同的是，几乎每个家庭都能负担疫苗的价格，这使得人口优势的放量成为可能。而中国消费水平正在快速升级，对优质疫苗需求强烈。

肺炎、Hib等几款结合疫苗也会从此平台上走出来。对康希诺生物来说，两款流脑疫苗属于其产品线中“成功率较高”的类型。我对这两款流脑结合疫苗产品的商业前景非常有信心。除了中国市场以外，我们非常清楚国际市场需要什么。

因为对国内疫苗市场的抱负，对未来的期待和憧憬，也因为质朴的理想，才有了身后这个疫苗新军团。现在，我们每个人也最终成为这个军团里不可或缺的一分子。康希诺生物在各个方面的综合实力得到了极大加强，也让这辆车能够保持平稳前行——瞄准世界科技前沿，强化基础研究，实现前瞻性基础研究、引领性原创成果重大突破。康希诺将不断攀登创新高峰！

写在结尾的寄语

宇博士一直强调团队力量、团队作风、团队精神。他带领自己的团队，创造了医药疫苗领域的一大突破。强大的团队是康希诺生物最重要的竞争力之一，五位跨国企业出身的核心管理层，充分发挥自己的优

康希诺新建的生产大楼

势。由一只狮子率领的一群羊，能够战胜一只羊率领的一群狮子。如果由一只狮子率领一群狮子，想当然会是所向披靡，无往不胜。目前，康希诺年产3亿剂疫苗的产业化生产基地已经落成。这标志着全球首个埃博拉病毒疫苗的量产将在天津完成。同时，公司还承担起4项国家“十二五”重大专项和3项“863”研发项目。其研发成果不仅受到中国政府的高度重视，也得到国际权威同行的认可。

倚窗望去，在不远处，一座新建的生产大楼如巨人耸立，巍峨壮观，气势非凡。想象着康希诺生物的明天任重道远：在中国，做一家高质量、国际化的疫苗研发、生产、营销企业。在那里将记录他们今后的风雨历程，记录他们的众志成城，记录更多宝贵的第一手技术资料，表现他们爱国奉献的赤子情怀和勇于探索的科学精神……

梅花—樱花遥相开放

李金玲*

中日两国有着两千余年的交往历史。在漫长的历史进程中，多数时期两国人民和睦相处，与亚洲各国人民一道，共同创造了博大精深的东方文明。

咏梅，是中国人民自古以来的传统，人们歌颂它卓尔不群的风骨。踏雪寻梅是一种独特的享受，也是报春的序曲。

赏樱，是日本人民最有情调的活动，樱花作为日本的国花，人们喜爱它天生丽质的风采。春光明媚的三四月间，纯洁鲜活了一片土地。

我很喜欢这两种花，更希望自己成为中日民间的友好使者。沁染着时间雕刻的美丽，潜移默化地融化在岁月的奔波中，我给自己的心灵设立个“园丁之家”。用自己的血汗浇灌之后的收获，也更真实体会使者的滋味，少了一些浮躁与奢望，多了一些踏实与笃定。

15 岁的花季启蒙

1965 年的 2 月，正是蜡梅怒放的时候，我出生在天津一个革命军

---

* 李金玲，女，1965 年出生，天津泓晏天成客运有限公司董事长、天津市第十四届政协委员、天津市归国华侨联合会常委。

人的家庭里，爸妈都很传统，家教十分严格。当我在天津一中上中学时，迎来了改革开放的大好时光。日本电影《追捕》《生死恋》《血疑》……走上中国银幕，震动了刚刚从“文革”的封闭中走出来的国人。中野良子扮演的真由美，演绎的马背上“美女救英雄”的故事；栗原小卷的青春、美貌，有着丰富的内心世界去追求纯真的感情；还有山口百惠与三浦友和演绎了那么多至死不渝的爱情故事，至今仍为很多国人念念不忘。这些都给我留下深刻的印象。

开始，父亲严禁自己的掌上明珠接触这些“不正经”的外国思想，但是随着改革开放一步步深入，他老人家的头脑也发生了变化，不再束缚我了。特别是看到我愈发对鉴真大师的崇拜以及对佛学的懵懂兴趣——他克服重重困难东渡日本，把中国的佛学思想传播到日本。在留居日本10年间，对于日本奈良时期光辉灿烂的天平文化起到了巨大的推动作用，可以代表我国盛唐文化的最高水平，日本人民视之为瑰宝。

那时，我多么渴望出去看看外面精彩的世界，希望老天眷顾能给我一个机会，成就我的东瀛之旅。我相信，凡是人们思想到达的地方，脚步也一定能够达到。毕业后我在一家酒店工作，接触了来来往往的各国客人。这对于我日后的发展，有着重要的影响。我的先生早我一步去到了日本的静冈ACC交流学院。这让我要出去的想法更加迫切了。当机会来临的时候，早有准备的我，踏上了一衣带水的邻邦——日本。

我是个追求完美的人，做事情善始善终。交接好手里的工作，然后打点行囊，东渡扶桑。临行前，我在业大补习了两个多月的日语，会点基本会话。1993年我来到了日本。熟悉的街道熟悉的面孔，几乎一点异国他乡的感觉都没有。但是一经通话，两个月的日语丝毫没起作用，远远不够应付的。有一次，我与友人相约在一个商场见面，在等待的时候，走来一位老太太向我打听路线。我听不懂便用英语告诉老人家听不懂她所说的日语。老太太笑着给我鞠个躬，礼貌地走开了。一个老人的礼仪让我觉得害羞，此后我更加认真学习，希望尽快掌握日语，便于与人交流，也想将来为中日两国人民友好交流贡献自己的一分力量。

李金玲在日本过新年

在日语学习班里，我是班上年龄最大的学生，记忆力、吸纳力相对有些弱。同学中多是中国东北的孩子，还有德国的、韩国的小青年。来日本之前他们都接受了一年半的日语速成培训，都有基础。留学生真的不容易，大多数是半工半读。为了交学费，很多人兼做两份工作维持生计。我由于年纪大，又几乎是零基础所以要加倍努力学习。夜晚的学生宿舍异常的安静，经常会躲在某个角落里看书，心里也有恐惧、委屈和寂寞。白天的课堂很紧张，日语教学90%听不懂，好郁闷。为了赶上大家的进度并加速学习日语，上课时精神十足，课余宁可节衣缩食，也不出去打工，利用分分秒秒加速学习日语，成绩有了长足进步。有一次，老师问我："很多同学都在睡觉，你为什么不睡觉，也不去打工？"我回答："我是来学习的，不能浪费父母的血汗钱。"老师听了很感动，让我把这些话讲给同学听听。我表示理解他们：很多留学生都是父母借钱来供自己的孩子到海外求学，面对日本的高物价，打工是为了给父母减轻压力吧。"

经过一年半的认真刻苦学习，我被全校评为唯一一位女性优秀留学生，并得到3万日元的奖励。当时我正在天津庆祝父亲的75岁寿辰。同学把这个好消息通过国际长途打来告诉我，父亲对我说："人家花长途费给你打电话，你就把那3万日元送给同学们去花，让他们聚在一起吃顿饭。”父亲的豪爽仗义，对于我的成长影响大有裨益。

在日语水平日益提高的同时，我的英语也毫不逊色。当我上了日本的女子大学，是全班唯一的中国学生。大学里英语的使用率很高。学校要求入学的学生们翻译英文报纸，我初战告捷，又拿到了第一名，获得了日本国际教育部门颁布的奖学金。

理解战争是双刃剑

在日本生活的日子里，我看到许多日本人是热爱和平，反对战争的。他们对来自中国的人怀有非常友好的情感。学校的老师对我们这些中国学生视如己出，经常带大家去喝咖啡，还把在家里做的面包、寿司等拿来给我们吃。老师还带我们去看画展、陶瓷展，也参加一些慈善活动。

在参加九州财界新年联谊会上，我结识了日本著名舞台剧演员岚圭史老师。他的父亲是日本共产党人，是日本著名的歌舞伎的艺术家，一直热衷于日中友好活动。岚圭史老师子承父业，曾经多次与日本天后级的金孔雀美空ひばり同台表演。岚圭史老师1972年跟随田中角荣首相访华，辗转各地进行舞台剧表演及文化交流，也看到中日领导人的握手言欢。田中角荣上任后短短两个月时间，实现了中日两国邦交正常化，这成了他在任期上的最大功绩，也因此被称为“中国人民的老朋友”。中国还免去日本的战争赔偿，这让岚圭史一行人非常感动。有一次，他为我哼唱“我的家在东北的松花江上，那里有我的同胞，还有那衰老的爹娘……”我听得热泪盈眶，我理解了，战争是双刃剑，既杀害了中国人，也让日本人民遭受极大的苦难。

在我回国以后，岚圭史他们编演了话剧《鉴真东渡》并到中国演出，剧中演绎了经40天的海上颠簸，鉴真一行在僧人延庆的引导下进入日本九州的太宰府（今日本福冈）的故事。鉴真一行前后历时12年，6次启行，5次失败，航海3次，几经绝境。先后有36人死于船祸和伤病，200余人退出东渡行列。只有鉴真遭遇疾病致盲仍然矢志不渝，百折不挠，终于实现了中日友好的毕生宏愿。由此可见，日本人民对于中国给予的优秀文化是怀有十分感激的心情。

与日本前驻华大使宫本合影(左为作者)

他们在中国连演了3场，在北京保利剧场演的第一场，非常轰动，中日政府要人观看了演出，送了花篮。他们又到鉴真大师的出发地——扬州和上海各演了一场。为了感谢老师为中日友好做出的善举，我和先生也到场祝贺。老师很感动地说："能在你的家乡见到你真是太好了！如果有可能的话，只要提供场所我会在你的家乡为你家乡的人免费演一场！"我对老师那种为艺术奉献的情怀以及为了中日两国世代友好的心意所感动。至今这个情景还历历在目，让我难以忘怀。岚圭史还朗诵了主要是叙述以平清盛为首的平氏家族故事的《平家物语》段落，此书共192节，其中含有引用中国典籍的为56节，占29%。足以证明中日文化的渊源是很深远的。

和睦友好是所有人心中的期盼。有一次，我和同学坐火车的时候遇到一位老者。他问："你们是中国人吗？"得到肯定的答复后，他掏出一把钱准备塞给我。开始我吓了一跳，当听到他掏心掏肺地说了一番话，就释然地婉拒了。他说："我年轻的时候，被征兵去了中国，为日本天皇而战。当我回来的时候。看到日本老百姓的苦难生活,完全明白这是一场侵略战争,我对你们中国人是有罪的。这算我的一点补偿吧。”参加过对华侵略战争的人,当他们醒悟以后,就知道发动战争伤人也伤己。

还有一次,我到日本人家做客,主人拿出陶瓷罐子说:“这些东西都是从你们中国传过来的,中国是文明古国,是陶瓷的发祥地。”我的心里一震,联想到四大文明古国的衰退,自己国家的传统文明被异邦所珍惜,而我们自己却无动于衷。讲中国话,用中国茶具,喝龙井茶,研究中国政治、经济、文学、历史,对中国怀着浓厚的兴趣和友好的感情……在日本,并不独此一家。

我跟着老师去看瓷器展览,心中又翻腾起联想的浪花。不用说,瓷器是我国传统文化艺术瑰宝中的代表。在海外,瓷器和中国是同一称谓——CHINA。瓷器曾多次在重大国际活动和外交活动中作为国礼,赠送给外国政要和国际友人。我暗暗下决心,一定要为文明古国的中华民族争气!

作为留学生会的会长,我除了热心地为同学们服务外,我还常年参加当地的慈善团体狮子会的例会,与财团、商界、政要的名人们打交道。我总是不卑不亢,用一口流利的日语为参加各种仪式的中日双方友好人士的和平交流充当“桥梁”。我频繁地接受着中日友好人士的问候与祝福,适机就动员他们来中国投资办企业,还向他们宣传中国的优惠政策。

“国之交在于民相亲,民相亲在于心相通。”民心相通,是社会建设的根基,文化交流则是实现民心相通的有效手段。中日友好是两国人民的共同事业,中日友好的未来要靠爱和平反战争的人开创,我一心要做友好使者,自觉肩负起了传承中日友好的崇高使命,努力成为两国人民世代友好的践行者。

翻译的技术和艺术

“八荒争凑，万国咸通，集四海之奇珍。”《东京梦华录》里曾这样描述大宋都城的繁华盛景。改革开放使现在的中国更是今非昔比，已经成为世界瞩目的强国了。在留学期间，我交了许多朋友，一起聊天、吃饭、游玩。我回国探亲的时候，一些日本人想和我一起来中国看看，我就很热情地给大家做向导，让他们看看真实的中国。这些日本人很兴奋，在游长城的时候，要求在这里种树以作纪念，我马上与有关方面联系，帮他们完成了这一心愿。日本狮子会的人还希望能在中国建学校，我竭尽所能给予帮助玉成。

中国台湾台南市的狮子会代表团，常年与日方做互访交流。这次来希望请个翻译帮忙。日方就找到我，请我来做翻译。台湾是中国的一部分，只要事关中日友好，我都满口答应。当我预习了一下活动的内容后，换上非常有中国特色的旗袍，化了淡妆出现的时候，台南市的客人提出换个中国台湾人做翻译，说更能了解他们的语言。日方代表当时也很尴尬，很抱歉地说：“李桑，非常抱歉！客人要求台湾学生来做翻译。”我并不介意，为了促成中日交流，马上就联系了自己的舍友——一位中国台湾留日生，并热情推荐了她。那天出席此次活动的有日本的政要——当时的日本自民党的政调会长山崎拓先生。这位留日生在翻译过程中，对于一些专业术语总是听不懂，屡屡让会长再重复，这就惹怒了日本的接待方，马上更换翻译请我出场。于是一场不同语言的交谈，在我流利的翻译中完成。我努力展现出良好的国民素养，双方代表都对我鼓掌赞扬。救场如救火，这次会议终于在祥和的气氛中圆满落下了帷幕。

留学生的生活结束了，我在日商会社就职。我是这里唯一的外国人，有许多生活习惯和处事理念不相同。因为我是完美主义者，总想面面俱到，所以精神高度紧张，以至于失眠。有一次社长要带我去参加一个重大酒会,我去做头发时,发现脑后有一块像人民币一角硬币大的脱发斑,也就是我们常说的鬼剃头。据医学分析,这与自身免疫和紧张情绪压力大有关。

然而工作是不能放弃的。酒会之后不久,会长又带我前往大连的理工学院,参与一个种香菇的项目谈判做翻译。会长说,与对方这些人谈项目真难,经过几次谈判都不欢而散。我了解了他们相斥的原因,事先做好了心理准备。我认为,做翻译的最高境界就是要运用翻译技巧促成每一单生意。开始双方都剑拔弩张,各自坚持己方的立场观点。我在翻译时,避开翻译那些尖锐的用词,理解双方的需求而直奔主题,将他们的激烈用语按照原意翻译成真诚的和解。谈判在融洽和谐的气氛中结束,双方各取所需都很高兴。最后他们按常规和翻译握手时,都伸出大拇指,夸我好样的。类似这样富有挑战性的翻译工作,我做了许多次,也为日后的工作打下了坚实的基础。

我的身体毕竟不是钢打铁铸的,长年累月辛苦的超负荷劳累使我患上了免疫机能胶原病,总是低烧不退。我的领导和好友都十分为我着急,日本狮子会的朋友介绍我到福冈的中央医院及九大病院,请最好的西医来给我看病。经过治疗,效果不大,并且被医生告知:这种免疫机能的病症,目前在医学领域还没有准确的解释及治疗方法。医生就劝我去看看中医,作为西医并不相信中医的医术,但是这位医生说中医确有不可思议的力量。既然要看中医,当然本土的中国医生最好。我决定回到祖国治疗。

回归故里又创业

2003年,在日本打拼了整整10年的我带病回国了。父母心疼地到处求医问药,看过的医生都说我操劳过度,身体垮了。有的医生甚至说这是"慢性癌症"——潜台词就是没治了。可是我告诉自己一定要坚强,以积极的心态治病,信任本国的医术。在长达两年半大量的药物调理及

作者参加商务会

家人的细心照料下，我的验血报告终于从阳性变成阴性了。

在天津，我有着非常好的人际背景，父亲是德高望重的老红军，但是我没有在红色光环下吃老子的本钱，也没有依仗各种的人事关系走捷径，完全是自力更生、白手起家，实实在在、本色做人。凭着海外工作生活的经历，我这看似平静外表下藏着一颗积极创业的“野心”。身体刚刚恢复就又干起来了，而且一连在5家公司做董事长，有搞客运的、有做建筑工程的、有科技发展的、有国际贸易的、有劳务派遣的……与丰田汽车等众多世界500强企业建立了良好的合作关系，而且严格按照日本企业的管理方法来治理。我总对员工们说：“我知道日本企业的管理制度非常严格。在日本如果诚信方面出了问题，那么受到的惩戒成本太高了，会倾家荡产的。”

我在工作中一直保持不骄不躁的作风，超越了一般女孩子的天真稚嫩，也迥异于女强人的咄咄逼人。尽管我后来回国了，但是与日本友人的联系仍然很密切。书信、热线、微信增进了相互的了解，加深了彼此的友谊，增强了传承友好的信念，共同用激情和真诚寄予了世世代代友好的美好愿望。

我对中国和日本朋友都是一副热心肠，为了帮助一位员工的孩子赴日留学，专程飞往日本帮助办理手续。公司的员工对来采访我的记者说："李总是好心人、热心人。"对于已在日本生活的中国人，只要提出什么困难，我都是尽心尽力帮助解决。

在天津注资发展的日本丰田公司出现了环保问题，他们的冶炼炉的标准，以前是合乎标准的，在最新出台的将在明年实施的新指标下达后，就会超标的。丰田公司是天津的纳税大户，如果他们停产或者迁出，都对天津的经济建设有很大影响。丰田驻津的首席代表找到我，希望我作为天津的日本人会的会员、也作为天津市政协委员关注此事。得知此事后，我就如何进行设备改造问题，跑了多家的技术单位，请教了多位专家，将这个问题及时反映给市政协及有关部门，积极搭建平台，拉近政府及企业之间的协调及信息共享，让外商能够安心在天津经商做出积极努力。

我不但在业务上忙于成果，还有一份社会担当。现在，我是天津市政协委员、天津市归国华侨联合会常委、天津市华侨商会副会长。我作为政协委员理应积极参政议政，每次会议上都能够提出好的议案，以供决策人参考。2005 年的《政协之友》将我作为封面人物，并撰文予以表彰。在侨务工作中也是积极对外宣讲天津的特色及利好投资环境，为天津招商引资，并为这些企业在津发展提供各种服务，被市政府聘为天津市海外联谊会常务董事。

我虽已经年过半百了，但是在心理上没有丝毫倦怠，仍然感到青春洋溢。无情的岁月、疾病的侵袭、世态的炎凉都没能击垮我。在事业上，我几番标新立异，不断创造着属于我自己的目标；在生活上，我总是潇洒自如，不断做着有利于中日人民友好的事情。

改革开放 40 年给中国带来了无限的生机与希望！我总结自己的经验，这些都归功于自己生于正当时。其实，机遇总是留给有准备的人，更是对勤奋的人予以青睐。努力是一种生活态度，与年龄、性别、出身无关。对生活的热情、对历史的认知、对他人的关心、对梦想的追求……这是我永恒的生活态度。

与患者同心 向病魔宣战

李　文*

生命的感悟往往不会在身强力壮的时刻，也不会在花容月貌的青春中，而是会在抢救后的苏醒中、手术后的痊愈中。那时，病患者最幸福的是看到医生欣慰的笑脸，听到医生"以后注意身体，定期复诊"呵护的嘱咐。于是一种感慨油然而生：人生何其珍贵！该怎样让每位患者幸福自在地在生命中行走，路遇磕绊时再次站立前行，这是我们医务工作者共有的"健康所系，性命相托"的担当。

三十余年来的初心不渝

我1962年11月出生于天津，在天津上完小学和中学，1980年考入了天津医学院医疗系临床医学专业，1985年毕业后到医院工作，回首看来至今已有三十多年了。

毕业后我选择了普通外科工作，跟随著名外科专家罗连城主任，开始了我的医学生涯，在罗主任的精心培养下，打下了非常坚实的基础。20世纪90年代初，我师从名医鲁焕章教授，那是我国第一代内镜外科

---

* 李文，女，1962年出生，天津市人民医院内镜诊疗中心行政主任、外科主任医师、教授、硕士生导师，天津市医师协会内镜分会会长。

专家，首创中西医结合ERCP治疗胆道疾病，并开创了我国内镜外科治疗胆胰系统疾病的先河。从此，我拜入内镜外科之门，在鲁焕章教授及其他老师们的谆谆教诲下，从做人到行医，都把老师们作为自己的楷模。从他们身上，我读懂了“仁心仁术”“大医精诚”这些对我而言虽然十分美好但又有些抽象的词汇。老师们渊博的学识、高深的造诣、严谨治学的态度，深深地影响着年轻的我，使我明白医学是学无止境的科学。2000年受亚太消化内镜协会主席、已故世界知名消化专家曹世植教授的选派和他的基金会的资助，我赴美国加州大学戴维斯分校医疗中心做高级访问学者，师从国际著名消化及消化内镜专家Joseph Leung教授。他的严谨治学态度、丰富的内镜诊疗经验和高超的内镜技术，给了我很大的影响，一年半的学习，收获颇丰。

医学是一门实践性很强的学科，没有多年临床经验的积累，是绝对不会有精湛的医术。既然选择了医生职业，就等于选择了吃苦耐劳；选择了医生的职业，就等于选择了忘我工作。

老师们尽心尽责教导、手把手传授技术，自己努力学习业务，钻研技术，仔细研究每一位老师的诊疗方法，工作不久，我依靠娴熟的基本功，勤奋好学的性格，对内镜消化系统疾病诊疗上达到较高的诊断正确率和治愈率，在内镜领域出类拔萃，令同行们刮目想看，令老师倍感欣慰，很快在国内外有了一定的知名度。三十多年来，通过刻苦学习、深入研究，一步步拾阶而上，从一个初出茅庐的医学院毕业生，到老练果敢的主任医师；从一个初涉医学门类的实习医生，到今天的经验丰富的医学专家，在这个蜕变的过程中，我已记不清有着多少故事情节，诊疗了多少例病人了……

在跟从鲁焕章教授学习期间，从事ERCP手术需使用纤维内镜及普通X光机，防护措施很差，在那样的艰苦条件下，我依然选择了内镜事业，并希望可以用自己的技术使患者逐渐减轻痛苦。随着医疗资源的进步，虽然设备及防护措施不断更新，但是多年来在X光的照射下，X

线在体内不断地蓄积,使得身体抵抗力降低,经常感冒,并出现免疫功能紊乱的病症,但是比起抢救患者的生命来说,自己的一点痛苦是微不足道的,用我的一部分生命换取无数患者的健康,我觉得太值得了!

由于我在内镜技术上有一定的造诣，全国越来越多的患者前来医治，而 ERCP 手术都是比较着急的患者，为了保证每位患者的手术时间,虽然身穿十几斤的铅衣,经常连续负重工作六七个小时,即使已经大汗淋漓,但依旧站在离放射源最近的地方,专注地进行手术。手术的成功、患者的康复是我们作为医生的最大安慰和荣耀。

多年如一日的坚持,我始终保有“医者父母心”的热情,急患者之所急、忧患者之所忧、想患者之所想,由于在 ERCP 诊疗技术的独树一帜,甚至吸引不少国外肝移植术后胆道并发症的患者前来诊治。工作量大且累,但是对待每一位病人我都能做到认认真真检查、详详细细解说、兢兢业业施诊。我虽然已年过半百,超负荷工作,但医生的责任是让人们有个健康的身体，有高水平的生活质量——这就是我矢志不渝的奋斗方向。

推广内镜技术造福百姓

在当时简陋的硬件条件下，积极开展中国内镜介入下诊断治疗胆胰系统疾病的工作。时至今日,我国的内镜下诊断、治疗及手术水平均达国际顶尖水平,目前已完成各类内镜手术数万例,未发生严重并发症病例,相关死亡率为零。而在内镜领域难度最大的内镜逆行胆胰管造影术,正是我最擅长的技术。如果不是多年来老师们的辛勤培养,自己在工作中的摸爬滚打、挥汗如雨,在 X 光机旁的“舍生忘死”,哪里能够将 ERCP 技术练到如此炉火纯青的地步，这其中的辛苦和滋味对我来说的确是“痛,并快乐着”,这就是我作为医生的一种幸福。

三十多年来,我立足本专业,扎实掌握外科专业基本功,勤学苦练。

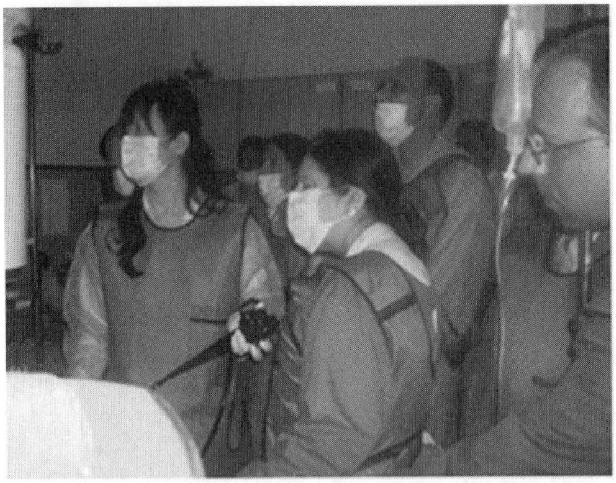

在巴基斯坦进行 ERCP 培训(左一为作者)

研究掌握了一整套消化道内镜的先进诊疗技术包括胃镜、结肠镜、十二指肠镜、超声内镜、胆道镜及经口胆道镜(子母镜)等,临床实践几乎涵盖了消化内镜诊断和治疗的所有领域。尤其在结直肠疾病、食道胃疾病的内镜诊疗、肝胆胰腺疾病微创治疗方面具有较高的学术造诣。

为了使内镜技术发扬光大，多年来我致力于 ERCP 的普及和推广工作,1995 年始以培训师的身份，参加亚太消化内镜学会在亚太地区内镜培训,多次赴越南、印度尼西亚、菲律宾、巴基斯坦等国家和地区，为当地做内镜诊疗培训工作,并提供技术支持。曾记得有一次去巴基斯坦进行“手把手”培训,正好遇上游行示威,我们一行滞留在拉瓦尔品第,无法回到驻地。虽然每次奔赴东南亚国家都存在着一定的困难,但当地医生强烈的学习愿望和热情深深打动了我,推广消化内镜技术,造福于当地百姓,是作为专家的一份责任。

在从事内镜诊疗工作 3 年后,我便站上了国内和国际舞台,与全世界顶尖的专家在学术会议上做演示专家,并与美国、欧洲、日本等发达国家进行学术交流,为世界内镜事业的发展做出了自己的一点贡献。在国内,每年出席多次 ERCP 高训班及相关研讨会,毫无保留地把自己多年经验传授给每一位前来学习的医者。每年培训全国各地内镜医师数百人,使基层医院的内镜技术得到很大提高,并能完全应用于实践工作中。我和许多内镜专家,通过这些年的辛苦付出,使得中国内镜医生的整体水平有了一个质的飞跃,使中国消化内镜临床医学得到了一个提升。

对基层医院的技术培训和支持一直也是我非常注重的工作，就在前不久的 2018 年 7 月 11 日至 14 日，我受天津市内镜质控中心邀请，与天津医大总医院、中华消化内镜杂志社等兄弟单位同人一起,远赴新疆和田地区人民医院开展柔性援疆活动。本次活动汇聚了国内著名内镜、消化、呼吸、耳鼻喉及院内感染控制等领域专家。我在 2018 年和田地区消化疾病和消化内镜新进展研讨会、和田地区内镜质量控制培训班、中华消化内镜新技术西部行学术活动上开展了专题讲座。在来到和田之前,我了解了该地人们的生活习惯,使胆管结石等疾病普遍高发。针对这一问题,我以“ERCP 的早期并发症的预防和诊治”为主题对当地医生进行了培训,讲解了经内镜胆胰管造影术(ERCP)围手术期的规范化治疗,包括术前准备、术中处理、术中观察以及并发症的预防等。另外,我根据当地消化道肿瘤的高发问题,又专门针对早癌问题,对如何开展消化道肿瘤的早期筛查进行了技术指导，并向和田人民医院介绍了天津市开展大肠癌筛查工作的情况，以及我们科室承接大肠癌高危人群肠镜检查的工作经验。最后,对其内镜消毒隔离质控工作进行了相应的指导与建议。

经过这些年的付出,我的学术水平在中华医学会、中国医师协会等机构上得到认可，被授予中华医学会消化内镜学分会常务委员、ERCP 学组副组长,中国医师协会消化内镜分会常务委员,国家消化内镜质量控制专家组委员,天津市医学会消化内镜分会副会长、天津市医师协会内镜分会会长,多个核心杂志编委等职务。国家更是给了我很多荣誉,授予了国务院特殊津贴专家、白求恩式好医生、全国总工会全国女职工建功立业标兵、全国妇联巾帼建功标兵、天津市五一劳动奖章、天津市卫生行业第二届人民满意的“好医生”以及天津市三八红旗等荣誉称号。

打造一支内镜中心团队

习近平总书记说，打铁还要自身硬。我首先要做到修自身。2004 年开始，我担任天津市人民医院内镜诊疗中心行政主任，经过十多年的奋斗，将内镜中心从零开始，逐渐发展壮大到全国知名的内镜诊疗中心。我自己出于对医学的无限热爱和对事业的执着追求，刻苦钻研本专业先进的诊疗技术，近年来发表在国内外杂志论文三十余篇，国际及国内会议论文二十余篇，主译《超声内镜学》两部，并参与多部书籍编写。开展多项科研课题，曾多次获天津市科委三等奖、天津市卫生局科技进步一等奖。2000 年 1 月—2001 年 5 月赴美国加州大学戴维斯分校医疗中心以高级访问学者身份进修学习，并参加对消化科 Fellow ERCP 培训工作。2005 年 10 月赴日本北里大学东病院进修学习内镜超声及内镜新技术。

在医疗服务工作中，我在全科推广人性化服务，加强医德教育，真正体现了“以病人为中心，全心全意为病人服务”的宗旨，千方百计为病人排忧解难，与患者建立互诚互信，耐心做好解释工作，消除误会，避免纠纷的发生，使患者来内镜中心检查舒心、安心、放心，无论在内镜诊治

2014 年在印尼做 APDW 操作演示(前排右二为作者)

成功率、治疗效果及病例数均达到国内领先、国际先进水平，也为百姓、为患者带来希望，被病人视作“生命的保护神”。

我大胆进行科室管理，建立健全相关内镜的管理制度，严格统一的内镜消毒规范，根据医院质控要求补充制定了各种工作流程及预警方案。督促完善内镜各种大型医疗仪器的使用、维修的登记记录工作，进一步完善消毒隔离制度，并坚持将各项制度落实到位。不断优化内镜中心的工作流程，使内镜中心的管理、工作及消毒流程在业内处于领先水平。积极开展内镜诊疗新项目，胃、结肠镜检查增加染色内镜、放大内镜，增加了微小病变的检出率；十二指肠镜对胆胰疾病诊断和治疗又上一个新台阶，尤其是内镜对肝移植术后胆道并发症治疗，内镜诊治成功率、治疗效果及病例数均达到国内领先、国际先进水平。利用现有条件，开展结肠镜金属支架置入术、超声内镜引导下穿刺技术（EUS-FNA）、内镜下黏膜下剥离术（ESD）等工作，为百姓、为患者带来希望。

我还建立健全各种内镜诊疗术前谈话、术前讨论及围手术期管理制度，强化消化内镜诊疗操作规范化，对科室医生有计划进行培训，提高内镜诊疗技术及相关理论知识，严格管理，提高医疗质量，减少并发症的发生。在科室定期讲座和培训，加强医护人员的责任心和职业道德教育，按照操作规范严把内镜诊疗质量关，诊疗过程中密切观察病人情况，并及时发现和处理相关并发症。用自己的严谨的工作作风、精益求精的工作态度和以身作则来潜移默化地影响着科室的每一个人，也因此带出了一支战斗力强、业务出色的内镜中心团队。

我一手打造的内镜诊疗中心长期保持与众多国际医疗机构间的学术合作关系，与中国香港中文大学威尔斯亲王医院内镜中心、日本北里大学东病院内镜中心、东京医科大学医院、日本京都第二红十字会医院内镜中心、美国加州大学戴维斯分校医疗中心消化科、德国汉堡大学医疗中心内镜外科等机构进行学术交流，在交流期间不断学习新的内镜技术和理论，应用于实际医疗工作中。积极开展与消化内镜诊疗相关的

作者在《健康大讲堂》进行讲座

科研工作，尤其是中药对内镜下胆胰疾病治疗并发症的预防及治疗作用的研究，减少了内镜治疗并发症的发生和发展，提高安全性。

现在的内镜诊疗中心集临床、教学、科研于一体，不仅拥有先进的医疗设备，优秀的人才梯队，还拥有自己的病房，为患者打造了一个一体化的服务流程，方便患者就诊。中国主要承担胃肠镜、超声内镜及内镜介入诊疗工作，年内镜诊疗4万例次以上；深入开展消化道早癌筛查、胃肠道疾病特别是消化道息肉及肿瘤的内镜诊疗、胆胰疾病的内镜诊疗；是中国消化内镜学院培训基地、中华医学会消化内镜专科医师培训基地、中国医师协会ERCP医师培训中心、中国ERCP技术标准化人才培训基地、中青年医师医学影像规范化诊治科教园地。

用真情和谐医患关系

作为一个医者，宁可自己的生命受损也要来拯救患者的疾病，这是应有的职业道德。当我用手摸装起搏器的伤口，用手去按压心口感知痛点……这一切是那么亲切自然。当下医患关系紧张，原因在于部分医生没把患者放在心上，只看到患者的钱。一项项的检查尽管能查清病，但冰冷的机器代替不了医生，更没有医生的人文关怀。“人心都是肉长成，怀里没有不化的冰”，如果医生能把群众放心上，就不信医患关系的坚冰打不破。

每当看到媒体经过采访而发出的报道，看到患者及家属给我发来的信函，既感到一种正能量的激励，又促使我继续努力，更感受到患者一颗颗滚烫的心，值得我永远珍存。

下面我简单举几个例子：

一名5岁女孩转危为安的报道——2013年3月23日下午，正要赶往山东开会的李文主任接到了一个紧急的电话，电话里说从儿童医院转来一位胆总管结石的5岁女孩，女孩情况非常糟糕，精神一直处于模糊状态，若不及时治疗生命将有危险，李文主任当即决定返回医院与儿童医院的专家一起为孩子会诊。

原来女孩因为反复的腹痛发热就诊于儿童医院，被诊断为反复胆管炎、胆总管结石，此外还发现女孩胆管扩张、胆胰管合流异常，大夫建议开腹取石，这个方法吓坏了孩子家长，家长不忍心让这么小的孩子就忍受开腹手术的痛苦，央求大夫帮他们想想办法。此时，女孩的身体非常孱弱，意识也不甚清晰，在医务科的协调下，他们联系到了肝胆科的专家李文主任，很快女孩便被转至人民医院。随后，李主任向儿童医院的专家了解了患儿情况，李主任发现孩子确实不适合开腹手术，女孩因为反复发作的炎症和高烧，身体素质差，无法耐受开腹手术的创伤，若强行开腹取石，也增加了手术风险，另外孩子年纪非常小，多重考虑之后李主任决定为患儿实施微创取石手术。

李文主任与儿童医院的专家详细分析了患儿的情况。首先，孩子年龄小，各器官发育不成熟，胆管、胃肠道也比成人要细得多、小得多，但内镜却没有“小儿专用”的，因此手术中的操作要与成人有所区分，还应更加精细、小心；其次，患儿长期腹痛发热，身体条件不好、体质弱，因此手术中监控和麻醉需要特别到位。为此，专家们为孩子制定了详细的手术方案，为避免手术的同时导致患儿窒息，儿童医院的麻醉师与人民医院的除痛科大夫经商讨后，为其实施气管插管术，并实施全身麻醉。随后，李文主任使用十二指肠镜进行手术，手术中将患儿胆管切开，用篮网将胆管中的石头取出，并引流出许多墨绿色胆汁，在最短时间内去除了女孩的痛苦。

一周后，女孩顺利康复出院，恢复了她应有的活泼和天真。同时，为5岁孩子进行ERCP术取石，也创造了人民医院内镜中心接诊的最小患者记录，标志着内镜中心在治疗水平上迈上了新的台阶。

一家能够过团圆春节的报道——有位64岁的患者张女士，在2018年1月份突感上腹部疼痛，并伴有恶心呕吐，辗转多家医院，并于天津某三甲医院进行就诊，被诊断为急性胆源性胰腺炎、胆总管结石，并在其医院进行ERCP(经内镜逆行胆胰管造影术)手术没有成功，结石无法取出。胆总管结石可造成胆管胰管阻塞，引起

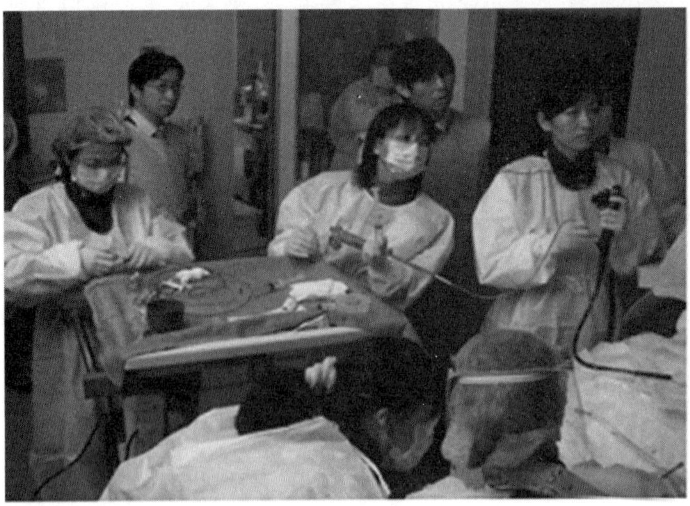

2006年世界消化疾病大会操作演示现场(右一为作者)

急性胆管炎、胆源性胰腺炎,如果不能经内镜微创手术,则患者面临外科手术的风险。马上就过年了,然而患者被病痛折磨,情绪低落,身体条件差,仍然希望能够通过经内镜微创的方法解除病痛。经过多方打听，得知天津市人民医院内镜诊疗中心主任李文教授是这方面的专家,技术过硬,并治愈了全国各地上万名胆胰疾病患者,慕名找到李文主任,经初步诊断后,立即将病人收入院。

患者入院后,经过积极临床治疗,完善相关检查。因患者曾行ERCP治疗失败,手术一定会有特殊情况,且操作复杂,故而为病人制定好ERCP手术方案,并针对可能出现的问题做好预案。

在小年这一天(腊月二十三),ERCP手术在内镜中心、除痛科及内镜诊疗中心医护人员的准备配合下开始了。果然在ERCP手术中发现患者有解剖异常情况,十二指肠降段有憩室,寻遍十二指肠未能发现十二指肠乳头(即胆汁排至肠道的开口)的踪迹,具有丰富经验的李主任判断十二指肠乳头应该就在憩室周围，通过仔细观察黏膜的形态，最终确定它在憩室内。然而主乳头长在憩室旁,已经属于ERCP手术中困难的操作,而该患者主乳头却长在憩室里,内镜根本就无法直接看到它。李主任不放弃,并凭借多年积累的娴熟、高超的技术,先用造影管推挤肠黏膜,确定位置,后用组织夹牵拉肠壁黏膜,终于于憩室下壁内侧看到主乳头开口,似穿针引线,多次尝试,将导管插入胆管,并进行扩大十二指肠乳头开口后将胆管结石顺利取出。此刻内镜介入诊室内响起一片掌声,在场的医护人员为李文主任高超技术而折服,为手术成功而庆贺,也为患者能免除外科手术而高兴,大家都说患者疾病解除了,可以健健康康回家过年啦。

内镜超微创手术是应用内镜通过人的自然腔道,体外无创口,以最小的损伤达到治疗疾病的效果。患者术后恢复非常顺利,对天津市人民医院的医护人员感激万分,患者的康复和认可,使医护人

作者参加《内镜超声学》签售活动

员感到莫大的欣慰。

折磨患者一个多月的病痛终于痊愈，各项检查结果正常，于腊月二十七高高兴兴出院回家，准备和全家度过我们中国人最重要的团圆喜庆节日——春节。

一位起死回生患者的报道——有一名50岁的患者腹痛难耐，辗转多家三甲医院，都被诊断为胆管的恶性肿瘤，这就意味着生命进入可数的倒计时了。上有老下有小，他只好痛苦地与亲朋好友父母孩子诀别，妻儿也为他准备了后事。家中阴霾笼罩，一家人都陷入无尽的痛别之中。

患者在无比绝望的时候，也有些不甘心等死，就死马当作活马医地乱投医。此时，打听到了李文主任在胆道系统疾病的诊疗上有独到的医术，抱着试试看的想法，慕名而来。不料，李文主任不但热情细致地询问病情，还进行全面的检查。在结合种种化验结果及临床表现后，李文主任凭着多年的经验，最终确诊为胆道单纯性炎性狭窄。当时得到如此诊断结果，患者大喜过望，就像范进中举，掐了一下大腿，证实自己不是在做梦。家属也喜极而泣，向李文主任连连作揖道谢。

后来通过ERCP诊治后，患者现已痊愈，就这样，一个险些崩溃的患者被拯救了，一个濒临破碎的家庭恢复了往昔的快乐。

一封虔诚的道歉信——

您好！李主任，我叫李★★，在此说两句，只是为了表达一下我对您的感激之情。

首先，李主任平易敬人，丝毫没有以您的身份和地位常有的那种盛气，使病人能够很安心的接受您的诊疗。同时，您的精湛的医术，又使我先前刚接触时因为您的年轻美丽的外貌而产生的那种隐隐的不信任的心理烟消云散。就诊能遇到李主任，您这样的医生真的是我们病患的幸事。

因为第一次为我做结肠镜的医生检查的不彻底，您为我做了第二次的复查。因为有了第一次检查时的那种难以忍受的痛苦的体验，所以在您为我做检查的整个过程中，简直就是无痛的感觉，同时，还仔细地、不厌其烦地为我清理了附着在肠壁上的污物，彻底地、无一遗漏地为我检查了整个该检查的部位。那份耐心、那份仔细让我感动。这些对患者认真负责、妙手仁心的医生真的值得我们所有的病患和健康人的敬佩！李主任，我真心地感激您！

从医以来，这样例子不胜枚举，内镜中心团队也不断接到这样的感谢。我想，都应该把它们当作财富，不断激励自己，用更加精湛的医术和更加周到的服务，为患者解除病患，为家庭带来欢乐，每每想到他们的满意的笑容，我心里都会无比的欣慰，工作中也会更加充满干劲。

作为无党派人士、天津市及红桥区政协委员，我主动参与到坚持和发展中国特色社会主义实践活动中，发挥积极作用。同时，积极参政议政，认真履行政协委员的职责，为卫生计生事业的发展出谋划策、贡献力量，并且在繁忙的工作之余，热心社会公益事业，发挥自身特长为社会做奉献。

如今，我正在为将消化内镜这项独特的超微创疗法向多领域发展，形成多学科合作的格局而努力工作着，相信在不久的将来，一个集教学、科研、临床及新技术开发为一体，具有全国一流及国际先进水平的全新的人民医院内镜中心，将展示在世人面前。我们将用自己的智慧和汗水，为更好地推动天津市内镜事业的发展，更好地造福于广大患者做出贡献。

传承创业精神的侨之家

——记我的母亲王志红①

刘　洋*

我叫刘洋，是一名85后的大学生创业者,同时也是我们天使教育幼儿园八百多个孩子的妈妈。创业的路上各种艰难险阻,能给我源源不断的动力,一路斩荆披棘走到今天,很大的原因在于我的母亲——王志红。

王志红近照

她是一位追逐梦想的阳光女人,始终秉承着创业初衷的豪情,迸发出实干的企业家魅力。在我的成长过程中，深深感受到她对我有一种挡不住的魅力，就是来自她独立的自尊和饱满的个性。她能够抓住时代发展的机会,懂得拼搏,可以扛得起事业的担,也可以吃得下创业的苦,选择的生活法则是热烈与精彩的。

---

① 王志红,女,1966年出生,河东区侨联主席、区政协委员。

* 刘洋,女,天使教育幼儿园园长,王志红之女。

听祖辈讲历史

母亲的祖籍是山东省荣成，因为家道贫寒，祖辈到海外闯荡谋生。我的外曾祖父也来到了朝鲜沙里院市，在那里的商店当伙计。我的外曾祖母迫于生计，带着孩子们漂洋过海去找外曾祖父。当时要在异国他乡养活这么一大家子，外曾祖父生活得很困难，外曾祖母也只好靠拾荒、做点针线活贴补家用，勉强维持生活。那时的生活虽然艰辛，倒也能平安度日。直到1950年，朝鲜战争爆发，这一家人生活在水深火热之中，头顶天天有飞机扔炸弹，地上到处冒黑烟……他们和朝鲜人民一样总在逃难。我的外祖父在一次逃难中，身旁落下一颗炸弹，几乎死于非命。直到志愿军跨过鸭绿江，外曾祖父一家才见到祖国亲人的面，得到亲人的照顾。特别是在他们遭受洪水之灾的关键时刻，志愿军开着救生艇来，救了这一家和许多朝鲜人。当时朝鲜人都喊："中古萨拉来兆啊（中国人真好哇）！"

1952年8月，毛泽东号召在朝鲜居住的广大侨胞回国参加社会主义建设。我的外曾祖父迫不及待地赶到中国驻朝鲜大使馆办理回国手

天津市侨友商贸有限公司职工合影（左一为王志红）

续，很快得到批准，这一大家子人终于回到了祖国的怀抱。

有了在国外的苦难经历，外曾祖父一家更加珍惜在祖国的幸福生活。政府安排了外曾祖父母参加工作，又安排我的外祖父和姑奶奶们到适龄的学校去读书。从此，一家人过上了衣食无忧的好日子。

我的外祖父王秉恒1938年出生，毕业后被分配在天津邮电器材厂，主要工作是研究飞机场内的牵引车技术问题。那时候，我国技术落后，外祖父每天潜心搞钻研、搞实验，有些什么新的想法，既要手绘图纸设计，还要下厂房实际操作。靠着不怕吃苦的韧劲和敢为人先的创新精神，外祖父一路由技术员做到车间主任。由于业绩突出，曾经连续5年被评为天津市劳动模范，还被选为全国归侨先进个人，受到国家领导人的接见。后来与我的外祖母结识了，相恋、相爱、结婚。他们的第一个孩子1966年2月出生，就是我的母亲王志红。

因为从小的耳濡目染，母亲深知祖辈海外生活的血泪史，更加热爱新中国。祖父母的身体力行，使她受益匪浅。外祖父工作任劳任怨，身患重病不下火线。即使饮食不规律做了部分胃切除手术，在家休息不到一周就又去上班，一心扑在事业上，搞研究、破难题，为国家做贡献。直到2015年，77岁的外祖父查出罹患肺癌晚期，才离开他热爱的工作岗位。外祖父爱岗敬业的奉献精神，对于我们后辈的影响很大。母亲也深感应肩负的社会责任和政治使命，父母的言传身教是一道永驻心田的风景。虽然外祖父已经因病去世，但外祖父的乐观、积极、勤奋、刻苦、坚强、执着、勇敢、无私的精神却永远激励着我们后人不断前行。

奋进的人总是从偶像中汲取力量来充实自己，作为塑造自我的素材。童年的憧憬和青春的希冀，以及一切美好记忆，在母亲的思想里树立了永恒的方向坐标。在日后的创业中，她就是传承了这种精神，闯出一条道路，拼搏出一方天地。

走上创业之路

20 世纪 80 年代初，青年人就业问题是当时我国最为严峻的社会问题之一。1981 年,国家提出“有条件的厂矿企业和机关、团体等事业单位，可根据需要举办劳动服务公司，指导和组织职工的待业子女就业”的意见。随后,劳动服务公司开始向县区、企事业单位、街道和乡镇延伸,各个部门都行动起来,整合现有政策优势和产业基础,发展适合当地的特色产业,有的单位开办第三产业,有的部门成立各种形式的劳动服务公司。河东侨联积极响应,应时创立了侨友实业公司,是天津市侨联系统的第一家实业公司,也是坚持到今天的唯一一家。侨友实业公司是聚集华侨华人创新创业的基地，为这些归侨侨眷子女们的创新创业提供了平台,也为河东区的改革开放贡献了“第一桶金”。

当时由河东区政府解决两处办公场地，由侨联自筹 5 万元启动资金,聘请了几位刚退休下来有经验的老师傅把公司创建起来。他们克服了许多困难,使得公司得以快速良性运转,很快将 5 万元启动资金归还侨联。1983 年母亲高中毕业就决定进入了这个企业,凭着勤勤恳恳、任劳任怨地埋头苦干,很快由一名售货员升职为商店经理,进入公司的管理层。

那个年代正是改革开放前期,计划经济还占很大比例。有些商品都还需要凭券购买,整个市场以卖方为主,只要弄到对路的商品都能销售出去。“我就觉得我命运特别好,我一步一步都赶得特别好。可以说,我很早的时候就尝到了改革开放的甜头！”母亲总结自己的成功,总爱归功于自己生于正当时。那时候,物流不像现在这么发达,也没有快递托运之类的行业,选单、进货全靠她自己。本来观念就很时尚,又加上勤于学习、善于观察,母亲选货的眼光特别准,商店的生意火极了,常常是货到几天就售罄。在这样的大好形势下,他们居安思危,没有像一般人那样分利，而是将挣到的钱投入再生产，把企业的蛋糕越做越大。

经济规律的发展有阶段性，20 世纪 90 年代，陈旧企业体制不能适应新的经济形势等问题。具体到母亲所在的商店就是出售布匹，原先还没开门，门外的购货人已经排队成行，是有多少布一个上午就告罄。但是随着市场的饱和，这个商店由鼎盛的“酒香不怕巷子深”，一下子变成“门庭冷落车马稀”。企业面临被撤并、行业转型。当时有句流行语“不找市长找市场”。改革开放就是砸碎铁饭碗，调动人的主观能动性。母亲想到，侨友们辛苦创下的基业不能放弃，在职的侨友们不能失业。她临危不惧，毅然接管起侨友掌舵人的重担，出任侨友实业公司总经理，带着企业中的侨友们，迈向改革开放后的新市场。

说她是掌舵人还是很形象的，她立于船头，眼观六路耳听八方，及时调转船头，驶向获利的方向。从单纯的卖布改为百货，从多种经营改为主营家用电器，当家用电器市场有些萎缩，又改为汽车配件……在如今这个创业的年代，并非人人能当稳管理者，更不是所有的创业者都能获得成功。创业，除需具备外部条件外，更重要的是具备一定的心理素质和创业品质。母亲正是具备这种品质的创业者，可以发挥无限力量，练就纵横江湖的本领。时任中国侨联主席林兆枢到侨友实业公司做调研，对我母亲的管理和企业的发展给予了高度的肯定和好评。

知实情、干实事、求实效，成功来自执着的探索，收获源于辛劳的奋斗。“干企业就得讲究实效”，母亲把这句话当作金科玉律，就是由于她坚定信念、坚持科学的发展观，实行全面的科学管理。为了提高企业的管理效率和水平，她不断建立健全企业各项规章制度，如严格考勤制度、实行量化考核、普及目标管理……以适应市场经济对企业带来的挑战；她注意充分调动员工积极性，对于积极工作的员工，给予表彰奖励；对于有具体困难的员工，深入了解予以解决；对于年纪大的或已退休的老员工，逢年过节去探望。团结企业职工，使企业上下同心同德。为了让企业恢复活力，使侨友公司又回归到了健康发展的轨道上来。她说经营企业就要把握好“管而不死，活而不乱”的辩证关系，要按经济规律管理企业。就这样，在她的带领下，保障了侨友实业公司健康、快速发展。

锻造创业品质

创业项目、商业计划、企业模式等都可适时而变，唯有创业者品质难以改变。这决定着企业的市场声誉和发展空间。不具备良好创业者品质的企业可以赢一时之利，但必然失长久之利。反之，则能以良好口碑带来百年的基业，使创办的企业渐入佳境。

我眼中的母亲有极强的凝聚力，作为企业的一把手，要担负起整个事业的责任，她特别善于通过对员工的人文关怀给人温暖的感觉。她的企业管理原则就是：诚实经营，关心员工。要使企业永远屹立于不败之地，必须正确地引导员工的情绪，激励全体员工共同经营事业的热情，员工对公司表现强烈的向心力，他们就会更积极主动地为公司服务，成为公司快速发展的动力。母亲常说管理企业“以人为本”是很重要的。为此，母亲一直在想方设法为员工造福，同时也在成就着自己的事业梦。

“我的员工都和我很‘铁’。”是的，员工拿她当作自己的亲人，她是

王志红在主持会议

以实实在在的感动来营造和谐的人脉和工作环境。一切从头做起，没有可依仗的社会背景，没有很雄厚的资本市场，没有成熟的工作经验……其难度是可想而知，只有在绝境中寻觅出路。从那一刻起，在她的日程作息里，没有歇息和退路了。

有个寓言说，“一只毛毛虫想过河，既没有桥，也没有可依附的东西，怎么办？”有的人回答是“没办法，那就别过河了”。但是母亲说：“我一定要过去！想办法也要过河！”于是她变成蝴蝶飞过去，这就是展翅凌空的梦想成真。

破茧成蝶，一个多么艰难的过程。使人幡然醒悟的是这个过程的滋味，就是化蛹时的痛苦与禁锢、成蝶的欢乐与自由。人注定是不能飞的，但是母亲总能尽全力让梦想装上翅膀，翱翔在一片属于自己的天空——实现企业价值的最大化。

统计显示，我国68%的中小民营企业，其生命周期不超过5年。可是侨友实业公司已经发展至今已有35年，历经我国的改革开放与经济转型的巨大浪潮，可谓经风雨见世面。在2005年11月，根据国家关于加快中小企业改制的有关规定，结合企业发展实际，经河东区侨联研究决定将原来天津市侨友实业公司改制为两部分，一部分为老公司解决原有资产处置，安置老职工；一部分成立新公司。在公司改制的过程中必然会遇到一系列的困难与阻力，她便通过精简原企业职工队伍、做职工思想工作、处理原不合理资产、提高电算化水平等，来将这些难关一一攻破。改制后的企业管理更加规范、科学，所有职工全员持股，进一步激发了职工的积极性和责任感。

股份制的最大好处就是以人为本，人人有责，从被动地反射光热到主动地辐射光热，公司的每一次进步都无不彰显着决策者的过人才干和胆识。

进入了21世纪，随着市场经济在我国的不断发展，电商平台不断崛起，原来以零售业为主的侨友实业公司不再适应新时期市场的需要。

她再次力挽狂澜，转变企业发展方向，将商贸型企业向服务型企业转轨，侨友实业公司由原来的单纯销售汽车配件向现在以维修汽车为主，销售为辅的模式转换。同时拓宽思路，先后增加了财务管理咨询、幼儿教育、物业服务等业务领域，为企业适应新时代的发展奠定了坚实的基础。

2003 年转型初期，企业固有的人员架构烦冗，厚重的包袱无法跟上瞬息万变的市场经济形势。“都是好样的，一个也不能少！”每一位员工都是企业发展的功臣，在发展的道路上，母亲认为谁也不能落下。带着这样视员工如亲人的思想，母亲苦思冥想，为企业员工也为企业谋求出路。恰逢市场经济在我国不断深化发展，小微企业如雨后春笋，且每个企业都希望拥有灵活的人员架构以降低运营成本。正是看准了这样的发展趋势，母亲组织企业四五个精明强干又经验丰富的财务人员，创办了天津市侨友财务信息咨询有限公司，为中小型企业提供一系列政策咨询、财务外包等服务。先后服务的中小企业三百余家，得到了众多企业的认同，同时也为企业未来的发展奠定了基础。

2007 年，母亲发现企业几个女职工因为孩子无法入托，经常请假、早退，这直接影响到职工的情绪和工作效率。不仅仅是企业内部，当时社会上为了让孩子上幼儿园家长彻夜排长队的相关报道也是层出不穷。这既是一份沉甸甸的社会责任，又是一个巨大的市场空缺。恰逢当年我从大学毕业，心中满怀着创业豪情。于是母亲带着刚刚大学毕业的我，开办起了幼儿园。起初，作为一个刚刚成立的幼儿园，周边居民必然会对其有一个接受和了解的过程，甚至开始会对其有各种各样的质疑。但随着母亲和全体员工的不懈努力，功夫不负有心人，现在的幼儿园，家长朋友们无不交口称赞，大大的锦旗、张张真切的感谢信便是最好的证明。目前共计举办 4 所幼儿园，接收适龄儿童 800 余名。2018 年刚投入使用的早期教育中心有两家，未来预计能服务于 1000 名以上幼儿。

在母亲的不懈努力下，增强了侨友实业公司的整体经营实力和抗市场风险能力。侨友公司资产已达 1500 万元，上缴税金达 600 万，先后安置待业人员和下岗职工 560 人；并多次被评为天津市“小巨人企业”、天津市“明星企业”，为河东区的经济、社会发展做出了积极贡献。多年来他们赞助河东区侨联管理费 160 多万元，捐赠各种公益事业达 18万。

永葆感恩情怀

2017 年 5 月，河东区侨联班子届中调整，母亲被选为河东区侨联主席，她上任以来努力学习，很快掌握侨联工作相关的法律、政策、业务知识。同时带动各位委员认真学习贯彻习近平新时代中国特色社会主义思想和党的十九大精神，按照保持和增强侨联组织的政治性、先进性、群众性的要求，不断推进侨联工作的新局面。

母亲现任天津市侨联常委、河东区侨联主席、河东区政协常委、连续四届任河东区政协委员、侨友实业公司总经理、天津市侨友商贸有限责任公司执行董事、天使教育荣誉园长、天津市侨友财务咨询有限公司经理、资产运营顾问……

王志红(右三)慰问老华侨

她不是千手观音，却能够有条不紊地合理安排好每一个职务的分内事，每天上午坐镇侨联，处理河东区侨务工作。通过日常入户走访、节假日慰问等多种形式，关心他们生活，把党和政府对老归侨的关爱落到实处，帮助归侨侨眷解决实际问题。

遇到归侨侨眷生病、住院、去世，她都第一时间到场。有位印尼归侨不慎摔了一跤，多日走路不便，她及时帮助买药，登门看望，问询有什么困难和需求。有位日本归侨住在中山门一带，回国以后一直想找到他唯一的亲人——弟弟，经历各种困难均无果。正在老人失望之际，母亲得知此事，及时伸出援手，协调有关部门，最终使得兄弟团聚。有个越南归侨身患重病，迫于无奈到处借钱，现在找人借钱非常不易。当她找到母亲时，想不到母亲二话没说拿出个人存款给到老归侨手中，解决了老归侨的燃眉之急。由于她与归侨侨眷长期加强感情联络，从而使她成为侨界的知心朋友，成为归侨侨眷的"贴心人"。

母亲上任河东区侨联主席一年以来，组织丰富多样的活动，凝聚侨心，汇集侨力，维护侨益。组织老归侨参观中共天津历史纪念馆、庆王府、开西教堂，回顾峥嵘岁月；组织老归侨游海河、观夜景感受改革开放祖国经济飞速发展；为老归侨组织法律、健康讲堂，丰富他们的生活等。

2018 年 10 月，在习近平新时代中国特色社会主义思想指引下，在坚持"一带一路"沿线国家团结互信、合作共赢，共享和平的精神鼓舞下，母亲力排万难，自筹经费组建河东区侨联文化艺术团。秉承丝路精神，以"志合者，不以山海为远"为理念，与世界各国人民广交朋友，协同发展，带领河东侨联艺术团以及河东热心侨界人士远赴马来西亚进行文化交流义演活动，为进一步构建人类命运共同体、加强与海外华侨华人联谊、促进华文教育做出新贡献。

作为区政协委员，她积极参政议政，及时将发生在侨界的问题形成提案向政协反映，曾提出《关于社区树木保养及治理虫灾的建议》《关于加强管理不法人员利用医保报销福利乱开药品卖给收售药品谋取利润建义》《关于加大扶持海外归国人员来我区创业的建议》《关于全面排查老旧高层、消除防火隐患的建议》《关于尽快处理顺驰桥下火灾后残留废墟的建议》等，并积极促成解决，还敏锐地针对一些社会现象提出过很多建议，都得到了领导重视，并使问题得以解决。曾在 2003 年和 2015 年被评为优秀政协委员，在 2013 年被评为全国归侨侨眷先进个人。

其余的时间，她则不分早晚，不分节假，忙于企业的运作管理。目前，她率领的企业已稳步驶向快车道，业务量逐年上升、市场占有率不断提高、产品线日趋完整，资金链的运营也日趋合理和高效。公司正在向成为一个现代化、产业化、综合性的集团化公司的大道上快步前行——她志在必取、勤在必得。

积极回馈社会

感恩才会拥有，珍惜才会长久。事业成功了，母亲想到的不是享受，而是如何回报社会，她总是深情地说："没有社会各界的支持、帮助，就不可能有我们公司的今天。"她感恩社会、感恩员工、感恩帮助过她的所有人。2014 年得知天使教育幼儿园一小朋友得了白血病，她号召组织全园教职员工捐款，筹得善款 3 万元。2018 年在市侨联举办的第四届"小拍品大爱心"公益活动中，他们又为折翼小天使的小工艺品给出了 6000 元的高价。

母亲念念不忘的是当初创业时的艰难，像个独行侠一样自我摸索、东奔西闯。当年有人瞧不起她，说她初生牛犊不怕虎，不撞南墙不回头；

王志红(左一)接受市侨联领导颁发的站牌

有人替她担心，年轻轻的能挑起这么重的担子吗；有人劝她别冒险，这么大摊子，几十号人，你管得过来吗？正是由于党和政府的帮助和指导、同志们的大力扶助，人的理解和支持，给予了她勇挑重担的信心和偏向虎山行的胆量。“我必定铭记终生，结草衔环回报。”从她身上看得到人生阅历上的扩展和感恩戴德的心理。这些都化作她坚忍不拔的毅力，促使她永远努力向上，不屈不挠地生长。

她继续做好关爱老归侨的工作，把党和国家的关怀、温暖送达到每一位归侨侨眷心里，常怀爱侨之心，常做利侨之事，使侨联组织成为他们的“娘家”。她积极拓展新华侨，华人工作领域，加大发现河东区新侨资源的工作力度，把年轻一代组织起来、活跃起来，促进侨务资源可持续发展。

有恩必报，有梦就追，这是母亲的生活态度。

现在的我，担任着天使教育集团执行董事，负责运营天使教育集团总公司和其旗下4所幼儿园、2所早教中心，既要做好150多名员工的知心人，也要做好800多个孩子的妈妈；同时也担任着天津市青联委员、河东区青联委员、河东区工商执委、天津市河东区青年社会组织服务中心理事长等许多社会职务。先后荣获河东区归侨侨眷先进个人、河东区创新创业创优先进个人、天津市创新创业创优先进个人、河东区新长征突击手、全国归侨侨眷先进个人等荣誉。然而这一切的成绩离不开这么多年来母亲对我的影响和教育。社会主义建设者的接力棒，不知不觉已经传递到我的手中。

作为侨三代的我，要像外祖父那样热情、无私地奉献着，要像母亲那样充实、忘我地生活着。已经年逾半百的母亲仍旧健美如初，豪情不减地正以“更高、更快、更强”的企业精神带领着河东区归侨、侨眷不断地挑战自我、攀登极限！而我则更要传承好刻在家庭基因中的创业品质，不断地从优秀飞向卓越，在强手如林的商战博弈中取得胜利的辉煌，为我国社会主义现代化建设贡献我的力量！

以青春的努力见证改革开放

刘云斌*

“生活赋予我们一种巨大的和无限高贵的礼品，这就是青春：充满着力量，充满着期待、志愿，充满着求知和斗争的志向，充满着希望、信心和青春。”这是奥斯特洛夫斯基的一句名言，让我们记住这是一份厚重的青年励志“教科书”和“灯塔式”的正能量导航。青春的我们承载了太多的期许的目光，绝不敢轻易放弃努力奋斗。人生的成功没有捷径，只有努力。一个人不对自己狠一点，逼自己一把，就永远不知道自己有多大能量。

秉承庭训——保国报国的精神内核

立身、治家、敬业、处世——是一个家族共有的系统传承，从而形成这个家庭成员独特的精神风貌。这一点，在我的身上有充分的体现。

1982年，我出生在天津的一个军人家庭里，父母都是共产党员，我可以说是典型的“红三代”。我的祖父、外祖父都曾是军人，外祖父是参加过抗美援朝的退役军官，父亲在公检法系统工作。我从小受到家庭的熏陶和父母的言传身教，虽然是独生子，但是父母和老一辈对我都没有

---

* 刘云斌，1982年出生，中力宝集团董事长、天津市侨联委员。

娇惯，没有溺爱，从小对党就有特殊的感情，而且让我学会独立生活、独立思考。正如康熙在重早教的一篇文章中所说："谕教宜早，弗敢辞劳。"传家的艰苦奋斗精神从小就扎根于我心中，所以无论日后遇到的环境多么艰苦、事情多么难办，我也从未叫过难、喊过苦、怵过头。

1998 年我从天津二十一中初中毕业后，就离开家到大港的油田实验中学（其前身为大港油田一中重点高中部，2004 年被命名为天津市示范性高中）去读高中，开始了自理自立的生活，而且我一直在为出国做着准备，特别是很努力地学习英语。毕业后征得父母的同意，2001 年在我 18 岁那年独自一人远涉重洋，到加拿大去读大学。我暗下决心，要在根脉传承中不负所望，成为家族的佼佼者。

我带着家族传统的做人、做事原则和生活理念来到另一种文化中。由于读本科是自费，我在学校兼职当助教，获得了半奖，所以更加珍惜时间，在加拿大萨斯喀彻温大学我只用了三年半就完成通常需要用四年半才能完成的内容，以优异的成绩修读了经济与商学、高端统计学的双本科。与此同时我还担任了那个学校的中国留学生会首任会长，做了大量的有益于留学生切身利益的事情。2003 年、2005 年我参与组织了两次留学生新春晚会，帮助大家与学校和有关部门沟通和解决问题，申请勤工俭学、报考研究生、与领馆沟通等。我发现新来的留学生在寄宿家庭中，往往因为语言不过关会产生麻烦，就组织已经在学的留学生与新生 ·对一的语言沟通服务。譬如，一位有先天性心脏病的预科

刘云斌在领军者年会上作主旨演讲

生,在圣诞节后的一周里他在寄宿家庭中突然发病。我第一时间跑去,为他叫救护车、送往医院看望照料,同时通知其家长,并为其家长办理来加拿大的签证,直到家长顺利抵达,该学生病情稳定,我才结束了陪护。这些活动虽然要花费自己很多时间,但是也锻炼了自己的沟通、协调能力,对我后来回国工作和自己创业都打下了坚实的基础。与此同时,也获得了同学们的拥护和信赖,还受到中国使馆的肯定和鼓励。在这个过程中我感觉自己能近距离与领馆的负责人接触,仿佛和祖国离得更近了。

因为大学学习很少有奖学金,有一部分留学生是由家庭提供资助的,而我上学和生活从不靠家里的资金支持,我坚持自己勤工俭学,有时同时要打四五份工:厨房里的打杂、大堂里的经理、学校里的助教等,我把这些经历当作对自己的历练。通过这种方式,不仅更多地了解了当地社会和文化,也让自己更加自信。2005 年年底,我同时被女王大学、维多利亚大学、多伦多大学这三所大学录取,但是我还是决定留在萨斯喀彻温大学读硕士,因为萨大的领导希望我在此继续 ISO(国际留学生办公室)工作。当然我自己也愿意留在这里继续发挥作用。

在萨大,我一方面读研究生(有关方面规定,研究生不能担任社会职务),卸职不卸任,帮助学校搭建与中国教育可持续的关系;一方面担任讲师,教授西方微观经济学。记得我是在中国加入世界贸易组织(WTO),那段时间到加拿大的,应该说也见证了中国入世对加拿大的影响。举个例子,刚到加拿大时当地几乎没有从中国进口的产品,但在那之后,中国的商品越来越多地进入加拿大,以至于我做助教和研究生阶段的研究也是以这个为题开展的。同年,我离开了助教岗位,被加拿大高盛国际聘用,做前期的调研,帮助企业上市,积累了二级市场投资、并购及企业上市的经验;同时也在负责地产时,积累了地产企业收购并购和金融投资经验。

我很珍惜时间,求知欲非常强烈,涉猎的门类也比较广泛,积极地探寻所从事的每个行当潜在规律，越多地把中国的发展与世界作比较，我就越加对中国的发展抱有信心，所以研究生毕业后本着自己的初衷，也是按照家里的要求，我选择了回国发展。现在回想起来，自己在海外10年的求学生涯中，因为学生工作、自己的研究选题，一直非常关心国内发展，特别是2009年左右，中国已经有很多企业到加拿大进行石油和天然气企业的收购，让我们身居海外的游子真切地感到了国家的崛起和使命的召唤。虽然在回国之前也有过顾虑，担心过西方的理念和认识与中国相关的元素有矛盾，但是回到国内之后，借助侨联和商会等组织和平台的帮助和支持，对于我这样刚刚回国的留学人员，涉及各种创业中的行政审批这类的事项，基本没觉得有什么阻碍，可以说实现了“无缝对接”，各种组织为我们企业和我个人的发展扫清了障碍。

年轻固然是一种优势，但我觉得更应该牢记自己的责任，这对于一个人的成长来说，无疑是有着积极的意义和作用的。我觉得即便年轻是一种财富，那么这种财富，也唯有在责任的驱使下发挥创造潜能才具有含金量；唯有责任营造的青春，才能到达真正的富足之美。因此我一方面充分利用和发挥自身优势，同时时刻不忘年轻人要勇敢地挑起责任这副重担。

赤子归来——创业就业的一道风景

2009年回国初期，我在房产、地产业出任职业经理人。先是就职于四川起家、专做别墅的龙湖地产，当董事长的秘书。回国之前我一直做金融，也接触过一些商业地产项目，包括住宅，当时看到中国正在走向城镇化的道路，包括奥运会后，北京的房地产二级市场出现了井喷的状态，加上自己接触到国外的一些信息和经验，感觉房地产也将是未来的一个方向，尤其是中国城镇化发展大有可为，消费者对高档住宅感兴趣，所以就投身到了龙湖的项目中，着重开发低密度高品质住宅。后来由于自己有海外的经历，我又加入了力宝集团，该集团主要经营商业地产和住宅整体的开发。力宝集团在20世纪50年代由印度尼西亚侨领李文正博士创立，其所属公司遍及中国、印尼、菲律宾、新加坡和美国。秘书工作的最大好处是配合领导工作，所以有条件全面掌握本行业的发展情况。我深刻领会到，创业不能患得患失，只要有一条路走得通，那就算是成功的。仅这一年多的时间里，我了解了国内房地产的行情，经历了力宝集团三个板块的工作：房地产业、零售业、金融业。

房地产业——涉及华北、华南、华东三个区域。其中华北在北京附近的亦庄大型开发区建成了大体量的集住宅、商业、写字楼一站综合体，此项目创下了2014—2015年亦庄当地可开发面积以及单体销售的优秀业绩；华东在苏州、常州、扬州做了三个类似住宅的项目，为推动当地的项目品质的提升做出了积极的贡献，也为提高当地GDP及税收，扩大政府的招商引资发挥了积极作用；华南一方深圳成立了乐宾百货，这是集休闲购物娱乐于一身的百货品牌，后来遍及上海、四川，也包括天津乐宾百货，天津店是2007年由天津市侨办牵线搭桥在中国设立的。

零售业——乐宾百货也是他的零售板块，超级商场、连锁超市、百货商场及娱乐业务。场内亦参与消费食品及非食品产品、保健及美容产

在房地产项目工地上与工人们交流(左一为作者)

品零售和分销。单体销售超过十万元,年销售超过二十个亿,为当地的生活品质、零售平台带来了积极作用,为政府税收做出了一定的贡献。我在加拿大曾经开过商业咨询公司,归国前也担心自己的观念和国内有偏差,但是回到国内之后,之前的担心全部没有了。我举一个例子,乐宾进津之初,业绩不好,我们一直想更多地与天津消费者互动,当时我们就想能不能在乐宾外墙上做广告位。我们求助于天津政府有关部门进行对接,最终解决了问题,这让我感受到政府部门的有作为,还有对我们这些归来的海外游子热情关怀。

金融业——力宝在天津滨海新区中新生态城注册了以融资租赁为主营业务的公司,这是在此地的第一个外资金融租赁机构。中新天津生态城是中国、新加坡两国政府战略性合作项目。生态城的建设显示了中新两国政府应对全球气候变化、加强环境保护、节约资源和能源的决心,为资源节约型、环境友好型社会的建设提供积极的探讨和典型示范。公司看准了生态城选址,是在东临滨海新区中央大道,西至蓟运河,南接蓟运河,北至津汉快速路,交通便利,能源供应保障条件较好,为滨海新区功能区配套服务,这里将被建设成为一座可持续发展的和谐型城市的重要生活城区。

我还有幸参加了天津文化中心银河国际购物中心的整体全面操盘,像前期的财务预算、中期的项目定位、后期的招商及物业的招标。

这些年来,我在中国大陆地区直接负责开发住宅、商业综合体、小镇项目六十余个。其中包括天津武清奥特莱斯、乐宾百货、力宝广场等,都取得了不错的业绩,为公司带来良好声誉。同时首次以“Fintech”理念包装了不动产的金融产品,在业内享有很好的声誉。

毛泽东曾说过,我国实业界有四个人是不能忘记的,他们是“搞重工业的张之洞,搞化学工业的范旭东,搞交通运输的卢作孚和搞纺织工业的张謇”。中国第一代企业家的精神追求是“实业救国,服务社会”,令人感怀。传承到今的“企业家精神”更是激活中国发展活力的源泉和动力，呈现出了古今创业者心灵的隔空对话，是我们新时代的创业者不断探索创新的榜样。

创建“中力”——自立自强的昂然奋起

2017年整整一年，我开始在自己理想的卷帙上重彩浓抹——画出一幅让人人都美丽的蓝图——与志同道合的朋友以“向善利他”理念、“伙伴机制”的模式成立了中力宝云北京管理有限公司。中力公司的主营业务包括传统房地产、金融管控、生活定制化服务，我们的目标是实现产品和服务价值的最大化，与用户共同投资、共同决策、共同设计，积极践行“定制服务”的使命。由传统的房地产开发，向为（ToG）政府、（ToB）企业、（ToC）民营企业或个人客户“定制符合其特色需求的房地产产品”，包括传统住宅、符合新型城镇化建设的特色小镇，以及承接“非首都功能疏解”特性的央企搬迁的产业园区。

身为企业带头人，我首先要做到严于律己，以锐意创新的精神，打造一支具有精湛技术力量、扎实丰富管理经验、敢闯善拼的优秀团队，因此我自己始终精神饱满地投入工作，不辞辛苦地穿梭于业务范围所涉及的国内外各地，希望通过自己和团队扎实的努力，为事业的发展奠定牢固的基础。同时，作为年轻的侨商，我始终没有忘记自己的事业要和国家的发展、中央的要求保持同频共振。

2016年前后，中央召开了深度贫困地区脱

作者（中间）同帮扶贫困村的群众在一起

贫攻坚座谈会。习近平总书记主持会议并做出重要指示,发出为脱贫攻坚战向深度贫困进军 的"总动员令"。我很受触动,改革开放这么多年,国家发生了翻天覆地的变化,但是还有一些地区的老百姓没有脱贫。我明白,习近平总书记情牵群众冷暖,脱贫决心如磐,我们应该积极响应,并落实到实际行动上。2016年,在河北省承德市滦平县开展"千企帮千村"工作中,公司认领了一个贫困村。为进一步开展扶贫对象精准识别和动态管理工作,准确了解和掌握帮扶贫困村和困难群众的基本情况,增强帮扶工作针对性,我和团队成员认真了解当地民情,准确掌握干部思想、工作动态,并采取多项措施帮助基层群众解决面临的困难和难题。2017年我们中力旗下的企业被县扶贫开发领导小组认定为8家县级扶贫龙头企业。

首先,我们致力于帮助滦平县贫困农民增加收入,调整贫困地区产业结构,发展壮大特色产业。滦平县代营子村新农村建设,帮助农民入伍当地企业脱贫致富,在代营子村建立农业基地,一方面提升农村劳动力价值产出,另一方面帮助当地农民建设良好的基础设施和提升村民生活品质。通过以上举措,积极响应国家关于精准扶贫的政策和号召,以促进贫困地区产业发展和贫困群众增收为中心,实现作为扶贫龙头企业应该履行的社会责任。此外,2018年公司与甘肃省会宁县达成扶贫合作协议,得到了和平区委、区政府的高度评价。

其次,根据当地实际需要,进行棚户区改造。我们的集团承担了石家庄赵卜口村的旧村改造任务,为当地村民建设高档回迁房,提升村民的生活品质,获得住房和城乡建设部"绿色拆迁"大奖。与此同时,集团还在保定与当地国有物业公司达成合作意向,对物业公司管理下的300万平方米老旧小区进行改造,在提升城市环境的同时,为老旧社区村民和保定市民提供更优质的住房解决方案。

最后,积极开展社会慈善活动。从企业创立伊始,关注公益、回馈社会就已成为公司文化最重要的组成部分,在十余年的公益道路上,我们汇聚公司、员工、合作伙伴的广大力量，从身边做起，从小事做起，集小爱成大爱，一起推动公益慈善事业的长远发展。我带领员工深入北京市房山光荣院慰问老人，到济南市彩石潘河崖小学开展公益捐赠活动，并且在每年的六一儿童节和重阳节都会走进学校和敬老院，与孩子和老人共同开展形式多样的庆祝活动。同时，我个人还先后通过市民政局、市侨联、市残联向市儿童福利院、自闭症儿童协会等捐款捐物。

作为土生土长的天津人，我对家乡有着浓厚的感情。出国留学10年后又回来创业的经历，让我更多地了解了家乡，特别是近年来随着滨海新区开发开放，越来越多的华侨、华人回国发展，受到党和国家的高度重视，无论是国家的科技发展战略还是人才战略，抑或是对侨界作为国家发展"宝贵资源"的充分肯定。在这种政策的感召下，大批留学归国人员在经济建设、社会发展、对外友好交流各个方面都发挥了越来越积极的作用。作为其中的一员，我常和自己认识的同学朋友，特别是计划想回国的、想创业的学弟学妹宣传和介绍自己的经历与感受，我认为天津是一块宝地，也是一块创业的沃土，只要自己有想法、肯付出，总能找到一个实现自我的空间。

创办企业以来的经历，我充分体会到天津有着良好的环境和政策，企业在这里可以得到很多支持，特别是对年轻的创业者来说天津有着非常好的创业和就业的环境。我们可以通过举办海外商业交流会、专业论坛，让更多专业人才更加了解天津特别是天津深厚的城市文化底蕴和未来广阔的发展空间。我始终坚信，天津的未来会更美好，自己才36岁，尚属年轻，应该有更多的担当和作为。

不辱使命——帮侨助侨的热情无垠

现在我担任中国侨商投资协会副会长、国务院侨办侨资商会常务理事、国家发改委国交中心特色小镇专家委员会委员；同时受聘于世界500强企业，兼任中国—以色列投资协会副会长，天津市侨联委员、青联委员、工商联委员，河北省工商联委员，京津冀企业家协会副会长，保定市工商联常委，河北省侨商会常务理事、侨联委员、一带一路战略合作协会常务副会长等职务。

2015年，天津市首次采用竞选的方式选拔参加达沃斯论坛的市民代表，我有幸作为和平区青联委员被团区委选送为代表之一，参加了2016年夏季达沃斯市民代表选拔，这是一次难忘的经历。初选有3000人，小的12岁，年龄最长的有61岁，有内地的也有港澳的，甚至还有海外选手，经过三轮面试和两轮选拔，我和其他7位代表胜出，获得了代表天津市民参加了6月26—28日举行的2016天津夏季达沃斯论坛的宝贵机会。记得在决赛中，我在分组辩论、无领导小组讨论、终极面试三个环节中都使出全身解数，对话多位世界政要、首脑、企业大鳄、经济专家等，终于成功突围。使得这些外国大人物重新认识中国青年，当然对中国更不敢小觑。

8位代表可以说各有特色、各有绝技，让我感到山外有山，学无止境。天津大学双创中心的金家易老师给我留下深刻印象，他可以非常精

作者(左)同天津市侨联主席胡胜才合影

准地把握天津八大支柱产业的发展状况和前景；另一个来自天房集团的选手,全程用英语参与选拔,对于很多关键主题的把握都有很多精彩表现;我作为一个有侨背景的选手,又是来自世界500强民营企业,可以说我们代表了天津参加会议,也是向世界展示天津的好机会。会上我们不仅聆听了李克强总理、施瓦布先生的报告和演讲,就世界经济和中国发展的讨论让我们都对未来更加充满信心。我还有幸参加了达沃斯之后为期3天的分论坛,涉及的领域不仅有华人华侨创新创业、高端科技、智能制造包括人脸识别、语音识别这些新技术开发应用的讨论,通过参加论坛,我还与一些知名的企业洽谈了项目合作,达成了初步的合作协议,对公司的发展也起到了重要的作用。

党的十九大胜利召开,我认真收看了电视,聆听了习近平总书记的报告之后,精神为之振奋,深深地为祖国的不断发展而骄傲和自豪,特别是中国从站起来到富起来到如今强起来,对于我们年轻一代来说,更是一种召唤、一种激励。作为一位在海外学习、工作、创业,并回国致力为祖国做贡献的青年企业家来说,“大国、富国”的自豪感油然而生。赶上了中国崛起的年代,我们出国留学,如今发展的时代已经到来,我们既然已经学成回国,就要百倍地珍惜、加倍地努力,接过前辈手中的接力棒,继续奋斗。我担任中国—以色列投资协会副会长,随着习近平总书记“一带一路”倡议的提出,为协会指明了方向,国外的企业走进来,中国的企业走出去,需要我们搭建平台,尤其对于“一带一路”沿线国家，特别是与具备高端制造技术以及产业的国家开展合作交流。2018年5月还通过以色列的投资协会引荐,与河北省委、省政府和保定市的主要负责人签订了合作框架协议，在涿州开发区靖难健康产业园落户了生物医药和大健康产业两个研究院。未来我还希望为家乡天津引进以色列具有先进技术的公司和寻求合作投资的机会。

我们这代青年企业家不仅保留了老一辈华侨对于祖国永远的情和爱,每一位青年企业家又都同时拥有一颗报国心。看到习近平总书记对海外各界侨胞、侨眷的关怀，我更加坚定了自己继续为爱国统一帮侨、助侨做出贡献的信心和决心。回首创业历程，中力公司已小荷崭露头角，取得初步的成就。我们从未停止发展的步伐，仍旧不断地扩大发展业务，使得公司的业务版图不断扩大。如今有着各项利好政策的护航，我对未来公司的发展进步，再上新台阶斗志不减，信心满满。我们当然有足够的理由相信，“天将降大任于斯人也”，在不久的将来，我们又会有一个全新的开始，带着感动出发，前进的脚步永远在路上……

我的“基因”世界

刘　喆*

随着科学的不断发展,新技术的不断出现,人类对生命的奥秘有越来越多的新发现,尤其是人类基因组计划的完成,促进了人们对疾病发生过程的理解, 对于基因功能研究的不断深入将有助于进一步揭开疾病的发生机制,为制定疾病新的治疗方案提供依据。

我是来自东北山村的小女孩

在内蒙古兴安盟的小山村里, 有一个温暖的小家庭:父亲是中学老师,母亲是小学老师,膝下有一双儿女。女儿就是 1973 年 10 月出生的我。父母对孩子的教育非常重视,给哥哥和我买了很多启发性的书,比如《郑文光科幻小说选》《史记》等正是这些书籍, 给生活在偏远山村的我打开了知识的窗口,让我看到外面精彩的世界,放飞出自己的理想。

刘喆近照

* 刘喆,女,1973 年出生,天津医科大学基础医学院教授、博士生导师。

那时,让我记忆深刻的就是家中添置的那台电子琴。因为看到我喜欢音乐,父母用二百多块钱给我买了台电子琴,那时家中的总收入才七十多元,还要每月寄钱给爷爷奶奶、姥姥姥爷。他们节衣缩食挤出钱来满足女儿的愿望,让我感到父母的恩情天高地厚。因此就一心想做父母的宁馨儿,只做让父母欣慰的事——好好读书,去冲刺更美丽的人生。

记得在初中时,我学习很努力,每次考试都是年级第一名,毕业之后,大多数的同龄孩子都上了中师、中专,而在父母的支持下我考取了乌兰浩特第一中学。经过3年的寒窗苦读,考入内蒙古大学生物系,继而又在本校攻读硕士学位。我非常有幸遇到一位著名导师——“试管山羊之父”旭日干院士。导师的要求很严格,在他的实验室,我接受了正规的实验室训练,这为我今后的科研发展打下了夯实的基础。3年后,我考到中国科学动物研究所读博士。

走出国门是为了获求更多知识

2001年,刚刚博士毕业的我随着出国留学的大潮来到了北欧的美丽的国家芬兰,从那时起我进入了染色质研究领域,与博士阶段的研究方向截然不同。幸运的是,和我共事的是一个非常宽容、有耐心的芬兰人 Juhani Syvaoja 教授。我在国内从来没有做过 Western 实验,到芬兰后第一次做,看到一条带就很兴奋,却没有注意分子量都不对。面对我所犯的这么低级的错误,Juhani 只是笑着说:“再做一次看看?”在 Juhani 一次又一次的鼓励中,我逐渐获得了自信和较强的独立科研能力,这一年是我人生的一个转折点。

一年以后,我来到美国德克萨斯大学西南医学中心—— 一个世界知名的致力于医学教育和基础医学研究的研究机构。西南医学中心致力于将学生培养成为具有高超技术的医生和从事生命科学研究的领头人，教职员工中有6名诺贝尔奖得主，博士研究生中也有1名诺贝尔奖得主。浓郁的学术氛围，让我感到十分惬意。我所在的实验室是一个基因转录调控的老牌实验室，我的领导William Garrard教授是分子生物学领域的著名教授，他首次发现并命名MAR——一个与核基质相互作用的稳定DNA在细胞核定位的DNA片段，在基因转录调控领域做出了重要贡献。在William的指导下，我用淋巴细胞发育过程中的抗体基因为模型，开始了染色质高级结构影响基因转录调控的研究，发现淋巴细胞转录因子Ikaros结合Igk基因的抑制子，改变Igk基因与细胞核异染色质区的共定位调控Igk基因活性，这是DNA三维空间构象控制基因活性的开创性工作，相关的工作发表在*Immunity*、*Mol.Cell.Biol.*和*Journal of Immunology*，我也因此受邀参加美国细胞生物学年会和美国生物化学和分子生物学年会，做特邀专题报告。

这一时期，可以说是我很幸福的日子。事业上更上一层楼，每天都很忙碌充实。生活上更是愉悦，与大学同学的丈夫比翼齐飞，和谐美满。小女儿的出生，更是增加了家庭的快乐气氛。美国的物价并不算高，我们夫妇每年10万美金的工资，足以享受舒适的生活；但是回国，一直是我们念念不忘的家国情怀。

“独在异乡为异客，每逢佳节倍思亲”。出过国的人可能都会有这种

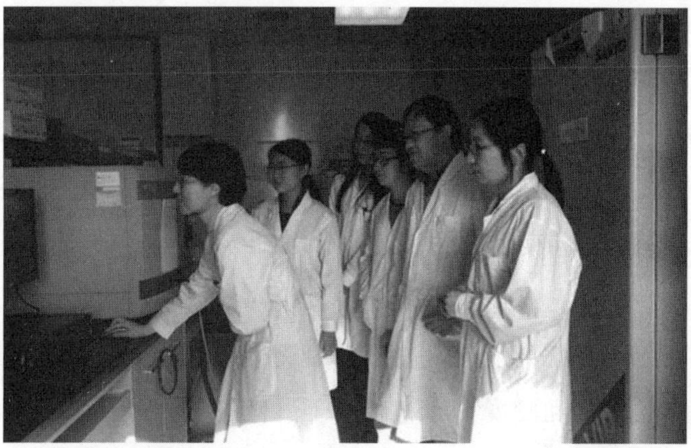

作者(左一)在给学生讲课

感觉:出了国门,瞬间会发现是那么深爱着祖国。中国的每一个成就,都让自己感到由衷的自豪,此刻才理解,那些老华侨叶落归根的渴望,那些华裔子弟寻找祖根的追求。

我每天不论多忙多累,也要看中央电视台的《新闻联播》,如果因为工作耽搁了,就打开电脑看重播。当看到2008年的汶川大地震,心被狠狠地揪着,每天关注着抢险的进程,积极参与海外留学生自发组织的捐款活动,希望在遥远的异国他乡能为灾区的重建尽一份微薄之力,为祖国被地震所损害的同胞献出一份爱心。我本不是个球迷,但是听到中国篮球队来美国达拉斯比赛,我会到现场去为中国球队喝彩。

好像是亲情一线牵。每逢中国的节日,我们还是会包饺子、吃捞面来庆贺……特别是我们双方父母来探亲,那其乐融融的场景又像回到童年,然而短暂的相聚又面临分离,真是"萋萋满别情"。

不管"外国的月亮有多圆",也不管"良辰美景奈何天",然而游子对祖国、对故乡的思念是阻拦不断的。正是这种对祖国的眷恋之情和对国内的科学发展事业的难舍之心,使我在学成之后毅然选择回国发展。

回国发展是我正确的选择

回忆初识天津医科大学的印象,我记忆犹新。我决定回天医,是被这所大学的朴实和巨大的发展潜力所吸引;还有学校对基础研究的足够重视,这让我觉得这里会是我追逐梦想的地方,是我职业发展的首选之地。

回国前,学校已经为我配备了助手,之后组建团队,招收研究生,科研启动资金也同期到位。我是国内外较早从事染色质高级结构的研究人员之一,因为意识到基因转录调控对疾病发生发展的决定性作用,在2009年回国后开始组建团队研究基因转录调控紊乱如何影响恶性肿瘤的发生和发展,率先开展了淋巴细胞转录调控程序影响肺癌转移的系列工作,提出了实体肿瘤转移中的淋巴细胞拟态观点。然而，一项新的科研成果被人认可并不一帆风顺的，我经历了很多刚刚独立进入科研领域的研究者都经历过的投稿频繁被拒所带来的挫败感，甚至对自己产生了怀疑。庆幸的是，我选择了坚持。

苦尽甘来，天道酬勤。我们的这些成果先后发表在 *Cancer Cell*、*Cancer Research*、*Autophagy*、*MCB*、*Oncogene* 等国际权威期刊上，其中发表于 *Cancer Cell* 的论文被选为当期 Featured Article，并配发了失巢凋亡领域奠基人西维吉尼亚大学 Steven Frisch 教授撰写的 Preview 进行点评，Frisch 教授评价这一工作“以独特的视角阐明了淋巴细胞转录因子在实体肿瘤转移中的关键作用”。这对于我来说，是莫大的鼓舞。

这些文章发表后，引起了国际同行的认可和关注，引文发布于 *Nature Reviews Cancer*、*Cancer Cell* 等权威期刊上。美国加州大学旧金山分校多年从事失巢凋亡研究的 Jayanta Debnath 教授在 *Oncogene* 发表专题评论，认为这一发现不仅提出了细胞失巢凋亡的新的机制，同时为肿瘤治疗开拓了新的领域。美国西奈山伊坎医学院的肺科主任 Charles Powell 教授在发表于 *Am J Respir Crit Care Med* 的综述 *Update in lung cancer in 2014* 中引用我们的文章并指出，“关于肿瘤细胞利用血细胞信号通路、模仿淋巴细胞实现转移的发现为肺癌研究提出了有广阔前景的新方向”。我也先后获得天津市青年科技奖和中国侨界创新人才奖。

失败是成长必经的过程，我感谢学校给我时间！虽然天医与我有三年之约，但是这几年，学校从没有给过我任何压力，始终如一地信任和支持我，这让我能够静下心来，专注于我的研究。

我为天津医科大学骄傲

天津医科大学近年来引进了多位在基础医学研究领域成绩卓著的

研究人员，形成了很好的学术氛围。天医学子朝气蓬勃、阳光向上。我享受给本科生和研究生授课时经常出现的不经意的惊喜。有一次，参加博士生开题报告会，隐隐约约听出了选题受到我给他们讲“分子生物学工作基础”课程的影响。自己的课程给学生有一点启发，我觉得很开心。我也给本科生讲“科研素质”的必修课。他们很愿意听，互动积极，充满乐趣。年轻人的想象天马行空，很有意思。

作者在第六届中国棒棰岛国际肿瘤前沿论坛上发言

我注重对年轻人的培养，在2009年起组建表观遗传调控与肿瘤发生研究团队，现团队成员包括1名副研究员、1名助理研究员、3名讲师、1名实验师。我根据团队成员不同的研究背景制定不同的培养计划，取得了比较好的成果。他们都各自获得国家自然科学基金面上项目、青年项目、天津市科委自然科学基金、天津市教委自然科学基金等项目的资助，得到了很好的锻炼。其中 *Cancer Cell* 的第一作者已经在天津师范大学获得了待遇很好的职位，开始了他独立的科研生涯，看到他的成长，我很骄傲！

我希望我所发现的实体肿瘤细胞利用造血细胞转录因子去转移的现象能为实体肿瘤的病因学研究打开新的局面，为肿瘤的临床诊断、治疗反应性预测、临床治疗等提出潜在的新方案。我和我的团队将以此为目标，锲而不舍、孜孜不倦地追寻、探索、奋斗，为人类健康做出贡献。

中国梦,我之梦——美丽高新

龙　云*

中国梦里,有强国也有富民。中国梦里,有期盼也有实干。只有每个人都充满激情和梦想,充满爱国心和责任心,中国梦才够美丽,才够坚实。

胜利回国,志在创业

2002 年 2 月,我怀着满满的自信,回到家乡天津——我梦想起航的地方。

一下飞机,拉着旅行箱我就直接来到留学生创业中心,见到了在网上早已经查到并暗记于心的麦工。这位天大研究生,总是笑眯眯地和你攀谈。最后,我们被推荐到刚刚封顶、尚未竣工的天大天财国家软件出口基地只有 50 平方米的房间,开始招兵买马,扬帆起航。最初不知到哪去买办公家具和电脑,只知道天津的"中关村"——鞍山西道电子一条街,这里人山人海,有各种电子用品的品牌店和价格实惠的组装店。我一口气在那儿买了 4 台台式电脑,预定了 4 个机位的隔断,开

---

*　龙云,女,1971 年出生,天津市川迪科技有限公司董事长,天津市第十四届政协委员、天津市侨联常委、天津市妇联常委。

1997年底,龙云在日本名古屋大学研究室

始了软件研发的第一个项目——金钩钓鱼,一款基于JAVA的虚拟钓鱼的游戏软件。

当时刚回国,真不知道到哪里去找共同开发的技术人员。我换上学生装来到天大和南开,把准备好的招聘广告纸贴在电线杆上。大学的巡逻管理员以为是贴小广告的,骑着自行车对我穷追不舍。就这样,我们迎来了第一位技术人员小崔,后来她去了美国读博士。那时还没有像51job、中华英才、智联招聘、猎聘网等招聘网络。有了经验后,我就从大三、大四的学生中组建自己的人才库。同时,我们也得到了同类企业人才的认可,纷纷自荐加入合作。人才有了,公司开始了产品研发、项目开发、市场开拓。公司业务不断拓展,规模不断扩大,实力不断增强。

天财软件大厦外部结构还没有建好,偶尔从天上还会降下砖头瓦片,脚下的路面还尚未整平,一个土包一个坑的。可此时我们已经接到了日本横河CAD二次开发道桥的业务,必须组织团队,创设开发现场。由于时间紧迫,资金有限,我们就用最便宜的三合板打了四个隔断,最重要的座位给了研发的主管和财务会计,然后是研发人员,最后就是我。

我每天在开拓客户和市科委之间奔波。我和秋良(作者的丈夫)要骑车过两座大桥（八里台立交桥和复康桥），历时50分钟，从河西区到侯台，每天都是满身大汗地走进办公室。后来为了方便办公，买了一辆宝来。由于秋良天天加班，为了保证研发的顺利进行，直接被秋良当作专车。我平时也为了节省成本，出门办事都坐公交，175路、831路、911路，还有845路，我路路通，路路熟。当时的侯台是城乡接合部，夏天傍晚时，人人头上都顶着一群蚊子——嗡嗡叫的小虫，那叫一个壮观，主要是人太少了，蚊子见到一个猎物（人）不容易，当然不肯放过。

有许多事情是难忘的。我们曾经承接了天津石化化工厂的一个项目，设计和制作一款设备巡检仪。研发制作完成后，必须通过现场系统测试和联调。我和公司的小杜一起进入石化的管道和设备车间里，在里面一个一个设备巡检，存储数据。里面的热蒸气将近60℃，3小时下来，小杜中途中暑，几近晕倒，离开了现场。我则坚持测试完毕，出来时也近乎虚脱。三班倒的师傅不可思议地说，大学生行吗？干得了吗？我笑了笑答道：“适当的桑拿有助于身体排毒，健康着呢！”系统几经周折，最终验收通过。

曾经由于投资失误损失数百万元，然后再次出发，重新规划定位，踏踏实实做实体、做项目、做产品，带领全员度过经济危机。一路走来，可以有无数的理由让人中途放弃，但是我们坚守了。我发自内心地感谢所有关心和帮助过我和企业的朋友与亲人，感谢一起奋斗成长的所有同事。失败的理由可以有千千万，但成功的理由一定都有某些共性，那就是“坚持”。

千难万阻志难挫，鹰击万里长空阔。青山座座皆巍峨，壮心上下勇求索。

安营扎寨，开始经营

我们邻居是天大求实，对门是铁通，楼下是海量，楼上是普极，当时还有一家阿波罗，后来销声匿迹了。一切都是从头开始，记得开发钓鱼软件时，全员出动，连夜开工，一遍遍 check、release，测试人员不够，我和财务人员也都被抓了壮丁。那是一款非常有意思的游戏。钓鱼协会每年组织活动，在网上钓鱼，分海域，分鱼种，分成熟期，分大小，根据钓到的鱼的记录，会有完全一致的鱼鲜活地"特快专递"过来，既娱乐了钓鱼友，也活跃了养鱼区域的市场。此款游戏在日本获得了很高的人气。公司研发过一款网上实时监控系统，在幼儿园广泛推广，曾在华夏未来获得好评，最初演示虽然有 3—4 秒的延时，但还是很流畅的，孩子们在外地和国外的父母、爷爷奶奶上网都能够实时观看。公司曾在《家庭育儿》杂志上做了几期广告，互动咨询的很多，可是市场没有推广开。虽然现在微信都可以实时视频，可这在 15 年前还完全是自主研发。

2003 年，天津市科委、科协的领导为加强服务外包软件产业的发展，建立包括南开创元、阿波罗、普极的对日软件联盟，以形成技术互补，资源整合，共同面对日本接单。当时，最令人难忘的是日本三菱重工项目，秋良和王跃刚被整合派往日本京都现场，由于当时 SARS 恐慌，这两位在酒店里养精蓄锐 10 天，秋良觉得实在无聊就返航归国了。项目据说接了下来，可联盟却不了了之了。一切都在探索、尝试、总结。我们逐步发挥优势，走出了国际国内互动、自主研发与承接项目并重的软件成长路线。

同中石化天津的渊源是从承接天津石化设备管理系统软件开始的，这是公司在国内接到的第一单业务。公司全员上阵。当时，我们的车尚未到货，我每次为省钱，也为了安全，往返都乘坐 186 路、869 路。有一次需要开客户需求对接会，员工小李带着公司的台式电脑，同我和小蔡、小白驱车（松花江）沿外环走津港公路去大港石化现场与管理人员对接需求，到车间调研功能和数据及属性。当时连合同都没签，也不了解国内的流程和运作，就全力以赴地投入设计和研发，这个软件在 2002 年还是很先进的。那时，全国尚未推广 ERP，很多软件都是国外引进，不仅成本高，功能与国内制造业的实际情况管理流程不很一致，操作者排斥，只能手工和系统并行。该系统投入使用一段时间后，反响不错，我们也在上线后 3 个月内拿到了开发经费。

战胜 SARS，意外惊喜

SARS 疫情的肆虐，对园区的企业也产生了一定影响。我们考虑万一园区有一个病例，就全员回家，不能上班。共用的食堂、饭店、餐饮业、服务业几乎都歇业，所有公共汽车、地铁都写着“已消毒”。当时，国内非常紧张，南方的病例从 1 例到 10 例……不断增加。

公司全员 6 人，每天用白色消毒水洗手，每人一天两次喝板蓝根中药预防、排毒，增强免疫力。为了提高全员的身体素质和免疫力，组织大家去蓟县(今蓟州区)游玩，我们登上了盘山，划船游玩了水库，钓了几条鲟鱼，大家迷恋于天然大氧吧，身心也与大自然，与青山绿水相融，真是强身健体，快乐无比。回来后，大家的工作热情和效率剧增。转过月来，我发现头晕贪睡。天哪！我有小宝宝了，惊喜胜于担忧，上天对我的厚爱，我将倍加珍惜。最初，大家谁也没发现，五六个月后，就显怀了，我开始挺着肚子完成了大港地理信息系统的需求分析、设计和研发管理。这个项目维持了一年，正好在我生完小宝宝、哺乳期间完成了验收结题。

在怀孕 8 个月时，我乘机到日本茨城县筑波市体验生活。每天晚上通过电话处理国内事务。

作者(右一)在公司接待来访的日本客户

那段时间，我走遍了筑波的各个海洋研究院，水利、农业、森林、畜牧等各种研究院。这里简直就是个大森林，绿色和阳光的世界，到处都是森林、绿地和农田，那样的祥和、纯朴、天然。

2004 年 1 月，过了预产期两周的宝宝凌晨 3 点 30 分顺产出生。一出生眼睛就睁着，多么渴望来到这个世界，欣赏和探索世界的美好啊！宝宝出生满一个月，我由于工作要处理的事情太多，不能再拖延，携宝宝乘机回到天津。从此，成为勇于创业又热爱生活的幸福辣妈！

2005 年进行融资时，曹秋良结识了清华的一位院士和新加坡的一名金融高手，因判断失误，投资失败，损失近三百万元。我们只好在海泰一期购买了 800 平方米的企业用房，开始又一番苦战。

国家助力，开始腾飞

2004 年，我们成功申请到天津市科委和科技部的项目，扩大了对日的业务，自主产品研发力度加大，核心竞争力逐步显现，与中石化天津分公司建立了合作关系，开始研发石化设备管理软件、石化物流装备管理软件、石化防腐软件、石化人力资源管理软件等一系列石化相关软件。

2007 年 8 月 18 日，生日那天，突然发现我的签证到期了。慌乱之间，我高价买了当天的机票办理签证延期。同时，我也接受了一个艰巨的任务，约定去拜见一位非常重要的客户（SKI 的社长前泽央所先生）。事情的缘由是这样的，我们的日本顾问京田健一先生帮公司引荐了一位老朋友，是大企业 SKI 的社长。我们曾经拜访过两次，都没有进展，对方好像没有表现出任何兴趣。这次，我的主要使命是面对社长，希望社长能够提携我们，帮我们打开日本市场，带领企业走出迷局。我和京田先生在船桥地铁站相约碰头。我们一起来到赤坂见附的地铁出口，一眼望见了东京市中心的 SKI 大楼，似曾相识，“高大上”都不能形容这座建筑的魅力。我们坐电梯来到7层,按下接待的受付(uketsuke)。此时,楼上有人迎接我们到会议室,我们有柠檬水和温茶,静静地等待社长的到来。

大概5分钟后,随着一阵轻轻的淡雅的紫罗兰清香,门一开,一位儒雅的绅士走进了房间,气场立刻充满了整个房间。我们寒暄完毕,纳入正题,从第一眼我就觉得对方根本没把我们放在眼里。我开始揣测社长的心态。最初,京田先生把姿态放得很低,可是气氛一直不对,我感觉这次对方只是礼节上的敷衍,不会有实质性的进展。凭着之前做的功课,我介入话题。这时,我逐渐意识到他需要有人帮助他培养人,而这绝对是我们的强项。我开始自信地回应他的每个问题。他问没有人怎么办,我说可以招(大学、社会、派遣)。他说没有经验的主管和开发人员如何给活,我说我们可以收购有经验的企业;如果需要资金,我说我来解决。在我说收购企业时,他才头一次抬起头,头一次正视我的眼睛。我知道,我已经进入了他的视线,他开始心动了。随后,我把规划陈述了一遍。我从他的眼神里看到了兴趣和希望。一切在轻松的幽默和欢笑中结束了,留下了我送去的礼物。辞行时,我深深鞠了一躬。我们会在天津等您的到来。从此我们迎来了第二次见面的机会。

回想做ITO的过程,有很多感受,曾经有位日本市长问了我一个尖锐的问题,中国发明了火药,为什么最后让大炮打开了国门。我是这样回答他的:“火药(gunpowder)是中国老祖宗在炼丹过程中发明的,是医药炼丹术,后来一直用于烟火表演和杂技。13世纪,通过印度传到阿拉伯国家,后又传到欧洲。中国人发明火药是为了喜庆、祝贺,表达对美好生活的向往与追求,不是为了制造成武器。中华民族从古至今都是追求和平、美好的生活,从未主动发起战争,侵略其他国家,更不会给其他国家的人民和世界带来灾难。”回答完,我知道我的心在流血,深深地意识到落后就要挨打,只有不断创新和发展,建设和发展现代化强国,才能实现中华民族的伟大复兴。

2015年，作者在第八届亚洲女性论坛发言

2008年8月8日晚上8时，中国第一次举办了第29届夏季奥林匹克运动会。那一年，我们也成立了一家中外合资公司——川博。

川博的第一个团队是从全国招聘的因为要赴日，所以对成员的条件要求非常严格。当时在中国一个程序员挣1500至2500元的时候，日本已经28万日元(合人民币2.2万元)，的确是10倍的悬殊。当时“哈日”也不得了，经我培训面试就有1000多人，同期对日软件服务外包和赴日派遣曾一度成为一个产业，天津曾经有大宇宙、南开创元、川博、NTTDATA，当时的一本书《世界是平的》使服务外包火上了10年。随着中讯被NRI收购成为志明，服务外包翻过了历史性的一页。

企业管理者有梦想，他的企业就一定有梦想。经过几年的努力，公司在拥有固定的客户群后，不再满足于软件的“加工制作”，而是放开思路，带领企业走上了不断创新的研发之路。公司2012年11月完成股改，并于2013年4月在新三板首批挂牌。风雨同舟，牵手十年，经历过初创期的艰辛与成长期困惑，长虹立川历练出了一份成熟与自信。

高新区和留联会为我们留学归国创业人员创造条件，搭建平台，引导培养参政议政，建言献策。我曾被推荐成为第一届滨海新区政协常委，第二、三届滨海新区人大常委，天津市滨海高新区留学生联谊会副会长等，我积极参政议政，反映社情民意，建言献策，提出了许多有力度的提案。同时踊跃投身公益事业，积极参加社会活动及捐款捐赠活动，我们在阜平捐资助教，建立希望小学，共同为社会发展出一份力、奉献一份爱心。

作者(中排左三)和国际友人

自从归国之后公司一直没有间断自主知识产权软件的研发，2015年初，怀着“十年树木，百年树人”的教育情结，整合多年积累的技术和资源推出学前教育服务平台——川迪蜂堡，这是一项技术和服务相融合的平台，是教育与互联网和金融相结合的平台。实际上我非常赞同乔布斯的人生主张：Keep hungry，Keep foolish！

不是我不明白，是世界变化快。曾几何时，日本的制造业原来最牛的就是电子产品和新干线。当年的日本电子产品索尼、夏普、日立、松下、三洋，现在很难看到他们的广告，他们的产品也逐渐消失在中国人的视线和生活中，就连索尼也已成为华为的代工。

2015 年年底，小蜜蜂项目、蜂堡项目开始启动。

企业以共享的理念不断发展，拥有面向教育机构的完善的智慧校园解决方案，同时致力于搭建一个覆盖了 0—12 岁儿童以及相关人群的大数据平台，以这个平台为基础，同时凭借强大的技术团队，为各类企业客户提供软件开发、市场推广等全方位的服务。川迪的市场,定位在儿童消费市场和企业服务市场两个方面。通过核心产品蜂堡,将教育机构的服务连接到家长,同时将企业的服务连接到终端用户。对前者,川迪致力于通过核心产品蜂堡以及核心解决方案“聚合学费”,协助幼儿园、中小学、培训学校等教育机构实现信息化,打造智慧校园。对后者,川迪与合作伙伴联合打造了“JCROP 中小企业服务平台”,在为海外中小企业提供商品推广、跨境电商销售以及 IT 服务的同时,打造川迪业务闭环,实现公司的商业价值。在面向教育机构的产品线方面,川迪与支付宝、招商银行、浦发银行、建设银行等合作伙伴一起,为教育机构提供各种教育服务和金融服务。目前已经拓展了全国所有一线城市以及 70%以上的二线城市,与数千家教育机构建立起了合作关系。在面向企业服务的产品线方面,川迪一方面打造面向海外的跨境服务平台,另一方面积极把针对中国教育机构的解决方案推向海外市场。

2017 年最大的变化是西方和许多其他国家经历二三十年治理的雾霾,中国在短短几年之内就已常见蓝天白云,这是多大的决心和担当啊!而且我们很快又能见到天际线了……这就是中国的速度,中国的变化。

结　语

感谢高新区、所有的客户、合作伙伴和我的家人,无论是成长的烦恼还是成长的快乐,都要有勇气享受这个过程,敢于面对成长之痛,敢于担当创新之责,感谢一路走来的贵人相助。在我个人的政治成长方面:感谢新区、高新区各位领导的信任和培养,为我们的成长提供平台。像我这样的高新区的留学归国创业人员还有很多,有市和新区的政协委员和人大代表,大家都在不同的岗位,贡献着智慧与力量。

天津滨海高新区的迅猛发展及制定的优惠政策点燃了众多海外学子的回国创业热情。作为有着浓浓的祖国情和中国梦的海外学子,我们深知个人的归国创业梦只是这美丽中国梦的沧海一粟，我们的梦要在这美丽中国梦中成长!

我从澳洲归来

卢　晴*

20 世纪 80 年代，我出生在天津这座美丽的城市，它位于华北地区的海河沿线，是渤海湾上的一颗明珠，是传统和现代的结合，是深沉与活力的碰撞，美丽又宽容。我从小生长在海河边，伴随着滔滔海河浪花，品览着津城六百余年的历史。流水的岁月带走了生活的落花，却把家乡的许多琐事一一拷贝进心灵深处，那是裹着胎血的记忆，是人生春色的东风第一枝。因此我也继承了天津人朴实和善良的性格，并以此为骄傲。

卢晴近照

我从小学到高中一直都是在天津就读的，虽然不是全校的前几名，但也一直都是老师眼中的好学生、父母心中的乖孩子。带着父母的期待、老师的期盼，站在高中的十字路口，我开始犹豫彷徨了。那时候正赶上留学潮，身边也有不少朋友选择出国留学，

* 卢晴，女，1985 出生，渤海银行股份有限公司总行财务部财务主任、致公党天津市委员会青年工作委员会委员、河东区侨联第八届委员会常委。

这让我的内心蠢蠢欲动。

一次偶然的机会，我参加了一次赴新西兰夏令营的活动。第一次踏上了新西兰这片纯净的土地，拜访了新西兰的几所有名的高中，第一次感受了西方的上课模式，课堂的气氛轻松幽默，老师和同学的互动非常多，最大限度地发挥每一个学生的优点和特长。

回国后我做了一个重大的决定，选择出国留学，想要以一个真正的体验者和探索者的身份融入这个吸引我的国家。通过留学的方式，可以领略到国外先进的教育理念，体验到国外丰富的文化和风俗，丰富自身的人生阅历。我相信等自己完成了几年的留学充电后，将成为一个具有国际视野的人。

非常感谢父母对我一路的支持，从不否定我的理想，自始至终站在我的身后鼓励我。虽然万般的不舍，还是希望我能有机会见识不同的天地，拥有不一样的经历。

外面的世界很精彩

拿到前往新西兰签证的那天，我快乐得像一只展翅待翔的小鸟。那时的我只有 17 岁，当我背上行囊只身前往新西兰时，我就暗下决心："爸爸妈妈花了那么多心血，让我独立飞翔，我绝不能给他们丢脸。"

初到新西兰，下飞机的第一感觉就是，清新的空气，干净的街道，还有就是叽里呱啦的英语。当所有的新鲜感和好奇感消失，一个人面对陌生的环境，惶恐和不安开始一点点袭来。幸好在学校的帮助下，提前帮我安排好了接机和寄宿家庭。我的寄宿家庭是一对新西兰老夫妇，他们都是非常淳朴、善良的蓝领。第一次学校老师带我去她家参观时，"房东爸妈"脸上挂着灿烂的笑容、热情地把我们迎进门。不过能够看出来"房东妈妈"是个勤劳的人，铺着地毯的温馨房子被收拾得一尘不染、井井有条。一番寒暄后，她带我们参观了整个房子和我未来的房间。房子的各处一眼看过去都不大，但真正走进去时却不觉得狭隘。放在淋浴间边上一直加热着的毛巾架子、放置的洗好并加热干燥处理好衣服的壁橱、房间书架上摆放着的新西兰历史书籍和她儿子们小时候玩过的小玩意及照片、客厅和厨房窗台上的小猫摆件，每一处的小细节无不展示出女主人对生活的态度和品质的要求。

在寄宿家庭里，我与“房东爸妈”相处得很愉快。“房东爸爸”对生活充满热情，生活方式健康积极，经常参加体育运动，邀请很多朋友来家里聚会。这为我创造了一个很好的与人交往沟通的环境，英语口语水平突飞猛进。“房东妈妈”是一个非常贤惠温柔的女人，对待我就像自己的亲女儿一样，很是疼爱。我第一次见到她的时候，她就问我喜欢吃什么，之后冰箱里我爱吃的水果和酸奶就没断过货。“房东妈妈”也是一个热爱厨艺的人，平时会带我去中国超市采购食材准备中餐，买些我朝思暮想的国内小零食，还会教我做好看又好吃的蛋糕甜点，体验自己动手的乐趣。由于“房东爸妈”都是基督徒，他们会带上我去教堂做许多公益活动，这让我体会到了给予的快乐与意义，让我感受到了公益的价值。“房东爸妈”能在生活点滴中给我带来浓浓温暖与细微关爱，帮助不满 18 岁的我塑造积极的生活态度与乐观的人格。温馨而充实的寄宿家庭生活让我很快就摆脱了思乡之情，并投入了紧张的学习中。我把大部分时

作者(左二)参加墨尔本大学学校晚宴

间都用于学习,即使在每天上学的路上,也是边走边背单词。同学邀我去玩,也总是被我婉言谢绝。短短半年时间,我就通过了语言考试并考入了奥克兰大学。

走进大学校园,各路的热情款待、欢迎仪式接踵而来,让人倍感亲切。我很快察觉到了这里的教育体制和中国有很大不同,专业选择、课程选择都是学生自己做主,刚开始我还非常不适应,因为国内学生们的志愿都是家长、老师的意愿,孩子的个人想法很少或基本没有,因此我花了大量的时间在校园网上反复看学院的专业介绍、课程内容,领悟其教学内涵,谋划未来的职业方向,最终我选择了会计和金融双专业。

在刚开始进修大学课程时, 课业压力非常大, 甚至书上一句话里10个单词中有8个不认识,上课仿佛听天书,根本听不懂老师在讲什么。“遇到困难就去克服,我一定要做到最好!”我一直都这样鼓励自己。单词不认识就翻阅字典,咬牙把生词弄懂记下来。我疯狂地用功学习,每节课都会先预习做足功课,三十多页内容一定要读完再去上课。那段时间,我几乎每天都泡在图书馆阅读大量的英文专业书籍,从下午看到夜幕降临,常常在图书馆里看得忘了吃饭。课余之间,抓紧一切机会,与寄宿家庭的老夫妇用英文交流, 迅速提高了自己的英文听力和口语的能力。经过一段时间的努力,很快适应了紧张而又丰富的校园生活。

大学期间,在学习之余,我还积极参加一些学校组织的活动。例如,我曾经代表奥克兰大学商学院参加了在新西兰5所大学举办的演讲比赛,并获得大赛优秀表现奖。这次赛事对我来说是一次宝贵的经历,不仅培养了我的团队协作精神和能力, 也让我们在合作中更加懂得责任与担当,保持遇事沉着的良好心态。

除此之外,我还积极参加学校组织的社会公益活动,例如作为志愿者代表去敬老院看望老人。那段时间,我经常抽空到敬老院,看望一名身患老年痴呆症的修女、聊天、游戏。每次去看她,这位修女都会跟我讲同样的故事。对此,我不厌其烦,觉得正是这样的人才是最需要帮助的。

作者(中间)参加墨尔本大学硕士研究生毕业典礼

由于在大学的成绩优异，毕业后我顺利考入了澳大利亚墨尔本大学，继续会计专业的研究生学习。这期间，我利用课余时间积极参与墨尔本大学中国留学生会组织的各项活动。例如，我运用留学生协会的平台，为留学新生提供免费的生活和学习讲座，帮助他们了解澳中文化的差异，我以实际例子说明澳洲人的课堂文化、谈话方式、送礼习俗等，鼓励他们尽快走出自己的“舒适区”，建议他们在课堂上积极主动参与，抓住与讲师互动的机会，选择多与外国留学生以及澳洲人组建学习小组，以便于更快地融入澳洲的校园生活。通过参加留学生协会的活动，让我的组织能力、沟通能力有了很大的提升。不仅能锻炼自己的语言能力，还拓展了自己在校园的社会关系。

我的海外工作经历

2008年，在澳新银行和墨尔本大学商学院举办的一次活动中，我有幸接触到了澳新银行负责中国战略投资的高层管理人员。了解到澳新银行当时大力发展亚太市场，而中国是亚太战略的重要市场。澳新银行当时需要一些既了解澳洲文化背景，熟悉澳洲社会、习俗和法律，同时也了解中国文化传统的综合性人才。在导师推荐下，我凭借着优异的成绩，通过一系列的项目小组讨论、笔试等重重筛选，最终被澳大利亚澳新银行总部聘用，从事财务部预算管理的工作。

澳新银行是全澳四大银行之一，总部设在墨尔本，全球排名在前50位的企业。记得我接到进入澳新银行工作的录取通知书时，狂喜了好一阵子，因为在大学读书的时候就梦想着可以进入澳大利亚的银行工作，而且还能进入澳新银行的总部工作，机会是非常难得的。

澳新银行最吸引我的，是它“以人为本、客户至上、寻求创新”为核心的企业文化。银行十分注重对人才的培养与使用，把提高服务质量和以客户为中心作为银行的长期策略，并且从大至发展战略、小到服务形式都在不断进行创新。

记得第一天迈入澳新银行总部的绿色环保大楼的时候，我就被深深地吸引了，强烈地感受到了银行的“以人为本”企业文化。大楼位于墨尔本的金融街，其设计非常人性化，打破传统写字楼的蚁穴式空间，以全开放式的楼层格局，加上往来的人流以及充足的室内采光，形成一个如同高档百货商场的全新办公环境。在大楼里，所有人的工作状态似乎都可以被呈现在客户面前，但却不会有紧张与压迫感，因为紫罗兰色、粉红色、淡黄色等色系多元的墙壁、地毯与各类现代设计家具，既改善了环境的氛围，同时又颠覆了传统银行给人的一本正经之感。为了让工作在其中的每一位员工能感到舒适与便捷，交互式共享办公空间，尽可能地保证了部门之间的交流与合作，彰显出对工作高效、协作与权威的追求。

有百年历史的澳新银行，具有完善的内部管理体系和工作机制，对于每一位员工银行都有一份详细的岗位职责和未来职业发展规划。刚入职的第一周是新员工培训，这个培训课程形式非常灵活，除了介绍银行的百年历史职位、企业文化、银行内部架构、部门主要产品和业务之外，还会有很多角色扮演和个人的演讲、分组课题讨论的活动。这里非常注重和同事的合作关系，人际交往亦十分重要，是开展工作的必要条件。

当结束了新员工培训后，被分配到新的工作岗位时，非常幸运的

与澳新银行的同事在一起(前排右二为作者)

是，我遇到了人生工作中的第一位导师，他是位地地道道的澳洲本地人，对工作非常认真且有责任心。我当时被安排到这位资深经理的身边,跟他学习具体的业务。他认真地为我讲述工作的具体内容,指导我工作每一步的流程。他告诉我对于数据、文档的管理从内容到格式都有一套标准化的措施,一定要严格遵守,只要完整地执行工作流程,就一定会得到正确的结果。在日常工作中,他教会我分析问题和解决问题的能力以及对问题的思考与反馈的能力,从而提高工作效率。

在语言上,经过几年大学生活,我的英语已非常流利,连当地人都误以为我是在澳洲土生土长的华裔。但是在加入澳新银行以后,我还是会发现自己与当地人在语言上的差异。

为了进一步提升与人沟通和人际交往的技巧,在业余时间,我大量阅读当地的报纸,以了解所在城市及社区的动态,看一些流行的电视节目,关心一些重大体育赛事,了解一些流行文化,这些小知识会帮助我在社交活动中更容易地参与进去。

慢慢地,我发现国外的同事之间关系比较简单,虽然有人的地方就有江湖,但是可以说95%的时间你只需要关注你的工作本身即可。并且澳洲人的生活方式,家庭永远排在第一,工作不会比个人更重要,银行的老板也不鼓励员工加班。

在澳新银行总部工作期间，我先后在澳大利亚区和亚太区任职，我的主要职责是负责制定总部零售条线的全年预算考核指标，并对预算执行情况进行跟踪分析；建立和完善总行零售银行条线的预算管理制度、搭建预算预测的模型，优化预算管理流程，提升预算分析的有用性和实效性；编制各类预算经营分析报告，为银行管理层决策提供准确可靠的参考资料。

我除了做好本职工作，还积极参加澳新银行组织的关于华侨、华人以及留学生的各项活动。曾多次代表银行为当地的华侨、华人以及留学生组织提供公益金融讲座。让中国留学生在澳洲的生活更加便利。除此之外，我还多次参与组织银行为以当地华人、华侨为主的大客户举办的各项文艺活动，其中包括每年澳新银行举办的中国农历新年庆祝酒会，为参会的当地中国领事馆官员、华人华侨商界人士以及银行的重要华人华侨客户等服务。和墨尔本政府、中国驻墨尔本使领馆，以及众多的社团组织都建立起稳定的联系。

由于天津和墨尔本是友好城市，天津市政府经常来墨尔本进行友好访问。在澳新银行工作期间，天津市政府代表团考察澳新银行总部绿色环保大楼，在此期间，我代表澳新银行担任澳新银行形象大使，负责主要的对外接待和翻译工作。

我一直保留“中国公民”护照

在澳新银行工作期间，由于工作表现突出，在短短的 3 年间，我就晋升为财务部预算团队的经理。对于一位留学生，能被澳洲的银行录取，而且刚毕业几年，就晋升为财务经理，是一件非常不容易的事情。虽然在澳事业发展顺利，但我心中一直惦念着祖国。当然在我拿到澳大利亚永久居留签证的时候，也可以选择继续居住并加入澳洲国籍，那样会享受到更多的福利优惠。但是我坚持保留中国护照，不忘初心地选择当中国公民。因为我知道，祖国是自己的靠山。当我提出回国发展的想法时，这让很多人都不理解，而且也都问我，你出国了10年，国外工作环境优越、薪酬待遇优厚，为什么你要选择回国发展呢？尽管我对澳大利亚的历史文化也比较熟悉，而且也自驾走遍了澳大利亚的大城小镇，但是这些都不能与历史悠久、幅员辽阔，资源丰富的泱泱大中华相比。所以不仅从历史、地理层面，更是从文化认同的层面，我都更愿意保留中国国籍，当一个自信、自豪的中国人。“爱国”只有在面临选择的时候才能明心见性，我爱的是祖国博大精深、源远流长、一脉相承的历史文化，也爱他物产丰富、地形多样、滋养亿兆的辽阔疆域，“爱国”对我来说首先是对祖国的“文化认同”。

中共十八大以来，以习近平同志为核心的中共中央努力为实现“两个一百年”的奋斗目标和中华民族伟大复兴的中国梦而奋斗，这一切深深的激励着我们新一代留学生。我们80后这代人非常的幸运，感谢祖国的培养和教育，让我们能够走出国门，通过留学的方式，学习到国外先进的科学技术，体验国外先进的教育理念和文化风俗，丰富人生阅历。我在想，面对中国经济进入新常态，作为海外留学生，我们是否可以运用自己学习的知识，不忘初心，回报祖国。

祖国，我回来了！

带着这份对祖国和家乡的深厚感情，2012年年底，我毅然选择了辞职回国。回到辛勤培育我的家人身边，更重要的是回到祖国母亲的怀抱里。回来的一切既熟悉又新鲜，熟悉是因为这里是生我养我的土地，故土的芬芳让我深深痴迷；新鲜却是因为我离开它已经太久了，这里的变化太大、太快。我记得出去的时候，地铁才刚开始建，内环路也还没有。而今，地铁都修到6号线、7号线了，虽然我每年都会回来几个星期，可是在这里生长的我回来就变成了“路盲”。每每向朋友开口问“这是什么地方?""去那里怎么走?"的时候,他们就会嘲笑我说:"你不要跟别人说你是天津人。"弄得我一脸的无奈!

凭借着我在澳洲丰富的工作经验,很快我就找到了工作。2013年年初,我加入了渤海银行总行财务部,主要负责税务管理和税务策划等工作。刚回国工作的时候对工作环境感到有些不适应,不论是从人情世故、工作强度,还是工作方式等,都遇到了一些困难。经过坚持不断的努力学习,很快地适应了国内的工作环境,从而成了税务团队的业务骨干。

尤其是2016年,在银行各级领导的充分信任和肯定下,我有幸参与银行营业税改制增值税的项目。从整体的实施方案来看,"营改增"落地实施工作的复杂性和难度超出了我们的预期。尤其对于渤海银行这种资产规模庞大、产品类型众多且交易量巨大的银行而言,难度更是前所未有。在别人看来,"营改增"只是税率和税制的变化,但是对于财务人员来说,影响无处不在,与我们各项业务的运行和经营决策息息相关,与银行财务部门和业务部门工作的各个环节、各个系统、各项制度也息息相关。

在项目时间紧、任务重、要求高、难度大的情况下,我刻苦钻研、勤于思考,积极引入国外学习的工作理念和管理思路,对每一个关键节点都充分准备,对每一个重要阶段都认真应对,充分发挥自身组织协调能力,按照项目应急方案,确保各项工作的按时完成。通过这个项目,不仅让我获得了渤海银行突出贡献奖及核心小组成员的专项奖励,也同时践行了"知难而进、坚守使命、追求卓越"的营改增精神。

除了做好本职工作,我还不断地加强自身专业知识的学习。在工作之余,自学了澳洲注册会计师和中国会计师中级课程,成功考取了澳洲注册会计师会员,并获得了中国中级会计师的资格。

侨联里的新归侨

由于在海外参与青年社团，因此在回归祖国的过程中得以不断参与侨办组织的联谊统战活动，并在这个过程中我学到了侨务政策，认识了涉侨部门的领导和朋友，从而也不断地强化着对自己归侨身份的认同。我从涉侨的平台上受益和成长，也以自己的归侨和新侨身份为荣，并且愿意结合国内外的学习实践经历，学以致用，和涉侨群团组织保持联系和互动，为组织做些力所能及的事情，同时也增强自己处理公共事务的能力。正是出于这样的“身份认同”和回馈情怀，饮水思源，能以新侨的身份回归故里，得到家乡人的认可，我深感荣幸。2018 年年初，我很荣幸地当选为代表，参加了天津市第九次归侨侨眷代表大会。在 2018 年 12 月，当选为天津市河东区第八届侨联委员会常委。

除了参与各类侨务活动，我还以侨的身份和自身优势开始与澳洲华人华侨社团及留学生组织建立密切联系。天津市和墨尔本市是友好城市，自 1980 年建立友好城市以来，两市从官员到民间始终保持着频繁的互动和交流。为了进一步促进两个城市之间的交往、合作与了解。

参加天津市第九次归侨侨眷代表大会并与河东区侨联代表合影(前排左四位为作者)

墨尔本政府领导多次率代表团访问天津，为两市在生命科学、创新创业、绿色建筑、人工智能专业服务等诸多领域创造了交流合作的机会。由于在墨尔本多年的学习和生活经历，并曾代表澳新银行接待过天津市政府代表团，对墨尔本和天津都有着较深的了解，我被墨尔本驻天津代表处聘为长期顾问，多次被邀请参加墨尔本市政府商务团访津的相关活动，为天津对外交流、合作做出了自己的一份贡献。

加入致公党

我最初知道致公党是在海外生活期间，拜读过关于罗豪才老先生的人物传记。从罗豪才老先生不平凡的经历中，可以感受到他对祖国的无限热爱，对侨界的无微关怀。他的人生经历、思想、活动都是老一辈侨界爱国知识分子的时代缩影。这一切都深深地打动了我，使我对加入中国致公党产生了更强烈的向往。

怀着对加入致公党的向往，我认真学习了致公党的党史，我的归侨身份符合加入致公党的标准。2016 年年初，我向致公党组织提交入党申请书，并且在 2016 年年底得到了市委会批复，正式加入了中国致公党。成为一名年轻的致公党党员，这让我感到骄傲和自豪。

作为一名归侨、年轻的致公党党员，为了更好地做好社会服务、参政议政和海外联谊工作，更加了解致公党的党史和党务信息，我自觉关注“中国致公”和“天津致公”微信公众号上的内部资料，关注公共事务，支持公益事业，积极参政议政。比如，在过组织生活，民主讨论发表见解的时候，我认真准备，随时做好发言，同时也做细致耐心的倾听者，汲取前辈和同志们发言中的观点和精华。关心身边的人和事，了解最新政策，观察社会变迁，关注国家和国际大事。响应组织号召，尝试写出一些创新性的提案。由于在河东区委员会工作业绩突出，2017 年，我被致公党天津市委员会聘为青年工作委员会委员。

作为致公党市委会青年工作委员会委员，参观宜童自闭症研究服务中心并合影留念(左二为作者)

在加入致公党短短的一年间，我利用业余时间，积极参加党派组织的各项活动。例如，在致公党河东区委员会成立的致公社区学校里为社区群众提供免费金融知识讲座，拓展社会服务渠道。2017 年 9 月 8 日，在致公党市委会在市政协俱乐部举办"不忘合作初心，携手继续前进"学习演讲时间活动中，我代表河东区委会参加了演讲，受到一致好评，充分展示了河东区致公党的风采。此外，我还以归侨的身份和自身优势，积极活跃在民间外交的舞台上，与澳洲华人华侨社团及留学生组织建立密切联系。先后担任天津市河东区侨联第八届委员会常委、天津海外联谊会第六届理事、天津市河东区青联委员以及墨尔本驻天津代表处顾问等，多渠道助力天津扩大对外开放和引才引智工作。

对于我来讲，这些活动经历就是走出家庭和朋友圈狭窄的交际范围，进入一个更广阔的人际关系网络中，去实现"致力为公、侨海报国"的抱负。在这个网络中，你所帮助和服务的对象不一定和你很熟，也许是初次认识，但是通过一个机缘或"平台"相识，你能愉快地为他们服务，让他们获得知识和体验，感受来自社会的"正能量"。对于年轻的我来说，这是鼓励，更是鞭策，我将上下而求索。

作为一位新侨人士、年轻的致公党党员，我对祖国和社会一片拳拳赤子之心，只有回到祖国，我才能得到更好的文化认同和身份认同。我的一切还仅仅是开始，我还将不断地学习本领、成长进步，坚持中国共产党的领导，充分运用身份和专业优势，积极作为，参政履职，用实际行动切实担负起新一代归侨和致公党党员的光荣使命和历史责任。

穿越时空 对话古今

卢永琇*

改革开放之初，南开大学历史系在全国高等院校中最早成立了博物馆学专业，招收本科生。1980年秋，18岁的我怀揣梦想，考入了南开大学历史系博物馆专业本科。4年后毕业，被分配到天津市艺术博物馆（天津博物馆前身之一）保管部铜器库任保管员。时光荏苒，不觉在博物馆工作已经34年。"你们是第一批博物馆专业毕业生，国家博物馆事业的发展需要你们这样的人。你们一定要为博物馆事业做出贡献……"耳畔伴随着老师的谆谆教诲，内心满怀着对博物馆事业的热爱，在恒心和定力中孜孜不倦的努力，行走出改革开放后中国博物馆人的轨迹。也许，以理性的思维、专业的学养、人文的情怀，不负先贤曾经抵达的精神高度，传承好中华民族优秀文化，传播好人类世界的优秀文化遗产，是我们博物馆人一生都不会泯灭的求索。

文物博物馆——我们所热爱的事业

说实在的，当初报考南开大学最初吸引我的是南开"允公允能，日

---

* 卢永琇，女，1962出生，天津美术馆副馆长、天津博物馆研究馆员、全国政协委员、全国文化系统先进工作者。

卢永琇近照

新月异”的校训和全国重点大学的美誉。在南开大学历史系博物馆专业,我学到了文物学、博物馆学的基本理论和基础知识,受到历史、艺术、文化和科技等综合知识的基本训练,具有了文物研究、组织展览等博物馆工作的基本能力。

博物馆与电子表虽风马牛不相及,对我却有特殊的意义。20 世纪 80 年代,电子表是稀罕物件,市场少见。工作后,我参加的第一个重要活动,赢得了一块卡西欧电子表,让我异常兴奋。那年为鼓励员工的业务学习,馆里组织博物馆文物知识竞赛,竞赛内容以馆藏文物为主。当时大家都认为,一定是具有多年讲解经验、对馆藏重点文物了如指掌的老讲解员会获得冠军。这些议论,激发了我比拼的劲头。充分的准备,使我发挥自如,决赛临场也是自信满满。最后经过附加赛的激烈角逐,终于幸获第一名,奖品是日产卡西欧电子表。这块表是日本友人送给馆长云希正的,云馆长贡献出来作为冠军奖品。可以说这块电子表,记录了我事业的启程。随后,我受单位委托参与《建馆三十周年纪念文集》的撰写。这些锻炼增加了我从事文博工作的自信。此后,我潜心在库房进行藏品研究,逐渐步入青铜器研究的学术轨迹。中国作为文明古国,青铜文明灿烂辉煌。上学时曾经令我倍感枯燥的鼎、簋、盉等青铜礼器,在这时期,以器型变化告诉我古代王朝的更替、时代的变化;神秘的青铜器纹饰,向我传达着古人的情感和他们的审美情趣。通过对青铜器器型、纹饰的研究,我读到了先民的思想,了解了当时人们所生活的背景状况,也深知有许多待解的谜团值得我们更加深入地研究。轻抚这些文物,就像是在触摸一段历史,每一件文物上似乎都在诉说一段往事。对这些文物进行复读和诠释,让我深感有责任将这些古文物保存好传承下去。记得当时在库房,有时就像游走进了千百年前,魂入其境,人融其中,忘记了吃饭。

在改革开放初期,商品社会的滚滚大潮没有冲破博物馆古老的围墙。远离名利场的博物馆的这份工作造就了自己平静的内心,因而就耐得住寂寞,乐在其中地埋头青铜器库房,在文物的世界畅游。这段时间,自己对馆藏文物和天津地区的文物状况有了充分的了解,对青铜器鉴定积累了丰富的经验,奠定了日后学术研究的基础。今天有人说你是为了保存、传播人类文化遗产,为了传承与传播古代优秀文化遗存而坚守。其实言过了,自己只是顺其自然,尽力做自己应该做的。

中华文化——我们要传播与传承

20 个世纪末,外界对文物领域或博物馆工作感到很神秘。一方面是因为社会在热衷追求物质财富,另一方面也是博物馆很少被宣传,人们对文物了解甚少。我发现,人们对博物馆工作感到陌生,多是因为不理解博物馆的宝贝在古文明中的作用,所以很少有人走进来。

于是在撰写专业论文的同时,我开始撰写文博方面的普及文章,向各类报纸投稿,用简洁平实的语言,描述古老文化的物质传承,受到媒体和读者的欢迎。从 20 世纪 90 年代到 2010 年间,我除了在《文物》《文物报》《文物天地》等专业期刊发表学术文章,还陆续在《天津日报》《今晚报》《天津青年报》《中老年时报》等报刊发表普及文物知识的文章;向《收藏家》《历史教学》《中国文化遗产》《典藏》《中国文物世界》《人民日报》(海外版)等发行到域外的期刊投稿,累计刊发文物普及和专业文章约二十万字。其中在《天津日报》2009 年 8 月 30 日刊发的《开启封尘的记忆》,获天津日报"珍贵档案有奖征文"三等奖。在撰写这些文章的时候,为方便读者理解,行文中由器物器型的鉴定研究引出器物的流转与递藏,由器物的递藏引出人物与历史背景。慢慢地我的研究方向也由单纯的青铜器器物研究，转为文物鉴藏史、地域文化特色等方面。

在整理传播天津地区文物与收藏家方面的努力产生了影响，2010年我入选国家图书馆承担的国家重点文化项目：文化部地方文化资源共享工程视频库，录制10集《天津收藏家与传世珍品》，共约8万字。2012年我写的《天津博物馆藏西部文物研究》一文，对天津地区现存西部文物的集散方式、集散种类、集散品质等诸多问题进行了探讨，入选《西部美术考古》一书。

2013年我开始参与《博物馆里的中国》丛书的编著，承担《博物馆里的中国——大美中国艺术》的编写。在讲中国文物故事，传播中华文化遗产方面，我特别注意到"从娃娃抓起"。我在书中以各地博物馆藏书法、绘画、雕塑、音乐等方面的精品文物为经脉，分国宝传奇、镇馆之宝、举世无双、国宝档案板块，以图文并茂讲故事的方式，阐释中国文物的博大精深。2015年该书由天津新蕾出版社出版，受到孩子和家长的喜爱，目前已发行3万套。该书2016年获第六届中华优秀出版物、2017年获新闻出版广电总局向全国青少年推荐百种优秀图书；2017年获第四届中国政府出版奖。目前正在发行繁体版，计划出版德文版、印度文版。

为进一步在青年中普及传统文化教育。从2005年开始，我为天津艺术职业学院、天津商业大学的学生们讲授中国古代青铜器课，还多次为天津师范大学、天津美术学院、天津轻工业职业学院学生们讲解中国古青铜器知识，为了增加广大观众的文物鉴赏兴趣，普及文物收藏和保管的知识，我还被天津电视台都市频道《艺品藏拍》栏目组聘为专家鉴定团青铜器专家。

博物馆藏品的来源、流传经过等信息，必须长期关注并进行详细了解和记录。天津博物馆里的"宝贝"，不少是收藏家捐献给国家的。我提出了"天津文物集藏的历史传统"这一课题并进行研究。我当初就是想弘扬收藏家无私捐献文物的精神，把这些收藏大家的事迹发扬光大也是一种文化传承。于是查阅了大量档案，采访了当事者、知情人，对天津

2018 年 5 月,参加专著《老天津文物与收藏》签售会(左二为作者)

收藏文化做了一次填补空白性的梳理，下大功夫整理、编写，终于在2017 年出版了《老天津文物与收藏》。在全面搜集资料的情况下,我用深入浅出的笔法,以天津博物馆藏品为支撑点,凡经典藏品都做出精细的论述,做到真实可信,使其具有一定的历史价值。书中介绍了多位天津的文物鉴藏家,如安岐、周叔弢、王襄、张叔诚、徐世章、吴颂平、杨石先等,深入浅出地介绍了鉴藏家与文物背后的故事。

多年辛勤耕耘，自己成为国家文物局审核通过的研究馆员。2017 年在中国文物保护基金会第九届“薪火相传”评选中,经过网络投票与专家评议多个环节,荣获“讲好中国文物故事杰出个人(提名奖)”称号。这些都将激励我在中华优秀文化传播与传承中坚定前行。

宣传教育——文博事业不断创新发展

进入 21 世纪，博物馆的工作理念有了很大变化，由保管收藏以“物”为主,转变为重视“人”的感受,加强其社会教育功能。时代需要我们舍弃旧的观念,开创新的工作领域。2004 年 9 月,在新的天津博物馆组建开馆前,我受组织委托筹备创建天津博物馆宣传教育部,并在开馆后担任宣教部主任。为了不负领导和大家的信任,我建立起行之有效的规章制度，使天津博物馆的宣传教育工作从无到有，健康有序地发展，各项工作在全国博物馆享有美誉。

招募、培养年轻讲解员，将自己多年积累的文物知识传授给他们，看到他们在全市乃至全国比赛中获奖，我真是打心底高兴。同时我还在全国各博物馆中较早组织创建了志愿者组织，建立一整套管理办法和志愿者自我管理的体系。十多年来，天津博物馆志愿者组织不断壮大，志愿者在讲解各类活动中，服务观众人数以百万计。我和这些人一起传播中华文化，志愿者队伍成为传播中华传统文化的重要力量。我总结国外博物馆和天津的实际经验，撰写出的论文获中国博物馆协会论文评选二等奖。

在任天津博物馆宣教部主任期间，我还开辟了博物馆公共教育的新模式，对内设立公共教育专员，对外树立教育活动优秀品牌，帮助观众读懂藏品，使博物馆更接近百姓。我们开展面向公众的学术活动，创意举办了艺术沙龙，组织举办博物馆走进工厂、社区、农村进行展览、讲座活动，将十余个展览送进大学校园，数十万大学生参与了活动，这些产生了较大的社会影响。这类工作在当今博物馆已成为常态工作内容，但在十多年前确是具有开创意义的。

2008 年博物馆免费开放以后，作为天津博物馆新闻发言人，我针对博物馆知名度不断提高，观众人数激增的现状，及时地拓展思路，将宣传工作向纵深发展。主动联系电视台，合作制作专题节目，就博物馆免费参观、工业文化遗产、非物质文化遗产保护等社会热点问题进行深入探讨，当年有馆领导、专家、志愿者等共 15 人次在电视上与主持人和观众交流，取得显著的社会效果。2008 年 9 月 18 日，北京电视台、北京电视台海外频道在北京地区和北美地区播出了《秘境追踪》节目，由我和另一位专家讲述天津博物馆藏文物背后的故事。两地共约 40 万观众收看节目。

美术馆——文化传承的新阵地

2011 年，我临危受命到天津美术馆筹备组工作。经过半年多的辛苦筹备，2012 年 5 月天津美术馆六大展览闪亮出场。2012 年 7 月我担任副馆长。从博物馆到美术馆，工作大同小异，职务的变化没有改变传播中华文化的职能。只是我原来想得比较多的是给文物断年代、辨真伪，现在琢磨的是怎么让藏品说话，怎么办展搞活动，让老人、孩子、中青年全都爱上博物馆、美术馆，享受其中。

展览是美术馆的灵魂

2012 年至今六年多，天津美术馆举办展览三百余个，其中不乏受到国内外高度赞誉的国家级精品展览，成为专业人士和广大市民举行文化艺术交流、丰富精神生活、了解国内国际美术动态的平台和窗口。

2014 年，天津美术馆举办了最具影响力的展览第十二届全国美展中国画展。这是天津市委宣传部、天津市美术家协会，经过艰苦努力争取而来的机会。我们事先做好工作方案，在接受展品、接待评委、服务评选、布置展览中，组织协调好各方面。自己有时半夜 12 点在馆里接收展

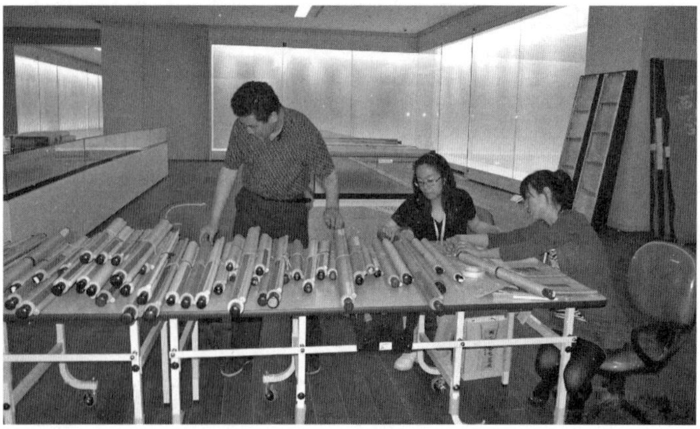

2012 年 5 月，天津美术馆开馆布展时，与同事们一起忙碌(中间为作者)

品，第二天一早又精神抖擞地接待评委们。经过大家的努力，展览顺利开幕，半个月有20万观众参观，在全国美术界赢得赞誉。组委会对我们的工作给予肯定，授予天津美术馆第十二届全国美展组织优秀奖，授予我个人第十二届全国美展组织先进个人。

国外的艺术也是有自己的特点和传承，天津美术馆办展理念就是要对世界多元文化有所展示。所以在政府高端展览补贴的支持下，我们把其他国家和民族文化中优秀的作品引到天津来。伦勃朗、达利、安格尔、达·芬奇、米开朗琪罗等世界级艺术家的作品都在天津美术馆展出，这也是我们完成政府文化惠民政策重要内容。

从2013年开始，在文化中心，开始实施高端展览和高端演出项目补贴，鼓励博物馆、美术馆引进国外有影响的展览，鼓励天津大剧院引进国外知名艺术院团来津演出。西班牙雕塑大师——苏比拉克全国巡展是天津美术馆使用高端展览项目举办的首个国外艺术大师的个人艺术回顾展，也是首个以我馆为第一主办方的国内巡展。展览从2014年年初开始接洽，到2015年5月开展，经过一年半的商谈策划，形成天津美术馆、湖北博物馆、贵州博物馆三个展区。我们聘请了北京的设计团队，使用最新的展陈理念，以国际标准实施。其中的许多与外方策展人策划、布展细节让我记忆犹新。粉刷了展墙以求最佳观赏效果；在票房外墙和场馆外围玻璃墙上悬挂展览海报，营造最佳氛围；在展厅门口铺设3D喷绘，增加观众情趣等等。多次的协调，多方的解释才完成这些开馆以来的展览从未使用过的布展方式。展览呈献给观众全新的展示效果，全面系统地展现了苏比拉克的艺术生涯和成就，在美术界和公众中引起很大反响。在天津3个月展期中有20万人来参观。在展厅里，我遇到了从辽宁、浙江、江苏等各地来的观众，可谓为了一个展览而赴一座城。展览期间我们还举办了45场公教活动，赢得观众的好评。2016年当我代表天津美术馆向中国博物馆协会专家陈述策展理念和办展成果时，受到与会专家的一致赞扬。该展览获得2015年全国十大精品展港澳及国际交流入围奖（天津地区首次获得这个奖项）和2015年文化部全国美术馆优秀公共教育项目。就在撰写本文的前几天，有个雕塑家朋友在微信里发了一篇关于苏比拉克的文章，里面的很多照片都是来自于当年的展览。他说仅看照片就已经觉得很震撼，真遗憾当时没有到天津美术馆观展。一个展览有这样的辐射性、持续性影响，着实令人振奋。

中华民族的文化是我们灵魂的营养，让我们有自信，能够在世界之林独树一帜，源远流长。我们博物馆美术馆人有责任记录自己的城市发生过的历史文化事件，并将其传承。这是我们举办传统文化展览的动力。在美术馆工作乐趣无穷，其中中国美术馆藏连环画原作精品展和天津连环画邀请展的前前后后就非常值得回味。

2016年我在中国美术馆看到中国美术馆藏连环画原作精品展时是十分震撼的。当时心想很有必要把这个展览引入天津，让没来得及去北京看展的天津市民，在家门口也能感受到相同的震撼。是机缘巧合，也是水到渠成，经过一系列接洽，中国美术馆的馆藏连环画原作精品走出北京，第一站就来到了天津。我觉得在天津办展，就要有津沽特色，要向观众展现天津画家在连环画创作领域的成就。这样观众在天津美术馆感受到国展的魅力，同时也能看天津连环画的成绩。我的建议被采纳，美术馆举办了天津环连画邀请展。布展时，我穿梭于两个展厅间，仔细打量着每一幅作品，随时提出自己的建议。我期待着这场展览给津城观众带来不一样的视觉冲击与震撼。

为了把这些名家的作品集中在一起颇费周折。我带领年轻的团队，一次次搜集信息、一次次走访名家，天津美术馆向诸位名家发出邀请，诚意借稿办展。天津美术学院国画系教授、连环画《镜花缘》作者陈冬至，从230幅作品中精挑细选，挑出12幅原作交给我。他对《今晚报》记者说："在连环画逐渐被淡忘之时，天津美术馆又一次像捧宝贝一样将它捧到艺术殿堂，送到观众的面前，这份情怀弥足珍贵，我义不容辞地支持。”

观众们说，天津美术馆开办一场充满怀旧情怀的展览——中国美术馆藏连环画原作精品展，不同年龄段的人都能够沉浸其中找到童年的记忆。与此同时，代表津城连环画较高水平的天津连环画邀请展同期举行。两展交相辉映，相得益彰，展现了中国连环画精品的最高水平，也展现了津城画家在连环画创作中的扎实功力。“我们从中能够挖掘出自己童年的阅读记忆。”“当年就是这些连环画让我们开启了对世界懵懂的感知，在图与文交织中连接着一种来自内心深处的感怀。”其实今天的回顾，泛起的不止怀旧的涟漪，还有对过往岁月的思考……

美术馆同样也是传统文化的传承阵地。天津美术馆推出的百年流变展，梳理了天津百年美术发展过程中的重点人物和作品，是美术文化的传承。天津美术馆也推出过青年艺术家作品展，给青年人搭建平台，帮助他们学习历史并且展示自己。在这个过程中，他们也能够不断进步。因为青年人在创作过程中也要从先辈和历史中吸收营养。未来他们的作品也可能成为文化长河中的历史明珠，这也是一个传承的过程。

公共教育是美术馆的翅膀

天津美术馆十分重视公共教育和美术普及。有个“被人求”的事曾一度成为员工的美谈。事情是这样的：“美术讲堂”是天津美术馆的公共教育系列公益讲座。记得开办之初，新的美术馆、新的活动，知名度不高，大家常常为了参加活动的人数发愁。我经过调研，注意到社会上摄影班非常受欢迎。于是制定了一系列“摄影”主题的活动：一是联系中国摄影家协会，举办了寇德卡国际摄影展；二是请摄影家协会副主席等摄影名家做“美术讲堂”主讲嘉宾为观众讲摄影技法；三是举办“拍拍评评”活动，请摄影大咖点评普通观众的摄影作品；四是让观众与大师面对面的“学术研讨在展厅”等。这些活动使美术馆异常火爆，出现“美术讲堂”一票难求的情况。一些员工接到亲友求助活动票的电话，员工高兴地说，我们也被人求了，真自豪。“被人求”燃起了员工的工作热情，提升了员工的工作自信，也使刚开馆的天津美术馆积攒了宝贵的“人气”。目前“美术讲堂”已经成为很好的公教品牌，内容涉及绘画、书法、摄影等艺术门类，受到观众的热烈追捧，拥有一批忠实的铁粉。此外，天津美术馆还举办了多种多样的少儿美术活动，比如主题夏令营和主题冬令营以及“美术体验”等，让孩子们在快乐中受到美得启迪。这些活动也多有“被人求”情况，受到社会的普遍赞誉。在工作中，我主张追求最好。几年来，我带领团队主持策划的匠心美学——天津地方民间艺术沙龙、中国书法精品课堂等五个弘扬传统文化的项目获文化部全国美术馆公共教育优秀项目，走在全国同行的前列。

为推动天津美术事业的发展，更好地培养专业美术人才，我提议天津美术馆应与本市艺术院校结合。这样天津美术馆与13所高校的艺术学院建立了“馆校联动机制”，把天津美术馆设为院校的“实践基地”。这种“馆校联动机制”在学术共建、人才培养、成果展示等多方面展开，并通过该机制在全国率先探索出高校教学成果展示与美术馆收藏联动模式、馆院科研协作和资源共享模式和高校实践基地模式等，许多业内人士称“这种探索的意义不可估量”。2018年9月15日开幕的天津首届公共艺术大展就是该机制的成果。

政协委员——肩负文化传承责任

市十一届政协时，我加入政协大家庭，在更大的舞台承担起更多的社会责任。通过提案、调研，在政协联组会、双周协调会、全体大会上发言，发出委员的建言之声，发出文化工作者传承中华民族优秀文化之声。我先后荣获十一届、十二届政协履职优秀委员，在十三届政协当选为常委、文史委副主任。

作为政协委员，自己感到对社会的责任与担当。自己向老委员学习，基于本职工作，面向社会思考提案与建议，以对科研项目的执着态度撰写好提案。我于2009年在天津市政协会议上从社会发展的角度提出了《将参观博物馆纳入中小学国民教育体系》的提案。2015年，国家文物局、教育部联合发布《关于加强文教结合、完善博物馆青少年教育功能的指导意见》，博物馆教育被明确纳入国家的教育体系。现在，当看到博物馆、美术馆里，一队队来参观的学生，我感到欣慰和喜悦。社会就是需要有责任心的人，大家共同努力逐步完善，才会有更大的发展。

一天，朋友向我反映，解放路77号挺好的建筑却在进行洗浴经营，与周边环境极不相符，让我这个委员过问过问。我知道那里原是法国汇理银行大楼，也是我工作过的天津市艺术博物馆旧址。作为近代留存下来的重要建筑之一，该建筑于2005年8月31日被天津市政府公布为重点保护等级历史风貌建筑，2013年1月15日被确定为天津市文物保护单位。天津市政府近些年对67幢近现代重要史迹及代表性建筑进行整修，解放路77号作为其中的重点建筑获得了高标准整修，消失的角楼已全部按原始风貌恢复。当我来到这栋建筑面前时，看到这个应当受到很好保护的建筑，却是外面有违章搭建的遮阳棚，里面有浴池、住宿等多项服务性经营，出入人员复杂。我立刻意识到这里存在多发安全隐患。经过走访，知道目前该建筑归属天津市北方文创集团下属的天津市文化发展中心。为此我撰写了《关于切实加强天津市文物保护建筑：解放路77号的保护》的提案，提交天津市政协，建议该建筑主管单位，严格遵照天津市文物保护单位条例，切实做好该建筑的文物保护工作，并附上该建筑位于赤峰道一侧有洗浴、住宿广告的侧门照片。由此引发我对其他文保单位、文化遗产的关注，经过调研，撰写了《关于将文化遗产保护纳入市各级政府及相关部门绩效考评工作的建议》的提案，提出文化遗产是不可再生的珍贵资源。但由于过度开发和不合理利用，许多重要文化遗产消亡或失传。建议天津市将文物保护责任纳入各级政府及相关部门绩效考核指标中，从对历史负责的高度、从维护国家文化安全的高度，充分认识保护文化遗产的重要性，切实做好文化遗产保护工作。该提案获天津市十三届政协优秀提案。

2017 年 1 月，出席政协天津市第十三届委员会第五次会议时，我建议天津各区应建立“文管所”。因为文物保护不仅是行政管理，还需要精准管理，需要设专人去管理。目前，一些区已经进行了很好地尝试，它们利用现有文化场馆，分配专门人员进行管理，取得了良好效果，希望本市各区也派出专人进行文物保护。这一方面有利于政策理解，更好地与上级管理部门衔接，也有利于各区用好国家补贴政策，做好文物保护。这个建议被凤凰网、新华网等媒体报道。

2018 年 3 月 3 日，我荣幸地当选为全国政协委员，出席了全国政协十三届一次会议，更感到身上的使命光荣和责任重大。2018 年全国两会是在习近平新时代中国特色社会主义思想提出后的首次全国两会。新时代也会有新要求，作为全国政协委员更应该有新作为，我有责任通过自己的提案建议让更多老百姓感受到文化惠民的成果，为天津城市文化发展尽一份力！

曾经见过有些地方为了搞商业开发而破坏文物，让我记忆深刻，也让我十分痛心。我查阅 2016 年颁布的《国务院关于进一步加强文物

2018 年 3 月，参加全国政协十三届一次会议(右二为作者)

工作的指导意见》,其中要求"地方人民政府要切实履行文物保护主体责任,把文物工作列入重要议事日程,作为地方领导班子和领导干部综合考核评价的重要参考"。但对地方来说,文物工作只是作为领导班子和领导干部综合考核评价的重要参考,约束力很小,如果能将文物保护和文物安全纳入各级政府及相关部门绩效考评工作,与他们的切身利益相关,约束力将大大提升,地方才会更加注重文物保护和文物安全工作。为此我撰写了"将文化保护纳入各级政府绩效考核"的提案,提呈全国政协,该提案受到中央和地方多家媒体的报道,社会反映强烈。

面对新经济时代,近年来一些非遗资源比较丰富的地区,通过引入"互联网 +",借助现代网络信息技术和多媒体技术,进一步激活了非遗传承发展的生命力。加强新时代文化遗产社会功能体系建设与政策研究迫在眉睫。为此我在全国政协会上建议应建立国家文化遗产分级分类评估指标体系与相关数据库, 完善文化遗产保护与活化利用的相关政策法规。以县(市)一级行政单位为主体展开文化遗产功能性分级分类调查,通过二十年左右时间的积累,最终建立全国性的文化遗产社会功能体系与分级分类保护数据库;同时,制定完整的文化遗产保护与活化利用标准、操作指南,形成完善的管理体系。

历经 40 年的改革开放,中国特色社会主义道路越走越宽阔,越走越明亮。在实现富强、民主、文明、和谐、美丽的社会主义现代化强国的过程中,文化的繁荣兴盛是铸造民族魂魄,构建精神家园的根本和基础。文化遗产作为承接历史根脉,营造文化氛围,生发创造活力的宏大而广泛的存在, 在新时代的热切召唤中正转化为磅礴而雄劲的精神力量。

学高为师 学以致用 治学交友

孟广文*

1978年,我考入天津师范大学,4年本科毕业后被分配到天津四合庄中学任教。1985年,我又考入天津师范大学与东北师范大学联合培养研究生项目,3年后获东北师范大学硕士学位,并于1988年到天津师范大学任教。1991年、1992年,受天津市教委与教育部资助,分别到天津外国语大学和北京语言大学进修德语,为我日后留学德国和开创自己的研究领域打下了基础。

孟广文近照

访学蒂宾根,毕业海德堡

1993年年底至1995年年初,我作为教育部公派访问学者,到德国

* 孟广文,1960年出生,天津师范大学地理与环境学院教授、自由经济区研究所所长、欧洲文明研究院博士生导师。

最古老的精英大学之一的蒂宾根大学（University of Tuebingen）访学。访学结束后，我决定留下来继续深造，于是考入蒂宾根大学自费攻读博士学位，并有幸成为哲学家黑格尔、谢林与诗人荷尔德林等世界知名学者的校友。

建于1477年的蒂宾根大学，在历史上造就了一批有影响的世界知名学者，如哲学家黑格尔，诗人荷尔德林、爱德华·默里克，计算机发明者约翰内斯·克普乐、威廉·席克哈德，现代细胞学创始人胡戈·摩尔等。作为第一个成立自然科学系的德国大学，这里的地理学区域研究，尤其是拉丁美洲、中东欧以及亚洲研究积淀深厚。由于导师是受聘海德堡大学的C4教授，1996年我转入海德堡大学 （University of Heidelberg）继续攻读博士学位，并于2003年获哲学博士学位，2003年至2005年继续做博士后研究工作。

海德堡大学建于1386年，是德国最古老的大学。不仅如此，作为德国精英大学之一，海德堡大学具有辉煌的历史，有11位在职教授获得过诺贝尔奖，涌现出哲学家费尔巴哈、黑格尔，诗人艾兴多夫，音乐家舒曼，社会学家韦伯，神学家埃尔诺斯，地理学家赫特纳，神经外科专家巴赫曼，化学家本生、门捷列夫，化学与物理学家亥姆霍兹，物理学家基尔霍夫等世界知名学者。如今，海德堡大学在德国地理研究领域也属于领先水平。

我也有幸在这两座美丽的文化古城中度过了人生中关键的12年。在蒂宾根与海德堡这两个尊崇学术自由氛围中，使我有机会“读万卷书，行万里路”，积累了多彩的生活体验。

20世纪90年代的中国大学学术联系还较为封闭，但蒂宾根与海德堡大学的图书馆不仅藏书与学术杂志丰富，而且数字化开始起步，和世界主要大学图书馆有文献借阅和传输的业务，因此在这里可以方便地检索到国内很难获得的外文文献。例如，在国内刚开始的自由经济区研究，在这里的图书馆可以检索到大量有关自由经济区的英文与德文文献,其中部分文献现存于美国及英国等一些大学图书馆。令人感慨的是这里的大学图书馆可以代为借阅复制。这样的服务很大程度上方便了自己的学术研究,拓展了自己的学术视野。可以说,正是蒂宾根和海德堡大学图书馆的便捷服务,才使我有可能接触到国内难以接触到的大量外文文献,为有关自由经济区的博士论文与英文专著的完成提供了难得的国际化学术氛围和丰富的文献支撑。

Hans Gebhardt 教授是德国人文与经济地理的领军学者之一,在德国工业化、城镇化以及地理学学科理论方面有着公认的研究成果,与人合作的专著 *Geographie: Physische Geographie und Hunman geographie* 代表了德国二战以来地理学的 研究成果。师从名师也使我有机会对德国地理学发展、区域规划与政策、乡村发展、工业园区以及汉堡自由港有较深入的研究。鉴于国内地理界对德国人文—经济地理研究还不太深入,这些积累为回国开展学术研究提供了难得的基础。此外,与海德堡大学地理所的 Meusburg、Lisegang 教授和 Sachs 博士,蒂宾根大学科学合作研究所的 Hohnhotz 教授、地理所的 Kohlhepp 与 Eberle 教授,卡尔斯鲁尔大学区域科学研究所的 Vogt 教授以及埃森大学的 Schimit 教授的合作也令我获益匪浅。

2012 年,在海德堡大学地理系参加耐卡河考察(左一为作者,左二为其博士导师)

勤工俭学，以工促学

当然，海外留学除了要面对漂泊异乡的孤独以及无法预测的困难之外，还需要打工才能维持日常生活以完成学业。由于地理学在德国研究经费较少，大部分博士生难以获得资助。当时国内生活不富裕，因此只能通过勤工俭学才能完成学业，并给国内家庭提供部分经济资助。这在那个年代的留学生中也很普遍，但把打工和自己的专业研究和人文地理考察相结合却不是每个人都能做到的。今天想起来，这段打工经历对回国的科研与“一带一路”研究弥足珍贵。

利用语言优势我曾经做过翻译、导游，甚至开过培训公司，这样既有机会考察德国与欧洲自然、政治、经济、社会与文化，也增加了对国内改革开放进程与需求的了解。为了提高语言能力，我寻找机会做翻译。例如，给教育部高等教育代表团、湖北高等教育代表团、江苏农业代表团以及格力公司等做过翻译。记得第一次给云南省工会代表团在德国奔驰公司做翻译，因为紧张脑子时时断片，以致不得不下场换人。但随着不断学习练习德语，翻译水平不断提高，自信心也不断增强。后来不仅能够胜任政府访问，也能够胜任公司技术培训的翻译工作。

除了翻译工作，我发现导游是一个能够把挣钱效率与人文—经济地理专业考察相结合的工作。当时毛遂自荐，和德国恺撒、飞扬、百合花、孔子以及瑞士 Koni 等旅行社合作，带着国内政府与企业考察团以及私人旅游团走遍了欧洲大多数国家，访问了德国等国的政府部门、州、县和乡村政府部门、大型与中小型企业，增加了对德国与欧洲政府管理、经济发展、生态环境保护以及移民融入问题的了解，同时也认识到中国对外开放需求、政治、经济与社会问题。为了考察奔驰公司，我放弃几次挣钱较容易的导游工作，通过奔驰公司工会介绍，在奔驰公司总部 Sindefingen 打过两次暑期工、这次工作使我了解了德国奔驰公司的劳动成本、福利、工资组成、外籍劳工等问题。此外,值得庆幸的是我把打工只作为赚取生活费和考察德国与欧洲人文—经济地理的手段,而不是谋生方式,因此懂得适可而止,够用即可,以至于经过8年努力,终于获得海德堡大学博士学位。据我所知,绝大多数和我一起从事导游工作的留学生或过于务实或沉湎于博彩而最终不能完成学业。

2012年，参加法兰克福第六届世界批判地理学大会,全家在法兰克福老城留影(右后为作者)

尽管没有做导游收入高，但通过为中国台湾商人的废五金买卖与翻译工作，不仅考察了当时没有机会到访的斯堪的纳维亚北欧国家，同时也提高了英语口语与外贸实务能力。当时由于几年来主要学习与使用德语,英语能力逐渐下降,但通过一段时间持续的英文文献阅读恢复了对英语的信心，但口语和听力还是薄弱。一位中国台湾同学希望我为一位台湾商人服务。这位商人做废五金的生意,主要在德国以外的国家,因而使用英语,为我提高英语口语提供了难得的机会。

此外,我还把业余爱好当作深度体验德国社会的媒介。要想深入了解德国社会,除了工作与学习之外,业余爱好也是一个重要补充。我从小就喜欢打乒乓球,1979年、1980年和1981年曾获得过天津市高校大学生单打第三、第四名成绩。因此在德国留学时,通过努力而成为蒂宾根大学乒乓球课程助教,负责大学生乒乓球爱好者的训练课程,结交了各国学生。后来参加了一个小镇的乒乓球队,每到周末和俱乐部成员到各地比赛,赛后去饭馆喝酒、吃饭、聊天。通过每个赛季参加乒乓球俱乐部的比赛，深刻了解到德国巴符州自20世纪70年代以来工业化为乡村发展带来的福利，当然也由此较深入了解德国不同地域和阶层居民的家庭关系和风俗习惯。

现在回想起来，很是感慨。正是在留学期间没有享受到优厚的公费待遇，使我不得不去勤工俭学；而在勤工俭学中有了很多公派留学生不可能有的经历，不仅提高了语言能力，而且从更深层面了解了当地的政治、经济与社会状况、风土人情、异国文化等。所以10年以后我所得到的不仅仅是海德堡大学一纸博士文凭以及对德国与欧洲经济、社会、文化与德国人情感较深入全面的认识与了解，更重要的是为后来回国学术研究，尤其是对"一带一路"倡议深入研究，拓展了全球化视野，打下了较深厚的理论与实践基础。

在学习、打工之余，我也积极响应大使馆号召，积极参与政治与经济活动。例如，参与在斯图加特举行的抗议美国轰炸中国驻前南斯拉夫大使馆的示威活动以及2008年抗洪赈灾捐款活动。

学成归国，学以致用

德国是近代地理学发源地。我从读大学时开始接触地理专业，到后来的硕士生、博士生的学习和研究都是以地理学为核心。在德国学习生活的十多年间，追溯近代博物学家洪堡，人文地理领域领军人物李特尔、拉采尔，农业区位论的提出者杜能，论证工业区位论的韦伯、中心地理论的提出者克里斯塔勒以及区域地理学理论集大成者赫特纳等近代地理学家的足迹，探究经典学说起源，对人地关系协调有了更加深刻的认识和理解，一次又一次地感到在德国梳理近代地理学思想发展史的近水楼台之便。

十多年的异国生活，使我较深地体会到德国是一个自然环境优美、经济高度发达、社会秩序井然、社会保障完备的国家，也慢慢习惯了在德国的生活，有了一定的收入后生活也不再窘迫。就在这时抉择又一次摆在了我的面前。

从党的十一届三中全会后，我国实施改革开放政策，建立各类型自由经济区，到2000年后，经济快速发展，百姓生活水平以前所未有的速度不断提高，中国已发展成为位居前列的经济与贸易大国。不断加速的城市化进程、不断深化的区域开发，也带来了诸如区域发展不平衡、生态环境遭破坏、能源资源紧张、城乡与社会阶层差距不断拉大等问题，这些都属于地理学的研究范畴。中国波澜壮阔的工业化与城镇化为地理学者提供了世界上绝无仅有的机会与挑战，因此我决定结束博士后研究工作，回国工作，回母校效力。

2006年新年伊始，我满怀激情地回到母校天津师范大学。师大于2005年刚刚搬迁到新校区，占地3500亩的校园，整洁宽敞，排排新绿，透出生机，下沉式的时间广场就在地理与环境科学学院所在的博理楼前。学院原来很多熟悉的面孔已经不在，当年给我们上课的老师大多已经退休，不过由地理系改成学院后增加了很多年轻的、充满朝气的青年教师，为学院发展注入了新的活力。

回到学院后，我很快就投入紧张的教学与工作中。随着工作的不断深入，当初不认为是问题的问题慢慢凸显出来了。首先是学术联系不畅。由于近十多年没有在国内进行研究工作，所以与国内地理学界的联络基本处于缺失状态。这对课题申请与论文发表带来难以克服的困难。其次，天津师大地理学院学术积累与知名度不高。天津师大地理系虽然早在1953年就成立，我国最早的地理学学术组织——中国地学会也是在天津成立（1909年），但是由于早期师范类院校主要是以教师教育为主，综合性、基础性与应用性的科研工作及学术成果并不显著，所以在国内地理学界，师大地理学科的知名度不是很高。可是伴随着改革开放后我国社会主义市场经济发展日新月异，加上地理学科本身特点，涉及开发区、城市、经济、社会、环境、资源等诸多方面的问题都与地理学有关，在这样的情况下，迫切需要地理学者在综合性研究方面有所建树，为地方政府决策提供咨询服务，为全国地理学学科发展做出贡献。学校的科研环境在改革开放后有了改善，但科研与教学一样，需要专业、年龄结构合理的团队，需要基本的办公科研条件。在这些方面，我所面临的现实情况和我回国前的想象差距很大。既然回来了，只能面对现实，想办法解决困难。

当时没有提什么条件就积极工作起来。第一是学科建设。作为人文地理学科带头人，积极带领学科组的老师，集思广益，组织并主笔学科评估报告、专业培养方案等工作，组织筹建了人文地理与城乡规划专业与实验室。为人文地理学科更好地发展，积极邀请国内外地理知名学者来校为师生做学术讲座，拓宽了师生的视野并赢得一致好评。

第二是科研平台建设。2014 年，成立天津师范大学自由经济区研究所的申请获得批准。这是天津市首个专门研究自由经济区以及自由贸易区的研究机构。为加强研究所研究实力，我们充分挖掘利用校内外学术资源，不拘一格、广招人才，吸收世界银行高级经济学者参与相关研究，为自由经济区与自贸区研究建立了研究团队，取得积极效果。2017 年，我们申请到 4 项国家级、8 项省部级科研项目，在主流刊物发表相关研究成果 18 篇，2 篇上报市委、市政府咨询报告。研究团队于 2017 年荣获天津师范大学跨学科交叉融合创新团队称号。

邀请中科院陆大道院士做学术报告并合影(右为作者)

第三是凝练学院地理学研究方向。通过对人文地理及相关专业研究现状的国际、国内与区域范围内影响力的比较，确定了自由经济区研究方向国内领先，空间规划与土地利用研究天津市领先的研究方向。在研究自由经济区理论与实践、天津滨海新区开发开放、京津冀协同发展、雄安新区规划建设、新型城镇化、德国区域发展、城乡规划以及乡村发展与转型、解读“一带一路”等研究中，深悟经贸规律，已在中、德、美、蒙古、越南等国内外主流学术刊物上发表论文60多篇，参编专著3部。2003年在德国出版的英文专著 *The Theory and Practice of Free Economic Zones* 被美国哈佛大学、德国海德堡大学等众多国际知名大学收藏，并被欧美许多知名学者作为经济学、经济地理学及政治学辅助教材使用。此外，学院在天津市土地利用规划、土地价格等领域的课题和学术研究方面在全市具有竞争优势。

第四是活跃于国际地理学术领域，在国际学术会议上扩大了天津师大地理学的影响。除中德人文地理学和空间规划等合作研究外，作为会议专题主席或主题报告人参加了美国地理年会（AAG Meeting）、中德空间规划研讨会、第三十二德国科隆（IGC，2012）和第三十三届北京（IGC，2016）以及2016年莫斯科世界地理大会（IGC，2015）等国际学术会议，并受邀到德国、英国、美国、匈牙利、白俄罗斯、俄罗斯、墨西哥、古巴、韩国、日本、埃赛俄比亚等多所知名大学讲学与交流。

2016年第三十三届世界地理大会在北京举行，我代表天津师范大学有幸承接了世界地理联合会执委会天津会议。利用这次难得的机会，在执委会会议期间，为执委会做了《中国东部沿海地区的巨型城市》的学术报告。这是中国地理学者第一次为世界地理联合会执委会专家做的学术报告。这不仅增加了执委成员对天津的了解，也扩大了天津地理学者的影响。

最让我印象深刻的墨西哥与古巴学术交流之旅。2011年作为专题主席，参加完在纽约举办的美国地理年会（AAG Meeting），受邀到墨西哥华雷兹大学讲学。华雷兹大学坐落在美墨边境，是跨境工业区较发达的地区。在4天的时间里，弗兰茨教授安排一堂本科生课、一次面对城市规划专业教师有关中国城市化发展的学术报告和一次面向大学全体师生有关自由经济区发展的学术报告。记得最后一次大学学术报告，有很多师生参加，报告后提问踊跃、墨西哥朋友对中国的发展很感兴趣，希望中国到华雷兹投资。

2011年受墨西哥华雷兹大学邀请讲学(中间为作者)

由于报告效果很好，弗兰茨教授当晚请我品尝墨西哥餐，喝墨西哥龙舌兰酒。大家很高兴，我把这三天对华雷兹不发达的城市建设的疑惑向弗兰茨教授请教。不知是酒喝得较多还是其他缘故，弗兰茨语出惊人。他说华雷兹原来边境经济较发达，但由于黑手党泛滥，他们控制当地政府，只管出卖土地，不管基础设施建设，而且很多商人不是被绑架，就是被勒索，所以大都选择离开华雷兹。现在，教授成为当地较富裕的社会阶层，也成为绑架对象。在我来之前一个月，刚刚有5位教授被绑架，其中2位被杀害。听到此，我酒醒了大半，赶紧让他们送我回万丽酒店。万丽酒店都是三层矮楼，也没有多少客人。我进屋就把房门紧锁，心想，明天就回国了，希望当地黑手党千万别误会，中国教授并不富裕。第二天，我真心高兴能够越过墨西哥边境到美国EL Paso飞往洛杉矶。华雷兹之旅使我认识到，中国是一个经济发达、城市现代、治安良好的国家。

2014年我受邀到美国佛罗里达坦帕开会。会后，坐长途大巴、火车到奥兰多、迈阿密，并经巴哈马，从拿骚飞古巴哈瓦那。之前都是通过邮件和马坦萨大学一位女教授联系。本以为她和她男朋友会到哈瓦那机场接机，然而左等右等都没有人到。同行的中方同方公司王经理帮忙在机场打车，到一百多千米之外的马坦萨大学。一路上也很是兴奋。美丽的热带风光和老爷车糅合在一起，仿佛时光倒流。两个多小时后终于到了马坦萨大学，但那位女教授没在学校。出租车司机帮忙和一位女秘书沟通，女秘书说这位女教授不知道我今天到。这让我一阵晕眩。明明我事先通过邮件告知她我的航班及日期，但她说还没有来得及看邮件，因为她们系只有一台电脑可以上网，还很慢。因为她住得远，也没有车，所以只能明天来见我。还好，出租车司机帮我联系了一家民宿，总算安顿下来。马坦萨是一个风景优美的城市，海水碧蓝，没有污染，而且城市建筑宏伟壮观，至今还有一个医药博物馆，昭示着曾经的发达与辉煌。

第二天，女教授到民宿见我，让当地建筑师给我讲马坦萨的历史，下午到大学会见大学外办主任与系主任。古巴确实是一个生活不富裕的国家。我见到每一个人都会送优盘等小礼物，而大学外办只回赠我一个小黑人偶，招待我喝了一小杯咖啡。民宿的早餐是很少的果酱和黄油与面包，水果倒是较多。想想在德国留学时超市里满货架的黄油、奶酪、香肠和面包，真是两个世界。经交谈，古巴教授月工资大约三十美金，这也难怪第二天座谈之后，女教授请我喝了一罐古巴可乐，这已经是盛情招待了。

第三天我要求女教授和一位男同学翻译带我去古巴当地人的餐馆，我来请客。大约每人 10 美元，我们吃了一顿特色古巴美食。我永远忘不了那位男同学的感慨，他说这是他有生以来第一次到这么好的饭店吃饭。马坦萨大学交流之后，开始哈瓦那之旅。古巴之行让人体会到，开放交流是国家发展进步的必由之路，而美国的封锁给古巴的发展造成了严重的阻碍，古巴的改革与发展之路仍很漫长。

治学交友，服务社会

在教学科研工作和各种学会会议上，我结识了很多志同道合学术同行，他们有的成了合作研究的好搭档、有的成了田野调查的好伙伴。

出国访学留学之前就和中科院地理所、北京大学、北京师范大学、中国人民大学以及广州地理所建立了较为密切的学术联系。1987年撰写硕士论文期间，我到北京地理所请教过吴传钧、胡序威等先生，中国人民大学的刘再兴先生以及北京大学陈传康先生等知名学者，得到这些前辈的热心指导。1990年主持的国家社科青年基金项目“天津自由港建设和滨海地区协调发展研究”课题评审，邀请吴传钧、陆大道与陈航先生评审，之后聘任吴传钧院士为地理系特聘教授。在到德国留学之前，也得到了陆大道院士及地理所和北京大学其他青年学者的指导。回国后，通过参加学术会议及项目评审，和国内主要研究机构及学者建立了较密切的学术联系与合作。

导师汉斯教授是德国人文地理学研究的权威之一，至今保持着密切联系。回国后，国内有关乡村城镇化研究缺少欧洲发达国家的经验，因此我们合作撰写了二战以来德国乡村发展与转型的学术文章，被国内众多知名学者引用，产生了积极影响，并获得天津市社会科学优秀成果二等奖。和海德堡大学和莫斯伯格教授合作，发表了海德堡大学学术发展以及教授聘任政策的论文，对中国大

2012年参加第32届科隆世界地理大会(IGC Koeln)，并与科隆大学Kraas教授、科隆市长合影(左为作者)

学改革具有较高的参考价值。墨西哥华雷兹大学弗兰茨教授、匈牙利罗兰大学费仁慈博士对墨西哥边境出口加工区以及中国在匈牙利的投资调研都提供了很多帮助。此外，还和中国香港城市大学、韩国国际经济政策研究所、韩国仁川大学都建立了密切的学术联系。

学术研究不是闭门造车、自娱自乐，不仅要走出书斋到社会中去，同时更要将研究成果与众人分享，服务于社会。我曾应邀作为天津卫视、天津广播电台、北方网嘉宾，并为《环球时报(中英文版)》《中国城市报》《东方早报》《渤海早报》《滨海时报》等报刊及天津电视台、澎湃新闻、中新网、北方网等新闻机构撰写有关世界自贸区发展历史经验、中国和天津自贸区、“一带一路”倡议、京津冀协同发展及新型城镇化等领域的文章与观点，不仅让更多的人了解了相关领域的发展情况，同时扩大了天津师范大学的社会影响。

我还积极参与国家，特别是地方发展政策研究，分别为《参阅件》以及《观点与动态》撰写《在京津冀协同发展格局下天津的发展建议》《京津冀区域经济发展合作的几点建议》以及《国际经验对我市自贸试验区建设的四点建议》的政策建议，并参与天津市政协“关于天津友城发展”双周座谈会以及有关天津自贸区的专题协商座谈会，为天津发展建言献策。

如今“一带一路”倡议的提出，坚定了我对于自由经济区，特别是自由贸易区与海外园区的研究。目前，中国学者对“一带一路”倡议下中国企业走出去以及海外园区规划建设的参与的步伐滞后于中国企业，急需增强海外实地调研。由此，我们的研究团队把自由经济区与自贸区研究扩展到“一带一路”沿线国家由中国建立的海外园区研究，并成功获批三项国家自然基金项目以及多项天津市社科重点项目，在国内主流地理学刊物发表了多篇中英文论文，产生了较大学术影响。

此外，我曾经与到中国来访学的白俄罗斯科学院、德国海德堡大学以及澳大利亚学者就“一带一路”倡议议题进行交流，不断增强西方学者对中国“一带一路”倡议的正确理解。目前，针对“一带一路”倡议下中国海外园区研究，我已经考察了埃塞俄比亚、吉布提、俄罗斯远东地区、匈牙利、白俄罗斯以及朝鲜的海外园区和经济特区，未来计划考察东南亚与南亚的中国海外园区。

2018 年 4 月，我到非洲吉布提以及埃塞俄比亚考察自由贸易区与工业园区时感触很多。第一，落实“一带一路”倡议是一个既有利于扩大中国对外投资与保证资源能源安全，也有利于促进非洲尽快实现工业化和城镇化的双赢倡议；第二，在基础设施建设之外，海外园区建设是非洲实现工业化和城镇化的必由之路，中国开发区经验具有参考价值；第三，除了援助项目之外，基础设施与海外园区应该以务实的商业运营为主，避免东道国债务偿还风险；第四，应该加强学者对东道国政治、经济、社会与文化的深度调研，为未来中国非洲投资与海外园区建设与运营提供切实可行的对策与建议。

党的十九大的召开以及“十三五”规划的实施，明确了新时代经济建设的总任务，为自己未来的教学与研究提供了新的方向，也多了一份责任。回眸自己在人文地理学领域 40 年来的辛勤耕耘和不懈努力，使我体会到“读万卷书，行万里路”是地理学治学之道的不二选择。只有不断拓展阅读学术半径与实践学术半径，扎扎实实地研究，持续不断地努力，把国家发展需要和学科发展规律相结合，激情研究，规矩做人，就会学有所获，学有所用，教有所成。依靠这种信念，相信在未来，地理学者在教书育人、促进学科建设与发展以及为国家政策制定出谋划策方面取得更大成绩。

万化根源总在心

司传领*

齐鲁西南，山东单县，山清水秀、人杰地灵，李白、杜甫、高适、陶沔四君子都在这里留下了大量诗篇。传说单县的浮龙湖畔，曾有老子传经布道，途径之处，金鲤跃过龙门为圣哲之音所引而得名，这样的文化氛围和人文环境从小就深深地感染着我，很早我便树立了长大要立志成才的理想目标。“人人自有定盘针，万化根源总在心。”循声索迹，耳濡目染，这样的成长环境也深深影响着我后来的学习、工作和生活。

天道酬勤，奔赴高等学府的金字塔

我是1975年生于山东省菏泽市的国家AAAA级旅游景区——单县浮龙湖水库之畔。仁者乐山，智者乐水，一方水土养一方人，或许是这样的成长环境，我从小便多了一份灵动与活泼。从上学起，我就爱听各科老师教授的功课，特别喜欢向长者、老师提问，尤其对自然科学无比好奇而充满了兴趣，每次考试都能取得比较好的成绩，中学毕业被保送到县内最好的单县第一中学，单县一中的主动、勤奋、求实、创优的校风

---

* 司传领，1975年出生，天津科技大学造纸学院教授、系副主任，致公党天津市委会科技教育委员会副主任、天津市滨海新区政协委员。

深深影响着我。

高中时，我参加了县里的作文考试，题目是“在路上”，在全县考生中取得第一。一路坦途让我有些陶醉自负。孰料高考时马失前蹄，我的第一志愿是清华大学，没被录取，而被山东大学录取为委培生。这对我来说真是颜面扫地，难以面对“江东父老”。于是决定再复习一年重新报考，志愿是同济大学，又是榜上无名，而被东北林业大学林产工业学院录取。我深刻地总结这份“走麦城”的失利：学习的路上要永不松懈，胜利面前必须格外谨慎，否则容易乐极生悲。我认真地分析了自己的短板：过分追求完美的心理就会患得患失，急功近利就造成了情绪浮躁——关键时刻掉链子。

司传领在韩国参加活动

在大学里，我以曾国藩的一句话为座右铭：“未来不迎，当时不杂，过往不恋。”学习就要专心致志，需要工匠精神，功夫在当下。我在 4 年的本科学习中塌下心，几乎门门功课都能获得上佳成绩，大学英语四六级考试是以 95 分以上高分（百分制）一次通过……就这样，本科毕业生 300 余人，仅仅保送 3 人读硕，我有幸位列其中。因为保送不用为考硕做准备，假期有了大把的时间加强英语的学习，为硕士毕业后再到美国去读博而做预热。

3 年的硕士学习如白驹过隙。顺利地通过了托福考试后，我收到了美国加州大学伯克利分校的录取通知。然而彼时正逢“9·11”事件，赴美签证被拒。这时一位从美国归来的教授告诉我，与他同时离开美国的一位韩国教授，要招收中国研究生。对于去韩国，我是从来没有想过，而且对韩国也没有任何认识，唯一与韩国最接近的事就是吃过几次韩国烤肉。不过那烤肉的香气使我久久地回味了一番。走！2002年，我决定投奔到韩国江原大学裴映寿教授门下，攻读博士学位。

到了韩国，可以说是到了完全陌生的环境，一句韩语不会说。偏偏上课的讲授、作业的布置、每次的考试都是韩文。在没有任何基础的情况下，自学韩语还是一件比较困难的事情的。一旦下定了决心，那么一定要坚持。我买了不少关于韩语入门的自学书籍。我心想，这是为了给国人挣口气，不能落在别人之后。我一有空就去请教一些自愿教韩语的教授太太们；晚上盯着电视里的韩语节目生吞活剥；一改不爱逛街的性格，主动去人多的地方参与韩国人的交谈。仅用了半年，我基本达到韩语手口并用，既能说也能写的程度，连韩国教授都认为这是奇迹。

裴教授十分开通，得知我本来的志愿是在美国，就安慰我说："你尽管在这里好好学习，只要有机会就可以再去美国攻读博士。"2003年，我再次去考了托福并达标，申请了密西西比州立大学。回国签证的时候，又赶上了SARS病毒肆虐，美国大使馆关门。我只得又回韩国继续攻读博士。

在读博期间的2005年年底，天津科技大学的校长、院长一行赴韩国参加国际学术会议，听到了我的发言，非常赏识我。会后与我交谈，决定引进。我与校方一拍即合、达成协议，被破格聘为副教授。可那时，我的韩国项目尚未完结，加上裴教授一再挽留，只能在2006年博士生毕业后，在韩国江原大学做博士后研究工作直至2008年。

顺利回归，成为科技大学的教学人

我在2008年9月10日的教师节来到天津科技大学报到，成为一名大学教育工作者。不久，恰逢天津市教育委员会每年要派优秀教育者赴欧洲高水平大学进行为期半年的研修培训。我被天津市选拔赴德国杜塞尔多夫大学做高级访问学者，在那里，我开阔了视野，拓宽了知识面。当时看到德国很多方面都领先于中国,自己不是羡慕,而是暗暗下定决心回来一定好好建设祖国,也坚信中国一定将领先于世界。

回国后我就任天津科技大学材料科学与化学工程学院副教授、博士生导师,承担了学校本科生及研究生的教学任务。我根据自己在国外获得的经验,探索教育教学新规律,采用启发式教学,将培养学生的社会责任感、实践能力和创造精神融入整个教学工作中,在引领教学内容、方法和手段改革、创新教学模式等方面做出了突出成绩。我讲授的植物纤维化学课程,2007 年入选了天津科技大学校级精品课程,2009 年入选了天津市市级精品课程。我担任制浆造纸工程系的副主任,负责该系的学科建设、研究生管理和教育等工作。我们系的制浆造纸工程学科成为天津市第二、三、四期重点建设学科和“十一五”重中之重建设学科。

作者在人民大会堂前留影

2009 年 11 月,我在校致公党主委的介绍下,加入了中国致公党,2011 年至 2012 年赴加拿大新布伦瑞克大学与加拿大工程院院士倪永浩院士(华裔)做合作研究,任博士后和访问研究员。通过在国外的工作和生活砥砺,我明白科学没有国界,但科学家有祖国。这是全世界科技工作者的基本操守和准则。无论身在何处,我始终心系祖国,秉持科技报国理想,服务国家就是最好归宿。此后,我在学术上和社会上担起了一付付重担:致公党天津市委会科技教育委员会副主任、致公党天津科技大学支部主委、全国青联委员、全国青科协委员、天津市青联委员、天津市滨海新区政协委员、天津科技大学留学归国人员联谊会副会长及秘书长、天津市河西区侨联留学人员联谊会理事。

我荣任天津科技大学学术委员会委员，入选了教育部新世纪优秀人才支持计划、天津市特聘教授、天津市创新人才推进计划中青年科技创新领军人才、天津市131创新型人才培养工程第一层次、天津市高等学校学科领军人才培养工程、天津市青年科技奖”提名奖和天津市河西区十大优秀青年等荣誉称号。

此外，我在担任天津科技大学留联会副会长兼秘书长期间，用了大量课余休息时间，连续多年认真负责地组织天津科技大学留学联合会成员，参加了天津市“海外人才友谊林”植树活动。虽然辛苦，却乐在其中。这些活动受到了天津市委统战部、欧美同学会天津分会和天津市外专局的赞赏。

潜心问道，勇攀科技高峰的追梦者

现在，我作为天津科技大学造纸学院植物资源精细化工与化学方向带头人，要让自己的治学格外严谨，业务水平不断提高，创新能力时常有所增强，我必须工作认真努力，紧随制浆造纸行业的最新发展趋势和特点，在原有研究方向基础上，领衔创立了生物质精炼创新团队，推动科研工作和团队建设不断迈向新台阶。

我在与研究生交谈中多次提到，“科研是日积月累的事，要保持一颗平常心”。在科研路上，我本人也是这么坚守这条原则的。近5年，我主持科研项目30余项，其中国际合作项目3项，国家自然科学基金3项，国家重点研发计划项目子课题1项，省部级6项，企事业横向10余项（单项经费过百万项目3项）；发表SCI等三大检索论文百余篇；申请发明专利20余项（18项已获授权），多项研究成果已转化到企业应用，实现了较好的经济和社会效益。

近3年来，我们的团队引进3名博士，积极打造务实、创新、高效的团队,为青年教师创造机会,搭建学术科研平台。我作为一名新时期留学归国人员和高校教师,深受黄大年同志奉献精神和崇高品格的感染和鼓舞,要学习黄大年同志的心有大我、至诚报国,把振兴中华作为其毕生之责;学习黄大年同志的教书育人、敢为人先,带领科研团队辛勤奉献、顽强攻关;学习黄大年同志的泊淡名利、甘于奉献,不计得失、坦坦荡荡。将以黄大年同志为标杆和榜样,立足本岗,胸怀大局,让小我融入大我,撸起袖子加油干、扑下身子抓落实,不忘初心,奋发图强,在实现中华民族伟大复兴中国梦的壮阔篇章中砥砺前行。我带领团队教师努力争创“全国高校黄大年式教师团队”,把爱国之情、报国之志融入祖国改革发展的伟大事业之中、融入人民创造历史的伟大奋斗之中,从自己做起,从本职岗位做起,为实现“两个一百年”奋斗目标贡献智慧和力量。

我们的坚持与转变、执着与追求,终结硕果,培养团队青年教师近2年获国家自然基金2项、天津市科委项目4项、国家和省部级重点实验室项目8项,发表SCI一二区期刊论文30余篇,申请国家发明专利30项。

近日,天津科技大学的新闻网在要闻首页中有刊载:“司传领教授课题组连续在SCI顶级期刊*ACS Sustain. Chem. Eng.* 发表论文”“造纸学院教师在顶级期刊*Green Chemistry*发表封面文章”,广受师生们关注,这也是我们团队建设成果的一个缩影。

我们注重学术交流与合作,为提升了天津科技大学制浆造纸工程学科在国内外的影响力而做出了很大努力。我现任SCI二区期刊*Curr. Med. Chem.*特邀编辑及其主题期刊(*Thematic issue*)主编、加拿大期刊*J. Bioresour. Bioprod.*执行编辑、荷兰Bentham国际出版集团大使(Bentham Ambassador),作为主席组织了第一届国际生物质精炼青年国际论坛,在ICPPB18(第五届国际制浆造纸与生物技术会议)担任分会场主席;我还担任16th International Symposium on Wood, Fiber & Pulping Chemistry(16th ISWFPC,第16届木材、纤维及制浆化学国际会议)国际会议组织委员和学术委员，该会议是国际木材化学及制浆造纸界声誉和影响最高的国际会议，来自美国、加拿大、瑞典、奥地利、德国、法国、澳大利亚等共计22个国家和地区的430余位专家学者参加了此次国际会议。此次国际会议论文集全部论文均被EI收录，这在我国木材化合和制浆造纸工程领域尚属首次。

我现任30多种SCI期刊特邀评审专家；任科技部国际合作项目评审专家、国家科学技术奖评审会评专家、科技部创新人才推进计划评议专家；国家自然科学基金委或教育部及多个省市的科研基金和科技奖励评审专家等。与此同时，我还任美国化学学会、欧洲药用植物学会、韩国木材工学会、中国造纸学会、中国林学会理事或会员。近5年数十次受邀赴美国、加拿大、德国、瑞士、土耳其、韩国等国际会议做特邀发言或口头报告。

我和同龄人过去出国，觉得国外很多方面比中国很多方面都好，比如初到德国坐他们的高铁觉得很快，而现在的中国随着改革开放的不断深化，特别是中共十八大以后国家在人才培养、科研支持、教育经费上的英明决策和持续投入，中国的很多技术已经领先世界，比如中国的路、桥、网、高铁让外国人羡慕不已。

过去出国，充满了所谓的优越感。而现在出国就是稀松平常的出差，有时要做好吃苦准备。因为随着中国改革开放大门越开越大，中国的地位越发提高。是改革开放给了我们这一代人机遇，只有把个人的奋斗融入祖国的发展中才能最大限度地建功立业，成就个人和伟大祖国的梦想。

以心传心，追求卓越道路的新途径

我认为在大学，对于同学们的研究能力的培养上，对他们的基础研究能力培养很重要，工作后才能使他们针对不同的环境和发展形式开展更为专业化的尖端研究。我一直认为，平庸老师在说教，好的老师在解惑，更好的老师在示范，卓越的教师在启迪。做一个卓越老师，就要在传授知识过程中启迪学生智慧，让学生在丰富多样学习的过程中不断体会学习的快乐、成长的幸福，不能让学生“聪明伶俐地进校门，呆若木鸡地出校门”。好老师对学生更应该是心智教育，启迪他们的思维。

我一直遵循“研究必须与人才培养融合在一起，富有科技创新意识并具备科技创新能力的实践人才，才能称得上优秀人才”的理念。一直以风趣幽默、和蔼可亲的姿态和学生相处，以平易近人、自然宽和的心态指引学生成长发展，受到学生的广泛拥戴，当我指导过的学生都骄傲地称自己是“司家军”中的一员的时候，这让我更加感到自己任重道远，应该向创新高度攀登。

近八年来，我连续带队赴工厂指导轻化工程专业本科生的生产实习工作。现代化的制浆造纸厂自动化程度高而且几乎全封闭。为了利于学生更好学习造纸流程，轻化工程专业的实习往往刻意被安排在传统工厂，这就意味着其个别生产操作单元伴随着巨大的噪声或粉尘；而且轻化工程专业往年生产实习被安排在三年级第二学期期末，7 月末 8 月初制浆造纸车间温度有时可达 50 多度。为了学生的安全与健康，安排学生轮流入车间实习，而我在车间一待就是 4 个小时以上，守护学生

作者与国际友人一起考察农产品项目

安全，为同学们讲流程、谈工艺，答疑解惑。在工厂实习期间与学生同吃同住，每年在工厂实习在1个月左右。每次带队回校时，同事们调侃地比画我又瘦了一圈时，我便自我解嘲地说，这是带队实习给自己的“减肥福利”。

我入职科大以来，连续担任着本科生班主任，本着“先教学生如何做人，后教学生如何做学问”的理念，我们定期召开班会，深入本科生班集体中，关心学生身心发展，教导学生注重专业学习，鼓励学生参加创新实践活动中。我围绕如何规划大学生活、如何做合格的大学生等话题组织学生开展讨论。我指导的本科生在2016年及2017年连续获得国家级大学生创新创业训练计划项目；近5年，指导的研究生2人次获博士研究生国家奖学金，6人次获硕士研究生国家奖学金，3人次获天津市优秀硕士毕业论文，5人次获天津科技大学十佳学术之星荣誉称号。我带出的硕士毕业生在2016年至2018年连续获得国家留学基金委全额资助，赴日本东京大学、美国奥本大学、美国密西根州立大学、加拿大滑铁卢大学等攻读博士学位。

2010年，霍英东教育基金会第十二届高等院校青年教师基金及青年教师奖颁奖大会在人民大会堂举行。这是专门为优秀青年教师的课题提供资助，对教学和科研工作中做出突出贡献的青年教师个人进行奖励，我很荣幸地获得了教育部霍英东教育基金会青年教师奖，并在当年作为天津市属高校唯一代表赴人民大会堂接受了国家领导人颁奖。

慈善义举，倾情回报社会的服务者

为深入贯彻中共中央和团中央的“精准扶贫”工作精神，作为全国青联委员，我积极响应中共中央和全国青联的号召，在2016年8月赴贵州遵义进行了定点扶贫工作；2017年1月到吉林农安县开展了科技帮扶活动；2017年6月至8月，连续参加中国青少年基金会的“爱心助学”结对子和捐款活动，相关事迹刊登在全国青联刊物上。

我们扶贫去过很多地方，比如贵州和四川的偏远山区。我们曾到过的四川攀枝花傈僳族村落很多在大山深处，孩子们走二十多里的山路上学，非常艰苦。我们捐赠了衣服、用品、电视。为了省电，村民中有的人电视也不看、脚上也不穿鞋、不洗澡。很多观念都是根深蒂固，扭转观念不易，对他们的帮扶，重点不是扶贫而是应该扶智，特别是年轻人和青少年儿童的智力和学习帮扶。

作者在实验园地劳动

2016 年 6 月和 2017 年 8 月，当我了解到四川攀枝花贫困农户的高品质枇杷和杧果因信息闭塞、交通不便和销售渠道不畅等原因滞销时，就协同致公党科技大学和滨海新区其他支部党员，通过联系快递公司，借助 QQ 群、微信、手机 App 等互联网渠道帮助当地增加销售量。

近日，致公党天津市滨海新区区委会组织党员赴攀枝花开展帮扶活动，我作为致公党科大支部主委随队帮扶，并利用专业优势积极开展科技扶贫。

攀枝花地区盛产核桃，就核桃青皮的综合开发利用开展合作是致公党滨海新区区委会与致公党四川省委科技扶贫的重要对接点。我带去我们科技团队最新专利技术——核桃青皮全组分高附加值综合利用。该专利技术不仅能够解决核桃青皮所产生的环境污染问题，还能够变“废”为“宝”，用核桃青皮生产高活性药物、纤维和纳米材料、大宗化学品及新能源产品。

在攀枝花市米易县委会议室，我向米易县委统战部、致公党米易县支部、轩皓公司相关同志及当地干部群众，介绍了我们科技团队前期对核桃青皮的高附加值利用和深度开发的最新研究成果,并表示下一步科技团队将就核桃青皮的生物开发利用项目的投入产出进行测算，为攀枝花地区即将到来的核桃盛产期的核桃青皮的开发利用提供科技支撑。

作为致公党党员和区政协委员，我积极提高政治站位，自觉维护核心，更加紧密地团结在以习近平同志为核心的中共中央周围，时刻保持清醒头脑，增强政治敏锐性和政治鉴别力，在坚持“四个自信”上坚定不移，在坚持中国特色社会主义制度上坚定不移。我积极履行职责，多次提交高质量调研报告和反映社情民意的优秀提案，受到各级领导、同事的一致好评，并获得了2016—2017年度参政议政先进个人荣誉称号；2017年6月，作为遴选出的全市21名党外知识分子代表之一，向市委书记做了思想和工作汇报。

雨果说，世界上最宽阔的是海洋，比海洋更宽阔的是天空，比天空更宽阔的是人的胸怀。用心境安生活，用宽阔的情怀从容地去工作。“收回向外追逐的目光，重新发现内心的良知，并依之而行。心若安定，万事从容。”

我的时代筑梦之旅

汤　华*

时代与命运

时代会决定一代人的命运，我们这代人很幸运，赶上了改革开放的好时代，使我能够在人生的大道上一路坦途，阔步挺进。1963 年我出生于湖南省岳阳县，1979 年高中毕业考上衡阳医学院，后考上研究生；1987 年考上天津医科大学攻读微物学与免疫学专业博士研究生；1990 年毕业后获医学博士学位，留校任教；1992 年 1 月去复旦大学上海医学院（原上海医科大学卫生部医学病毒学重点实验室，闻玉梅院士实验室）作博士后；出站后于 1994 年 1 月去哈佛大学休斯医学研究院作博士后，1997 年应聘为哈佛大学医学讲师；然后在复旦大学、哈佛大学进行博士后研究。值得一提的是，我的出国费用全部是对方资助。

到达美国以后，由于实验室工作条件很先进，我就想多学习、多做一些工作，不久就因为勤奋踏实和活跃的科学思维得到了导师的赏识，并给出了丰厚的年薪。正当我在美国的工作和生活都一帆风顺的时候，

---

*　汤华，1963 年出生，天津医科大学二级教授、博士生导师、天津市生命科学中心实验室主任、天津市第十四届政协常委。

一件震惊中外的事件发生了。1999 年 5 月 8 日清晨,以美国为首的北约悍然使用导弹袭击了中国驻南斯拉夫联盟共和国大使馆，我仿佛也被炮弹惊醒了一般,不能再安于自己的舒适和宁静,不能再只顾埋头做学问了。那一刻我才意识到,只有强大的祖国才是我们最大的后盾,只有在科学研究等领域实实在在的发展才能得到别人的尊重，还有许多事亟待我们这一代人去完成。我向导师提出了回国发展的请求。

从理性上说,中国在 2000 年左右迈入了高速发展的轨道,自己所学正好可以为国家出一份力;从感性上说,妻子的家人居住在天津,回国以后也方便照顾。经过谨慎的思考,我接受了天津医科大学的邀请,也下定了在天津干事创业的决心,2001 年 8 月，带着一家人毅然踏上了归国来津之路。

我的使命

刚回国内的我经常接到哈佛校友的信息:“你在国内先干两年,实在不行了再回来。”我说:“如果我想着干不好再出去,当初我根本不会选择回国,这虽是一条艰难的创业之路,但却是我的选择。”

凭借一股韧劲,我在 2003 年正式开始了天津市生命科学中心实验室的建设工作。实验室的初期筹备非常艰苦,但市领导和校领导给予了最大信任与支持,这让我倍感踏实,也更加感受到自己肩上的责任。我确立了“建设美国中等偏上大学的中等偏上水平实验室”,旨在进行前沿生物医学领域研究,同时实现培养高层人才的目标。

2003 年 5 月间,SAPS 疫情暴发,从南方向北方蔓延,传染性和杀伤力极强。人们闻“咳嗽声”色变,人人自危,口罩一时间脱销。在不见硝烟的战场上,科技工作者就在医院的病床前、研究所的实验室里,用默默的行动和对人民满腔的真情,弘扬着科学求实、战胜困难的伟大民族精神。

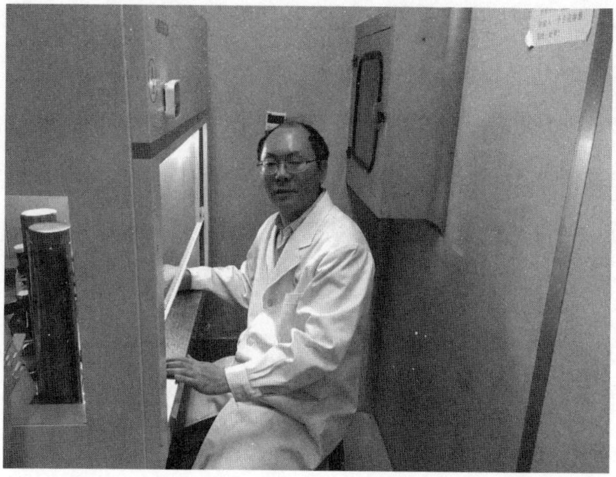

汤华在实验室进行检验操作

刚刚成立的天津市生命科学中心实验室承担了疫情检测的任务，我更是首当其冲、身先士卒。在我的带领下，室内同事连续奋战，研究出了 SARS 病毒早期检测的基因诊断方法。这个当时只有 9 个人的科研群体为了抢时间，每天工作到深夜。

我比谁都更透彻知道 SARS 病人的传染性，也知道自己是家里的顶梁柱。“当我听丈夫说要搞 SARS 病毒研究的时候，我的第一反应是不希望他做这个，因为我们还有孩子。”我的妻子心存担忧。“我们有这个条件和责任，我们不做谁来做？”我对妻子说。“研究疫情，我们责无旁贷”，这是我当时说得最多的话。

我曾向当时来天津考察 SARS 工作的胡锦涛总书记当面做汇报，时任天津市委书记张立昌等领导来天津医科大学调研时我也进行了详细汇报。由于我在抗击 SARS 的过程中做出了突出贡献，被授予“抗击非典先进个人”荣誉称号。

在我的带领下，实验室很快形成了一支由中青年科学家组成的优秀团队，并在国际上同步开展了非编码 RNA 对肿瘤发生发展及对病毒增殖的作用与机制研究。研究成果对于揭示肿瘤发生发展的机理具有重要意义，同时具有潜在的临床应用价值。我带领的团队坚持探索生物医学科学难题，坚持踏实实干、实是求是的科学精神。在起步过程中，坚持科学研究的积累过程，不浮躁、不急于求成。长期研究非编码 RNA 对肿瘤发生发展及病毒增殖的调控研究，主要揭示了 miRNAs 和 lncRNAs 与肿瘤恶性行为的研究，揭示了肿瘤细胞维持非可控性炎症通路激活状态的新机制等。研究结果发表在国际高水平专业期刊上，回国后至今，申请专利 3 项，以通讯作者身份发表 SCI 论文（*Cell Res*、*Hepatology* 等）80 余篇，总 IF 超 400，总他引超 3500 余次，H 指数 35。获国家自然科学基金重点项目、重大研究计划项目、面上项目及天津市重点项目等资助。

教师的本职

回国后，依然有很多公司、企业高薪聘请我，但都被我拒绝了，我说："国家的未来发展在人才，我更大的乐趣是培养人。"

除承担着繁重、大量的科研工作外，我全身心地投入教学工作中。在狠抓科学研究水平提升的同时，高度重视本科生教学工作。对于本科生我重视的是"教"，重视教学改革与课程建设。我主持负责的课程"医学微生物学"，也接连被评为国家精品课程、国家双语教学示范课程。我还为本科生开设了"分子医学总论"课程。作为副主编参编了国家规划教材 6 部，同时主编了《RNA 干扰：原理与应用》《非编码 RNA 与肿瘤》《生物芯片》等专著。

对于研究生我重视的是"培"。我强调人才竞争是全球竞争，我们培养的人才应具这种竞争力。我为博士生开设了"生物化学与分子生物学"和"细胞分子生物学技术"课程，将自己掌握的先进技术及积累的经验无保留地传授给学生。指导多名博士、硕士研究生，使他们从观念上、学习能力、专业知识等得到极大的提高，同时培养团队精神和社会责任感。我要求学生们两周提交一篇英文文献阅读笔记，每周进行一次演讲发言，以此来提升研究生的综合研究能力；教学生细致地规划自己的实验，先懂原理，再定步骤，之后准备材料，再开始动手，树立严谨的科学研究态度；带学生关注学术前沿，共同讨论课题。毕业研究生中有7位获天津市优秀博士/硕士论文奖，有些已成长为学科带头人、系主任。如今20位毕业的博士后、博士及硕士获得国家自然科学基金的项目资助。我对学生一直强调：研究生的培养不仅是完成论文，而是提升自我科学精神、培养团队意识的过程。

积极参政议政

在从事教学科研的同时，我还兼职多个社会职务。作为市政协常委，我履职尽责，用我的专业和前瞻性为百姓造福。我以强烈的责任感，对比国内外情况和社会发展趋势，从历史的角度、发展的观点，情系百姓，积极参政议政。给各级部门提出数十条建议，为天津的社会经济发展贡献了自己的力量，得到有关领导的充分肯定了及社会的好评。我说："我真诚地希望天津变好，我也知道只有积极参与才能发声。作为政协常委，要想得更多、更远、更细，真正为了改善百姓的生活而努力。"近年来，我通过认真调研，已经给各级部门提出了二十多条提案或建议。有多项提案获得优秀提案奖，有些提升为政协主席督办提案。

人民政协作为社会主义协商民主的重要渠道和专门协商机构，不是抽象的论述，而是活生生、接地气的实践。2017年年初，市政协将"深化体制机制改革，释放科技人员创新活力"选定为双周协商座谈会议题。我参与了三个多月的全程调研考察。调研组成员大多是从事科技工作一线的专业人士，建议言之有据，条条款款都在重点上。会后形成的市政协专报递交到市主要领导面前。市委书记、市长具体批示，常务副市长立即组织了十几个部门参加的工作组。同年9月，中共天津市委办公厅、市政府办公厅联合印发了《关于深化体制机制改革释放科技人员

向来医大参观的客人做项目介绍(左一为作者)

创新活力的意见》,包括22条具体实施办法,《人民政协报》以整版进行了报道,产生了很大的社会反响。

现在国家对科技的发展越来越重视,加大了科技投入,改善了科研条件与环境,让科研人员能充分施展才能。党的十九大报告指出:要瞄准世界科技前沿,强化基础研究,实现前瞻性基础研究、引领性原创成果重大突破。加强国家创新体系建设,强化战略科技力量。深化科技体制改革,建立以企业为主体、市场为导向、产学研深度融合的技术创新体系,加强对中小企业创新的支持,促进科技成果转化。倡导创新文化,强化知识产权创造、保护、运用,培养造就一大批具有国际水平的战略科技人才、科技领军人才、青年科技人才和高水平创新团队。

2017年国家对科研的投入高达1.76万亿元,比2016年增长了12.3%。许多国外的同行都感受到了中国的发展优势,愈加认同我回国的决定,也有很多同胞在我的影响下选择回国。作为科研工作者,我认为国家的发展不是一朝一夕能够完成的,当初的一批人筚路蓝缕地开创事业,为的是吸引后面的人才继续发挥更大的效用。我们只有踏踏实实地走好科技工作的每一步,不忘初心,砥砺前行,大胆创新,才能在科技创新的道路上永葆活力,才能实现自己的时代筑梦之旅。

激情燃烧的40年

王　昶*

感谢40年岁月,我不仅是改革开放的参与者,也是祖国巨变的见证者,还是基本国策的受益者;致敬40年发展,点赞改革开放的新时代,收获改革开放的新成果,庆祝改革开放的新发展。

改革开放获新生

我从小学到高中都是随着母亲的不断调动工作而辗转各地，学业不能连续,课程经常被中断,再加上那个年代学业很难保障。父亲是清华大学的毕业生,又在大学工作,由于家庭影响,所以我一直保持着求知的欲望。

高中毕业在家等待分配就业,每天帮着家里烧饭、做菜,看一些书籍，生活格外清闲无聊。但是有一天看了沈阳杂技团表演拍摄的纪录片,刺激了神经,导致我失眠抑郁而不能自拔,即使吃药也无济于事,让我掉进了痛苦的深渊。为了不让父母负担过重,我还是坚持着、努力着,去做土建小工。过去没有现代化装备,更多是人工作业,一天靠肩抬搬运砖头上千块,还要拌混凝土等很多现在连想都不敢想的累活,吃的是

---

*　王昶,1958年出生,天津科技大学教授。

王昶近照

炒米和冬瓜汤，几乎没有荤菜，即使这样晚上别人都累得酣睡，可我还在与失眠痛苦战斗，抑郁到无法自拔，甚至想到死亡。唯一期待着就业，改变一下生活环境，那时的出路就是上山下乡，我被分配到了句容县赵庄林苗场。

我已经长大成人，要独立生活，不应该再让父母操劳。所有的痛苦还是个人承担，为此我毅然走向社会，不管前面的路有多么复杂、坎坷，都要坚持走下去，期待会改变自己。

1976年5月初的一天，父亲把我送到了林苗场。说实在的，任何环境的很小变化都会引起我的很大的波动。可想而知，一个人不能很好入睡，白天还要和普通人一道劳动，身心上是多么难以煎熬。房间里还有另外两位农民工，他们的打呼噜声更是在折磨我，每天深夜都会痛苦。我只能用写日记的形式来鼓励自己，那些励志的日记至今读起来都会让我泪流满面。

当时也做好一辈子在农场的准备，为了有一个很好的体魄，必须加强锻炼，所以我不管多累，不管睡眠如何困难，每天都坚持锻炼，挺举板车轮胎、耍石锁、吊环、俯卧撑以及在生产队仓库的大梁上做向上牵引。正是自己的不懈坚持，身体得到了锻炼，力气也增加了，得到了很多农场女青年的好评。直到我离开农场上大学之前公布隐情时，很多人为之而动容。

“文革”后期，提倡农业学大寨，各县政府都组织路线教育工作队。我被农场抽调上去，参加路线教育工作队，奔赴革命老区茅山林场。后来我就和一位名叫赵延书的老干部被分配到了一个农场的分场。这位老同志为人热情，很有能力，但也失眠。每天晚上他就一直看书，他的行为给了我很多的启示，失眠人也可以和正常人一样结婚、工作、生活。可以说，1976年是我摆脱失眠抑郁的喜庆之年。

就在不断走向幸福之路上，又传来了令人兴奋的消息，在大学执教的父亲寄信给我说，国务院批转了《关于一九七七年高等学校招生工作的意见》，规定从1977年起，高等学校招生制度进行改革，恢复统一考试制度，并且给我寄来一些参考书籍。1977年年底全国举行统一高考，只要成绩合格者就可以上大学，这可是改变命运的大好时机。白天工作，晚上努力复习，一套青年自学丛书，一点一点啃，一题一题做，边做边理解，边学边提高，没有劳累之说。就在那年的8月下旬，林场职工需要体检，万万没有想到，我被检查出肺结核，大学梦成一枕黄粱。我不得不去镇上的邮局给父亲打电话。父亲既同情又无奈，让我快回南京求医治疗。

南京传染病医院应该说是当时很好的专科医院，当值的医生只是看了X光透视结果，就下结论"肺结核"，开了一些进口药物以及链霉素针剂。当时链霉素是治疗肺结核最好的药物，而副作用谁也不知道。我就在南京买好了针头和针筒以及消毒用的煮针头和针筒的铝制盒，还有一个烧柴油的炉子，自己学习打针。必须尽快治好，迎接高考。一边工作，一边学习，一边打针吃药，三个月后毫无效果。高考临近，不考也得考。我如饥似渴地开始恶补，如期参加了考试，二次考试成绩上佳；可是在体检的时候，还是被查出肺结核，未能实现自己的梦想，反而又给自己的心灵一次重创。

一年之后，我又回到赵庄林苗场。众所周知，链霉素是油剂，难以吸收，长期使用后，屁股两侧打针的地方，已经有两个像小馒头的硬块，已经影响走路，很痛，为了保守秘密，只能强忍着。回场后不久，又有当兵的机会，最终也是肺结核让我与入伍失之交臂。当天，同事们远离我，同宿舍的两位农民工也相继搬出，那种孤独感让人窒息、无助。青春年华对我来说已成为奢侈品，不敢想象。

当然，别人的远离也在情理之中，家人在吃饭的时候也分开了餐具。治病成为我目前的头等大事。父母特别着急，托了很多关系给我买来了链霉素。下放知青们都很同情我。其实这样的同情往往会让我心里更加难受，完全是谈情说爱的年龄，却不能去想属于我的那份爱，变成了永远被爱情遗忘的角落。

连续打链霉素将近八个月了，还是存在一个类似肺结核的阴影，思想负担尤其更重，这样的生活折磨我好几年，祈求上天能够把我从火炕里救出来。难忘的1978年5月2日，打下一针后，我晕倒在地，大脑整个轰鸣声，就像重型坦克开过来似的，失去了知觉。等我醒过来的时候，我浑身被汗水浸湿。我想到了死。打定主意后，我回南京看看父母，再回农场，实现自己生命解脱的愿望。

第二天我回到了南京，疲惫地进了家门，为了不让父母伤心和担忧，我什么都没有说。毕竟打针过敏，再加上耳鸣后遗症，人十分憔悴。第二天母亲就详细地问了我的情况后，说必须求医再次诊断。不再去传染病医院，就在家门口的铁道医院就诊。

改革开放是科学的春天，被下放或遣送的医生都回归原位了。看病的是一位四十岁左右的女医生，询问我的病情，我就多说了一些关于生病后影响我前程——大学不能上，参军不能走的事实。女医生很同情我，按照常规进行了血指标化验和X透视，发觉我的血项指标一切正常，也有了一些怀疑，再加上我发自内心的述说，医生决定给我拍一张X光的片子，这是破例。作为一名医生每天只有拍一张片子的权力，而这用在了我的身上。

一位年纪较大的、戴着眼镜的医生看完片子后，让我重新拍一张片子。采取的角度不同，不是正面，而是弯腰，从腹腔向上拍，与正面拍的片子形成立体，看看肺部有什么。果真不出所料，第二张片子出来后，很清晰，没有阴影。这是医生很自信地对我说，小伙子你误诊啦。他当即让我脱下衣服，摸了摸所在位子的胸脯，告诉我，过去一定受过伤，肋骨骨裂自然修复时有了增质，在正面X透视时，增质的部分必然会出现阴影。多么简单的结论和事实，让我多年来从未有过的兴奋，高兴得连走路都很轻盈，真正尝到了拨云见日的感觉。通过这次彻底检查，真正把我从地狱里挽救出来了。

所以我说，改革开放救了我的命！

进入大学的岁月

离1978年的高考满打满算也只有两个月的时间，为了加快每一门课的复习，我必须积极应对，规划好每一天。因为打针过敏，已无法参加正常人的劳动，想起生产队里有一条牛，正值农耕大忙季节，还不如要求去放牛，这样能够安心进行复习。一大早5点我去山上放牛，只要把牛往山上一放，随便牛怎么吃草，我就可以看书，或者骑在牛背上，边放牛，边看书，一举两得。过去的抑郁症和现在的耳鸣对我的干扰很大，特别为耳鸣着急，一刻也不停止，分散了我的注意力，导致我都不敢多想，否则又要掉进抑郁症的阴影里。

在我很小的时候，爸爸在大学工作，母亲是国家干部，在县级以下的公社从事妇女工作，带着我们兄妹三人，在奶奶的帮助下生活。偶尔妈妈会带上我去爸爸的大学，似乎到了天堂，比起乡镇，南京那时是多么美好的城市。大学里教师们个个文质彬彬、满腹经纶，让我无比敬仰，我也萌生过做大学老师的梦想。“世上无难事，只要勇登攀”这是叶剑英元帅给我们留下的经典共勉词，一直激励我努力奋斗。

自打那天开始，我就走上“放牛娃”之路。其实放牛也不是一件简单的是，每一天5点起床去放牛，天刚刚发亮，雾蒙蒙的，农场周围几里地是没有人烟的。另外清晨飞虫很多，不断进入我的头发里叮咬，使我痛痒难忍，我就用裤头套在头顶上，以防虫子的叮咬。身体上更是缺乏营养，基本上三个月才吃上一块肉。然而梦想和追求给人一种无限的力量。后来我知道链霉素对人的听力有极大的伤害,我要终生与耳鸣做斗争。

经过一个多月的苦战,终于迎来了1978年的高考。功夫不负有心人,我实现了上大学的愿望——荣幸地考入了南京工业大学化工学院。当农场的战友们得知我考上了大学,都为我高兴,也为了我的坚持和拼搏而钦佩。曾经好多年后重返农场,看到自己曾经居住的、十分矮小的房子,一幕幕往事会涌上心头,眼睛湿润了。两年多的农场生活绝对锻炼了我,可以笑对今后遇到的任何苦难。

当初父母为我取名王昶,意寓为永远生活在阳光中,红日永远不落。如今我才真是"生活充满阳光",叫我怎能不感谢改革开放!大学的生活是丰富多彩的,特别是那个年代,整个社会对我们这些上大学的幸运儿十分羡慕,也给我们更多的期盼,中国已经不会再走过去的老路,科技救国,我们的责任是很大的。我们那代人有着不怕苦和累的精神,求知欲特别强,每天早上学校的小院里,就没有一处你看不到学生在读外语的地方,各个都很认真,教室里几乎都是满满的,如果迟到一会儿,前排的座位是绝对没有的,晚上学校的教室里,都是学生在自学。你追我赶,学习的气氛十分高涨,大家都心怀有为祖国做贡献的信念。我可

在日本群马大学攻读博士学位时的实验室工作照

以骄傲地说,那两年的大学生虽然人少,但是这代人日后在祖国的建设中,发挥着重要作用。

1982 年,毕业后我被分配到苏州大学化学系做助教。曾记得那天扛上我下放时使用过的木箱,一人乘火车去苏州大学报到。由于学校的定位发生了变化,需要开设一些与化学工程相关的化学工程和反应工程的课程,而这些课程都需要有实验课程来支撑,所以成立实验室的任务显然落在我的头上。那个时候条件很差,都是自己设计,买材料找单位加工,也有一些是购置全套的实验用装置,即使购置来的,也要安装。曾记得要给装置打地基,我就自己找来工具,打地基搞建设,自己搅拌水泥……以实验室为家,在大学里学到的技术都用上了。从无到有,流体力学实验装置、吸收装置、精馏装置、反应工程的平推流反应器和全混流反应器以及各种流量计等装置都在教学之前完成,给学院领导和老师们留下了很好的印象。曾记得那年冬季下了几天的大雪,实验室工棚比较简陋。我及时扫除顶棚的积雪,保护住我们的劳动成果。

由于实验室工作很杂,需要很多知识和动手能力,安全是第一,但往往工作中,总是存在安全隐患。有一次学生做吸收实验,对象是氨,这个实验已经指导学生好几次,大多没有问题。可以那一天,我总觉得氨气有泄漏现象,实验室里有明显的氨气味,所以我就认真去查找原因,当我从地上拿起一根硅胶管,试着去闻一下胶管的出口是否有氨气味,谁知道就是这根置于室外的安全排管,不知为什么落入到室内。一股氨气冲入鼻孔,顿时肺部窒息,严重氨气中毒,差点丧命。这次中毒,给我很大的启示,实验室的工作安全最重要!

后来我当上了化学系教工文体委员,负责院里的文体活动。那个年代里,学校各种文体活动很多,是老师们聚会的极好机会,都愿意参加。我本人很喜欢体育运动和文艺。刚到苏州大学不久,就参加学校的体育运动会,我就凭老式跨栏姿势,跳过了 1.65 米,获得教工跳高第二名。

走出国门的深造

1983年年底，国家公派教师出国进修，需要选拔优秀的、专业优先的在职教师，集中学习外语，我很荣幸被学校推荐，然后又通过规定的考试。衷心感激苏州大学，感谢培养我的祖国。一年在外学习，特别辛苦，每天五点半起床，去操场读外语，一天平均背30个单词，写呀、读呀、背呀、听收音机呀，一切围绕外语。一年外语培训结束后，就由江苏省优先选派去了日本。经自己联系，去日本国群马大学工学部进修。在那个年代，国家的外汇贮备很少，需要花钱到的地方太多了，出国费用与当时的工资相比那就是天文数字，至少上万元。尽管如此，国家仍然拿出很多的钱供我们去国外进修读书是多么不容易的，正是这种情怀，一直在鼓舞着我，一定为国家建设，为国家教育贡献力量!

1986年9月30日我登上了去日本的飞机，一路上我想了好久的问题，日本是战败国，又是资本主义国家，我们先进的社会主义国家为什么要去日本留学？真得让我很苦恼，也找不到答案，能有的就是在日语课上听到的一些概念，我们在技术上不如日本。

我的导师加藤邦夫教授迎接了我，那晚是在他家留住的，导师很客气，夫人是一位贤内助。在这之前我已经了解到加藤邦夫在美国做博士后期间，他的导师是世界上著名的流态化专家，从来没有家的概念，整天在实验室里度过，取得了很多的成果。加藤邦夫教授就是在他的手下学习深造，提出流态化领域中的气泡模型。在我国化学反应工程的教科书中，就引用过加藤邦夫的成果，正是依据这个成果和论文，我选择了加藤教授。

当时加藤教授从事的快速流化床反应器，就是由中国科学院学部委员(院士)郭慕孙教授第一次提出的。那时全世界各国都在研究“快床”，加藤邦夫教授也不例外，我也加入了这个行列。白天上课做实验，晚上处理数据，都是手算，用曲线板画图，速度很慢，每周要向导师汇报研究工作。大家都在认真做着自己的事，几乎没有怠慢的。在一年的时间里，加藤教授就三次带我去参加日本全国大会。

1987年元旦，日本全国放假。我所在的课题组硕士生柴崎同学负责关注我的生活照。日本文部省有一个规定，外国留学生刚到这个国家时，将会有一位日本学生负责这位留学生的生活，也就是生活辅导员。他很高兴就带我去了他老家。虽然我们不很富裕，但我还是按照中国人的习惯，买了一瓶威士忌，作为礼品。当我刚到他家时，柴崎的爷爷就给我跪在地上，两手合掌，一直在说对不起。后来我才知道，抗战时期他曾经在中国当过兵，杀死过我国军人，很有负罪感，也说明日本的公民有些还是有良知的。

经过将近一年的学习，在导师加藤邦夫的支持和指导下，我在日本全国化工年会上发表了论文。在欢送会上，老师和学生们都寄予我很大的希望，希望我回国后，加倍努力。大家纷纷在一块签字板上签上了名字和寄语，加藤教授写下了三个大字“求真力”，希望我有机会再到日本留学深造。隔壁研究室的教授们也都分别邀请我，其中有一位导师定方正

在日本群马大学任教时工作照

毅教授推荐我为中日研究生院工作，做中日两国人民友好的桥梁。还表示有机会，要与中国的学者一道研究中国的环境问题。

回到苏州大学后，我很快又投入教学、科研中去，同时筹划化学工程专业的招生。1988年我晋升为讲师，1989年加入中国共产党。白天努力工作，晚上认真进修提高，几乎每天都是在12点以后才敢睡觉，就怕被时代的列车所抛弃。加藤教授觉得我有读学位的能力，所以就很高兴接受了我再深造的要求，并出资让我先去做客座研究员。组织上考虑到1990年9月化学工程专业就有新生，而我是第一届学生的班辅导员，因此希望改在明年。加藤导师也很友好地同意改为来年再去。1991年上半年，学校就出台了一个文件，每个学院每年只允许出国2人。可是到了1991年5月，我收到了加藤教授的邀请函和资助资金，就向学院提出出国申请。化学系已有两人申请出国，都拿到了对方的邀请函和奖学金。陈克潜校长很重视，知道我1990年为工作延期出国之事，就让我走自费，而不走公派，通过苏州市公安局出国进修留学。

出国是一个浪潮，也是一个机会，但要自费出国，不要说照顾父母了，连自己的孩子也不能照顾。人生能有几回搏，为了未来的梦想，我坚信只要努力奋斗，就会成功，所以我义无反顾地选择自费出国。

路是人走出来的，人生路是自己选择的，趁着还年轻的时候，多吃点苦，多奋斗一点也是应该的，要说没有压力是不可能的。加藤教授给我的客座研究员的资助资金，交完学费后所剩无几，未来的费用怎么办?这就是一个现实的问题。后来经过研究室的学生介绍，去送报纸。但考虑到白天学习，我只有打这样的工才行，否则会影响学校里的学业，所以我就去教习所拿到了摩托驾照，去了报纸递送营业所申请。正值送报纸淡季，冬天天黑得快，早上也亮得晚，又冷。我的任务是每天清晨4点30分开始递送500份报纸，看起来对我来说并不是一件难事，其实不然。不久，我又去打听，寻找到一家比萨店。店长同意我先干着试试。开始因为对城市的交通路线不了解，没有经验，跑了几家都失败，满头大汗不说，披萨冷了不好吃，店里是要赔偿的。幸亏这位店长同情我，让我带上一本全市地图册，回去好好学习熟悉内容，过两天再来。这份工作相对工资较高，每小时 1000 元日币，相当于当时人民币 75 元，在当地很难找到。正是有了这份临时工作，可以确保我的生活来源，这样就可以踏踏实实地去攻读博士学位。

进入博士课程后，选择课题十分关键，我也吸取了上次来日本留学的一些经验，课题的选择一定要结合国内发展的需求，以便自己今后在这些领域中有所作为。加藤教授建议以煤化工和生物质能为研究对象，通过低温催化热解的方式，生产有机化工基本原料苯、甲苯和二甲苯，尤其是可再生的生物质低温催化热解，替代化石燃料生产基础有机化工原料，这样的课题即使现在也是不过时的好课题。加藤教授十分支持我的新选择，与研究室副教授宝田老师一同指导我。

为了如期毕业，做出成绩，我的字典里根本就没有休息二字。我一直保持良好的工作和生活习惯，早上 7 点到校，进行两个半小时的文献学习。当时英文很差，学习的同时还要认真去学习英文，缺什么就补什么，十分充实，真正从一位合作研究的教师转变为一名学生。一切都得靠自己。晚上都在 11 点半以后，夜深人静的时候回家。

我使用过很多分析仪器，包括电子扫描电镜、全自动表面测定仪、元素分析仪以及热天平等，这增加了我的动手能力，对日后科学研究和指导学生都是受益匪浅。曾记得在我离开加藤研究室时，加藤教授特意表扬我，不仅业务能力好，而且对仪器分析掌握得也很好。正是由于我的积极努力，忘我的工作，再加上加藤教授的认真指导，研究课题开展没有走弯路，很快就获得了很多的研究数据和结果，尤其是后来进入可再生生物质催化热解制取基础有机化工原料苯、甲苯和二甲苯的研究，研究成果迅速得到了同行的认可。

读博第二年在日本全国化工年会上，发表的论文初步被认定为优秀论文，我已经拿到了通知参会，所在学校也把报道的新闻写好了。可是万万没有想到,学会最高层竟然更改了评选结果。这对我是一个不小的打击,会务组虽然做了道歉,允许我免费参加会议。这时我感到国家一定要强大,否则即使在国外留学也不会有很高的地位。这件事并没有让我放弃理想,越是这样越是要发奋,把研究工作做得更好,发表更多的论文。功夫不负有心人,经过3年的努力和拼搏,研究成果在日本化学工学的权威杂志上发表。当时我们也不知道是SCI杂志,连续发表了3篇论文,然后又在《燃烧杂志》上发表1篇论文,以这样的成绩获得了教授们的认可。经加藤教授等3名教授提名留校任职,实现了自己的理想。最为不容易的是在3年里又没有经济来源,加藤教授虽然为我找到了企业奖学金,但需要毕业后为企业服务,这样就不可能留校做教师。在整个日本的大学里,尤其是在国立大学里做文部省教官是一件特别荣耀的事。没有经济来源,3年中我利用周六、日去比萨店打工,也就是说一年到头就没有休息日,元旦这一天还要去拜访加藤教授。我也很感激披萨店的老板,也在暗暗支持我,不送货的时候也能够安心看书。

新的工作、新的生活让我从学生又回到了教师,而且是我最为喜欢的职业,在后来的两年时间里,利用自己的身份,加强了与国内的合作,有很多来自于清华、中科院的学子来到研究室留学,平时也有很多来自国内的学者,我都会积极支持,为这些学者们服务。后来由于第二个孩子出生,彻底打破了我当时的规划。我是想工作两年,多写一些论文,为回国应聘做好准备。毕竟有两个孩子要养活,经济上一时令我很为难。就在这时一位日本好朋友给我介绍了一份工作,工资要比大学高一些,所以我就向导师提出,去企业工作。加藤导师很理解我,就同意转职,去了一家规模不大的工厂,从事乳胶产品的生产。

在日本企业工作

到乳胶产厂工作,对我来说又是一次挑战。一切从头开始。乳胶属于高分子，虽然我学过有机化学，在苏州大学从事过一年的高分子合成，但产品制作没有经验。一开始在研发部门从事新产品研发，边学边干，企业相关的书籍和资料我是如获至宝，采用泛读和精读相结合，结合实际生产，一步一步提高。企业要求与大学不同，没有慢慢来的理由，所以不断解决问题，提出创新方法是常态。我去的这家企业确实问题一大堆，给我的压力挺大；但反过来说，我如果能够解决这些问题，岂不是表现中国人的能力吗？

4月份进公司，没有多久进入夏季，气温一下子升高，生产车间的温度就更高，乳胶溶液变得很不稳定，出现了大量的颗粒物，甚至导致无法生产，这是乳胶行业中常见的问题。换下来的乳胶溶液，需要过滤，氨味刺鼻，操作也很困难。问题的根源不清楚是无法解决的。我就冷静下来，认真分析，环境温度高是客观原因，无法改变环境温度。有什么办法降低乳胶表面不成膜，这层膜的形成就像豆腐皮和奶皮一样，一旦产生，这些固化后的皮膜就会在搅拌的作用下，打得粉碎。这些很小的颗粒会在乳胶中慢慢增大，逐步形成主流，导致乳胶变质。因此只有降低水分蒸发。

职业的敏感和研究的积淀让我有了新的感知，从水分子形成液态原理出发，找到了抑制水蒸发的方法。添加氢键相关的高分子化合物，创建新的平衡机制，增加具有氢键功能的有机多糖的化合物，增加氢键能力，打破传统的 PVT 守恒，建立新的体系，有效控制了水的蒸发，不让浸渍槽中的乳胶成膜，彻底解决了本行业中多年的难题，使企业的生产比以往更加便捷，产品质量好，溶液也不会产生颗粒态物质。不仅减轻了我的工作强度，而且还可以提高产品质量，无故障。这件事让全厂职工知道了我，了解了我。

这个问题刚解决，企业的董事长就要我开发丁腈乳胶产品，其实这款产品他们已开发过，就是由于技术不过关，产品质量出现了严重问题。由于丁腈乳胶的固体含量只有 40%，大多数是水，在棉胆上成膜很容易渗透,形成不了合格的产品。这个问题与我在国内时做过的一个产品有一点类似:银餐具抛光剂,使用增稠剂将水含量大的原料先做预处理,进行增稠,选定了聚丙烯酸钠增稠剂,在凝固剂的作用下,能够很好地成膜,从而一举实现生产线的在线生产。这些技术后来传到国内,为世界生产丁腈耐油手套做出了贡献。

在企业的那段时间里,主要是技术和产品开发,由于这些技术的发明,彻底改变原来企业的格局,生产出质量好的耐油手套,弥补过去企业的一些不良问题。第三年刚一开始,我就被任命为企业的厂长,整个公司的职员都为我这名外国人能够当上厂长感到惊讶, 也为我的能力而骄傲,当地周边也有很多人知道这个厂里有一位中国博士,不怕苦不怕累,每天都在努力为企业服务。升职了,薪水也涨了很多,这在当时经济不景气的年代里,实属来之不易。

20 世纪初,日本亲中派积极支持民间的经济往来,同时愿意出资在中国办学,培养两国年轻人。当时就有丰田汽车公司、日本读卖新闻以及日本电力公司等企业同意出资,在中国建立研究生院,设立金融、环保、企业管理三个专业,共同招收两国学生,教师也由双方聘请。正是这样一个机会,2002 年年底, 由日本东京大学定方正毅教授推荐我作

归国前参加日本友人欢送聚餐(后排右一为作者)

为日方教授，回国任教。这是主要源于我曾经在日本国立群马大学任教过，给这些教授们有一个比较好的印象。当我接到定方教授的电话邀请时，欣然同意。理由很简单，该是我为国家奉献的时候了，是国家培养了我，我有责任去为国家服务。

后来由于日本经济不景气，丰田公司同意出资2亿日元的承诺不能兑现，只是部分资助，所以我就有一些顾虑，后来经与天津科技大学直接联系，中日研究生院就设立在天津科技大学，校方领导积极支持我回国任教，作为人才引进。同样可以为中日研究生院服务，基于这样的考虑，我决定重新创业，放弃在日本稳定的生活环境，回国挑战新的人生。

在回国的日子里

2003年4月6日，我乘鉴真号轮船回到了祖国，投身国家的教育事业中去。其实我回国不是一时冲动，对自己的能力做了仔细评估，不论是外语，还是业务能力，以及管理能力都能胜任，尤其是在乳胶行业具有世界级的领先水平。只要天津有一家乳胶企业，我都会让它崛起，用最先进的技术改造企业，使之走向世界；而我只需要能够得到一些科研经费的支持，帮助我在科学研究道路上有第一桶金。

可是万万没有想到，天津市几家乳胶企业相继倒闭，这使得我的计划一下子落空。本该有两条腿的人，一下子只剩下一条腿，只能在学校发展，这对于离开大学6年，没有任何科研业绩的我来说，就像一个有嘴而倒不出水饺的壶。我在日本企业不管做得多好，不会有个人的论文和专利，都是企业所有，因而很难证明自己的能力。按道理说，只要了解日本的人就可以知道，能够成为文部省教官的外国人一定是优秀的，再加上能够成为企业的厂长，足以说明一个人的优秀。

毕竟离开祖国13年，到处都发生了很大的变化。我自己带回来两台电脑，知道当时国内条件不太好，还是自己先行一步。说来不巧，正值

SARS 病毒流行，人心惶惶，工作的重点都在防治上，我的个人困难已不再困难，哪儿也不能外出，这让我无从下手开展工作。再加上得知乳胶企业的现状，突然觉得自己已经跌入困境。

学校根据我的具体情况，安排我作为带头人，负责环境工程专业的发展，我本身不是该专业的，又要负责建设和发展，一头雾水，十分惶惑。语言上的不适、人际上的不适、专业上的困惑，一时真得让我不知所措。等我定下心来，才发现妻子也在苦恼之中，由于我的过度思索和焦虑，再一次引起了失眠，陷入痛苦之中。面对妻子给我拿来的镇静药物，连自己都有些害怕，喝下去很简单，但这么一喝，将会造成终身依赖。为了未来，为了家庭，作为一家之主，不能有任何的怠慢，必须重新振作起来，迎接挑战。我最终还是放弃药物，重新在心灵里筑起一道防线，努力干上 6 年，并且要一年当两年干，把我在企业干的 6 年时间补回来。我相信只要努力用心，困难总是可以克服的。

说实在的，当初电脑汉语输入都成问题，因为我是南方人，很多发音不准，直接影响输入速度。为了纠正自己，花费了一周的时间，苦练汉语拼音，解决输入的难题。既然是一年当作两年用，那么就不能休息，晚上也要加班加点，白天在实验室干，晚上在家学习深造，加强环境科学与工程专业知识的学习，选择未来发展的方向和研究课题。对有着在国外经历的我来说，最痛苦的是如何去展示自己？作为一名教授，就应该在自己的领域做出亮点。学校对我进行了资助，我用这笔资金购置了热天平，从事生物质催化热解，动手制作了催化反应装置，开始了这方面研究，得到了两个国家自然科学基金的支持，在热力学和动力学上完成了基础

在示范基地测试净化槽水温

研究，发表了系列论文，即使今天研究成果仍然在同行中保持对苯、甲苯以及二甲苯的最高收率。

那是在2003年10月，有一天听到了一个新闻，到了2010年，我国沿海地区农村将全面实施自来水化，让农民喝上最清澈的自来水，提高农民的生活质量。这是一个好的新闻，但作为环境工程的学者，有一种感悟，自来水化工程还不算完整，如果不对生活污水加以处理净化，势必会引起农村水环境的污染。所以我感觉到农村生活污水处理是未来一个很大的问题。经过资料查询，日本是这方面做得比较好的国家，小型生活污水处理装置净化槽实施十分合理和有效，但也存在一些需要进一步解决的问题，尤其是在中国如果按照日本的模式一户一台，国家的财政压力会很大，难以推广应用。

所以我选准这个课题，针对现有的不足，开展认真而仔细地研究工作和技术、处理装备的开发。到了2004年下半年，实验有了明显的结果时，学校某些领导仍然觉得没有前瞻性，推广很难，连学校的科研经费都未能拿到，但我坚信，日本有880万台净化槽在运行，中国一定会有这一天，而且它的市场是巨大的。必须坚持研发，为国家储备技术，总有一天，国家富强了，一定会采取惠民举措，开展农村生活污水处理，使自来水化工程与污水处理工程形成一个生态的美好工程。

2006年，天津市政府与东京大学的技术合作，让我有了一个极好的机会，通过这个机会，在天津市农委的大力支持下，设立了专项课题，开展净化槽的示范工程，同时又有与日方教授们的合作交流机会，更加让我感到农村生活污水处理的必要性和紧迫性。2008年3台户型净化槽在西青区辛口镇第六埠村开展了示范工程，并且一举成功，这多亏了连续5年的研究与开发，再加上自己的亲力亲为。

由于自己的努力，一些教授也乐意帮助我，2006年经食品学院张泽生教授的推荐，认识了塘沽的东大化工集团公司民营企业。与企业老总赵富贵见面后，经过交流后，就有一见如故的感觉，我也觉得能够为这家民营企业做一点工作，解决一些问题。这些企业很需要科技人员去扶持，去指导生产。借助于当地政府的扶持资金，开展了创新性研究和技术开发，从根本上改变工艺，由原来的间歇生产模式，改变为连续生产模式，经过将三年多共同努力，建立了天津科技大学与企业的产学研基地，开发了甲苯连续催化氧化生产苯甲酸工艺，并且一举成功，成为我国第一家连续化生产苯甲酸的企业，产品质量大幅度提高，产量也成为亚洲第一大生产厂家，走产学研之路，借助扶持资金提升企业技术改造，让民营企业走向世界。成果成为产学研结合的结晶，荣获2015年天津市专利金奖、2017年中国专利优秀奖。

2009年净化槽示范成功之后，专家对我又提出了更高的要求，单户型净化槽的模式难以在全国推广，费用太高，只有多户联用降低成本才是未来的方向。于是我又从头开始，对多户联用新型净化槽进行研究和技术、装备的开发。4年中由小试到中试都取得成功，这让我更加能够看到好的未来。在这期间，对单户型净化槽开展了实际应用的深入研究，开发了能够与多户联用新型净化槽集成的户用型水解槽，彻底解决了收集、输送堵塞的难题，为后期全面应用打下了坚实的基础。2013年9月在天津市与东京大学技术合作交流会上，我做了演讲，介绍了我的

陪同农业部张桃林副部长调研(左二为作者)

研究成果，并且他们一行还亲自去现场参观。东京大学代表团负责人福士教授邀请我去东京大学讲学，我也很想通过这次交流也能够引起日本学术界和企业界的重视。

那天晚上，福士教授很高兴地对我说，有三点您做得很好，第一，您把平推流和全混流模型用于净化槽之中；第二，您一个人做了日本很多企业做的事；第三，一个很小的气泵就能够让净化槽稳定运行5年之久，出水水质清澈透明。正是这样的交流，我们成为学术上的朋友。时隔一天，农业部副部长张桃林来天津市视察农村环境治理的示范工程，专门看了西青区辛口镇第六埠村的示范工程，专心致志地询问各种问题，并且进入农户家里看了厨房间、卫生间的生活污水处理给予了高度评价。本示范工程已经获得了2012—2013年的农业部丰收奖一等奖，也是农业部至今为止唯一一个生活污水处理的一等奖。

为美丽天津做事

2009年10月，天津市滨海新区西区的企业集中供热系统锅炉日产32万立方米气体的脱硫工程，就是我根据滨海新区的特点，借助于海洋的有利条件，提供了日本出光研究所开发的活性氧化镁作为脱硫剂，开展对锅炉二氧化硫的净化处理的工艺，从5家企业竞争中以780万工程费获胜，装备直径4.7米，高24.5米脱硫塔。

2014年春天，天津市政府根据国家发改委的要求，制定了美丽乡村建设的一号文件，天津市科委开展农村生活污水治理活动，科委主任等人专门去看了西青区辛口镇第六埠村的示范工程，感到很震撼，现场就决定由天津市科委立项，开展农村生活污水多户联用新型净化槽示范工程。同时市农委也做出决定，开展这方面的研发，也给予立项。借此机会，在天津市静海区蔡公庄镇惠丰西村建立了五户联用净化槽处理系统7套，同时还建有3套单户型净化槽处理系统，再次验证单户型净化槽的处理效果和可靠性；在第六埠村又建立了二户型、十五户型以及楼宇型的新型净化槽处理系统，全部成功，运行稳定，再一次证明所开发的非活性污泥法的生物膜反应装备具有前所未有的效果。与前置的户用水解槽相结合，使家庭生活污水资源化的同时，水解槽出水为可溶态，大大地减少了管网的投资。农户可以根据自己农田需求，取水解槽的厌氧作用产生的废水作为有机肥加以使用，净化槽处理后的排水可以用于灌溉、村庄的绿化用水等。

2015 年 9 月，我参加了第五届全国村镇生活污水治理大会，并且做了大会的主旨演讲，提出了农村生活污水分散处理的新模式，并且介绍了本团队在这方面的研究成果、获奖成果、授权专利以及应用的示范工程，给参会人员很大的冲击。

天津市政府以将小站水稻纳入天津市品牌。得到习近平总书记的关心，他在 2018 年春天视察海南岛时，专门问及到小站水稻情况。目前多户联用净化槽串并联系统在天津农村得到了广泛的推广应用，已完成的村一级生活污水处理系统几乎都是这一模式，也推广到了广东、江苏、山东、河北以及宁夏等地，特别是今年开展的小站镇 11 个村庄6181

荣获 2017 年日本水环境学会“国际交流奖”时留影(中间为作者)

户的生活污水联合处理，全部采用天津市科委和农委项目所取得的集成技术和装备，工程从2018年5月底动工以来，对小站11村庄的生活污水全面处理，为今后生产优质小站大米，提供了必要条件，

2014年，在天津市科委和农委项目的大力支持下，形成了国内和国际领先的农村生活污水处理集成技术；2017年3月，荣获日本水环境学会的国际交流奖。源于日本的净化槽技术，在中国又得到了发展，更加适合我国的国情，污泥减量化技术得到了国际同人的认可。比起日本净化槽系统的八万多维护人员来说，无人值守可以为国家节省大量的运维经费。至今天津市村一级的生活污水处理几乎都是这专项课题所取得的成果转化，必将为今后大力推广应用打下基础。

这些成果2018年已申报了天津市科技进步奖一等奖，同时8月，我受天津大学之邀作为特聘教授，以首席专家的身份，代表天津大学组织20家单位共同申报科技部专项课题“绿色宜居乡村色厕所革命技术开发与应用”，经过前两轮的评审，入围到四家最后的竞争。作为从事14年农村生活污水处理的科技人员，有责任将这项技术推而广之。

15年来，我放弃日本优越的生活环境，回国创业，作为新一代归国华侨，期待祖国的繁荣昌盛。为了事业一直坚持顽强的拼搏精神，亲力亲为所有的科学研究和技术开发，同时还做好教学工作，指导年轻教师。在环境工程专业只有8位教师，其中就有3名年轻教师晋升为教授，2位年轻教师晋升为副教授；每年招生本科生两个班，研究生25名，是天津市工会第一届工人先锋团队。

2014年，天津科技大学对已有4个天津市重点学科之外进行了一次评估，从最后6个学科中推选出第一位，那就是我们环境科学与工程学科。这是一个让我热泪盈眶的结果。在我担任院级领导和学科带头人期间，从来没有报销过一张车票和饭票。我所受的教育应该是传统的教育，国家和人培养我们，就应该不遗余力地为这个民族和人民负责。我的感悟很深，个人改变不了现实，但我自己能够自律，处处以身作则，一

切以科学为基准，这样人活着更有意义，更加坦然。2017 年，教育部再次对学科进行了评估，我们仍然榜上有名。

回顾这 40 年，有很多值得留念的地方，深感一路走来，有很多友人在支持我，不管遇到多大的困难，我都没有退却，也不会因回国创业艰难而后悔。没有党的培养，没有国家在那个经济状况很不好的年代，拿出天文数字般的经费，支持我们，送我们出国深造进修，就不会有我们今天。祖国需要我们的时候，就应该响应回国，这里有我们的父母，有我们的兄弟姐妹。回国能够为国家做出一点贡献，也是对祖国的报答。祖国强大了，海外的中国人才会有国际地位，过去祖国人民为我们贡献，今天我们要为祖国奉献，用自己擅长的一面去展示给社会，服务于社会。

我是一位中国人，是一位归国华侨，我们的目标是要走向世界，实现祖国的复兴。

华彩转身 担当人生

王俊萍*

如果不是赶上改革开放的年代,如果没有风起云涌的潮起潮落,我很可能在家庭中是个规规矩矩的乖乖女，在企业里是位能干有为的好干部,在社会上是位默默无闻的老实人。随着国家改革开放的发展把我推向了“战场”,磨炼和摔打将自己不服输的斗志激发出来。

两次华丽转身——铺就事业坦途

1964年6月,我出生于天津市河北区的一个家庭,像这个年龄的孩子一样,适龄上学,毕业工作。1981年从新开中学毕业后,我顶替母亲来到床单三厂,这个厂主要经营棉制品制造,棉线、织带制造。在改革开放初期踏踏实实、勤勤恳恳工作是企业衡量员工的标准,挡车工三班四运转。我积极要求进步,下夜班后负责企业三块板报的更换、编辑、书写,经常三块板报完成近中午才回家,这样坚持了4年。我不但每年成为超产量最高的优秀挡车工,而且多次被评为厂里优秀团干部。但心中却有着一份渴望，燃烧着一簇火，那是理想的火焰——去从事教育事

---

* 王俊萍,女,1964年出生,中国侨商会理事、天津侨商会副会长、天津市侨联常委。

业。所以不能放弃学业，在工作期间坚持努力不放弃学习。

王俊萍在美国布法罗求学时留影

于是我报考上河北区职工大学。从此，边工作，边上夜校，不管白天工作多忙多累，晚上绝不旷课、迟到。当然，业余学习就没有很多娱乐活动。我不但是学生，还是工人，我要“半工半读”，完成自我修成的人才订单。享受着国家改革开放带给我们工人也能圆大学梦的时代“福利”，1984年我拿到了大专文凭，同时转干担任了厂里的团支部书记，并在此岗位上工作了将近十年。那个时期的青年，把勇于奉献、爱岗敬业作为追求的目标。

20世纪90年代初期，企业由于从计划经济转为市场经济，效益低迷。而商业却异军突起，显示出蓬勃的生机和强劲的活力，我也在改革的大潮中打破“铁饭碗”，端上“泥饭碗”。特别是于1992年11月12日开业的滨江商厦，极大地吸引了我。我跃跃欲试，在家人的鼓励支持下，去应聘被录取，完成了我人生的第一次华丽转身——从工业走向商业，从国企干部转为合同工。

进入滨江商厦后，正赶上改革开放后人们消费水平显著提高，这为商业零售带来巨大活力。但商品同质化严重，服务和优质商品成为商业零售的核心。有在团干部的岗位锻炼，我的潜质又得到一次发挥，从商厦筹备开业、货源准备、人员招聘、衔接供应商，我都能轻松应对。从每天早上晨会主持，到一个柜组日常记账管理坚持学习，摸索出“接一待二微笑三”的服务标准，并在一楼日化组实行推广。该组当年成为商场销售最高、收到表扬信最多的商厦优秀柜组。在商场各级的努力下，日化组连续5年评为“天津青年文明号”。同时带领该柜组一起向社会传递爱心，我们抚养了两名SOS儿童村孤儿。率真性格和敬业精神，成为自己工作的动力。5 年来经历了商场开业的辛苦,白天盯着运营、晚上筹备商厦二期开业的痛苦,我多次获得优秀部主任、优秀经理、优秀党员、先进工作者等荣誉称号,成为一名商业零售业的管理者。

1997 年,在国家进一步加大改革开放的时候,新开业的新世界百货商场请商业猎头物色合适人物，有一些大商场管理经验的我被一箭“射中”。我又蠢蠢欲动,心里想应该看看外资的零售是怎么做的,他们是如何管理货品、如何管理人员,有什么新鲜的管理方式。到了新世界百货进行筹备开业，最让我深受触动的还是外资企业里完善的培训制度,在我上任之初进行督导 108 个步骤的严格培训,我清晰地记得微笑量化 6 颗牙齿露出来，拿讲义夹手与腕的动作。我特别喜欢那种互动式、启发式的上课氛围,再加上我从小就想从事教育事业,我更加肯定,这就是个商机！这就是日后促成自己创业的根源。

新世界百货坐落于天津市南开区东马路老城厢商业圈内，不仅提供高雅舒适的购物环境、一流的服务、优质的货品,还率先独家引入多个国际男女时装品牌,深受消费者欢迎。为进一步完善自身,更全面地适应竞争日益激烈的百货业行列,我决定调到这里,从筹备、成立到人事运营管理、各楼层的收银管理做起。在新世界百货,我学到了流程化服务、模块式管理、采购、楼层、收银分段式制衡监管机制;接受了系统的国外管理培训:教材制定、课程设计、演讲艺术、团队建设、商业服务。让我耳目一新的是利用电脑系统对商场人力资源进行全面管理,员工入职、培训、考勤管理、绩效考核、工资发放等,这些让我感受到改革开放带来

参加华博圆桌会活动时,代表滨海创智公司发言

的IT化的科学管理，特别是每月进行公司人员动态分析、考勤合理用工分析，为管理决策提供依据。1999年，我为商场制定了《提高有效工作时间减少人力资源浪费的方案》，得到总部认可试行推广，当年节省资金达50余万元。我逐渐学会了商场国际化零售业的SWOT分析、预算管理等新思维新方式管理，感到自己的羽翼逐渐丰满，离教育梦想更加靠近。

这样我又完成了人生的第二次华丽转身——从国企走向合资企业。自己在这里受益匪浅，人生新课题就像拼图，面对数个拼片，如何组成，如何契合，需要独立分析、处理，发现问题、解决问题。

回眸往夕，经商之路是我人生中一段刻骨铭心的经历。十多年如沧海一粟，却是为我今天的工作多了“增加值”，我的经历犹如一张白纸，要想绘出美丽的图画，每一笔都要精彩、稳准、有神，有这番经历，最多的是感动和感谢。

再次潇洒转轨——跨界驰骋疆场

在一个行业里时间久了，本可以成为行业元老，顺风顺水、高枕无忧。但是我偏偏不甘平庸，决定去寻找梦想，做一些自己认为更喜欢、有挑战的事情。如果说，自己的两次转行为华丽转身的话，那么这次可谓是潇洒转轨。改革开放以来，国家出台了一系列教育政策，教育乃立国之本，通过教育培养高素质人才，1985年中共中央制定《关于教育体制改革的决定》；1993年中共中央、国务院关于《中国教育改革和发展纲要》；1999年国务院批转教育部制定的《面向21世纪教育振兴行动计划》提出科教兴国的伟大战略。2000年，我决心跳出已经小有成绩的事业，重新开始闯荡一个新的领域——创办滨海创智科技咨询有限公司。“创诚智品”成为我做企业的座右铭，一直延续至今。真是感谢改革开放，让我能够从国企到合资企业，再到民营。应该说，跨入咨询业常常要授业解惑传道,类似于教师讲课,这也间接达到了我的理想——从事教育。我的创业之路开始了。

“打铁还需自身硬”这句话,既是现阶段令人耳目一新的亮剑,又是中国传统耳熟能详的俗语。能力上过硬,面对激烈市场竞争,拿得出绝活,才能使得出绝招。

欲善其事,先利其器。打下知识结构的框架,急需自我充电。我在美国加州大学取得工商管理学博士学历证书，在中国企业联合会取得高级管理咨询顾问资格证书，在英国伦敦城市行业教育学会取得国际考评员的国际考评员资格证书，在中国企业联合会管理咨询委员会取得国际注册管理咨询师的CMC国际咨询师证书。

学习让我看到了育人也是育己的过程,这既是商机也是机遇。我运用自己积累的经验开始踏上管理企业培训咨询之路。我通过学习体会,总结出自己一套企业培训课程,但需要卖出去,在当时难上加难。改革开放初期人们对于学习还没有足够的认识,宁可花5000元请客户一顿饭,也不愿意为员工花钱培训。为了生存,我既要跑业务又要准备教材,那时自己才深深体会到老师曾经在板书写过的“知易行难”。我也有过后悔、有过失望、有过绝望。当自己快要坚持不住的时候,迎来了第一笔生意——企业内训:为了一个企业给供应商的内训,跟随企业早上长途跋涉近五个小时到达,看到五十多家供应商等候觉得值了,现场互动授课、启发管理思维、学员参与角色扮演、团队协作游戏,让大家满堂喝彩。当大家喊我“王老师”的时候,梦成现实,这是我人生第一次当老师,感觉是那么漫长、艰难、痛苦、开心。创业让一个人懂得坚强、懂得坚持、懂得包容、懂得责任、懂得诚信,烙印于心的什么是绝望、什么是置之死地而后生。正是自己的执着和努力,完成了企业发展的原始积累并获得行业人士的认可。从500人以上公开课到企业内部培训,延伸到企业战略咨询、市场营销策划咨询、精细化管理咨询、人力资源绩效管理、政府专项规划咨询等，不但积累大量信息知识、结识众多的海内外专家朋友，而且成为许多企业老总倾诉管理中困惑的“倾听者”，自己也在咨询过程不断修炼升华。

党的十四大提出建立社会主义市场经济，鼓励多种所有制经济体制共同发展。自己敢于尝试主动拥抱变革，感动那些曾经信任、支持我的人们，是你们给了我生存自信、给了我成就感，更加感谢那个改革开放的时代圆了我的梦想。

从此，我以董事长的身份担当起社会责任和员工责任。公司是全体员工的生存平台，这二十多位员工就意味着二十多个家庭，公司成绩的取得是和家属大力支持分不开的。首先，员工是他们的父母培养、教育出来的；其次，家庭为他们提供了休息的港湾；最后，每个员工的苦乐与家属息息相关。因此从内心深处希望员工们在这里体会到家庭般的温暖。一支好的队伍会拥有不用指挥、具备良好意识的队员，而这些意识只有在不断的战斗中才能磨炼出来。

回顾2000年开始自立门户，创业初期充满着艰辛和坎坷，为了让客户明白企业培训的内涵与作用，我曾足足坐了6个小时等着见客户一面，没有人手我就亲自为客户做企业内部培训，一讲就是几年，还要兼顾公司其他的事务，这个过程真的太痛苦了，那段时间实在太累了。

参加中国侨商投资企业协会第四届会员大会第一次全体会议

但我坚信,当感到绝望的时候才是有生机的时候,创业对经营者来说必须敬业。

作为一名企业经营者,不但要学习掌握国家开放政策,寻找企业商机和活力,而且还要对内部管理不断变革转型升级,适应市场需要找准企业自身位置。我始终把管人理事、培养团队、做好授权、社会责任作为企业发展变革管理:一是组建管理架构,形成有章可依的规范体系;二是对人激励机制,发现人才并教会管理,用人不疑,疑人不用。人在二十多岁的时候,是责无旁贷地全力以赴带头干事,积累很多的内涵和知识;到了三十多岁,就应该构建起团队来,与共事者同心干;到了四十多岁时,就要选择地干,把手头的事物分门别类地安排给团队里合适的人去干;到了五十多岁,就要放手让贤,让能者上庸者下,把自己定位在辅助的角色上,因为组建了一个智商、情商都较高的团队,可以放心地出差、出国去招展、办理洽谈、立项、发现商机等工作。公司员工也以坚韧不拔、脚踏实地的精神不断将企业做精、做强,得到了社会各界的美誉。

企业做精做强——立足世界再突破

多年来企业先后被评定为中国科技咨询协会创世单位会员、百家咨询理事、中国科技咨询协会信誉单位。公司凭借广泛的咨询、智力资源、强大的传播和协作体系,以专业问询、专家顾问群、专业咨询队伍和教育队伍培训基地为平台,为各类型企业和机构各种人员提供系统的产品和服务。

在工作中始终坚持以客户为导向,靠专业、精准、精细征服客户,致力成为企业强势智力伙伴,帮助企业实现利益最大化。让我记忆犹新的咨询案例:2003 年 SARS 爆发后,天津津酒集团想要重整旗鼓,从产品、市场、宣传、管理都需要有很大提升和意识转变。2004 年,策划了宣传企业爱心“圆梦包机送学子”活动。当时令我们难忘的是一位考上清华大学的学子的母亲残疾没有坐过飞机。当飞机降落后，这位母亲满脸泪水，拉着我的手说："你们真正圆了我的梦。"

我经常与员工讲咨询定位：企业的"前眼和后脑"找出问题、提出解决方案、指导培训实施、跟踪预见未来。天津凯发集团原来是一家科技企业，随着企业发展壮大，很多技术型人员走向管理岗位，出现"水土不服"，用挖掘技术思维管理动态的人，企业管理出现掣肘。在这个项目中，我们充分进行大量调研、访谈，了解问题，为企业编制部门制度、部门职责、各岗位职责、员工需注意和遵守的事项、相关行为规范，让企业管理有章可循；编制了具体业务部门工作流程《项目实施管理办法》《设备件报修流程》《客户服务管理流程》《客户维护管理办法》《采购审核管理办法》《仓库管理制度》《招投标管理办法》等。制度制定出来后，我们又深入车间班组具体辅导实施。回顾几年来与企业人员在一起的日日夜夜，看着企业发展壮大，我们也感到欣慰和自豪。

滨海创智秉承"创诚立业·智品精耕"的工作理念，为客户提供专业、精细的服务；与政府建立了长期良好的信誉合作关系；与企业形成长期合作伙伴。多年来，公司在我的带领下，成功策划举办了2008奥运会企业品牌宣传、2009天津西餐文化美食节；与天津市政府相关部门策划并承办了第十五次环渤海区域合作市长联席会议、2011—2012年圆梦津城暨第一、二届全民创业大会、2011—2013年中国旅游产业节拍客大赛、天津市滨海杯世界男子桥牌精英赛、中国·天津十七届至第二十届投资贸易洽谈会暨环渤海特色精品展、

给培训项目企业员工授课

2013 天津现代农业博览会等。公司不断发展壮大,形成咨询、培训、传媒、策划、会展、会务服务几大板块,销售额逐年提升。

作为中国侨商会理事、天津侨商会副会长、天津侨联常委,自己多年来积极参与策划了多项活动,也多次参与国内外侨商考察交流活动,与海内外侨商建立了广泛联系;在国内从事咨询、传媒、会展服务多年,积累了丰富的海内外推广经验和人脉资源。自 2014 年在国侨办和市侨办的帮助指导下参与策划和实施了 2015 年和 2016 年两届世界侨商名品博览会。2017—2018 年中国·天津华侨华人创业发展洽谈会暨世界侨商项目与商品博览会(简称“华博会”)作为天津市政府主办的一项重要国际活动,滨海创智中标成为项目承办执行方,负责市场推介、招展、宣传、会务等任务。我们始终把服务天津发展作为企业的责任,我作为企业负责人更是亲自在国内外做好市场推广、招展推介。每年一届的华博会在汇集侨商产品、展示侨企形象、拓展销售市场、加强贸易合作、助力“一带一路”建设等方面发挥了重要的平台作用。

几年来,在海内外接触华人华侨的过程中,我了解到他们在中国改革开放年代,为祖国建设做出许多默默无闻的贡献。如泰国正大集团谢国民先生,是第一家回国创业的侨领;菲律宾上好佳施恭旗先生,成为中菲民心相通中国特使;缅甸金山集团李松枝先生,多年来在国外捐助华文教育学校一百多所;中国侨商会副会长王琳达女士,赞助希望小学,成为海内外孩子们的“王妈妈”。在他们身上看到了不仅是对他们住在国的贡献和尊重,更是对祖国改革开放发展的奉献。同时也倾听了许多侨商希望把海外好的产品通过华博会平台引进国内、把国内好的商品推向国际的需求愿望,加深我对华博会更深的服务理解。互联网时代让世界无距离,让侨商与国内企业抱团发展。

自 2016 年我带领公司团队在华博会期间举办一场海外侨商与天津企业的精准买手对接会服务,初步尝试受到各方好评,更增加了我和团队的信心。在市侨联领导的鼓励和支持帮助下,我们开始尝试“不落

参加英国商务节活动与客户签约(前排右为作者)

幕的华博会”——“华博圆桌会”,致力于线下服务侨商和天津企业的精准对接企业间产品市场渠道、海内外技术互动、政府项目信息衔接。2018 年华博会期间,组织了现场“侨海金梁”路演,期望搭建一个桥梁,为天津的经济发展助一臂之力。这也是我们公司顺应市场需求和区域发展、企业发展的需要。通过与相关软件公司开发项目数据库,为华博圆桌开启的 1.5 时代,是我们响应市委号召,在新时代为“五个现代化天津”做贡献的具体行动。随后我们又与天津商业大学共同联合建立了会展实习基地,开展华博会调研分析、项目数据库开发,努力实现互联网时代会展 + 互联网模式发展。同时,我们与天津市侨联的合作也进入实质阶段,借助市侨联联系海内外的资源优势,为天津相关区政府做好海内外招商项目信息服务,通过京津冀侨联和企业的对接合作,使“华博圆桌会”成为海内外侨商贸易交流平台、线下永不落幕的服务平台,成为京津冀海内外协同发展的合作共赢平台。

我感恩家庭,是他们理解我,特别是在我困难的时候支持我、鼓励我;同时更感恩国家开放时代,为回报社会,我先后为抗震救灾捐款、新疆学生捐助,每年慰问孤老户、困难户等。

未来,新时代、新机遇、新挑战我依然将以抢抓机遇,攻坚克难,乘势而上的拼搏精神，为员工提供发挥才能的平台，带领公司全体同人为企业发展做好服务，搭建与客户共同成长的平台，海外侨商与天津信息交流的平台，侨海贸易互动平台。

智慧教子——经风雨见彩虹

“十年树木，百年树人”，人才培养不是朝夕之功，不可能一蹴而就。在这方面，我既有愧疚也有自豪，我的儿子刘天宇就是生动的例子。

1989年8月，儿子出生了，交给外婆帮忙带。当他上幼儿园的时候，正是我刚入职滨江商厦，工作最较劲的时候。一路走来是成功的，然而成功的背后又有多少辛酸与苦辣。简单说，一期开业，又要为二期做好准备，数个忘我的日夜奋战，常常是下班到了幼儿园，只有一个孩子孤零零地巴望着妈妈到来。自己虽然心疼但是并没有溺爱，而是采取“放飞、散养”育儿术，而且还给他报了游泳班，让他从小学会各种技能，培养出独立人格。儿子上实验小学的时候，给他定了学校附近的“小饭桌”托管，经常是晚上八九点钟接回家。家庭的民主氛围浓厚，鼓励孩子建立自己的认知，自由地选择自己的兴趣和喜好，这些都有利于孩子身心健康成长。

孩子小学毕业后考入天津市一中。市一中是天津市的一流重点校，与国际多所学校一直保持着友好往来，成为第一个参与国际文化交流协团（AFS）的学校，多次派出教师、学生前往欧美等国进行交流。孩子初中三年级即将毕业，就被选派去美国交流10个月，寄宿在一个有5个孩子的家庭里。那里的小孩摔倒了，大人不去扶，而是让他自己爬起来；吃到辣酸等不好吃的东西，家长不阻止，而是让他记住以后不去吃。在这些日子里，孩子感受到了一种异国的冲击力，也增强了他的综合认识事物能力。

现在，回想自己对孩子的“亏欠”，竟然会有逆向作用力，收到意想不到的效果。他不需要父母耳提面命，不用家长面面俱到的操心，样样都能做得很好。

孩子第一次出国时，没有如今这样发达的通信工具，只能通过MSN说话，线路不好还要写邮件。当时有近一个月只能通过邮件与他联系，说实话，当时心里很难过，很挂念，但是不能让孩子看出来，只能说鼓励的话。孩子回国后，我觉得他突然长大了，给父母和姥姥带来小礼物，知道帮助家里干活了。

他高中毕业后，考上了美国纽约的石溪大学应用数学专业。这是一所公立大学，以研究见长，也是全美权威的美国大学协会（AAU）成员。他的学业很艰苦，经常在教室里研究到凌晨五六点钟，小憩一会儿，洗把脸又去上课，仅用3年就以上佳的成绩拿下经济和数学两个学位。硕士考试后他被4所大学同时录取：哥伦比亚大学、纽约大学、康奈尔大学和石溪大学，而且纽约大学许诺每年给他提供5000美金奖学金。最后，他还是选择美国哥伦比亚大学金融统计专业。毕业后儿子出任华尔街40号（特朗普大厦）美国品木基金（Premium Merchant Fund）资深客户专员。

到美国探望儿子

做母亲会以此为骄傲，从孩子出国的经历也是见证了国家的发展富强。2006年儿子成为国际交换学生。那个时候网络不发达无法视频，只能用邮件或MSN。2009年儿子上大学就可以随时QQ聊天，2012年以后就如同在家里一样可以视频看到可爱的面孔。改革开放40年对我来说既远又近，这些年时刻都感受着国家的变化。正是赶上了国家改革开放的好时代，现在打开手机就能视频,如同孩子在身边一样。

改革开放40年发生在自己身上和家庭的变化是我的亲历和见证,作为女性我喜欢凸显身材的一袭旗袍,喜欢侃侃而谈的不俗表达,喜欢“上得厅堂、下得厨房”的女人味儿。尽管已经年逾半百,脸上留下岁月的痕迹,自己依然觉得低调、朴实、诚实、踏实、内敛做人,才是人生的追求。虽然角色不断重叠,我将努力让自己的角色演绎得尽善尽美,做好人生中一个个华彩的转身,为世界增添一抹属于女性的独特色彩。

我要与时代同飞

王　飞*

我是王飞，作为一名1983年出生的80后，如今已逐渐步入了中年。通过社会实践大熔炉的磨砺，使我从曾经的懵懂孩子、好高骛远的小伙子、莽莽撞撞的年轻人，成了一名要承担社会责任的实践者。竞争对于每一代人来说都是存在的，时间对于每一代人来说都是平等的。一路走来，背后的脚印在义无反顾的路途中踏出两行痕迹，虽然交交错错、密密麻麻，却也拣拾成一种成熟。有首很火的流行歌曲，歌词中唱道"时间都去哪了？"我告诉大家，我的时间都去哪里了……

我的时间在飞跑中度过

2001年，我离开老家黑龙江省阿城来到了天津，在天津大学毕业创业伊始和绝大多数创业者一样，一个人既是老板统管全局，又是财务精打细算；既是销售员东奔西跑去联系业务，又是安装工人，飞檐走壁登高爬梯……所有的资产和公司都装在包里。

2004年，大学的最后一年进入实习阶段，我投送简历入职到法国

---

* 王飞，1983年出生，天津艾尔室内空气设备有限公司董事长、中国侨联青年委员会委员。。

王飞近照

Aereco公司北京代表处，负责通风设计的技术工作。从人生的第一份工作开始至今，这样的工作始终伴随着我，而我做的仅仅是在它的基础上不断爬升，不断升级。

在那一年的工作当中，我从没有迟到过。而我住在天津，在北京上班，每天跑通勤。那一年的经历让我在后面的创业过程中，对很多辛勤劳累和疾病的侵扰看淡了很多。那段时间，因为我每天要回学校宿舍住，不得不每天通勤，为此我将勤工俭学的收入买了一辆二手摩托车，每天早晨4点45分起床，5点30分出发。开始了我人生职业起步的马拉松长跑，骑着我的摩托穿越京津两地……

因为我在天津时住在河西区小海地，而工作在北京西三环的花园桥，横穿两个直辖市的中心城区，摩托车不被允许上高速公路，因此虽然我的车速较快，但我在路上时间依然会在3个小时15分左右。这样我每天会在8点45分前准时到华通大厦的楼下。我必须要提前15分钟到楼下，因为要有充分的换衣服的时间。人生的第一份工作是在外企，没错，我以为我是幸运的，不管别人怎么看。至少它给我带来了两大影响：第一，我从事了通风专业，至今没有换过，这个冷门的行业没有妨碍我在30岁以前就成了亿万富翁。第二，它教会了我职业素养，让我能够体会"纸上得来终觉浅，绝知此事要躬行"的意义而受益终身。

我的第一个老板，也可能是唯一的老板，是一位法籍华人，她叫杨琨，是一位优雅的近六十岁的女士，在法国生活了三十几年。她对员工的要求很严格，包括很多方面，比如着装、喝咖啡、使用香水、谈话等。其他的对我影响不大，但对于通勤的我来说，着装是一个比较难的事，而我不能也不敢同她讲我是通勤上班这样的困难，原因是怕失去这样一份实习工作的机会，我不得不说谎住在附近的亲属家。人们的智慧是容易被启发的，为了解决这个困难，我在摩托车后面焊了两个带有盖子的铁桶。那一年的冬天是难过的，每天早晨 8 点 45 分到公司楼下，要先找到一个藏身之处，将厚厚的棉服脱下来，头盔、护膝、棉手套、棉鞋，套在西裤外面的棉裤，统统脱下来装在水桶里。再将水桶里擦得锃亮的皮鞋穿上，公文包拎上。经过一番改头换面，仪表堂堂地走进公司。

每天一进入工作状态，我就会精神焕发，找到自信。以最佳的状态和形象面对我的客户们、同事和老板。晚上我通常都会加班到 8 点左右，因为前半年我是负责设计技术工作，工作十分烦琐，无论老板是否要求，我都会当日事当日毕，每天将所有工作完成后离开办公室。每天 8 点钟从公司出发，到了学校的宿舍要 12 点左右。每天在路上要骑摩托近 350 千米，7 个半小时。那一年，是我人生中收获很大的一年，是我人生中走过路最远的一年，是我人生中有不凡意义的一年。

下半年，老板看到了我的努力，让我负责销售工作，负责华北区的销售，天津市场是我关注的焦点，很快我进入了角色，成绩不错。年底，老板正式提升我做全国的销售总监。

我的时间在飞跃中成就

3 个月后，我选择了离职。老板问我原因，我回答这个平台已经不适合我了。她问我想要一个什么样的平台，我要一个自己给自己的平台，可大可小，我自己掌握。

2005 年，我在天津开始了“野蛮”生长。犹如李宇春那首歌所唱：“……推倒最高的围墙，坚持野蛮的生长，他们都歌颂玫瑰香，我偏开出仙人掌，超越平庸的想象，不按逻辑的闪亮，我用我喜欢的模样登场。”

从 2005 年我创立了第一家公司——天津华瑞新风换气设备有限

公司，到今天已经快到第15个年头了，在这期间的每一天，我都无不是在危机中度过，在艰难中发展。幸运的是到今天我们不仅没有被市场淘汰，反而在一次次改革中乘风而上，迎来了一次又一次机会，保持着匀速发展。

到了2007年，华瑞公司几乎垄断了天津地区的房地产项目所有的新风系统市场，市场占有率达到了80%以上。这些成绩得益于之前三年艰苦努力付出的回报。2005年的一年当中，我几乎每天骑车100千米以上，跑遍了所有天津的建筑设计院、开发公司、建筑公司、建筑工地。数年如一日的坚持让我与很多人结下了深厚的友谊，在同行朋友的心里印象深刻，只要提到此类产品，不约而同地会想起来一个叫王飞的小伙子。

到今天，我生活中很多重要的朋友，还有很多是那个时期结识的老朋友，包括后期我们房地产公司的总顾问王健先生，就是那个时期结识的我的甲方，也是2006年我们做的第一个位于五大道中马场道的高端项目华厦国际公寓的总工程师。在天津挥汗如雨的10年时间教会了我很多，其中最重要的是“打铁还需自身硬”以及“只要功夫深，铁杵磨成针”，令我知道了只要我去努力拼搏，无论我来自哪里，我都有机会取得成绩。

在工作室研究产品

2009年，我被推选为哈尔滨市人大代表、中国侨联委员、中国侨联青年委员会委员（我的姐姐和我的女儿都是美籍华人）。在之后的10年社会实践和群团组织的活动中，我学习和总结了很多东西，这些对我个人的职业规划发展和企业的战略定位有很大的帮助。

2010年北京艾尔康居科技有限公司创立了，这是一家经营设计、研发、制造空气改善型产品的实业公司，企业前身是注册成立于2005年的天津华瑞新风换气设备有限公司，研发制造用于大型住宅项目、商业办公项目的新风系统设备，以及医院应用的净化装置等产品，净化产品出口日本、韩国、澳大利亚、新西兰等国家。11年间，累计为全世界约十万户家庭提供了产品和服务。

公司坚持在空气净化领域创立一家研发驱动型企业，在2008年提出的以场景化配置空净产品的组合应用方案已经成为行业发展的基础。我始终要求公司以空杯心态奋力钻研净化技术的应用，追求产品极致，突破思考瓶颈，为整个行业的产品创新起到带头作用，主旨在于为全世界更多的人们提供健康洁净的空气。

我的时间在飞奔中升华

2010年，艾尔康居研发的全洁正压洁净送风系统一经推出，即颠覆了整个行业对负压新风系统弊端的认知，让用户知道了中国作为发展中国家的空气质量和日本、法国的当下空气质量不一样，因此所应用的产品不能是搬来即用的舶来品，是要研发适合中国空气环境的产品，当年打破了由日资、法资企业垄断新风市场的格局，引领了中国空净行业的整体技术升级、产品创新的场景化应用。

2012年，艾尔康居推出了深呼吸系统，在国际首次推出了集能量回收、大颗粒低风速的静电吸附、根据空气污染情况自动切换内外循环模式、PM2.5高效过滤为一体的设备，再一次将空净行业推向了研发应用的更高水平。同年年底，首家推出壁挂式内外循环空气净化一体机，引领行业再次突破瓶颈。

2013年，根据场景化应用理论指导推出Table Air，办公桌面应用净化设备的创新应用让国际行业市场再次看到行业的未来发展方向，产品出口到日本、韩国。2014 年，推出 x4100 应用于消除异味的场景化应用。2016 年，历时 3 年的研发，推出 AS 穿戴式净化器，是解决人们出行的防雾霾装备。

十余年来，很多媒体记者、国外的同行及专家，经常问是什么原因使艾尔康居能够不间断地、具有前瞻性地推出引领行业发展的空净领域产品，又是为什么在中国雾霾没有那么严重，没有那么多用户在意的时候，就致力于在这个行业布局，而且从始至终没有改变方向。对此我的答案只有四个字“预见、洞见”！作为科班出身，研究环境历史，可以帮助我们预见未来！作为行业老兵，坚持产品聚焦，可以帮助我们洞见需求！

从 2011 年投资建设了当时国内最大的空气净化产品工厂以来，我就把大部分时间用于思考未来 10 年的发展策略。艾尔康居公司是一家专业化公司，不具备一种必须家电用品属性，整个市场容量大概相当于空调市场容量的百分之五左右。因此那个时候的我全力思考，即使我们已经对全国的市场实现了相对垄断，也仅仅是几十亿的销售收入规模；而海外市场比较成熟，市场相对规范，短期不容易大规模进入。因此，这显然不符合我们的发展要求。而我同时也清楚地知道，再大的公司如果战略不当，转型必然失败，因为一个陌生的行业会有看不到的障碍，这

与朋友在一起（中为作者）

种例子并不少见。经过两年的研究,2013 年艾尔康居公司开始了集团军式的周边渗透发展。10 年来公司服务了数百万个家庭,与国内的大型的房企都建立了合作关系,其中包括万科、中海、保利、中粮等,积累了大量的数据和房地产开发的相关经验,为公司跨行业发展奠定了坚实的基础。同年,公司正式进军房地产业,先后在河北省石家庄、天津、通辽、哈尔滨等地进行项目开发,累计开发面积数百万平米。

2013 年,我们在通辽市科尔沁区的主城区开发建设的棚户区项目45 万平方米,经历了前所未有的艰难,承担了近五千人的回迁,为政府解决了累积近十年的百姓群访问题,成了内蒙古自治区的开发建筑的典范。

2015 年,我们承接石家庄桥西区的城中村改造项目,目前正在推进过程中,该项目同样为百姓解决了多年难解的住房问题,为政府解决了多年的购房者上访矛盾,受到了市区两级政府的极大关注和好评。

发展过程中总会伴随问题,随着企业的多板块发展,对主品牌的需求矛盾越来越突出。我们判断,在未来公司会呈现两极化,即强品牌和无品牌。这是用户端思维导向的结果。因此,我想公司要寻求发展,需要的是强品牌,20 年以后,用户需要的是质量好、物超所值的产品和很好的口碑,有强品牌支撑的产品,像奔驰汽车一样。在此逻辑的深刻思考下,2017 年,公司开始进入了文化行业,我们的传媒影视公司在过去的一年当中取得了非常不错的成绩。在 2020 年,传媒公司将会为艾尔公司和地产公司带来非常大的流量和品牌,从而实现三驾马车相互助力的形态。

我的时间在飞驰中前进

变,则生;限,则灭。这似乎是从春秋战国时代就形成的定律。现在,无论是国与国之间,还是企业与企业之间,都在不断地求变以适应发展。

不变的唯有人的风骨。作为一名侨联人，我有责任助力侨界的发展，让我们共同去调动全球侨界的积极力量，共同构建和谐发展的人类命运共同体。

作为侨联中一位年轻企业经营者，我们将让自己时刻能站在“时代侨”的桥头堡上作为一种要求。将文化中西通用，知识中西并举，始终坚持以人民为中心，紧紧抓住国家的战略需求，注重经济增长质量，为企业经济注入了强劲动力。

以前这些坚持，让我获得了巨大的、充满惬意的人生收获。以后这些温暖，让我拥有了曼妙的、充满回忆的人生体验。让我在沉思中总能超拔烦嚣，感悟到某种跨越时光的至真、至善、至美的人间真情。

“浪费时间等于谋财害命”，这是鲁迅先生的名言。我感恩父母给我赐名为“飞”，在这飞速发展的时代，慢节奏是一种奢侈。抓住机遇，让它为我插上了一双翅膀，我要与时代同飞！

最后，感谢天津侨联这个大家庭，给了我们每一位侨界人家的温暖，我们将以努力经营发展好企业作为对此的最佳回报，为社会进步和祖国发展贡献一名公民的力量。

"银博"——我的民营企业家故事

邢艳萍*

改革开放40年来，民营企业从小到大、从弱到强，不断发展壮大。回顾自己的创业历程，抚今追昔，我感慨万千。作为银博印刷集团的创办者，我见证并亲历了这段历史，借着时代的春风一路拼搏、成长，受益于国家的好政策及各级政府的支持帮助，我取得了今天的成绩和荣誉。

潮流引领，初涉商海

在银博印刷集团内

我于1982年开始进入天津一家国企工作，当时的国企设备陈旧、技术落后，生产效率低下，濒临倒闭。我知道，企业如果要生存和发展，就必须改变现状，采用先进的设备，不断创新。党的十一届三中全会以后，党破除所有制问题上的传统观念束缚，为非公有制经济发展打开了大门，给我们有着创业抱负的

---

* 邢艳萍，女，1964年出生，银博集团董事长、天津市第十四届政协常委。

人提供了机会。在改革开放的政策号召下，我果断地辞去了国企的职务，勇敢下海，为了生存和发展，更是为了证明自己。2001 年 2 月，我们的公司在河北区张兴庄大道 86 号意式工业园内注册成立。企业就像是我的第一个孩子，满载着我的期盼和希望，凝结着我的汗水和心血，同时企业也是我奋斗、创新、前进的动力源泉。为了企业，我付出了几乎全部的时间和精力，精心呵护培育着它，见证着它一点一点长大、变强。与此同时，我自己也在不断奋斗着，成长着，进步着。

企业创立初期，规模很小，只有 19 名员工，21 把椅子，但厂区管理得干净利落，井井有条。当时交通非常不便，条件也很艰苦，我们甚至连一辆送货车都没有。虽无人问津、困难重重，但我们干劲十足。我和 19 名员工一起埋头苦干，从开单、下单、设计、排版、制版、审校、送稿、送样、印刷、送货等各个环节，全部亲力亲为，严谨认真地对待每一个环节。我的挑剔和严格成就了印刷产品的优异质量。由于有在国企工作的经历，我深知一个企业，尤其是生产加工制造企业，想要生存发展最需要的是什么。因此，我从企业成立第一天起，就下定决心要做行业的引领者，要以严谨认真的态度，科学的、人性化的管理和诚实守信的理念管理公司，用最高端的设备和最先进的技术，生产高质量的产品，为客户提供最贴心、周到的服务。从 2002 年开始，我连续担任天津市河北区政协委员；2003 年，当选为天津市河北区青年联合会副主席，荣获天津市第二届优秀青年私营企业经营者；2004 年，当选天津市河北区商会副会长，荣获天津市优秀民营科技企业家称号。

当年许多印刷厂甚至是国企还只有二手进口印刷设备时，我多方筹措资金，从德国购买了全新的海德堡印刷设备。当年购买设备并不是一件容易的事情。为了购买先进设备，我把家里以及亲戚朋友能够借到的所有钱全部投入了企业。我们是天津市第一家自筹资金从国外购买海德堡设备的民营企业。当时民营企业的社会地位不高，大家对民企普遍带有歧视态度，我作为一个民营企业的创办者，心理上也曾有过压力和自卑。还记得2000年购买海德堡设备时，我抱着年幼的女儿，去商务委和海关办理相关手续，当时的工作人员直接质疑："你个人哪里来的钱去买这么贵的设备？"另一位工作人员更是直接把申请单扔了出来："我们这里没有民营企业购买海德堡设备的指标。你买不了。"虽然之后也遇到同样的处境，但是我没有放弃，没有退缩，我不服输。我选择了坚持。也就在那时候，我下定决心要为民营企业代言。

自企业成立第一天起，我就高度重视产品质量。我现在仍旧清楚记得企业接到的第一单业务。那是2001年12月，当时北京、天津都下着大雪，我和同事坐了四个多小时的火车去北京送货，虽然冷到骨子里，货物沉重，交通运输也不便，但是见到客户收到产品后满意的笑容和对产品质量的高度赞赏，我的心里感到无比自豪、温暖和满足。

2004年，我们为中国农业银行总行培训中心印制刊物。当时前言部分有行长的寄语和亲笔签名，由于我们的制作人员以为其中一点是多出来的脏点，就使用修图软件把这一点去掉了。在刊物交付客户后，该行长发现他的特色签名差了一点，提出去掉那一点就失去了他的特色。为了让客户百分百满意，我当即承诺客户："我们要求质量差一点也不行，马上重印。"此单虽然损失近二十万元，但客户满意是我们永远追求的目标。从此以后，"差一点也不行"的故事在行业内广为流传，也成为银博集团质量管理的宗旨。

秉持艰苦奋斗、严谨认真、诚实守信的态度，凭借高质量的产品，我们得到了一个又一个客户的认可、信赖、支持、帮助，企业也一步步成长壮大，可以说，是大家成就了今天的银博印刷集团。2006年，我荣获天津市劳动模范称号；2010年，荣获全国劳动模范称号。

党建引领，红色企业

在企业发展过程中，我始终坚信党建强企，一直热心党建工作，帮助集团党支部做了大量工作，为民营企业党支部争创“双强六好”先进党组织做出了突出贡献。为方便集团党支部开展活动，我投资数十万元专门打造了现代高端的党员活动室。作为“党建之友”，我经常列席党支部会议活动，与全体党员和积极分子座谈，征求大家的意见，畅谈公司的发展前景，为党支部组织生活会注入了新的内容。我严格监督党支部每月第一周的“微党课”、每月第二周的党员“自查自纠日”、每月第三周的“支援生产日”和每月 25 日的重温入党誓词等活动的落实情况，传递正能量、扩大影响力。我在每次职工大会上，对公司党员发挥的先锋模范作用也予以积极表扬，并号召广大员工积极向党组织靠拢，争取早日入党。特别是在银博众创空间建设过程中，我第一个提出在众创空间建立党组织的建议，要求优先招聘党员员工和吸纳党员创客，积极推进众创空间的党建工作。我被集团广大党员誉为“党支部活动形式的策划员、开展活动的监督员、活动经费的出纳员、活动时间的协调员、奉献爱心的引领员”。我和企业党支部积极探索民营科技企业党组织开展活动的途径，认真总结经验，不断发挥党建工作对企业发展的引领作用。公司党支部工作进入市、区先进行列，多次荣获天津市民营企业先进党组织，我也多次获得天津市优秀党建之友的荣誉称号。因此，朋友们都说我是一位讲政治、懂经营、会管理的红色民营企业家。

科技引领，创新驱动

作为新时期的创业者，发展观念要新，脚步节拍要快，学习能力要强。科学技术是第一生产力，谁掌握了高新技术，谁就能实现快速发展。在企业创新发展的汪洋大海中，唯有继往开来，开拓进取，不断学习，持续努力，才能获得长足发展。我带领团队在科技创新上下功夫，大力开发新产品。银博印刷集团拥有自主研发中心，其中“CTP 调频网工艺的运用”及“平面立体、动感印刷技术”填补了行业的空白。2008 年，我带领团队前往国外考察调研，在当时汇率较高的情况下，引进了世界最先进的海德堡“6+1”UV特种印刷设备。并聘请专家培养专业技术人才，投入了大量的人力、财力、物力，不断摸索实践，使得我们的裸眼3D印刷产品得到国内外专家的认可，常年远销欧美及东南亚。裸眼3D印刷技术的研发成功颠覆了传统印刷行业，并使企业在天津市印刷行业中率先取得十项第一，成为天津市印刷行业首家国家级高新技术企业，第一批“科技小巨人”企业，拥有国家专利48项。2015年，我也荣幸地被中国印刷技术协会授予毕昇印刷优秀新人奖。

2014年年末，我带领集团的电子商务团队利用“互联网+印刷”平台——“天天印”，实现了由传统印刷向数字出版的转型升级，再一次走在行业发展前沿。面临市场的竞争压力，我们引进德国海德堡先进高端印刷设备——CPC24，全面推动数字化色彩管理向智能化印刷迈进，引领天津市印刷行业发展方向。我始终坚持银博的高端定位，用最高端的技术，做最有价值的创新产品，服务于最优质的客户，凭借精美印刷作品与专业的服务队伍占有市场。银博已成为中央国家机关、中央直属机关定点印刷单位以及北京市、天津市、上海市、河北省政府采购中心定点印刷单位，也成为金融和出版行业等著名企业集团的合作单位。

在众多突破中，我们研发的平面立体、动感印刷技术是最令人瞩目的一项。纸介动画是银博将纸介与新媒体技术相结合而研发的一项新技术。我带领技术团队突破核心技术难关，研发出立体动感印刷技术，将传统的印刷技术与现代高新技术有机融合，将呈现的高端印刷特色产品走出国门、推向世界，实现了民族品牌的国际化。利用银博自主研发的应用软件，通过手机扫描，便可将原本纸介印刷的平面、静止的动物、植物等变成手机屏幕上形象鲜活的3D立体动画，而且配以中文发音、趣味互动、寓教于乐，延伸了原本的纸介体验，调动了读者触觉、视觉等多方面的感官刺激，也刷新了人们对于印刷的固有认知。纸介动画甫一亮相，便获得市、区政府的奖励，以其创新性掀起一场印刷革新的高潮，成为银博人引以为傲的新突破。这项新技术的应用范围十分广泛,除了儿童产业化作品外,还可应用于包装印刷等各个方面。运用此项技术印制的光栅立体印刷产品、开发的动感儿童卡书成为众多国际客户青睐的焦点,我们进一步打开了国际市场。

文化引领,以人为本

我始终认为,虽然银博集团引进了先进的装备、技术,但是要使银博集团成为并保持行业领先的企业,还要注重文化建设,培养具有高素质的创新型人才队伍。为了与国际接轨,走上国际舞台,从 2004 年起,我每年都要带领业务骨干和技术人员到国外考察,参加国际展会,学习了解世界前沿的印刷技术和理念。我首创了民营企业员工公派出国学习的典型,震惊了全国同行业。我非常重视学习,通过努力我获得了清华大学工商管理硕士学位,同时也带领公司员工学习,为员工订购了大量的科技、管理等方面的电教材料及刊物,高薪聘请国内外的专家来公司进行新知识、新技能、新工艺的传授。

作者在海德堡操作台前校准颜色

我倡导开展各种员工培训、文娱活动,创办了“银博大讲堂”;积极开展“书香企业,学习型企业”“读书会”等多种多样的活动;定期组织开展技术类、营销类、制度类和礼仪类培训学习活动。通过对员工的各种培训使员工队伍素质得到不断的提升。我求贤若渴,不惜重金和丰厚条件广招优秀人才。我坚持用“人才靠培养,岗位靠竞争,薪酬靠奋斗”的理念对员工进行技术培训和专业考评,优胜者给予薪资晋级。对于市场拓展业绩优秀的员工,给予价值二十余万元的中高端轿车奖励,极大地激发了员工的工作热情。

为使年轻员工更好地融入银博,健康快乐地工作,我精心打造花园式的厂区环境,令员工在工作之余得到身心愉悦;为丰富员工精神文化生活,增强团队协作,每年都会召开趣味运动会、诗朗诵比赛、歌咏比赛,拉近团队距离;为促进员工健康成长,公司专门设立银博大剧场、银博书吧、银博休闲茶室、文化长廊,丰富员工的业余生活。十几年来,我坚持通过党支部组织员工生日会,为每名员工发放生日礼物和生日贺卡,受到员工和家属的一致称赞。员工称我是“关爱员工的好领导、知人善任的好朋友”。

时代引领,跨界转型

进入 21 世纪后,随着电子商务的高速发展,第三方支付行业应运而生。对于我来说,这是一个完全陌生的崭新领域。2009 年年底,我们在印刷产业的基础上,向金融支付领域进军,筹备成立银通卡运营中心。在服务器的采购过程中,技术服务方利用我们对设备技术指标的不了解提高采购价格,低配高卖。面对困难和阻力,我们没有屈服,也没有抱怨,更没有放弃,而是不断地主动去学习、了解相关知识,咨询服务器设备方面的专家,熟悉设备性能和相关价格,最后实现在设备采购签约时,节省了 50%的费用。我们通过 100 天的努力,在 2010 年

4 月 30 日，技术团队进驻 IDC 机房，完成服务器调试和 POS 机设备连接通信。5 月 1 日起，我们开始一家一户地开拓商户，截至 2011 年年底，成功开发七百多家，荣幸地获得中国人民银行颁发的“第三方支付牌照”。

2013 年，随着企业发展壮大，原工业园厂区已不能满足企业发展需要，印刷生产加工基地搬迁至空港经济区三万多平方米的花园式现代化厂区。原老厂区如何升级改造，便成为我一直思考的问题。

2014 年 9 月，我从新闻中看到在夏季达沃斯论坛上，李克强总理提出，要在 960 多万平方千米土地上掀起“大众创业”“草根创业”的新浪潮，形成“万众创新”“人人创新”的新态势。2015 年两会正式提出“大众创业，万众创新”的号召。我在市政协学习两会精神后，在总结银博集团十几年的创业经验的基础上，结合之前在企业管理培训中听到的海尔内部创客的经验，使我更加坚定创办一个适应时代潮流和政策指向的众创空间的决心。我想为更多有创业意愿和创业需求的人搭建平台，提供场地、资金、培训和服务，让每一位创客都成为时代的引领者。

我们请河北区科委主任对“大众创业，万众创新”相关政策，进行理论政策培训，对创办众创空间提供了理论指导和政策导向。我多次请国家图书馆儿童馆馆长、文化部中国文化报理论部主任、中央电视台新闻频道制片主任、中国印协理事长、清华大学教授、天津美术学院院长、北京印刷学院教授等专家召开座谈会，进行“大众创业，万众创新”主题研讨。我们在科委的指导下，先后考察了十余家国家级和市级众创空间。在将近一年的时间里，我积极带领年轻的众创团队经过集中众创理论学习、实地考察，科委专家现场辅导、专家创客头脑风暴等步骤，充分发扬“5+2”“白 + 黑”精神，于 2016 年 3 月，在天津市妇联、科委和教育系统联合指导下，坚持“创新创造从儿童抓起、传承传统文化从儿童抓起、实现中国梦从儿童抓起”的宗旨，建成了“造梦空间”全国首家儿童主题众创空间和银博缘儿童产业创客工园，集聚了众多儿童主题项目和儿童产业创业团队，实现企业由传统的纸媒印刷转型升级为文化创意产业平台。平台实施“裸客入驻计划”，为众多儿童文化创意方面的创客团队和初创公司提供360度全方位的增值服务。目前，来自全国的14家初创公司和36个创客团队落户银博缘众创时代。

如果说银博人前十余载的发展是“科技”的时代，自2016年打造“文化空间”开始，银博人由传统的纸媒印刷向文化创意产业转型升级。我自下海创业从事印刷行业以来，与纸有着很深的情节。造纸术作为中国古代四大发明之首，极大促进了文化的传播和延续。一代代匠人对传统造纸技术的坚守更为我们诠释了工匠精神。在习近平总书记坚持文化自信和传承传播发展优秀传统文化的指引下，为了让下一代更好地了解老祖宗留下的宝贵文化遗产，我决心在儿童创客工园里，挖掘造纸、印刷、汉字历史等文化内涵，建设一家博物馆加体验馆模式的文化创意体验城。

我的这个想法得到各级政府的支持。我觉得随着社会经济的发展，物质极大丰富，人们对精神领域和文化领域的追求更加迫切。于是我又为自己定下新目标：建设银博缘文化创意体验城。在传承创新的基础上，使其成为集中展示传统文化活力和文化创意魅力的体验基地和精神空间。

为了实现这一目标，我再次从零出发，拜师学艺，带领核心团队成员，走遍国内外众多的传统名纸制作基地。2016年，通过两岸文化交流协会联系，我们赴中国台湾学习、考察。随后，数次去日本，学习当地的“和纸”制造技术。在这些经验的基础上，古法造纸体验项目成功实现。为了引进国家级非物质文化遗产皮纸制作的项目，2017年年底我带领团队赴贵州丹寨县石桥村实地考察。那里处于大山深处，交通不便，在盘山公路上一路颠簸后，我们在北方平原生活的人难以适应，下车之后我是一阵狂吐。我们锲而不舍、执着追求的精神感动了国家级非物质文化遗产传承人王兴武老师，顺利达成合作——建立中国北方首家皮纸技艺研习基地，使得今天来体验城的朋友都可以亲自体验到原汁原味的贵州皮纸制作技艺。

作者在中国台湾文创园考察

类似的经历不胜枚举，我们去河南安阳学习甲骨文知识，到浙江杭州引进非遗传人郑芬兰的土布编织技术，赴青岛购买体验设备，建成了汉字创意体验馆和土布编织工坊，丰富了凸版印刷、活字印刷、甲骨文拓印等各种古今中外的印刷体验项目。随后体验城又增加了古籍装帧、传统版画、手绘等其他项目，使人们在零距离的触摸、体味和感受中，穿越时空，链接过去与未来，温润心灵与梦想。

体验城以亲子活动、党建、团建、研学拓展和海外华人“寻根之旅”等为主要服务形式，扎实推进文化创意产业和深度体验文化之旅的创新发展，积极发扬大国工匠精神，弘扬中华优秀传统文化，助力京津冀协同发展。体验城建成以来，使走进体验城的数万名文化使者，在体验的过程中，收获知识和快乐，增强文化自信，激发文化梦想，感受文化温度。服务对象覆盖金融行业、出版行业、教育行业、文化旅游行业等，实现了我作为一名企业家的文化情怀和创意梦想。

同时，我带领团队围绕深入推进“一带一路”建设，走进欧洲、东南亚等国家，先后与俄罗斯、德国、韩国、日本、西班牙、白俄罗斯、埃塞俄比亚、阿富汗等国家相关组织合作，开展了“手拉手”国际儿童画展、传统文化游学、华人后裔寻根之旅等文化交流活动。目前，体验城日益成为影响全国的传统文化交流平台以及国际文化交流的纽带，受到各级政府和相关部门的关注和关心。相信未来随着我们的不断进步，会有更多的人走进体验城，感受文化的温度。

热心公益，回报社会

从创业伊始，我积极参与社会公益事业，以一颗炙热的爱心来回报社会。坚持每年资助企业困难员工和社会中有困难的人员，资助残障儿童、对边远山区精准扶贫，关爱留守儿童等等。多年以来，无数次向发生洪涝灾害、火灾地震的地区捐款捐物。例如，在2003年SARS，2008年汶川地震、雪灾，2010年青海玉树地震，特别是2015年“8·12”天津滨海新区爆炸事故发生后，我紧急采购灾区急需的医用床单被褥，带动全体银博人捐款，并于次日紧急用专车送往灾区。我作为一位民营企业家，坚持传递正能量，担当起社会责任，带动和感染着身边的每一个人。为帮助社会排忧解难解决就业问题，我制定了“招聘员工四优先”原则，即“下岗职工优先、单亲家庭优先、家庭贫困优先、残疾职工优先”。我每年定期组织员工去武清区牧羊地儿童村与残障孤儿活动联欢，并送去生活学习用品，被孩子们亲切地称为“邢姐姐”。

我们与高校合作建立社会实践教育基地，为大学生搭建就业平台、培养人才，免费为学校提供场地作为社会实践课堂。十余年来，我坚持每年都定向资助一位贫困大学生助其完成学业，并指导就业、创业。企业也因此多次获得促进劳动就业先进企业、社会责任百强企业等荣誉称号。我个人更是获得了中国红十字会颁发的中国红十字人道服务奖章。

2018年，我率领银博缘众创时代团队举办多场残疾人创业就业培训，为迎接第28次全国助残日我请来北京心灵呼唤艺术团举办了一场主题为“生命阳光，梦想绽放”的大型公益演出，使与会观众获得心灵净化和意志提升。我率先建立以儿童为主题的创客工场和儿童产业创客工园，引进并运营以“儿童道路安全体验中心”“天津市家庭与儿童早教中心”等众多公益项目，免费为天津市的儿童和家长提供安全知识体验培训，受益人数达到六万多人次，获得各级领导和群众的高度评价和交口称赞。多年来，我为各项公益事业捐款捐物累计价值近千万元人民币。

情系民生，建言献策

我能有今天的事业和成就，要感恩于党的正确领导，感恩于国家的改革开放政策。自从当选为市政协常委，我总是督促自己要对得起人民的信任，争分夺秒要干出更多的事情来回报社会。我切实做到了“建言建在需要时，议政议到点子上，监督监在关键处”。在发挥委员履职作用的同时，积极参加市政协组织的调研活动，撰写调研报告反映社情民意，提案为推动发展、改善民生献计出力。我针对确实影响百姓生活的市政交通、环境治理、机场改造提升建设等具体的民生问题开展调研，建言献策，连续数年撰写几十篇调研报告和提案，共有5篇提案得到了采纳。其中关于天津机场的提案还获得了天津市提案奖，代表行业反映问题，通过提案解决了制约行业发展的瓶颈，帮助群众解决了困难。我

银博集团办公楼

认为,人民政协是各个界别、人民群众共同的家园,参好政、议好政,不辜负人民的期望,切实履行政协委员职责。2011 年,我荣获河北区政协参政议政先进个人的称号,作为一名政协委员与文化结缘,伴慈善同行,践行高尚的义利观。我不忘创业初心,牢记委员使命,弘扬劳模精神和工匠精神,彰显时代风采,传递社会正能量。我要在人民政协舞台上书写浓墨重彩的人生华章,书写一名民营企业家、政协委员奉献社会和情系万民的博大情怀。

我们伴随着改革开放的历程一路随行,共同成长,从中受益。我感恩党、感恩国家、感恩社会。展望未来,我信心满满。我要继续加强自我学习、自我提升,践行社会主义核心价值观,弘扬企业家精神,做创业创新、回报社会的典范。我要按照习近平总书记对民营企业家的要求,继续带领银博人奋发努力、艰苦创业、不断创新,努力把企业做强做优。不断拓展国际视野,增强创新能力和核心竞争力,把银博集团打造成为具有全球竞争力的世界一流企业,为实现中华民族伟大复兴的中国梦而不懈奋斗。

回国创业 20 年，初心未改

吴　强*

人生，有时就像一个圆圈。虽然有时看似回到了起点，但中间经历过的风景和历练，站在原地是领略不到的。作为一名归国创业的海外游子，我的行囊已装得满满的——责任、使命、抱负、贡献……我深切地感受到如果有能力参与推动国家和地方的进步和发展，则是一件大幸事。人生能有几回搏？我想，在这一点上我是足够幸运的！

吴强近照

出国求学——往事如梭

我清楚地记得，1991 年 9 月 16 日，我经过在南开大学和天津医科大学合作办的医学 8 年制专业学习毕业，生平 26 年来第一次坐飞机，飞到遥远的美国，到达肯塔基州路易斯维尔市的第二天，我就开始了 6 年的硕博连读时光。

*　吴强，1965 年出生。天津欣途投资管理公司董事长、天津滨海高新区留学人员联谊会副会长、天津侨商会副会长及田纳西州华商会副会长。

学习时光过得很快，也很充实。1997 年，在发表了 5 篇文章后，我以优异成绩取得口腔生物学硕士和药理毒理学博士，毕业后顺利进入田纳西州范德比尔大学做博士后研究。

我那时的生活来源，完全靠奖学金和做宿舍管家、餐馆打工等方式自己筹集，回国的往返机票都是不小的开支。虽然思乡念亲的情感啮咬着我的心灵，我仍然用正视现实的理智压抑了情感。因此，直到我大学毕业 7 年后，1998 年 8 月我才第一次回国探亲。

7 年，国内的巨变让我振奋。我在南开母校探望老师时，他们告诉我，有几位出国的学长已经陆续回国并在天津一个叫新技术产业园区的地方开始创业。当时，南开大学生命科学院院长张自立教授带我去见了新技术产业园区的领导。我也是第一次了解到怎么注册新公司。在那里，我还听到了很多精彩的创业故事。

那几天的接触，让我的心不再平静。学了知识，不就是为了能有所用吗?我知道，我心动了。虽然那时的园区没有现在这么多的扶持、优惠政策，但园区整体发展氛围，已经在我心中种下了种子，点燃了我的创业热情，促使我下决心回国创业。

心动不如行动。返回美国后，我加紧完成美国范德比尔大学博士后研究。不久，我就发表了两篇高水平文章，然后，躬身谢绝导师的挽留，买了张回国的机票，毅然离职。

我知道，创业总是有风险的，从此我要面对人生诸多磨砺，也下定决心抢关夺隘一路向前。

归国创业——梦想着陆

1998 年 10 月，是我的人生两段旅程的分水岭。上一段，我心无旁骛地学习。下一段，我将扛起实现梦想的使命。

我再次返津，在亲朋好友帮助下在园区注册了我的第一家企业——天津新径医药生物工程有限公司。这个公司,也成为第一批进驻华苑产业园区留学生创业中心的10家企业之一。那时的华苑产业园区,仅有留学生的国际创业中心的孤零零的一幢七层楼建筑。周围尽是农田或者荒地。

三张桌椅,三台电脑外加一个文件柜。办公室有了,创业之路就此起航。虽然有了一定的心理准备,但创业的艰辛和曲折,还是超出了我的想象和预估,正应了一句流行语——理想很丰满,现实很骨感。

起初,公司与国内大学合作开发几种诊断试剂盒。因为国内实验室条件和技术仍很落后,加上资本不足,在反复多次试验失败后,我不得不放弃原来的计划。

遭遇滑铁卢是创业过程中不可避免的。颠覆某些定势、撂下某些光环,在低谷时奋然崛起,正体现出创业的本真魅力。为了公司生存,我只能另辟其他业务。这一次,我们选择了直接面向终端生活的消费品。

2002年,我们与美国家护公司合作研发了灭蚊器,经过5年的不懈努力终将这个产品在美国成功完成EPA注册, 注册号是CN001,代表中国第一例农药杀虫剂和产品在美国注册成功! 这是我和我的团队永远的骄傲!

因为研发成功的灭蚊器需要给国外客户生产, 找不到能生产我们

作者(右二)与美国客人进行交流

产品的工厂，我们就自己建厂生产。于是2003年成立了天津新经科技发展公司，开始加工出口。与此同时，我们争取到给尼桑汽车供应汽车配件的机会，但寻找合适的配套供应商颇费周折，先后走访了天津、浙江和山东的多家企业，一周紧张的行程加上在外吃了不干净的食物，让我上吐下泻，乘火车回来时已经虚脱，需要扶着墙艰难地走出天津站。那一刻让我深刻体会了创业的艰难。不懈的努力终于换来丰硕的果实，选定优质供应商后，我们在新经科技厂区设立组装车间，开始为北美、泰国、巴西和中国尼桑供货。秉承着质量第一、信誉第一的原则，十多年来我们一直保持着零差错优秀供应商称号。

从此，对外贸易成为我们的一个重要业务板块。我们在天津市商务委和贸促会的大力支持下，参加国际展会并成立了分支机构，积极拓展国际业务。现在，我们实现了为国外客户提供全方位"一站式"贸易服务，业务已经涵盖汽车配件、包装材料、环保产品、日用消费品、医疗用品等几百个品种。同时，我们在美国注册了"玻璃库 Glassware Depot"和"新径美国 NewtransUSA"，开始发展自己的品牌，建立销售网络。通过初创阶段的历练，让我逐渐悟出了商道之本——"诚信"。虽然我们公司小、实力弱，但我们秉承客户第一、忠实相待的原则处理遇到的各种贸易中常见的质量、交期和价格波动等棘手问题，让我们积累了一些长期忠实的国外客户。企业的发展离不开优秀的员工，我们重视员工的激励机制和事业规划。形成企业搭舞台，员工唱大戏的格局，培养了一支既能创业又能踏实本职工作的团队。"以诚为本，锲而不舍，不断进取，共创辉煌"成为我们的经营理念和企业文化，为下一步的发展奠定了坚实基础。

改革开放40年来，中国制造以价廉物美的优势深深影响了全球市场，中国的全产业链的发展模式让中国没有做不出的产品，也让我们的国际贸易迅速发展。与此同时，中国成为世界上最大的新兴经济体，吸引着世界资本和服务管理产业的目光。在把市场触角伸向国际市场的

2014 年,陪同天津市旅游局赴迈阿密考察(右一为作者)

同时,我们也积极把一部分资金和重要资源投放到国内。2004 年,我看到了国内房地产飞速发展所带来的物业管理行业的巨大市场空间,于是我动员美国田纳西州最大的一家物业公司摩瑞思物业管理公司一起在天津成立了当时最早的中美合资物业管理公司——天津摩瑞思房地产经营服务有限公司。经过 15 年的发展,公司目前管理着包括天津多家三甲医院、国家和市级高等学府、写字楼、商场和公园等 20 多个项目,员工超过 1300 人。2016 年,公司成为 AAA 最高诚信物业企业,并被评为天津市 20 家优秀物业公司之一。目前,公司在引进"物联网 +"设备和开发"摩瑞思智管"掌上管理平台的同时,正在利用医院和医学院校紧密合作的资源优势,与 IT、人工智能康复和护理、营养及养老方面的合作伙伴一起探讨建立"互联网 +"手机 APP 居家养老平台,实现居家的老人享受与养老院同等的便利优质服务。

把握机遇——搏击风采

国内不断推出的改革政策和日新月异的技术创新催人奋进。创业以来,我深刻意识到公司需要不断提升改造。为此,我在战略方向上注重国际、国内双向发展，建立广泛的人脉资源和业务渠道，放开视野寻找新技术新产业的机遇。

学医出身让我对生物医药类的项目情有独钟。2007 年一次英国的旅行让我见到了多年未见的校友，她就职于英国威尔士的阿斯尔科技公司，了解到他们公司在世界自体免疫疾病诊断方面的领先地位，我萌生了把他们公司引入中国的想法。2013 年，经过多次探讨和磨合，我们联合另外两家高新区企业与英国公司一起共同出资成立了天津阿斯尔生物技术有限公司。公司的自免型糖尿病、重症肌无力、神经脊髓炎及肾上腺自身免疫病等临床诊断试剂盒填补了国内的空白。

党的十八大以来，随着国家产业调整以及习近平总书记号召的“绿水青山就是金山银山”，节能环保产业成为国家发展方向之一。恰好我们一位美国客户要找一种去除天然气和生物燃气中的硫化氢的净化产品。经过仔细考察和筛选，我们选定了山西一家工厂，看中了他们的研发能力和在当地的发展潜力。2016 年年初我们入资山西恒星催化净化有限公司，与之一起经过几百次的实验，研发了包含三大系列拥有多项自主知识产权的 9 个品种脱硫剂。2017 年年底完成新厂扩建，产能达到年产 2 万吨，成为国内第二大脱硫净化产品的生产企业。其中，SK 型系列产品被国外客户誉为世界上最好的脱硫净化剂，为终端用户节省 50%左右的脱硫费用，产品供不应求。

在自主研发的同时，我们也在积极引进国外高科技环保产品。目前，我们正在引进一种北美节能减排助燃烧优化装置。该装置在过去 10 年里经国外十几个国家数百个客户使用，为客户节省天然气和燃油达5%—37%，并大大降低了氮氧化物、硫化物、一氧化碳和颗粒物等雾霾因子的排放。我们相信，这种分子活化技术不仅可用于节能减排，还可以用于污水处理。未来落地国内后，将带来非常可观的经济效益和社会效益。从某种意义上说，这样一种创新更具有普惠的价值。

肩负使命——投身公益

创业的同时，我深知自己肩负的使命和社会责任。因此，我心系祖国、扎根家乡，积极投入社会公益事业，搭建中美间友谊与交流的桥梁。

我先后成为天津工业大学客座教授和美国田纳西州立大学商学院顾问委员会委员，陪同两校校长和高管互访，并借此帮助天津工业大学与美国田纳西州立大学签约成为姐妹友好学校，设立学生和教师互访项目。先后让五十多位田纳西州立大学学生来天津工业大学学习中文、中国传统文化、服装和音乐，到中国各地领略历史古迹和改革开放带来的巨大变迁。他们感叹中国文明的璀璨，赞叹中国人民的智慧、勤奋和友善。有些学生回美后，开始学习中文，立志毕业后到中国工作或找能参与中美间的合作项目。与此同时，帮助 8 位国内毕业生到田纳西州立大学留学并拿到奖学金，4 位工大教授获 TSU 全额资助赴美讲学一年，16 位国内的教授、医生、博士后和研究生到范德比尔大学进修和学习。他们回国后都成了国内院校的领军人物。

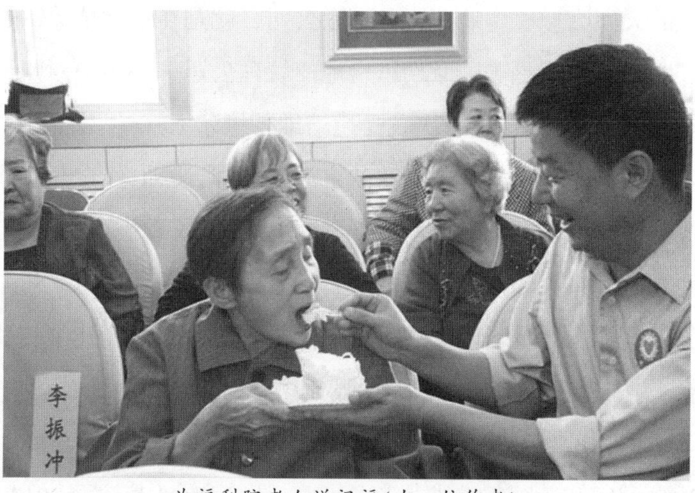

为福利院老人送祝福(右一位作者)

随着中国的国力和在世界上的影响力的提升，“中国”已经成为时尚的代名词。人们纷纷找与中国相关的投资商贸机会。我还记得我刚到美国时，遇到当地美国人他们会问我是不是来自日本、韩国或者中国香港，仿佛直接问我是不是来自中国，就像问一个人是否来自穷乡僻壤的乡村，会给对方带来被轻视的感觉一样。现在则是另一番景象，当我介绍自己来自中国并经常来往中美之间时，总会有人聚拢过来跟我讲他们到过中国，在中国的美好体验，甚至跟我引以为豪地讲几句并不标准的中文。活跃在中美商贸潮流中的我，结识了很多希望了解中国、到中国拓展事业的美国商界朋友，加上当地美国媒体对我的报道，我自然而然成为这些人咨询中国事务的顾问。讲好中国故事，传播改革开放取得的成就成为我肩上的责任。除了帮助他们与中国沟通了解中国文化、习俗和政策，也帮助像GSP（美国前三的建筑设计事务所）在华落地生根。

我还被当地大学和各种商会邀请，给学生和老师及政商人士介绍中国和改革开放；参与了太原和田纳西州的州府纳什维尔市建立友好城市，当地的赛龙舟，纳什维尔商会及纳市中美友好协会组织的与中国相关的各种活动；陪同纳市市长和工商界人士来华考察。通过跟他们的交流，让我感受到他们对中国由感兴趣到想参与直至全身投入。2004年成立的天津摩瑞思房地产服务有限公司，就是在这种情况下孕育而生的。摩瑞思先生是美国摩瑞思房地产管理公司——田纳西州最大的房地产物业公司的老板，一次我受邀给纳什维尔CEO俱乐部会员介绍中国的改革开放和商机。听了我的讲演，他非常激动，经过几次商谈跟我达成共识：把他在物业管理上的经验和模式所长拿到中国来，与他的几位朋友一起来天津与我共同成立合资公司。

另外，我在美国田纳西州参与创建华人商会，积极搭建中美商贸交流平台，为国内企业“走出去”提供服务，配合天津市政府做招商引智的工作。比如2013年，我们协助天津滨海新区逸仙科技园赴美对美国佛罗里达自贸区和迈阿密港进行商务考察、招商和合作洽谈。2014年，协助天津自贸区、滨海新区招商局、天津港和旅游局到美国迈阿密参加国际邮轮游艇产业博览会，参观当地的自贸区和游艇俱乐部，并组织招商路演和洽谈对接会。对接皇家加勒比邮轮公司，为天津港成为其游轮母港起到了一定推动作用。2015 年协助安排由天津侨商会组织的天津企业走出去访美商务考察团。考察团参观了迈阿密和周边市郡，与当地政府和美国荣军协会进行了会谈，考察了当地的投资环境和投资项目。

筚路蓝缕——以启山林

2018 年是我回国创业 20 周年，我从天津滨海高新区起步，在国内外先后创办了 20 家企业。回首走过的创业路，我作为滨海高新区建设的亲历者，目睹了高新区日新月异的发展。20 年前的华苑新技术产业园区只有创业中心一个写字楼，周边都是荒地和农田，没有公交，交通颇为头痛。20 年后，新区不断提升改造老旧社区，如今高楼林立，大面积的绿化带，交通便捷，功能和环境更具活力。舒适的居住条件，也使得创新创业没有了后顾之忧，不断加大的社会事业投入、精准的服务温暖了人心。

在高新区里，我体验到党和政府对海外留学归国人员的极大关心与支持，享受了国家改革开放带来的红利，乘上了高新区的发展快车，使企业一步步发展壮大。

高新区不仅为我们打造了创业平台，还为我们建立了交流、学习以及做公益回馈社会的平台——滨海高新区欧美同学会。自 2011 年加入欧美同学会并任副会长，我不仅结识了创业知音，找到了合作伙伴，也有机会实现参与社会公益和慈善活动的梦想。

与此同时，党和政府给予我们极大的支持和关心。市侨联领导、市侨办和高新区的各级领导多次组织侨商和归国留学人员与市人大和市政府领导见面恳谈，到我们企业调研，帮助解决我们面临的问题和困难。在我创业之初，正是因为多次参加侨务部门组织的海外天津人联谊和创新创业等活动让我开阔了视野，汲取了成功创业者的经验；侨务工作者们不辞辛苦的忙碌与真诚换来了我投资天津、扎根天津的决心。由侨联主办的每年一次的华博会已经成为我们企业展示产品、拓宽业务渠道的重要舞台。

党和政府也授予我侨界十大精英人物、天津滨海高新区十大海归创业之星、全国归侨侨眷先进个人等荣誉称号。让我深感荣幸的是2013年我受邀成为市十三届政协的特邀代表，有机会参政议政。我还先后出任天津侨商会和天津宁波商会副会长、天津海外联谊会和滨海高新区工商联理事。可以说，我们企业今天所取得的成绩和荣誉，是与侨务部门、滨海新区和高新区领导的关心和培养分不开的。

正是赶上了改革开放祖国巨变的洪流，20年来，我虽然经历了种种失败和挫折，有过委屈、彷徨，但无怨无悔。事实证明，选择回国创业是正确的，而更正确的是我选择了故乡天津，选择了滨海高新区这片欣欣向荣的沃土。高新区见证了我们企业的成长发展，我们也为高新区所取得的成就骄傲自豪！

下一个20年，我将继续搭乘天津滨海高新区这列快车，锐意进取，砥砺前行，继续为建立中美商桥、为促进中美经济文化交流做出自己更多的贡献。

2018年，参加天津华侨华人创业发展洽谈会——世界侨商项目与商品博览会(左二为作者)

侨心与乡情

尉丽玲*

跨越时间和空间的历史平凡却也神圣！在天津，我度过了短暂而又充实的4年求学生活，既增长了知识，又丰富了阅历，是令我终生难忘的4年。1994年我于天津大学毕业后，移居到了日本。当2011年我回国再看天津之时，真是感到"士别三日，当刮目相待"。17年的变化太大了，记忆中的天津马路上跑的是红夏利和黄大发，街巷间到处是叫卖的小商贩，天空中飞扬着风沙。如今的天津像雨后春笋，天是那么蓝、树是那么绿，规划有序的街道两旁高楼林立、整洁的马路上车辆行人井然有序，美丽的海河两岸风景如画，一片生机勃勃的景象，令人精神振奋。这些变化是我国改革开放40年取得的可喜成就，归功于市委、市政府高位谋划、顶层设计，高度重视科技创新，统筹推进城市发展，瞄准高端产业链，将天津建造成逐步与世界接轨并

尉丽玲在政协会议上发言

* 尉丽玲，女，1971年出生，天津市中环富士智能设备有限公司副董事长兼总经理、高级工程师，天津市第十三届、十四届政协委员，天津市侨联常委、天津市妇联执委，全国妇女代表。

不断超越的国际化大都市。

不忘故乡情

我1971年出生于黑龙江,在家乡念完小学和中学后,考取了天津大学精密仪器系光学仪器专业。我一来到天津就喜欢上了这里,温带的气候、豪爽的人们、各色的楼宇和街景。因为喜欢天津,我嫁给了天津人,成了天津媳妇。

我在黑龙江度过了童年和少年,在天津度过了我的青葱岁月。后来我的父母一家迁居日本,我也随家人远赴日本定居。刚到日本时,我语言不通,生活中各个方面还都很不适应。茫茫人海,一片陌生。我是一个知难而进的人,越是遇到困难,就越要努力跨越。首先要打通语言关,我在大学里的第二外语就是日语,但是来到日本才知道,那只是学了点皮毛,简单会讲几句日常用语,方言习语都不会。我报名参加了语言学校,下大气力重新学起。功夫不负有心人,通过自身的刻苦努力,我仅用一年时间就考取了日语一级能力测试证书。

在日本学习期间,我也在努力寻找自己的立足之地。我认为女人要有完整独立的人格,在经济上,决不依靠;在感情上,绝不依赖;在思想上,决不盲从。只有在经济、感情和思想上完全独立的时候,才会发现,原来自己的世界非常广阔。

随后我便顺利入职了一家日本公司,从小职员做起,慢慢学习,积累工作及管理经验,锻炼自己的能力并逐步开始创业。1997年,我创立了自己的公司,主要从事医疗器械、医疗用品的销售以及医疗技术咨询服务,在此期间我多次促成天津市医院与日本医院开展互派医生进行为期一年的进修学习活动,在推进我国中医药学在日本发扬光大的同时,也将日本的先进医术及服务理念引进到中国。

虽然移居到了日本,然而就像歌中唱的那样,“祖国已多年未亲近

1990年,天津大学入学照片(左三为作者)

……可是不管怎样也改变不了我的中国心……我的祖先早已把我的一切烙上中国印”。我们依然过着中国的节日,遵循着中国的礼仪。作为侨二代,受父辈的影响,在融入日本社会的同时,我内心深处依然对祖国充满了眷恋之情。

我虽身居他国但不忘故乡情,时时刻刻关注祖国的发展。2001年,我与几位好友共同创立了日中友爱协会,帮助在日本学习生活的华人解决遇到的困难。我出任日中友爱协会的负责人后,经常主动联系中国驻日本名古屋领事馆工作人员,积极配合领事馆开展当地各项工作,同时也得到了领事馆的大力支持。2008年汶川大地震,我积极捐款并主动组织捐款活动,将所筹善款通过驻日领事馆捐赠至灾区人民。每当我遇见中国人就备感亲切,我特别能够理解初来乍到日本的华人两眼一抹黑的窘境,我主动接触他们,积极为他们解决实际困难。当赴日留学生在日本租房需要保证人时,我就帮忙寻找保证人,并且多次为他们担保;当他们在日本就职出现困难,我就帮助介绍工作;只要有华人遇到困难联系到我,我都会第一时间提供帮助。有一件事情我至今记得,那天我刚刚把满月的小儿子哄睡着,拖着疲惫的身体刚要入睡时,电话铃声响起,一个叫王宏的天津留学生发生交通事故,打来求助电话,我立即起身赶往事故现场,维护留学生的合法权益,帮助留学生圆满处理了事故,至今这位留学生还与我保持着密切的联系。

那时候,只要“婆家人”——天津赴日招商代表团来日本,我都积极动员协会全体成员，为代表团进行前期组织安排工作，对接日本相关企业，搭建桥梁，使他们到达以后能够顺利地与对口企业见面、商洽，为中日经济发展交流发挥纽带的作用。

作为新一代的华侨，我生在新中国、长在红旗下，对党始终保持一颗红心，我深知祖国才是我们的根，只有祖国繁荣昌盛，海外同胞才能够扬眉吐气、备受尊重。感谢祖国，不忘我们这些海外游子，张开双手以高规格礼遇欢迎我们回家，为我们提供最好的创业环境，我也定不辜负祖国恩情，勇敢肩负起“振兴中华，乃吾辈之责”的使命，聚侨心、汇侨力，投身祖国建设、维护促进和平统一，为实现祖国伟大复兴的中国梦而奋斗。

回津再创业

由于天津招商的需要，我于 2011 年回国，出任天津日龙电子科技有限公司董事长，该公司主要开展商务咨询及文化交流经营业务，实际上还是在做沟通中日经济、文化往来交流的工作。

天津是大都市，地当九河要津，路通四方舟车。大家都知道，良好的交通是推动经济发展的助跑道。但是我发现天津停车难问题比较突出，机动车的猛增与停置车位稀少之间的矛盾日益激烈，现状远远达不到现有停车需求。由此引发的社会问题也层出不穷，比如老旧小区停车泊位稀缺，居民停车占用消防和救援通道，发生突发情况救援车辆无法通过，造成居民人身财产损失；机动车随便停在街头小巷，占用道路资源，影响行人和非机动车行进，常常造成车堵人塞现象，这是个难以解决的市政问题。

我很欣赏拿破仑的一句话：巨匠在限制中得到自由。原始动物的翼化，就是因为地面的限制而向空中发展。我联想起日本普遍使用的是机械式的立体停车库，将平面停车场向上扩展，通过载车板的升降、横移运动来实现车辆的存取，可根据场地大小和空间高度自由设置层数和列数，也可依地形特点采用不同的类型或形式的停车方式，设备可以设置在地面上也可设置在地下室或地坑中。

比如在繁华地区，地面面积有限，就可以仅用56平方米左右的土地建造高层塔库型式的机械立体停车库，可建20层，每层停放两辆车，这就可以停放40辆车了，有效解决了土地平面面积小停车难的问题，而且这种形式的停车库还可以嵌入高层楼宇的一角，存取车也非常快捷，60秒内便可以完成一次存取车动作；再比如在机场、车站、城市繁华中心区、体育场等不同区域，可以建造平面移动式的车库，将车辆存至地下，只需要在地面上留置一个出入口，通过搬运台车在巷道内完成横走和纵送及升降机配合上下升降运动来实现多层平面移动存取停放车辆，既解决了停车问题，也不占用地面上的城市景观，还非常便捷。

当时我的头脑中就萌生出一个想法，如果把日本的这种机械式立体停车库引进天津、引进中国，不就可以解决国内车多地少、停车难的问题了吗？从此这个想法在我头脑中便挥之不去。我四处奔走，寻求合作伙伴，想把日本先进的机械式立体停车库引进天津来，以方便市民出行和改善交通环境为出发点，逐步解决城市的停车难问题。

最后，我找到了天津中环电子信息集团有限公司，他们的高层领导

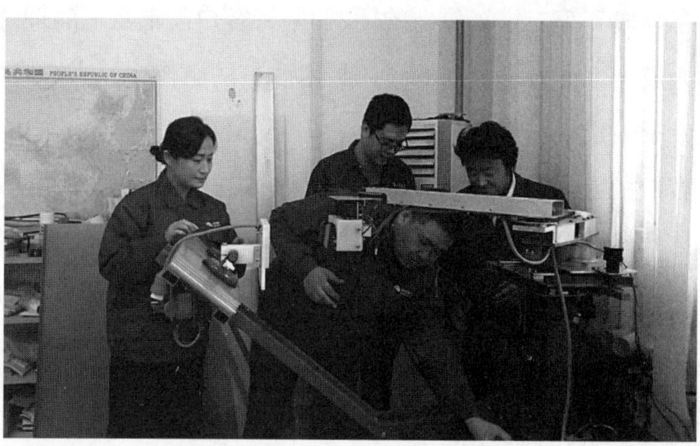

同员工们一起调试充电桩(左一为作者)

对我的想法非常感兴趣，同我一起去日本考察，分析我国停车现状及市场前景，撰写可研报告，上报集团董事会，报国资委审批，最终于2013年6月促成并建立了天津市中环富士智能设备有限公司，该公司作为中环集团的三级企业，专业从事机械式立体停车设备研发、生产、销售及服务，我自那时起开始担任天津市中环富士智能设备有限公司总经理一职。

至今，我担任天津市中环富士智能设备有限公司总经理已有整整5年，从最开始的公司成立、聘请日本技术专家、引进日本先进生产线到成长为集机械式立体停车设备研发、生产、销售、服务于一体的国家级高新技术企业并设有区级企业技术中心，被列入天津市科委国际科技合作支持项目，成为天津市及西青区两级专利试点单位，可谓是摸着石头过河，这期间经历了大大小小不少困难，克服了包括技术、资金等方面的诸多难关。

记得我们在做渤海银行机械式立体停车设备项目前期技术设计时，设计方案是要做前后两排升降横移的设备，当时客户提出要求：是否可以做到驾驶员只需要将车停放在第一排，然后靠机械自动化的形式通过载车板作升降、横移、纵列前后运动实现车辆的运送。这个要求刚开始确实把我们难住了，因为当时世界上最先进的技术也是需要驾驶员将车停放到第二排车位上的。我们坚持客户需求至上的理念，我们的技术人员、工程人员全身心投入技术改良的工作中并虚心听取钢结构建筑专家的建议和意见，反复假设、求证。最终功夫不负有心人，我们达到了客户的要求，客户对我们称赞有加，我们也非常高兴，并将这项改进的技术申请了国家发明专利。从这件事情中可以看出，企业和客户可以互相成就，我们尽全力为客户提供最完美的服务，同时也实现了我们自己的提升。而且困难是一把双刃剑，它既是挑战也是机会，只要我们攻克了困难，便会更前进一步，所以在企业运营过程中，我们不怕困难，怕的是遇到困难没有迎难而上的勇气。

企业领路人

我们的企业属于起重机械制造行业，在生产前期因购买钢材等生产资料资金占用量大且销售回款慢，资金周转困难，有时甚至连发放员工工资都成问题。集团多次伸出援助之手帮我们解决暂时的困难。公司先后两次增资，从公司刚成立时的1800万元人民币注册资本金，增加到3000万元人民币，再增加到今天的4100万元人民币。除此之外，我们还想寻求通过专利质押进行银行贷款，由于利息等问题尚未达成贷款协议；公司也正在积极进行股权融资中。

我很庆幸我有着一支坚韧、执着的管理团队。除了中国员工，日本专家也以企业为家，对待每项工作都极其负责。我们为企业的发展壮大同舟共济、攻坚克难，也非常感谢中环集团领导给予的大力支持以及市级和区级领导提供的政策支持。

公司目前拥有特种设备制造许可证、特种设备安装改造维修许可证、建筑业企业资质证书、钢结构制造安装资质证书，获得电气柜CCC认证、ISO9001国际质量管理体系认证、ISO14001国际环境管理体系认证、OHSAS18001职业健康安全管理体系认证、5A资信等级认证。

我在经营管理公司的过程中致力于技术研发创新，高度重视国际立体停车行业发展动向，积极将公司与国际接轨，自主研发适应于中国国内市场的新型立体停车设备。公司引进了日本具有30年历史的智能停车技术，结合我国市场的特点，在消化吸收的基础上，自主创新研发了一种高空间利用率自动纵列式停车技术，具有自主知识产权，同时被列为天津市重点新产品。在国家大力推广新能源汽车的背景下，为解决电动汽车充电难的问题，我们公司自主研发了具有电动汽车充电功能的新型立体停车技术，居国内领先水平，实现了停车与充电的完美结合。

作为从中国走出去又回到中国的新归侨，在日本这样一个重视教育、科技发达的国家，我感受到中国需要引进高科技人才、需要加大教育发展的力度。所以我利用各种机会帮助天津大学、天津理工大学、中国民航大学等院校成功开展对外交流与合作，建立创新人才实习培育基地，为即将毕业的大学生提供了良好的实践机会，帮助学生将理论与实践紧密结合，提高就业与创业能力。

2015年，在北京与中国侨联原副主席乔卫合影留念(左为作者)

公司通过高科技含量的产品奠定了行业的领袖地位，恪守“诚信、务实、拼搏、创新”的企业精神，坚持“质量第一、客户至上”的经营理念，为广大客户提供最优质的产品和服务，同时也得到了客户的广泛好评，公司曾荣获2016年度十佳市场表现奖和2016年度中国城市机械式停车设备行业最佳进步奖。

目前，公司主要致力于智能停车技术的研发，根据市场需求量身定制具体设计方案，完成生产、安装、售后服务，同时公司自主研发“互联网+停车服务平台”——“天津停车”APP，该APP具备车位导航、预存取车、无感支付、车位共享、车牌识别、人脸识别等多项功能。

在大力发展数字中国建设，推动互联网、大数据、人工智能和实体经济深度融合的背景下，天津市在2018年5月份也发布了《关于大力发展智能科技产业推动智能经济发展建设智能社会的实施意见》和《天津市加快推进智能科技产业发展总体行动计划》等十大专项行动计划。作为市里和区里的专利试点单位，结合国家、天津市和区里的产业政策，我们以智能制造产业链、创新链的重大需求和关键环节为导向，以企业智能化改造为着力点，开展“机器换人”工程，解决生产工艺中的重点难点问题，改变劳动密集型的特点，引进自动化生产线和智能机器人焊接等智能装备；加强与高校和科研机构的合作，引入部分跨学科、复合型、高专业度的高端人才，提升了企业的创新能力。在“互联网＋停车”领域，打通停车管理信息壁垒，实现系统的互联互通、信息共享，将我市停车数据纳入管理平台，实现停车的动态管理，有效地缓解我市停车难、停车乱等久治不愈的问题。同时对全市停车场进行实时数据采集，随时为公安、交管等部门统筹管理城市停车资源，以及对停车资源的供给决策提供数据支持，极大地提升了车辆的管理效率。

在带领公司进行技术研发的过程中，我们也承担了一些市、区级的科技合作项目。2014 年 10 月至 2016 年 6 月，承接天津市国际科技合作专项项目——“智能停车设备”项目研发并通过市科委验收；2014 年 1 月至 2015 年 3 月，主持“一种高空间利用率的重列组合式停车设备”项目研发，通过市科技成果转化中心鉴定，被评价为国内领先水平。2014 年 1 月至 2015 年 8 月，主持“高层塔式垂直升降智能停车设备”研发，通过市科技成果转化中心鉴定，被评为国内领先水平。2014 年至

2012 年，在日本与同胞们共庆中国春节(后排右一为作者)

今，主持公司技术研发与专利申请工作，共立项研发20个项目，其中17个项目完成成果转化，获得专利83项，其中发明专利14项，实用新型授权66项，软件著作权3项，外观专利1项。2016年9月、10月先后在《仪器仪表用户》杂志上发表论文《空间利用率重列组合式智能停车设备控制系统》《波形失真度测量不确定度评定》。2015年9月至2017年9月，主持天津市科技支撑重点项目“互联网停车服务平台”的研发并顺利圆满结项。我本人也于2014年荣获天津市西青区科技进步奖三等奖，于2015年荣获天津市西青区科技进步奖二等奖，于2016年荣获天津市新型企业家称号并取得了高级工程师职称。

在市、区两级政府领导的大力支持下，公司管理团队正竭力将企业打造成“互联网+智能制造”的龙头企业，为助推区域经济高质量发展努力做出我们应有的贡献。

发挥侨的作用

作为新归侨和企业负责人，我于2012年进入市侨联，2013年被选为侨商会副会长，在侨联和侨商会的新平台上，有了更多地参与和学习的机会，视野在不断拓宽，社会责任感也在不断增强。2013年和2018年我先后被市侨联推荐为市第十三届、十四届政协委员，通过参加天津市政协和市侨联组织的学习培训、考察调研、协商议政等活动，紧紧围绕政协委员的本职工作，着眼全市发展的重大问题，认真履行政协委员职责，积极发挥政协委员作用，先后就如何利用互联网手段有效整合现有停车资源，实现错峰停车解决城市停车难问题，加强专车互联网平台管理，加强侨联基层组织建设等方面提出相关提案，并得到市有关部门的重视。在中国人民政治协商协会议天津市第十三届委员会第五次会议上，我代表经济一组向李鸿忠书记做了《关于加强我市停车场建设和管理的建议》汇报，还参加了由副市长主持召开的专题会议，就城市交通问题整治发表自己的意见和建议。在参政议政的同时，我感到自己作为一名市政协委员无比光荣，同时更感到自己承担着沉甸甸的责任，在履职的过程中，时刻站在党和人民利益的高度上，努力围绕经济社会发展、人民生活水平提高谋事、干事、成事，并从中体现作为市政协委员的价值和作用。

作为一名无党派人士企业管理者，我深感荣幸受到西青区委领导的关怀和重视，区委统战部部长带队到企业调研，了解个人和企业经营遇到的困难与需求，并给予大力的帮助和支持。同时还为我们提供机会参加统战部组织党外人士培训班，通过系统认真学习习近平新时代中国特色社会主义思想、中共十九大精神、社会主义核心价值体系以及中共统一战线史，在思想上、政治上、行动上同以习近平同志为核心的中共中央保持高度一致。区委统战部还组织我们到外地考察调研，到先进地区的企业、产业园区参观考察交流，使自己感到政治上的坚定和自觉、认识上的提高和视野上的拓展，对当今国家经济发展认识的不断深化，对自己发展企业带来了更强大的动力，不仅帮助自己学会发现问题、解决问题，同时借鉴好的经验，用于企业经营，推动企业更好更快地发展。

2018年10月，参加中国妇女第十二次全国代表大会留影

作为天津市侨联常委、天津市海外联谊会常务理事、天津市侨商会理事、天津市宝坻区侨联副主席，我积极参与、筹划侨界的各项活动，开展海外联谊和信息交

流，尽自己所能帮助海侨人员回国创业，积极配合西青统战部联络区内各国海侨人员，统计相关具体信息，为区侨联组织的成立做好前期筹备工作。2018 年 9 月我还被侨联推荐为天津市妇代会代表，参加天津市妇女第十四次代表大会，在会上被选为执委，并获得前往北京参加全国妇女代表大会的宝贵机会。我深知，这是荣誉更是责任，作为侨界妇女代表，我要自觉提高政治修养，当好中共开展妇女儿童工作最可靠最得力助手，号召天津各界妇女"巾帼心向党，建功新时代"，带领天津姐妹不仅要做好家庭事业，更要走向社会，积极促进妇女儿童事业不断发展，为中国梦的实现助力添彩；作为一名新时代的女性企业经营者，我要更加自觉地筑牢理想信念，增强"四个意识"，坚定"四个自信"，不仅在本职岗位上建功立业，还要牢记使命，积极传播中共的主张、中共的声音，主动用新思想、新理论、新知识充实自己，为加快推进"五个现代化天津"建设贡献自己的力量!

我是两个男孩的母亲，经常教育他们要记住祖国的优秀文化传统。我自己也身体力行积极投身慈善事业，为孩子们树立榜样，也是弘扬老一辈华侨华人爱国奉献、造福桑梓的优良传统。2013 年至今，我多次参加关爱木兰家乡贫困留守儿童爱心捐赠活动，2018 年 3 月，在家乡建设小学一对一捐助，帮助一个因交通事故高位截肢的一年级小女孩和一个家庭困难的小男孩；2014 年至今，多次捐赠天津市残疾人福利基金会；2015 年 8 月，积极参加天津滨海新区危险品仓库爆炸抢险救灾工作，慷慨解囊、扶危济困；2017 年 4 月，参加中国华侨公益基金会主办的"世界自闭症日——关爱自闭症儿童"活动，参加侨联主办的"小拍品、大爱心"关注残疾儿童，助力残奥会工艺拍卖活动；2018 年我申请加入天津市慈善协会，成为天津市慈善协会理事，在志愿服务社会的实践活动中奉献自己爱心和力量，让社会充满真情和温暖。

我作为一名归侨无党派人士，对祖国充满了无限的热爱。不故步自封，渴望与世界接轨，展示出科学化、规范化、系统化、专业化、优质化、网络化的优势和特点。在天津发展的重要历史性窗口期，我要更加坚定理想信念，强化家国情怀。以中共十九大精神为指引，坚持中国共产党领导，坚持国家至上、民族至上、人民至上，胸怀大局、心有大我。在服务区域发展上，进一步强化责任担当、积极创业创新，在服务天津新发展中展现新作为，实现新突破、做出新贡献。

时光飞逝，转眼改革开放至今已有40年了，改革的时代是英雄辈出的时代，我国在经济、科技、文化、教育等领域都有了飞跃的发展，正在大踏步地跻身于世界资讯化、知识化的先进行列。创新型国家建设成果丰硕，天宫、蛟龙、天眼、悟空、墨子、大飞机等重大科技成果相继问世，逐步在各领域超越西方先进国家，作为一名中国人，我为此由衷感到骄傲和自豪。我也将更加砥砺前行，为祖国的繁荣强大继续添砖增瓦，献策献力。

见证改革开放40年

徐苏斌*

这是我的故事，一个改革开放后成长起来的知识分子的故事。本来我不愿意多写自己，但是我却是积极主张留下口述历史的研究者。我们每个同龄人都见证了不同领域的改革开放。就像我们今天研究20世纪或者更为久远的历史一样，我们十分依赖前人留下的记录，因此我想我们一样有责任给后人留下总结经验教训的资料。

“文化大革命”

我的童年是在“文化大革命”中度过的。在记忆深处最深的划痕是在西单一个用四合院改造的幼儿园里让孩子们参加批斗会，一个女老师被揪到台上，据说是撕了毛主席像。1969年干部下放支援“三线”建设，一时间北京空巷，父母分别被下放干校，我随着母亲到湖北省孝感地区的安陆县(现安陆市)“五七干校”—— 一个新建的纺织厂，当地人称“五七棉纺织厂”。干部下放和“三线”建设是20世纪60年代中国国家规模的大移动，“五七干校”是指中国“文化大革命”期间，为了贯彻毛

* 徐苏斌，女，1962年出生，天津大学建筑学院教授、天津大学中国文化遗产保护国际研究中心副主任。

泽东《五七指示》和让干部接受贫下中农再教育，将党政机关干部、科技人员和大专院校教师等下放到农村，进行劳动的场所。“三线”建设指的是自 1964 年起中华人民共和国政府在中国中西部地区的 13 个省、自治区进行的一场以战备为指导思想的大规模国防、科技、工业和交通基本设施建设。下放和“三线”建设这两件大事聚在一起，更是影响了中国千家万户。

徐苏斌近照

安陆是个山清水秀的地方。这里流淌着汉江支流府河，府河的对岸有棵白果树，据说那里曾是李白的故居。相传唐开元十五年，27 岁的诗人李白“仗剑去国，辞亲远游”，辗转来到安陆，并对此地留下“桃花流水杳然去，别有天地非人间”的美誉。印象里的安陆民风淳朴，一条老街，中间是被磨得光滑的石板路，两侧木门板店面，店里竹椅、芭蕉扇、铁箍木盆，件件透着匠人的智慧。在这个充满历史感的县城又进驻偌大的纺织厂，一下子又给这个中部县城赋予了现代工业的特色，我亲眼看到工厂从基建到完成的全过程。今天半个世纪过去了，无论是老街还是“三线”工厂现在都变成了遗产，戏剧性的是我正是研究这些遗产的人。

那时干校成立了“五七干校”子弟学校。虽然处在“文化大革命”的期间，但是“三线”其实是教育的避风港，教学体系是参考北京的，教师也是下放来的，有北京重点学校的优秀教师，也有上海来的知识分子。记得有个数学老师姓戴，是北京某中学的优秀教师，小学的语文老师姓孙，中学语文老师姓胡，从上海来的，还有物理老师和化学老师都是上海来的。他们教学认真负责，对学生要求严格，如果不去问问题还被批评道:你们难道都懂了吗?下放干部的子弟和来自各地的支援"三线"建设的劳动者的子弟们意外地有机会享有大城市的优等教育资源。我算是那种好学生的类型,几乎每年都被选为三好学生,还担任了班长。我参加过体操队、绘画等课外活动。我喜欢绘画,三年级的时候被老师推荐参加县里的儿童画比赛,作品荣幸获奖。之后老师推荐我去学习泥塑,跟着成人学员一起创作。南方的红泥给我最大的想象空间和动手机会,也奠定了日后学习建筑学的基础。我甚至参加过学工、学农、学军劳动。在学工中我曾担任了一名细纱车间的挡车工,快乐地值过夜班,在学工中也自然而然地了解了纺织厂的工作流程,为日后研究工业生产线打下了基础。在学农活动中学习过区别稗子和稻子,了解过棉花生长的过程。清末张謇曾经引进日本教育的经验,在学校里面开辟农业实验田,让孩子们学习农业知识。不管理念相距多远,在"五七干校"子弟学校再现了清末的改革。虽然那时还不知道未来的去向,但是在无压力中我学习了很多东西。

恢复高考

改革开放,恢复高考,这是划时代的转变。在我之前的下放干部子女无一例外都下到更为基层的农村,和老三届下放到边疆是一样的。新的时代给了年轻人新的契机,实现"四个现代化"成为一代人的努力方向。国家开始重视培养新型人才,1977 年第一次各省出题高考,1978 年首次全国统一出题高考,考大学成为我们这一代的奋斗目标。母亲是一个激励孩子学习的人。那时候母亲托人从上海带来一套复习资料,在资料奇缺的年代这套资料宛若清泉滋润着我们知识干涸的身躯。那时我的成绩总是前三名,还曾经被推荐提前参加高考,不过后来有文件不允许提前考试了。

就在这个时期,下放干部回北京的高潮也来到了,一些同学随着父母回到北京，父母工作的调动也给孩子带来不安，我在期待回京调令中度过了高考的准备期。那时候电视机虽然是新鲜事物，但是参加高考的孩子基本都能抵抗得住电视的诱惑，我也不例外。楼下还有一个露天电影院，每逢周末都会传来隐隐约约的音乐，我也多次按捺住去看电影的冲动。

高考外语考试成绩的比例快速升高，到了我们这一年占到100%，改革开放迎来了学习外语的高潮。可是那时没有录音机，收音机也收不到英语电台，很多人不得不放弃英语得分的机会。

1980年我以全校第一名的成绩考上了大学。那年据说本省的招生比例只有4%，我是幸运的，可是也遗憾那个时代教育资源实在有限，还有很多年轻人被拒之大学门外。

大学生活

天津大学有个好听的名字“天大”，这个让人膨胀想象的名字鼓起我希望的风帆。天津大学的前身——1895年创办的北洋大学是中国第一所现代化大学。建筑系创建于1937年，吸纳了天津工商学院的建筑系，1952年又合并了唐山铁道学院的建筑系。“文化大革命”期间统筹为土建系，改革开放后又分离出建筑系，成为全国建筑类著名的老四校（清华大学、东南大学、同济大学、天津大学）之一。改革开放后1977年第一批招生，当时考生来源比较多元化，到了1980年学生来源已经趋于平稳，大部分是高中毕业生。还记得刚到天津东站时车站的样子，多少年后才知道那就是老龙头火车站，是中国最早的车站之一，1888年通车。建筑系课程十分独特，除了工科的课程之外还开设了设计课、美术课、文学课等，备受其他学科的同学羡慕。设计课是建筑系的主课，从裱纸到渲染，老师手把手地教，钢笔画也是基本功，一般机械绘图画使用鸭嘴笔，但是绘制变化多端的建筑画就远远不够了，于是老师们自己磨制小钢笔，把笔尖磨成各种角度适合绘出各种线条，这也是技术活，会磨制小钢笔也成为值得骄傲的技能。平面图的草地上的点都是手工一个一个点上去的，不允许拖出小蝌蚪尾巴，设计课熬夜成为一种乐趣。美术课学习了素描和水彩，在学习静物以后就到外面画外景，印象深刻的是二年级的夏天到清东陵实习绘画，东陵现在是世界文化遗产。意外的是出发前左脚外侧骨折，肿得鞋也穿不上，但还是参加了测绘和水彩实习，不能走远就躺在乾隆裕陵隆恩殿的地板上画天花仰视图，画慈禧陵大殿的室内水彩，被剥掉包金的大柱给我的视觉冲击不亚于外面金瓦红墙的陵园风景。记得我的那幅慈禧隆恩殿的水彩还被选送到神户大学参加展览。我把这次实习看得比养好骨伤更重要，也是因为这份固执，给老师和同学增加了不少麻烦。文学课的老师出口成章，游刃有余。在讲解宋·洪迈《容斋四笔·得意失意诗》“久旱逢甘雨，他乡遇故知，洞房花烛夜，金榜挂名时”时，在每一句前面加两个字“十年”“千里”“和尚”“老生”，那讲解让大家忍俊不禁，他还让学生们自己补对唐诗并对优秀者赠予亲书以资鼓励，我还获得过老师的亲书。

作者(中间)在天津大学博士班读书时

除了上课大学期间的生活丰富多彩，我还是天津大学校刊通讯员，撰写的散文被收入臧克家主编的《全国大学生优秀作文选》。大学三年级参加了中国建筑学会主办的第一次全国建筑大学生论文竞赛，《建筑的动》和另外合作的一篇《地下王国 + 田园城市——论未来城市的结构形态》获奖。当时全国第一次举办大学生论文竞赛，只有10篇论文获奖，因此有一定的影响力，获奖也为进一步深造奠定了基础。

改革开放也带来海外的信息。那时天津大学国际交流伊始，有一两位外籍教授担任设计课程，他们经常带着学生骑着自行车穿梭于租界之间并测绘重要的建筑，讲解着这些原本在中国学生看来司空见惯的老建筑。我不仅学习了英语，更重要的是外国老师对天津建筑的视角是我重新审视作为文化遗产的天津城市和建筑的开端。因为天津曾经是一个有九国租界的多元文化重叠的城市，所以真正读懂天津谈何容易，更何况那个时候还缺乏介绍国外建筑的资料，这些外国老师成为我们学习外国建筑和了解近代遗产的启蒙老师。

上大学的时候中国还处在计划经济时代的末期，实行定量供应制度，每个女生每个月31斤粮票，有全国的还有天津市的，我们总把富余的粮票送给粮票不够的同学，如果还有多余的就换点花生米什么的。虽然拮据，但是花费也不多，学费免费，住宿免费，享受了社会主义体制的教育福利。

攻读研究生

4年的大学生活转眼即逝，1984年7月我们毕业了。当时还实行分配制度，按照分配制度同学们基本上返回了自己的来源地，我选择了报考硕士研究生。1983年中国开始招收第一批硕士和博士，我赶上了最早的继续深造的那班车。导师彭一刚（院士）是中国建筑学界著名的教授，他给了我很大的选择空间，我选择了风水和心理学的跨学科研究，尝试从两个学科的角度考察中国传统的风水理论。这个选题本身就是时代的产物：改革开放一方面开始挖掘传统，寻找表现文化认同的依据，另外一个方面大量学习西方的理论。有关研究表明当时70%理论来自美国，心理学研究也来自美国。为了写好论文我查阅了心理学资料，到南京拜中国知名的心理学家为师，选修南开大学的心理学课程，并且接触了《古今图书集成》《四库全书》等经典文献，这些文献使我感叹中国传统文化的博大精深。

1987年教育部启动高校军训制度，那年夏天我硕士毕业留校，马不停蹄带领新生到军营体验了最严格的军事训练。在天津郊外我人生第一次接触实弹射击。

秋天，天津大学建筑系开始招收第一批博士，我参加了博士入学考试。虽然建筑系不是在全国最早招收博士，但是在天津大学则是一个划时代的尝试，需要全新设置考试内容。考试分政治、英语和快题设计，快题设计题目是著名建筑师柯布西耶纪念馆，我趴在图板上画了8个小时，快题考试是对脑力和体力的最大考验，考试之后快要虚脱了，幸亏有同学陪伴回宿舍。

考试之后我赴德国短期留学。1988年出国留学也是新鲜事物，这次是中德友好协会资助的中德两国学生互换的活动，因为节省经费我们乘火车经过西伯利亚到莫斯科、波兰、德国，最后到达亚琛。我见证了解体之前的苏联，合并之前的联邦德国和民主德国，也访问圣诞前夜的巴黎。虽然时间较短，但是当时欧洲和中国的距离也让人感到吃惊。北京人艺的冯远征先生是我在延安党校的同学，他曾经描述在德国的学习经历，还有同门的建筑大师周恺教授都曾经谈到德国留学经历，我自己的经历使得我十分理解他们赴德国留学的心情。

作者(左)和彭一刚先生

回国后我荣幸地成为天津大学建筑系的第一位博士研究生。读博期间，导师给我选定的研究课题为中日建筑比较研究。在接受国外的影响同时如何表现中国自己的传统这个从近代开始就周而复始的命题，在改革开放之后又成为热点。博士指导是由团队进行的，除了导师彭一刚先生之外，还有聂兰生先生、邹德侬先生、王其亨先生都参加了指导，他们都是著名学者。在老师们的指导下我于1992年完成了博士论文。但是毕业并不代表研究完成，研究日本必须到日本留学。

东渡扶桑

中国和日本同是亚洲国家，日本不仅继承自己的传统，同时也致力于创新。当时有外国人说日本一个手拿着walkman，一个手拿着人偶。walkman翻译为随身听，是日本索尼公司生产的一种个人随身音乐播放器的通称，随着walkman的普及，walkman已经成为一种文化现象。walkman一词已经收《牛津大辞典》。人偶是一种传统的布娃娃，随身听代表着技术的发展，人偶代表着传统的传承，两者相加形象地描绘了日本现代化的特点。

我学习的东京大学校园很美，白果树夏天一片墨绿，到了秋天又一片金黄，斑斑点点的阳光透过叶子落在地上，加上哥特风格的建筑，处处都可以入画。我总遗憾自己的相机不能记录下所感受到的最真实的色彩。

东京大学的图书馆像一个聚宝盆，似乎永远有挖不尽的宝藏。那时候还没有网络图书馆，我在图书馆度过了无数个废寝忘食的日子。我常常不吃午饭，每次都要用足自己的借书的权限，背着沉重的书包往复与学校和住所之间。

东京大学积聚了日本学术的精英。1926年鲁迅曾经写过《藤野先生》，这篇散文以深切怀念之情，热烈赞颂藤野先生辛勤治学、诲人不倦的精神及其严谨踏实的作风。我的日本导师藤森照信先生也和藤野先生有一样的品质和精神，他是学者，曾经出版过近百册图书；他是建筑师，他的作品不仅建造在日本，而且也建造在欧洲、澳洲、中东。他是一位对于日本文化有着深刻理解建筑史家，也是一位将传统融于建筑创造的建筑师，他能把日本传统美透过传统的工法带进他的作品，我发现我的中日两位导师的想法竟如此默契！

研究日本的建筑首先要研究日本的建筑文化根基，留学期间中日建筑文化的交流成为我最关注的内容。日本成为我重新考察中国建筑文化的参考系，从飞鸟时代日本学习了中国建筑，历经多次变迁，依然保留和中国的相关性，而中国已经不存在的建筑还能在日本建筑中找到踪影。日本像一面镜子反射着我们可能看不到了的中国古代建筑；我关心近代日本对于中国城市建筑的影响，中日之间文化的交流透过建筑可以有细致的诠释；我还深感日本重视对于自己文化遗产保护和展示，例如散步道上的标识写着这里曾经的故事。这些成果都反映在我以后的书籍和论文中。

除了在东京大学学习，我还曾经在清华大学进行博士后研究工作，在东京大学东洋文化研究所、京都日本国际文化研究中心、东京造形大学、明治大学等机构从事研究和教学，在那里我也遇到了许多知名的老

日本建筑学会获奖照（前排左三为作者）

师，体验了跨学科和国际化的科研的氛围。借此机会感谢东京大学村松伸教授、滨下武志教授、平势隆郎教授、井上直美女、丸山雅子女士，名古屋大学西泽泰彦教授，国际日本文化研究中心井上章一教授、稻贺繁美教授，东京造形大学渡边真弓教授、星野铃教授。感谢清华大学汪坦教授、吴焕加教授和张复合教授等。2005 年我以全优的成绩完成课程并顺利通过博士答辩，获得人生第二个博士学位，学位论文研究了中国的城市建筑与日本的关系。这是在日本研究的集成，我的研究获得了第十回交通调查·研究优秀奖（东日本铁道文化财团，日本）、山田一宇奖（前田纪念工学振兴财团，日本）、亚洲太平洋研究佳作奖（亚洲太平洋论坛·淡路会议，日本）、日本都市计画学会奖（日本都市计画学会，日本）、日本建筑学会奖（日本建筑学会，日本）、建筑史学会奖（建筑史学会，日本）等。日本都市计画学会奖、日本建筑学会奖、建筑史学会奖，这是我获得最重要的三个学术奖，日本建筑学会奖是日本建筑学会的最高奖，自 1949 年设奖以来研究部门还没有外国人获奖，我很荣幸成为第一位女性获奖者，也是第一位外国人获奖者。

保护遗产

作为建筑人，梁思成和林徽因保护文化遗产的事迹始终鞭策着我，作为女人，林徽因则更是我的榜样。她对文化遗产的执着激励着我全力投身文化遗产保护事业。

2006 年天津市滨海新区成为中国经济增长的第三极，经济开发和文化遗产保护成为重中之重，当时中国还很缺乏文化遗产保护的研究机构和人才，如何评价研究者的业绩？是从文章数量还是从对社会贡献或者国际贡献考量？近年来海外对于研究者评价越来越重视社会贡献和国际贡献，我和外籍先生也希望以绵薄之力为文化遗产保护做出贡献。于是我们锁定目标：第一是创建文化遗产保护科研机构，第二是推动文化遗产保护教学,第三是为社会服务。

2006年秋天我们受聘于天津大学,那时还没有强有力的人才支持政策,对于事业的憧憬是最大的动力。经过两年的准备,在天津大学的支持下,2008年我们创建了天津大学中国文化遗产保护国际研究中心(2010年基地获批天津市高校人文社科重点科研基地),成立了团队。在这个平台上开始了一系列文化遗产的保护工作:2009年倡议保护濒危的北洋水师大沽船坞获得国家文物局批示,主持制定了保护规划;2010年主持调查天津市中心城区租界地区文化遗产,为五大道等申请全国重点文物保护单位提供基础信息;2012年和天津市规划局合作进行天津市工业遗产普查,为天津市工业遗产保护编入城市控制规划提供依据;2012年提出建议,一方面加强工业遗产的保护,另外一方面建议推动天津申请"世界创意城市",获得天津市市长批准。

2013年开始,我们承担国家社科重大课题"我国城市近现代工业遗产保护体系研究"工作,2014年课题组拟定的《中国工业遗产价值评价导则》,经中国建筑学会、中国城科学会、中国文物学会等专家审议通过,成为全国工业遗产调查和研究的重要参考之一。2016—2018年参加工信部国家工业遗产的两次评选工作和专家会议。参加了中国文物学会20世纪文化遗产的三次评选工作。

与学生一起在天津五大道街区调研(左三为作者)

2018年天津市启动了申请世界创意城市的工作,我也被邀请为专家参与申请的准备工作。

我们和法国、英国、日本以及中国香港等很多高校建立了合作研究的关系。我还担任巴黎第一大学客座教授、香港中文大学客兼职教授、国际日本文化研究中心共同研究员，担任亚洲建筑文化国际会议组织委员会主席等，推进中国和境外以及海外的交流。我担任中国文物学会、中国建筑学会、中国城科会、中国城市社会学会等的重要工作，结合国家社科重大课题研究推动全国的遗产研究和保护。

我的研究成果在2013年获得教育部第六届高等学校科学研究优秀成果一等奖，这是我国目前社科领域的最高奖。2016年合作主编了《中国近代建筑史》五卷本，这是我国首部通史性的大型著作，由中国建筑工业出版社出版，获得国家“十二五”重点出版规划资助，2017年获得中国出版政府奖。研究成果《天津工业遗产普查以及相关问题思考》获得中国建筑学会优秀论文奖、亚洲建筑文化国际会议（EAAC2015）最优秀论文奖等。

在日本早稻田大学讲堂讲演(中立者为作者)

改革开放以来中国高度重视知识分子工作，我获得的各种奖励见证了改革开放后实施对教育和科研大力鼓励的一个侧面。我获得了教育部新世纪优秀人才(2007)、天津大学三八红旗手(2010)、天津大学建校120周年杰出贡献奖(2015)、天津市建功立业先进女职工(2014)、第五届中国侨界创新成果奖（2014）、全国五一巾帼标兵（2015）、文化名人暨四个一批人才（2016）、国家“万人计划”领军人才（2016）等荣誉称号。我所在的研究中心获得“天津大学教工先锋号”称号（2012）。

10年来天津大学中国文化遗产保护国际研究中心成为培养文化遗产保护的重要平台，培养了博士后、博士、硕士研究生数十名，为社会输送了急需的专业人才。现在毕业生分布在政府部门、博物馆、高校、设计部门、民企等多种部门，将遗产保护和创新理念推向社会。

改革开放40年，这是中国近百年来科学技术繁荣的时期。改革开放就像一列时代的高铁高速行驶。我从起点就开始登上了列车，我一站又一站，融入了国家教育科研的战略，也一直在见证中国教育和科研的一个又一个成就。尽管还存在很多问题，但是问题也在不断改进，这就是改革开放的实质。今天，改革开放的高铁依然没有减速，改革需要动力，殷切地期望更多的年轻人以史为鉴，勿忘初心，继续前行！

传承·改革·创新

——共筑健康中国梦

闫凯境*

发端——耳濡目染创业精神

我的父亲是军人，供职于部队医院。他的战友评价他："他是个不甘寂寞、敢于挑战、善抓机遇的人，给个舞台就能创造出奇迹。"

1992年的春天，邓小平南行，并发表了著名的南方谈话。同年，党的十四大正式确定中国经济体制改革的目标是建立社会主义市场经济体制，中国的改革开放再次进入快车道，天地一时无比开阔。那是一个波澜壮阔的时代，市场经济大潮中，百舸争流，我无法窥得时代的全貌，但从我的父辈身上，我真切感受到了时代的潮涌。

闫凯境近照

彼时医院资金困难，父亲想通过制药来筹措经费。他和我的母亲钻研中医药典籍，在极为简陋艰苦的条件下，开发出了

* 闫凯境，1979年出生，天士力控股集团董事局执行主席。

治疗心血管疾病的复方中药——复方丹参滴丸，该药在 1993 年年底获得国家新药证书和生产文号批准。乘着政策春风，1994 年 5 月，天士力的前身——天使力联合制药公司成立，父亲出任总经理，毅然走上创业之路。

那年，我 15 岁，在我的少年岁月里，父亲、母亲总是格外忙碌，创业的艰辛，显而易见。

1994 年的秋天，全国药品交易会在广州举行。父亲和战友踌躇满志带着产品参会，失望而归——会议期间，他们一盒药也没卖出去。我的母亲当时是公司的市场总监，她带着战友在广州住着最便宜的旅馆，足迹遍布广州所有医院，介绍复方丹参滴丸的功效，但一个月只卖出了一箱药。

然而，在绝境中，在没有任何营销经验和销售渠道的情况下，我的父辈们凭着一股对事业的热情和执着、军人的坚毅和韧劲，一家一家跑医院，一次被拒就反复跑；用自行车驮着药品箱子给医院送药，一天跑一百多里；拓展市场，常常独自一人在长途客车上一坐就是一两天……

功夫不负有心人。1997 年，天士力的营销网络已经发展到 11 个销售大区，36 个办事处，市场覆盖率达到 80%以上，复方丹参滴丸销售额突破 1 亿元，从零到亿的跨越，仅用了不到 4 年的时间。

今天，我们在谈论第一代企业家时，往往用“敢想敢为”“敢于挑战传统体制的束缚”“勇于在坎坷中奋力前进”来形容他们，并将之视为企业家精神的重要内涵，我耳濡目染，深感赞同。创新，善于抢抓机遇，艰苦奋斗——正是这种精神造就了今天的天士力，成为天士力的文化基因，持续凝聚企业发展之力。

成长——宝剑锋从磨砺出

在天士力销售额实现亿元突破的同一年，我 18 岁，做出了人生中一个重大选择，我要走出去，看看更为广阔的天地。

高中毕业后，我只身前往英国。在4个月的时间里，通过坚持全英文交流，我克服了语言障碍，从最初的听懂到能够顺畅沟通，最终取得了雅思高分的成绩，被英国阿斯顿大学录取，并选择了商业电脑与信息技术作为我的专业。

那是1998年，计算机在中国尚未普及，互联网方兴未艾。但父母和我都认为，这是未来发展的一个重大趋势。果然，20年后的今天，互联网前所未有地影响着人们的生活，信息化成为新时代驱动社会经济发展的重要引擎。

留学期间，我每天基本就是骑着自行车穿梭于图书馆、健身房和宿舍，过着三点一线的简单生活。我还经常去餐馆打工，后厨里的那些活，比如削土豆、刷锅、刷盘子，我都干过，没觉得苦；相反，每天能赚30英镑，我觉得很满足。

本科学习顺利完成后，我选择进入雷丁大学，学习国际证券、投资与银行专业。这是我的兴趣所在，也是出于对未来企业经营管理的考虑。因为天士力的发展步入快车道，向国际化企业迈进，对企业管理也提出了更高的要求。

这是一段不能遗忘、更不该遗忘的深刻记忆。这段经历培养了我独立、自律的性格，对我拓展视野、树立世界眼光产生了重要影响，为我后来带领企业向"互联网＋制造"的工业4.0转型升级、推动复方丹参滴丸国际化、协助中国中医药企业集体走向海外打下了基础。

2003年留学归来，我没有直接进入企业工作，而是选择参加特种军事训练。虽然起初有心理准备，但训练的严酷性从第二天就开始体现，没有适应和缓冲的过程，直接进入无限时散打实战训练，一直搏斗到流血为止。我的抗击打能力比较强，一直紧跟着训练的节奏，从没因为苦累而放弃。训练的最后阶段，我出现眼睛玻璃体混浊，眼前黑点飞舞，得了飞蚊症，到现在还没有痊愈。长期艰苦的训练也给我带来了伤痛，大腿肌肉出现撕裂，休养了半年之久。

为期12个月的训练，对我人生价值观的形成起到了至关重要的作用。它除了造就我强健的体魄外，更培养了我吃苦善战、勇于承担的素养。这与公司经营异曲同工，企业身处激烈竞争环境之中，我们要如同军人承担保家卫国的责任一样去承担企业的责任，要如同军人执行军令一样去执行企业的战略。面对这样朝夕瞬变的竞争格局，面对如此的技术及市场高潮迭起，创业者和继承者都在销蚀着自己，为企业生存与发展顽强奋斗，丝毫不敢懈怠！

蹊径——而今迈步从头越

千里之行始于足下。医药行业属于高门槛行业，我没有医药专业背景，因此加入医药包装厂，从基层管理人员做起，逐步了解公司业务和流程，积累经验和资历，不失为最佳选择，这也为我日后的快速适应和成长打下了基础。在此期间，我看到有很多海外归来的朋友不适应家族企业的文化，更想去独立创业。但我一直习惯用“事业经理人”来形容自己，以小辈人来自律，始终与公司父辈的创业元老保持相互尊重，在他们的帮助下不断学习。

火炬传递(左为作者)

外界普遍认为，在父辈打下的基础上发展是站在巨人的肩膀上，理应从容不迫、游刃有余。事实上，一路走来，我切实地体会到传承的不易。于我个人及团队来说，用8个字来形容最为贴切——夜以继日，如履薄冰。迈进天士力大门的第一刻起，我便面临着人生三问：是否有资格带领天士力发展？我要继承天士力的什么？我又该如何在继承中创新？

我始终认为，我们这一代企业接班人同父辈有所不同：一代企业家有本能的需求去奋斗，出于对美好生活的向往，目标非常鲜明；而二代接班人面对物质极大丰富的环境，很难看清自己到底想要什么。这就需要达到修止的心境，把自己腾空，找到原始的出发点，真正战胜自己，才能闯出一条新路。

“哪个将军身上没有几道疤？”“不想当将军的士兵不是好士兵。”要想取得领导资格，必须要“立战功”“做好兵”，用成绩说话。由于我有金融专业的背景，熟知投融资运作手段和创新方法，这让我不断从资本的角度进行思考，并寻找带领天士力发展的第二个支撑点。

随着改革进程的推进，2008年，产业资本发展进入黄金期，鼓励产业资本服务实体经济发展的政策频发，经济的高速发展则为产业投资提供了充足的资本保障。在此之前，天士力基本只有公开资本市场融资和间接融资。而我们需要与整个行业发展规律融合，利用资本平台和技术优势进行外部资源的获取，让资本市场和产业发展更好地形成共振。天士力“产业+资本”的布局，就是在这种背景下发展起来的。

2008年，我主导创建天士力控股集团联营企业——天津崇石创业投资有限公司。当时，天津市还没有类似专注于医疗医药领域的私募股权基金，外界对于天士力的认知还停留在制药公司概念上，再加之我们团队没有私募股权基金的管理经验，因此基金创立初期困难重重，不时有质疑的声音。大家为资金募集东奔西走，每个人压力都很大。第一支基金的成功创立带动形成了一个具有战略眼光和专业知识，高效协作的团队，这成为未来天士力投资板块的重要财富。到现在，天士力旗下基金管理总规模超过125亿元，形成了“产融互动、产业为本、金融为器”的产融结合模式，持续为公司赋能，构建了公司“产业＋资本＋战略增值”的竞争优势。

这些业绩得到了公司上下的一致认可，我也在近年出任天士力医药集团股份有限公司董事长以及天士力控股集团董事局执行主席，逐步完成了在公司先站稳、再站高的转换。我开始逐步从过去的亲力亲为、事无巨细转向专注于思考公司战略和未来的选择：看别人看不到的未来，做别人没有勇气做的决策，也许，真的会“杀出一条血路来”（邓小平语）。

世界——风物长宜放眼量

从小，父亲常向我描绘一幅图景：600年前，中国港口，千帆竞发，郑和带领无数探险家去寻找未知的新世界。为保障船员的身体健康和航海任务的顺利完成，郑和每次下西洋都配备了一百八十余名医官、医士和药士。所到之处，中国医药文化得到了广泛传播，拉开了中医药在世界范围内普及推广的历史大幕。

天士力荣获第四届中国工业大奖（右四为作者）

然而百年前，中华大地上发生了一场关于中医废存的论战，中医药，这个数千年来中华民族繁衍生息的功臣一时陷入窘境。新中国成立后，中医药受歧视的情况逐渐得到纠正。我的父亲带着重振中医药文化的迫切，投身中药现代化、国际化的事业。创造健康、人人共享，让中药成为世界大药，成为天士力的企业愿景。

适逢改革开放打开了全面对外开放的新局面，推动中国经济进一步融入全球化的世界经济，中国企业不仅“开眼看世界”，更迈出了“走出去”的步伐。1997年，天士力带着公司第一个重要科研成果复方丹参滴丸，扣响了美国食品药品监督管理局（FDA）的大门。

当时在美国，在国内治病救人的中药只能作为食品添加剂或者保健品在杂货店等渠道出售，进不了医院和药店这些主流市场。我们希望，中药能够以药品身份，堂堂正正走入国际主流医药市场。

这是一个漫长的过程。

美国FDA有着一套当今世界最为严格的药品审查制度。对照FDA的标准要求，天士力从每一个源头去找自身与要求的不符之处，一共找到了一万多个需要改进的点。

中国有句古话，膏丸散丹，神仙难辩。在药品注册申报中，我们常遇到这样的问题：中药材在不同地方是同一种物质吗？不同季节不同年份能否保证一样的质量？单一化学成分的西药很容易控制质量，复方中药如何保证每一批产品之间成分的一致性和安全有效性？

2007年，复方丹参滴丸正式启动美国FDA二期临床试验。然而，刚开始进程非常缓慢，在千辛万苦招募的每10个志愿病人中最后只有1个签署知情同意书，而每6个签同意书的病人真正参与临床试验的只有1个。

中药国际化突围困难重重，让我们明白在科研、管理、生产方方面面与国际有多大的差距。必须想方设法，各个击破。

这些年来，我们围绕“安全、有效、质量可控”，积极探索“组分中药”

为主导的现代中药新药研究与产业化新模式，通过建立清晰的现代病理模型，明确药效物质基础和作用机理，使过去笼统模糊的传统中药，基本达到药效物质明确、作用机制清晰；从中药材种植开始，建立现代中药全产业链标准体系，逐步实现标准的国际化对接；创建现代中药国际化智能制造模式，实现中药生产的数字化和智能化。天士力自主研发了具有高频深冷滴制技术的第五代滴丸机。这是目前世界上最先进、唯一的高速滴丸生产设备，由此创造了世界上首个由中国人贡献给世界现代医学的新药物剂型——微滴丸胶囊剂。

2016年，在全球9个国家、地区的127个临床试验中心进行的，约1000名受试者、约500名研发人员参与的复方丹参滴丸全球多中心随机双盲大样本FDA三期临床试验完成，成为全球首例完成FDA三期临床研究的复方中药制剂。试验结果证明，现代中药组方科学，具有临床有效性、安全性，质量稳定可控。

复方丹参滴丸成功开辟了一条现代中药国际化通路，但天士力从未停止过寻找中药走向世界的新路径。2018年6月，由中国中医科学院牵头筹建，天士力集团、汉诺威医科大学和德国联邦医师公会下属德中医学会共建的"中国—德国中医药中心"在德国汉诺威成立。这是中国中医药管理局认可的国家级海外中医药中心，也是我们推进中药

APEC青委会合影(前排右四为作者)

国际化战略的重要举措。我们希望通过与欧洲主流医学研究机构深入合作，探索中西医融合临床路径，进一步促进德国及欧洲医学界对中医药诊疗效果、特点及机制机理的了解与认可，加快现代中药国际化进程。

中国开放的大门不会关闭，只会越开越大！天士力将国际化作为集团的根本战略之一，我们跟随“一带一路”建设的步伐，在北美、欧洲、澳洲拓展建立三大区域中心，强化与世界级企业的合作，全面走向世界。

在以现代中药为核心，生物药、化学药协同发展的大生物医药格局下，我们满怀自信，与世界细分行业的领军企业携手，法国 Pharnext、澳洲 Mesoblast……在基因和生物信息网络研究、干细胞治疗等诸多领域展开深入合作，共同探索未来医学发展，将重大疾病领域更加先进的治疗手段和方案引入国内，满足人民未被满足的临床需求。

天士力开放共享国际化复方中药开发平台，助力其他中药企业产品进入国际申报。我们深切地希望，民族医药“走出去”能够形成“集团军”，共同开拓国际市场新蓝海。我们立足于创造“世界大药”的目标，不但要让现代中药产品通过国际化研究走向世界，而且要让我们创造的现代中药生产技术、标准体系、装备体系，达到更完善的智能制造水平，让中国独有原创知识产权的现代中药智能制造，走向世界。

未来——创新筑就健康中国梦

如今，天士力已经构建起以生物医药产业为核心，以健康保健产业和健康服务业为两翼的大健康产业集群，成为一家高科技、跨国企业集团。而随着医疗体制改革的推进，健康中国战略等的深入实施，我们面临着时代的挑战，也再迎来历史的机遇。

《论语》有云：“吾日三省吾身。”作为天士力新一代的“掌舵人”，关于未来，我对自己和团队也常有三问：与父辈们相比，我们创新的地方在哪里？如何运用新的方法捕捉更多的创新思路和经验，在新的战略设计中，为企业的竞争力和差异化商业模式带来新的增长点？如何实现商业发展的最终目的，发扬利他精神，为民众创造健康快乐、幸福美好的生活和可持续发展的环境，实现健康中国之梦。

在西普会上发言

我发现，技术的演变为医疗行业带来了新发展机遇，也为天士力的创新指明了方向：患者的地位在逐渐演变，随着医疗数字化技术的普及，患者的话语权得到了提升。在不久的将来，所有人可以快速访问个人医疗数据，这些数据也将在个人健康管理中起到至关重要的作用。一个以患者健康需求为核心，各种服务主体与患者直接多元交互的网状新生态正在产生，我们正在迎来一场医药产业的深入变革与竞争格局的重构。

但新技术的应用和推广十分不易，一边是技术赋能的患者权利，一边是墨守成规的医疗界，这促使我们不断调整对创新的定义。事实上，一直以来，我们也正是沿着技术创新和商业模式创新两条主线推动天士力的发展。

回望过去，天士力已经走过24个年头，这在漫漫历史长河中不过弹指一瞬，但天士力伴随着“春天的故事”旋律，在这片充满生机活力的沃土，从无到有，从小到大，在竞争中求生存，在创新中求发展。我更深刻地体悟到：企业的发展与国家的命运紧密相连，与社会的发展休戚与共。企业只有把自身发展融入国家命运、民族复兴，才能基业长青。

习近平总书记指出，中华民族的伟大复兴，必将在改革开放的进程中得以实现。改革已经进入攻坚期和深水区。展望未来，在新的起点上，我们将不忘初心，牢记使命，接力前行，推动天士力坚定不移实施创新驱动发展战略，推广发展理念、体制机制、技术、商业模式等全方位、多层次、宽领域的大创新，释放更强增长动力。

九万里风鹏正举，大机会时代，更要有战略定力。中国在国际舞台上起到的引领作用也为整个大健康产业提供了一次全球化拓展的契机。肩负着推动新一代药企集体发展的重任，我们一定不会辜负时代慷慨赋予的历史性机遇，为共建中国社会更美好的大健康未来，一往无前。

绿叶对根的情义

祖　越*

为了那份嘱托

20世纪最后的一个年头，我和双胞胎哥哥到英国留学。记得临行时父亲在首都机场对我说："家里省吃俭用供你们出国留学，不是为了让你们留在国外，而是让你们接受世界最好的教育学成归来，历史上的詹天佑、唐绍仪、陶行知、张伯苓、钱学森都是这样报效祖国的。"我当时一脸懵懂地踏上了飞机，直到几年后才真正体会到父亲这话的含义。

我的母亲是一位平凡的教育工作者。我的父亲是一位知名纪录片导演，20世纪90年代就享受国务院政府特殊津贴，拍过很多轰动一时的现象级大片，《五大道》就是其中一个。获得过许多诸如"五个一工程"、星光奖、金鹰奖、金熊猫奖、金帆奖等国家级大奖。父亲的奖杯放满了一书架，奖状、证书装满了一纸箱。父亲还是中宣部、国家广电总局、中央电视台的专家组成员，担任着全国纪录片学术委员会常务副会长和许多国际国内的电影节评委。但是父亲很朴实，没有一点大导演的样

---

*　祖越，1982出生，天津华光影视传媒有限公司总裁、天津市第十四届政协委员。

祖越近照

子,三十年如一日默默耕耘在创作第一线上。

小时候我经常看到的是父亲夜晚在书房写作，早晨起来父亲仍在写着……这个场景让我记忆深刻,对我的影响很大。在我的印象里,父亲每天早出晚归几乎没有歇过班。可能是由于父亲太勤奋、太敬业了,他被授予全国劳模、全国优秀新闻工作者、全国德艺双馨电视艺术工作者等许多荣誉。父亲还是连续三届的天津市政协委员、常委,两届政府参事,他虽是无党派人士,但我知道他骨子里充满了对中国共产党的忠诚、对祖国的热爱和对人民大众的皈依。他常对我们说:“我是国家拿助学金培养出来的,没有中国共产党、没有国家就没有我的一切,就没有咱家现在的好日子。”

父亲工作忙，很少到英国看我们，但是总打电话叮嘱我们好好学习,注意安全,并鼓励我们利用假期打工、参加社会公益活动,多了解英国社会和文化。在父亲的鞭策下,我们从来就没有虚度过留学的时光,我在剑桥的比萨饼店和酒吧都打过工,也在社区和学校当过义工。由于和当地人的密切接触,使我的英语能力提高很快,甚至电话里常常听不出来我是中国人。我在剑桥居住的小区经常发生入室盗窃案,闹得人心惶惶。我就留心观察寻找线索,顺着一些蛛丝马迹,锲而不舍地追踪,发现了嫌疑人,协助警方成功破获了这起多年未破的案子,帮助社区恢复了安宁。为此，社区组织给我颁发了500英镑见义勇为奖金，人们见我会竖起大拇指说“Great，Chinese bro”（好样的，中国人）。通过这件事，社区里高傲冷峻的英国人对中国留学生和中国人的文化隔阂与偏见明显改善了，我们也有了融入感。

我报考大学那年的暑期，父亲放下工作飞到英国指导我们报考大学。由于我们兄弟俩高考（A-level）分数都很高，我是4门2个A+、2个A，雅思又是7.5分，这样的成绩在英国各大名校几乎没有门槛。我哥哥喜欢学金融，他就报了金融名校兰卡斯特大学金融管理学院（Management School Lancaster Uni）。我可能是天性上遗传父亲的多一些，想报考华威大学电影学院（Media Studies，Warwick Uni）。父亲力劝我也学金融，他说：“中国现在的金融业是短板，中国要走向世界，不懂西方金融和资本市场怎么行？国内急需懂得西方金融经济的人才。”我坚持说：“哥哥已经学金融了，你就让我学电影吧，我喜欢这个专业。”父亲不容置疑地说：“祖国需要就是第一选择，当年钱学森不就是这样吗！没有那代人的牺牲奉献，咱们中国人能挺起腰杆吗？”父亲为了让我学金融还哄着我说：“不是爸爸不让你学导演，是这个行当太苦了，永无止境的探索创新，爸爸受了一辈子的累，不想让你也受这份罪。”时至今日，当父亲看到我确有一些艺术天分时，常常为此内疚地说：“当初不该压抑你的天分，让你选错了专业。”我倒是没有什么遗憾，父亲教导我以天下为己任，这就已经给了我最大的精神财富。

我遂父愿也进入了兰卡斯特大学金融管理学院金融财会专业，可能是我的天性使然，开朗、热心、爱助人、善交流，并具有一定的组织才能和表达才能，大学第一年我就被选为学生会副主席、外事专员。那年，在大学不远的一个海滩，发生了当时震惊英国乃至世界的Morecam bay中国人拾鸟贝溺水身亡事件。我得知后第一时间就赶到事故现场，用流利的英语协助中国驻英大使馆人员处理现场和善后事宜。当地新闻媒体在报道此案得同时，也对我表达了赞赏，学校还对我的人道主义精神提出了表扬。

大学期间,为了能让中国留学生到社会去锻炼语言能力,更全面地认识英国,体验英式工作法,也是为了能够缓解一些留学生的经济压力,我经常舍弃自己的休息时间,用各种途径收集合法实习和短期工作的信息,为暑假留校的中国留学生,提供工作信息和面试机会。我还组织、承办各种沙龙、交流会,让有用工需求的英国企业,通过学生会备案登记与中国留学生对接,搭建了合法、安全、高效的实习就业渠道。当初,也有人说我傻帽,把时间和精力都奉献给了别人。但我却觉得这是对自己的一种历练,作为学生会会长,就应当具有这种责任和担当。

或许是我在组织这些活动时所显示出来的卓越能力,或许是我在英国国民希敏斯银行集团(The Netwest Bank)当实习经理时的出色表现,在我即将毕业时,银行总部人事高管找我谈话,希望我毕业后能就职银行企业信贷部,并为我办理工作签证,承诺转正后帮我申请英国移民。国民希敏斯银行当时是英国资产状况和实力最强的银行,信贷部中层的职位和不菲的薪水,可是一步就到位了的英国中产阶级啊!这份工作对于英国人来说也是充满着诱惑,更何况在英国这个非移民国家,外国人谋求这种高级职位和工作签证几乎不可能。那一刻,我犹豫过、纠结过,面对这么大的诱惑,有谁不想留下呢?然而,父亲的嘱托犹在耳边,我不想让他失望。

十年磨砺

2006年,我和哥哥双双揣着英国皇家金文凭和银文凭回到了祖国。当我在首都机场落地的那一刻,我的心踏实了,不再纠结了。走出机场当我迎来父亲一个含泪的拥抱时,我知道他也是纠结的。因为我们都知道自己难以割舍的祖国,正在经历着一场深刻的社会变革,改革开放进入深水区后每一步都艰难重重,金融改革刚刚起步,市场发育还不健全，自己所学专业究竟有多少用武之地还是未知数。对于自己的前途来说，无论是创业还是就业，都将会是困难重重，成家立业都不会轻松。但我的性格是，一旦决定了的事就毅然做下去，无论成败也绝不后悔。

作者在国外留影

在选择就业还是创业上，父亲没再给我意见，完全尊重我的选择。我决定先就业，先熟悉国内工作环境和商业模式。我顺利应聘渤海证券投资银行，从一个个项目做起。

天借东风，我正赶上中国证券市场触底反弹高速发展的好势头。一入职我就扎进了股改大潮，工作忙得抬不起头来。我先后参加并完成了中新药业、天津港、天水股份、海泰发展、滨海能源、泰达股份等十余家上市公司的重大股改项目，滨海能源重大资产收购、天水股份、鑫茂科技、滨海水业等重大资产重组项目。

那是一段没有昼夜的日子。企业上市是一项复杂的金融工程和系统化工作，需经过尽职调查、综合评估、规范重组等诸多流程，我和团队进驻企业，就等于绑上了高速战车，那种高强度工作，那种高热度烧脑，是常人难以想象的。我们曾连续几天几夜进行前期论证，就连吃饭、如厕，脑子里都在围绕着企业的相关问题在转，接下来就是组织实施，确保拟上市企业在成本和风险可控的情况下进行准确的操作。有时为了报告情况的真实性，要跑很多地方，甚至到国外去核查。

人就这样在一次次连续鏖战的状态下，依然要保持清醒的头脑，困极了我就仰在椅子的靠背上眯一小会儿。有一次，我正在打盹，忽然听到项目企业说要一个数据，我一跃而起就从小山似的材料堆中准确找出那两页纸来，真不知道自己究竟是睡了还是没睡？在外人看来，我们白领阶层很是光鲜，而我们自己却自嘲是“金融民工”，没干过投行的人未必都能理解这种自嘲，它表达了一群高智商、高情商甚至学霸的年轻人，面对大量琐碎、基础性的工作时，那种深情投入和无由选择，当然更有一份职业操守和责任担当。

就这样，从英国名校走出来的两兄弟，回国后分别走了两条路，哥哥去了北京在普华永道当审计师，几年后又去了美国，爸爸没再阻拦他。而我却选择扎根在天津，以项目承揽人的身份主持了赛象科技、力生制药、长荣股份、鹏翎胶管等几个 IPO 项目，在证券投行一干就是 10 年。由项目经理升为高级经理、项目负责人，而后又凭业绩做到了高级副总裁、董事的职位。两年后，凭着常年打拼积累的丰富经验和资源，与行业内的一些高手一起在上海创办了由我担任 CEO 的投资管理公司。

当 2015 金融风暴来临时，我已从海归学子到国企投资银行业务负责人，再到民企 CEO，打拼了 10 年。天道酬勤，10 年间累计参与组织实施的社会资本投融资近 50 亿，得到了业界认可。应该说，此时的我已经是个经验丰富的业界人士了。从青涩到成熟，是虫经过蛹的痛苦挣扎，羽化成蝶的涅槃重生。这种转化，靠的是持之以恒从量变到质变的厚积薄发，更靠的是一种内心的定力，一种理想信念的支撑。

天作之合

2015 年本来就不平静的金融市场，经历了一场股市的暴风雪，从峰顶到谷底的大震荡，让我更加理性地去看虚拟经济和资本市场，我从宏观经济急剧下行而文化产业则逆势增长的现象，看到了社会需求的巨大变化，我认为资本导向应该向着实体经济和文化产业流动，我决心进军文化产业。

恰在此时，已经超期服役的父亲从岗位上退了下来，他拍了一辈子的纪录片,放不下那份牵挂,舍不掉那份情怀。我支持他再创业,为他筹集了3000万资金,创办了华光影视传媒有限公司,他主持创作,我主持公司管理和主营业务发展,这可真是上阵父子兵了。就这样,我在担任上海天互投资管理有限公司CEO的同时,又出任了天津华光影视传媒有限公司的总裁。这是金融与文化的无缝对接,更像是一个上阵父子兵的命运共同体。从此,享誉全国的祖光团队又聚集在了华光的旗帜下,征战大江南北了。

我和父亲有个约定,办公司不为挣钱,就为拍好片子、出精品;为了实现他心中那些体制内没能实现的,让人一听就感动的选题;为了传播中华优秀文化,让中国纪录片走向世界;为了对得起华光这个名字——弘扬中华文化之光;也为对得起我们父子的名字,祖光——为祖国争光,祖越——立志要超越前人。

公司创办伊始,我们就承接了两个天津市文艺精品创作重点项目,一年后,我们就成功地创作出一部300分钟的纪录大片《有个学校叫南开》。片子拍摄中我们经历了难以想象的艰难困苦,为了挖掘一段历史故事,我们远赴美国哥伦比亚大学寻访,在东亚图书馆不知查了多少天资料;为了寻找一个亲历者,询访了不知多少人;为了拍好一场情景再现,不知组织多少演员和群演,租借了多少道具、服装,协调了多少次拍摄场地。重庆的8月正值酷暑,地表温度50℃,我们摄制组却挥汗如雨地每天拍摄十几小时,每个人一天要喝掉一箱矿泉水。后期制作更是不舍昼夜,为了一个镜头,为了一个动画,为了一句解说,为了一段音乐,精益求精。大付出终于得到了大收获。

该片2017年12月18日晚8点在央视纪录频道播出后,产生了热烈反响和传播效应。新华社、《人民日报》《光明日报》、中央电视台、中央广播电台、中国教育台、央视网、腾讯、爱奇艺、优酷纷纷予以报道;新华网、人民网、光明网、北方网等门户网站还发了头条。《天津日报》《今晚报》发了大量报道、评论、专访,天津电视、广播以新闻、反响、影评、访谈等多种形式反映播出盛况。

《重庆日报》在央视首播之际，以独家报道的方式连载了摄制组在重庆拍摄的故事，并发表了对总导演的专访。《光明日报》发表了《南开学子与先贤的精神对话》的评论，《天津日报》发表了《历史呈现的高度与品质》评论文章。2018 年元旦晚 9 点，中国教育 1 台新闻直播栏目《长安街》，对主创人员进行 30 分钟专访后再播此片。该片微博阅读量近 600 万，微博视频播放量近 200 万，自动成为网络热搜，豆瓣网评 8.7 分，产生了巨大传播效应。

北师大艺术传媒学院院长、长江学者胡智锋说："这是一部继《五大道》之后，祖光团队打造出的又一个具有品牌意义的一个大片。"北京大学电视研究中心主任俞虹说："这部大片让我对天津又多了一分敬重。如果说《五大道》是经典和精致，那么《有个学校叫南开》就像是去尽铅华，清水出芙蓉，思想更高远，形式更质朴，更平实、更扎实。"中国电视艺术委员会秘书长王丹彦认为："这部片子对天津的经济社会、文化、风貌，给予了更大、更立体、更有深度、更有高度的一个诠释和刻画。会激发天津人的文化自信、自豪感，可能会带到未来天津人的内心世界，对天津贡献了很大的正能量。"2018 年南开大学高考招生最低录取分数线，各科分别大幅提升了 5%—23%，这恰好与《有个学校叫南开》的热播不期而合。我想，这就是艺术的价值，这就是文化的力量，这更是我们华光的荣耀。

重任在肩

我庆幸自己选择了归国之路，改革开放 40 年来，给予了我们海归学子大展宏图的时代机遇。2018 年 8 月，我有幸参加了第十次全国归侨侨眷代表大会，目睹了习近平总书记的领袖风采，深切感受到了党和国家高度重视新侨人才，高度重视华人华侨不可替代的作用。我还被侨界推选为天津市十四届政协委员，当选为天津市新阶层人士联谊会副会长，这不仅是荣誉，更是重任在肩。我要更好地发挥自身融通中西、联系青年才俊的优势，在为天津的发展建言献策、履职尽责的同时，更多地发挥“头雁”的作用，把新阶层的青年人紧密团结在党的旗帜下，为伟大事业做出贡献，无愧于这个伟大的时代。

我庆幸自己生在了一个文化家庭，从小接受的是优秀传统文化教育和正确的价值观培养；我庆幸能够子承父业，能够高起步地加入中国最优秀的纪录片团队，从他们身上我不仅能学到丰富的创作经验，更为难能可贵的是他们身上的职业精神和人文情怀。我要用自己的金融专业学识和资本运作的才能，力争在家乡天津创建一个 10 亿规模的纪录片产业基金，创建一个纪录片产业高地，为中国纪录片产业化发展做出贡献。

往事并不如烟，记忆并不遥远，五千年中华文明，博大精深的传统文化是纪录片创作取之不尽的源头活水，只有树立坚强的文化自信，才是实现中华民族伟大复兴的强大支撑。党的十八大以来，习近平总书记阐述了那么多哲学文化思想，讲了那么多文化典故，很有必要用纪录片这个跨文化传播的有效载体把它讲给世界听。我们华光正在投入 5000 万创作的一部 500 分钟的大型纪录片《中华，我们的故事》，就是讲述中

作者(前排左一)和他的团队

华民族历经五千年风云变幻,文化绵延不绝、民族生生不息的故事。该选题已经获得天津市影视创作奖励扶持资金,2018 年华光共有 3 个项目获得了该项资金支持，其中两个被列为天津市文艺精品创作重点项目。正在创作中的还有:“百年中国看天津”“杨柳青年画的故事”“中华——我们的故事”“井冈山”等。我们华光就是为讲好天津故事,传播好中国声音而生,这就是我们的使命。

“唯正气于胸去,方盎然之路长”,我知道作为 80 后的海归人,自己还有很长的路要扎扎实实地走。

我们的创业之歌

赵　纯*

赵纯和朱良毓

21世纪初，随着中国经济的发展，中国留学潮规模空前，留学人群逐渐社会大众化、低龄化，留学目的地分布日渐广泛，选择专业日益多元化。“以西方之学术，灌输于中国，使中国日趋于文明富强之境”，当年中国的“留学第一人”容闳曾如此表达自己留学的目的。我和朱良毓就是先后于2001年、2000年踏出国门赴德国留学，也与大多数的“海归”人才一样，回国后都在体制外就业。

度过留学最初的艰辛

我是1981年7月2日生于天津，在天津理工大学工业工程管理系上学的时候，从一些资料里看到德国的机械技术在全球领先，出产的机

* 赵纯，1981年出生，天津市丽豪装饰工程有限公司总经理，红桥区工商联执委、区青联委员。

械产品不用做广告而畅销世界。这引起了我极大的兴趣，萌生了想去看看并在那里深造的梦想。终于在大学二年级有机会把梦想变为现实，2001年我去了德国。宽进严出的德国学制，更要求学子们以足够严谨的态度来对待。首先要通过语言关。德语是一种难学的语言，所有的词在句子中的成分都要进行变形或变格。马克·吐温说它是“一种可怕的语言”。他还说，一个聪明的人学英语需要30个小时，学法语需要30天，而学德语则需要30年。

这些多而复杂的语法规则就可能把初学者吓住了，刚一接触就想“打退堂鼓”。可是我却没有在这样的困难前却步，而是通过坚持和努力顺利完成了一年的语言学习，通过了严格的德国大学入学语言考试，不但掌握了基本的德语会话，还收获了爱情——北京姑娘朱良毓在学习语言的朋友圈里和我相遇，而且因为她早去一年，对于我在语言学习上很有帮助。

朱良毓于1977年4月18日出生在山西太原，于1984年随父母移居北京，1996年考入中国农业大学食品科学和工程专业，毕业后于2000年来到德国。她不但相貌美丽而且性格十分坚强。在她考入波恩大学食品工程系一年后，我也考上了亚琛工业大学（RWTH Aachen）机械系。虽然德国的大学都是免学费的，但是生活费很高，基本上再省吃俭用每月也需要500欧元。我们都不是富二代，家境不算很宽裕，可是父母为了支持我们出国深造，硬是殚精竭虑、倾其所有，这让我们很不心安。我们把所有的课余时间都用来打工赚钱养活自己。我在课余时间到食品厂打小时工，经常从夜里11点工作到早上7点，要不间断地举起50斤的面粉，倒入面粉搅拌机中进行加工；除此以外我还常常抽时间去电脑维修厂的流水线上干活……朱良毓也在许多不同的公司打过零工，比如在邮寄公司对邮件进行包装；在德国哈瑞宝糖果厂的包装流水线做暑期工；最辛苦的是在电镀厂挂金属件，这些都是强度很大的体力劳动，但是朱良毓都能咬牙坚持下来。

朱良毓的研究文章在德国当地期刊发表

尽管打工累得我筋疲力尽，但是一到了课堂就忘却了疲乏。亚琛工业大学位于北莱茵－威斯特法伦州，是德国最负盛名的理工科大学之一，也是世界顶尖理工科大学之一，还是德国规模最大的理工科学府之一。亚琛工业大学理工科实力强劲，电子、机械制造方面排名一直名列德国第一。考入这样的大学并不很容易，但是能够顺利毕业更是难上加难，亚琛工大机械系的毕业率不足10%，母语是德语的德国人都是如此，更不要说是像我们这样初到德国的外国学子，学习的艰难程度由此可见一斑。

一个人想进步就决不能够后退，这样的困难并没有羁绊住我前进的脚步，也没有束缚我高飞的梦想。我于2002年10月至2007年2月期间就读于德国亚琛工业大学机械工程专业，2007年2月至2010年9月就读于德国亚琛应用技术大学机械工程专业，最终顺利取得了两校的学士学位；并于2009年5月至2009年10月顺利完成了德国杜伊斯堡－埃森大学（SAP在企业中的应用）技能培训。

朱良毓考入德国波恩莱茵弗里德里希·威廉大学食品工程专业，这所大学是一所名校，具有传统意识的研究型大学的国际地位。其最著名的学生有7位诺贝尔奖得主，14位戈特弗里德·威廉·莱布尼茨奖获得者，2位菲尔兹奖获得者。该校的毕业率也仅为30%。经过不懈的努力，朱良毓也与2007年7月顺利地完成学业并取得了硕士学位。

在德国的学习，锻炼的不仅仅是对我们的学习能力，更重要的是合理安排生活和学习的独立品格，在艰苦环境中，从不轻言放弃的坚强性格和顽强意志。常言道,“宝剑锋从磨砺出,梅花香自苦寒来”。我要把自己炼成一柄锋利的宝剑，向着艰苦生活亮剑；朱良毓也决心像一朵梅花,在艰苦生活中绽放。

为梦想而奋斗

席勒说过,人一生最重要的就是坚持自己年轻时的梦想。

我因为坚持而战胜了一切困难,向着自己的梦想一步步挺进。在将要完成了本科学习继而进入硕士研究生的学程时,于 2009 年底幸运地得到了去德国著名企业博世集团（2018 年博世集团位于世界500 强第 76 名)实习的机会。能够有此良机去德国最著名的电子机械企业一窥究竟,让我的心情澎湃不已。我于是忍痛中断了进一步深造的机会,于 2010 年 1 月怀揣无限憧憬,来到了位于斯图加特附近的博世集团下属汽车零配件部门学习和实践。三个多月的实习期转瞬即逝,时间虽然短暂,但是中国学生勤勉的学习态度、认真严谨的工作作风,给部门的主管领导留下了极其深刻的印象。他们舍不得就这样轻易地放我离开,于是又为我申请了在博世公司内部完成毕业论文的机会。我不孚众望,运用当时最先进的企业管理软件 SAP 系统,完成了对整个零配件进销存系统的搭建和完善。系统投入使用后,得到了同事们的认可和表扬。领导十分赏识我,安排我就职于德国博世有限公司生产管理部,担任技术总监助理职务。

朱良毓于 2005 年实习时,到了欧洲最大的饼干厂实习,她是那里唯一的华裔正式员工。刚开始，谁也没把这个年轻的东方女孩放在眼里。朱良毓并不在乎别人的看法,自己去开拓一片天,自己走自己的路。在实习中,她开始写论文,题目是“食品感官评定与市场调研”。她做了很多市场调研，建立起与当时德国年龄架构基本统一的市场调研客户群，撰写了科学的感官评定调研问卷，根据产品特性定期采集感官数据。对项目投资的可行性、投资前景、投资风险及项目技术路线做出精准研判，为每一项目投资提供最为科学的参考和建议。“士别三日，当刮目相待”，领导的眼中绝不能放过这样一匹黑马。公司准备给她加薪，安排她到重要的研发和品控的职位上。2008 年 8 月她正式担任德国亚琛圣诞姜饼及巧克力厂亨利兰贝斯有限公司食品研发及安全部食品研发和感官评定一职。

企业内部杂志把她的照片登在封面上，一时间为许多工友所熟知。其中也包括很多初到德国留学在饼干厂打工的留学生们。大家都以有她这样的同胞而备感骄傲。有一次她想要买一辆二手自行车，车主见到她后惊喜地说：“你就是杂志封面上那个女孩吧，你真为中国人争气，自行车我白送你好了。”

即使在这样风光的时刻，我们也没有飘飘然，仍然保持着当初留学时候的初心。特别是在学习国外企业经营管理的优秀理念和模式的同时，也感受到国外企业对中国在近年来经济发展中存在的诸多偏见，使得我们这些漂泊海外的游子十分痛心。特别是在 2008 年，有一些不怀好意的人散布对于中国的误解和诬陷。我在亚琛大学的内网上对一些污蔑中国的言论进行了多次针锋相对的澄清和斗争，可是言语解释上的苍白无力，这让我深深地感到，一个国家的真正实力是不需要过多解释的，个人的力量虽小，可是不积跬步无以至千里，不积小流无以成江海。我们每个人的付出才是国之实力的基石。于是我们夫妻下定决心要为祖国的繁荣发展、为天津的城市建设做些贡献。我们俩在德国学习工作期间，勤奋刻苦不断学习积极研究，

赵纯在做设计

为今后回国创业做充足的准备。2010 年夏天，我们把父母接到了德国，满足了老人“看看外面的世界”的愿望。然后我们夫妻二人放弃了国外优越的物质条件，谢绝了德国企业的多次挽留，于当年 10 月随同前来探亲的父母一起回到了祖国，回到了我可爱的家乡——天津。

成了创业夫妻档

最近几年，随着中国经济的发展和国际交往的增多，出国留学生越来越多，归国的留学生们也越来越多，不少人已是面临严峻的就业压力了。社会上甚至有“海龟”（海归）回国变“海带”（待业）的调侃说法。在这个背景下，我们应该何去何从呢？

此时，我们看到父母因为当年下岗而自主创办起来的企业，由于经营模式陈旧已经不太景气，特别是看到我父母因为多年的操劳过早衰老，无比心疼。我们又一次放弃了自己的专业，以孝心和责任感接过了父母手中的担子，让他们安享晚年。

自 2010 年 10 月回国后，我们夫妻二人先后进入了天津市丽豪装饰工程有限公司分别担任总经理、副总经理职务，负责公司全面的管理及业务拓展工作。但是回国创业还是有很多弱项的，比如对国内创业环境的生疏、人脉有断层、没有半点经商经历等。

我们放下身段，脚踏实地做好每件事情。将在国外学到的新理念运用到实践中去，逐步调整了公司的整体结构，建立健全了财会和人事制度，开拓了全新的市场范围。2011 年，在我们的鼎力推动下，丽豪装饰大踏步前进，由原来的天津市二级装饰企业升级为全国一级装饰企业。2016 年，在原来的薄弱环节装饰设计领域也有了突破的进步，取得了设计乙级资质。资质的提升和管理和人员的完善，给丽豪装饰带来了翻天覆地的变化。从原来只承接天津本地的装修项目，逐步将业务范围拓展到全国；从原来的主营室内装修，慢慢扩展到全面的室内和外檐装修相结合的业务范畴。这些年来，从海南岛到黑龙江，祖国的大江南北都留下丽豪人挥汗如雨的背影，当然也是我们夫妇的心血。

由于多年在德国生活，我们夫妻二人也形成了德国工作的严谨诚信的作风，一是一、二是二，实事求是，决不食言。对于任何行业来说，诚信都是无价之宝，企业更是如此，诚信就是企业发展的有力武器。但是随着行业的恶性竞争加剧，一些企业摒弃诚信为本的原则，敷衍了事，更有甚者选择低质、劣质装饰材料，以次充好，搞得整个装饰市场乌烟瘴气。面对这种情况，我时常强调在丽豪装饰承接的工程中，一定要诚恳踏实，坚决不允许出现偷工减料的情况。在全运村幼儿园和全运村小学的项目中，我更加近乎苛刻地坚持，一定要使用环保安全的装修材料，宁可赔钱，也绝不允许有丝毫偷手，要对每一个孩子的健康负责，对国家的未来负责。

融创集团中国控股有限公司是一家专业从事住宅及商业地产综合开发的大企业，以“至臻致远”为品牌方向，持之以恒地为客户专注打造高端精品物业，立志成为对高端品质不懈追求的房地产行业领跑者。2015 年，丽豪装饰在融创集团天津公司中央学府五期公共区域的竞标中，由于标书做得全面详尽、价格公道合理，有幸中标。开始许多其他竞标者产生怀疑，认为是小蛇吞大象。直到工程按时验收，各项指标均达合格，更有很多评测结果名列前茅，大家才心悦诚服。从此，丽豪装饰工程有限公司开启了与融创集团的通力合作，并逐渐成为融创华北地区一家信得过单位。

夫妻回国后齐心创业(右为作者)

近年来，在天津市的城市建设

工作中，我们先后带领公司员工参与了天津医科大学总医院、南开大学附属中学、天津体育学院、天津全运村代建小学及幼儿园等多项建设工程；同时包括了新文化中心项目、天津空港经济区天保商务园、中新天津生态城南部片区等多项工程建设，公司始终把工程质量摆在首位，以优秀的设计、严格的管理、精湛的工艺、真诚的服务，得到了合作方和上级领导一致好评，为建设美丽天津添砖加瓦。

每一份辛勤的付出，都换来了可喜的回报。丽豪装饰在2013年荣膺了天津市五一劳动奖，自2014年起多次获得“全国守合同重信用企业”的荣誉称号。

在秉承“诚信为本，质量第一”的经营理念下，我们夫妇带领员工力求达到“设计无缺憾、施工无差错、材料无次品、服务无投诉”的“四无”标准和“全过程、全天候、全方位、全身心”的“四全金牌”服务。由于公司重视质量、恪守信誉、施工力量雄厚、设备先进，在装饰行业中有良好的口碑和知名度，参与建设的内外装饰工程屡次获得了海河杯、金海河杯、鲁班奖等各类奖项。

我们夫妻强烈体会到，作为企业负责人一定要为人善良正直，在丽豪装饰工程有限公司里，我们从来没有拖欠进城务工人员的工资，即便资金周转不过来，我们宁可自己掏腰包，甚至拿出家里的存款垫付。在我们夫妇看来，公司不仅讲效益，更重要的是还讲人情。每日的收益是生活过景，员工的生活感受和情感认同更重要。

丈夫打拼，妻子也不甘落后。女人在家庭、事业和社会的三重压力下，往往很容易陷入职业发展的瓶颈期。朱良毓不愿意把孩子们交给老人们，而是自己抚养，在两个孩子分别刚满两岁时，就送到幼儿园，自己则重入职场。按她的说法，一个女人不能为了家庭就丢掉事业，事业与家庭并不冲突，都是生活不可缺少的部分。我们只要分配好时间，在分配各自时间区域里尽情享受即可。我们深深感到，夫妻从事一种工作，共同语言多，比翼齐飞生活更和谐。

担负起“海归”的社会责任

这些年来，我一直没有放弃学习，更没有放弃自己的社会责任。我在此期间自学考取了工程师职称，加入了民建，当选为天津市红桥区工商联执委、天津红桥区青联；并荣获得了天津市红桥区五一劳动奖章，还先后担任了天津市红桥区政协委员和天津市红桥区人大代表。

因为有了自己的一双儿女，我们更加关注儿童的生活起居。特别在忙于工作而需要全身心投入工作中，在照顾和教育孩子上的精力就越显得不足。但是我们深知，少年强则国强，在兼顾工作的同时也要紧抓孩子的教育问题；在研究和分析了国内外儿童科学的教育理念，并请到了国内外优秀的儿童教育专家经过专业指导后，我们深深地认识到，强国从少年儿童抓起，社会问题也是我们义不容辞的责任。

2009 年，赵纯父子在德国合影(右为作者)

自此，我们希望让更多的孩子能享受到更先进的教育理念更优越的教育环境。经慎重考虑后，我们决定于 2015 年共同更创立了天津睿思邦教育科技有限公司，致力于解决青少年儿童放学之后无人看护和无法有效看护的社会问题，在创业前期在筛选老师上、在指定教材方案上、在营养餐配比上也反复学习推敲，并借鉴国外的成功案例结合国情并跟国内优秀的有经验的教育学者进行拜访学习。经历两个月的时间终于创建了属于自己的团队，作为天津儿童托管教育的本土品牌，一经推出后解决了很多家长和孩子的托管教育问题，并得到了广大家长的好评。

我们非常感激自己生活在这样的好时代。功以才成，业由才广。近年来，国家相继出台了一系列资助、支持和吸引海外留学人员回国创新创业的政策，形成了多层次、多渠道、相互衔接的引才格局，极大地释放了人才红利，为留学归国人员提供了施展才华的巨大空间，使海外学子归国的意愿比以往任何时期都要强烈。归侨群体担负着新时代赋予的新使命，我们将继续坚持爱国主义精神，矢志刻苦学习，奋力创新创造，积极促进对外交流。作为新归侨，自己将勇于担负时代赋予的使命，助力祖国和家乡发展。

我与法律之缘:1978—2018

张恩萍*

“共和国的律师,社会主义法律的守护神,在无数的光环之下,我们背负着社会的重任,许许多多案卷的背后,我们同样有着艰辛和求索,法治路上,镌刻着我们人生的轨迹……”一首律师之歌,唱出了我的心声。我一直在努力践行一个法律人的神圣职责,尽自己的所能诠释着社会担当。我在律师执业的道路上,一路学习,一路成长,一路收获,履行着法律人的职责。

张恩萍近照

1979 级政法学子

1979 年,我从天津市女一中高中毕业后,恰逢北京政法学院(今中国政法大学)复办并面向全国恢复招生。这是我国教育部直属的一所以

* 张恩萍,女,1960 年出生,一级律师、天津市法官检察官遴选委员会专家委员、天津市海外联谊会常务理事、市知联会理事、侨联法律顾问委员会主任。

法学为特色和优势，文学、史学、哲学、经济学、管理学、教育学等多学科协调发展的全国重点大学。我选定了去学法律，第一志愿就是北京政法学院。我如愿以偿，成为该校复办后的首届学生。

漫漫的律师之路，有无尽的求索，同时那曾经获取的数个堪称的第一，都是我职业生涯中的骄傲。我是中国政法大学复办的第一届毕业生；是改革开放以来，中国司法部第一批，而且是两次公派对外赴英交流的律师。我早年便获取了一级律师职称资格，与同人共建了律师事务所，并担任创始合伙人主任；还在国家、天津市担任着一定的职务：曾任天津市政协社会和法制专委员会副主任，现任天津市人大代表、天津市法官检察官遴选委员会专家委员；还兼任中国侨联法律顾问委员会委员、天津市海外联谊会常务理事、天津市知联会理事、天津市侨联法律顾问委员会主任、天津市三胞联谊会副会长、天津市知识分子联谊会律师分会会长。

这每一项社会职务的担当，都像一副副的担子压肩，然而精苦于业的人总能够乐在其中。虽然我已不再年轻，依然在法治中国、法治天津建设的道路上前行，保持学习和工作持之以恒！

两次赴英进修

1989 年英格兰及威尔士出庭律师公会、事务律师公会与中国司法部和中华全国律师协会共同启动了中国律师执业培训项目，旨在帮助中国青年律师获得对英国法在商法领域、诉讼及庭审程序中的知识以及法律执业的实践经验。英国是一个法治文化传统悠久的国家，加上英国法在现代国际商务中的普遍运用，该项目对于中国做国际业务的律师来说无疑是一个“镀金”的机会。

1990 年，司法部在全国律师中选拔 10 名律师，经过考试和选拔参与中英政府合作的律师培训项目，凭业绩、政治审查、语言考核得以通行。我获此殊荣，还被司法部委任为该批律师带队人。

那年，我30岁，有着强烈的求知欲望。我们先在伦敦大学亚非学院(SOAS)接受为期一个月的专业英语(论坛)培训，然后再接受3个月的英美法律体系的课程教育，接下来的几个月到英国律师行、欧共体以及中国香港律师楼进行学习考察培训。

通过14个月的培训期，我基本能够熟练掌握专业英语，学习和了解了英美法律、欧共体(欧盟前身)法律规定，加上在英国事务性律师事务所、欧共体(欧盟前身)机构、中国香港律师事务所的考察培训。当时作为一名年轻的中国律师，通过留学培训对英美法有了更深入的了解，对自我的知识、业务能力的提升，对未来职业生涯也有了明确的认识。

1998年，我再次被司法部选派到英国做访问学者，有幸成为我国迄今为止唯一一位两次参与该项目的律师。在留英期间，我为中国驻英使馆做了很多的工作，包括法律咨询、与英国大律师行牵线搭桥并助力联谊活动，搭建了中英律师之间的联系平台和渠道，还为大使馆的新旧馆舍买卖提供法律咨询。

在此期间，也是香港回归后，朱镕基总理成为初次访问欧洲、首位会见英国女王的中国总理。在这短短的3天访英中，还拨冗接见了中国留学生的代表。我位列其中，受到了极大的鼓舞。

1990年，在英国海德公园留影

12个月的培训结束后，我收到英国律师行、新加坡金融机构等单位的挽留和邀请，高薪、高平台……面对如此的发展机会，我依然坚定地选择了按期回国。

有了两次赴英学习，

让我把做律师当成终生追求目标更清晰了，也变得更加专业、自信和坚定。更是因为这两次赴英的经历，让我对国际法律方面的规则、英美法系有了更为通透的了解，能够擅长做涉外经济法律事务。从事律师这分职业，已然认作是自己生命的一部分，是无法割舍的情怀，我愿意把自己的智慧与热情挥洒其中。我以对法律法规的理解，以对理想忠诚的倾情投入，显示出我们这一代法律人特有的生命价值。

律师从业生涯

如何把握好法与情，是我们律师法律化、专业化、职业化的一个综合体现。我觉得作为一名律师，首先要维护的是法律的公正。单从这样意义上来比喻，律师就像左手持天平、右手持利剑，用人类的良心和司法的力量维护正义的神祇。

从 1983 年到 1996 年，我在天津律师的摇篮——全国最大的国办律师事务所之一——天津第一法律顾问处专职律师。其后，与其他同人共同创建了天津贤达律师事务所，担任创始合伙人、主任。从业 35 年来，我经手的跨国合作的项目、国际经济合作的咨询、仲裁、纠纷不计其数。比如，为京津唐高速公路招投标提供法律服务；为中国医药进出口总公司、天津医药采购供应站引进法国治疗糖尿病先进技术的达美康项目谈判；代表天津合成洗涤剂厂与德国汉高公司进行合资谈判；代表韩国三星在天津投资建厂项目中参加谈判、起草法律文件、出席签约仪式；代理摩托罗拉 1997 年在天津扩大投资 MOS 项目中各项审批程序提供法律服务；滨海新区大型的华盛昌齿轮公司与世界知名的跨国公司爱普生公司的合作谈判……作为天津市大型知名国有企业集团公司的法律顾问，2001 年随同河西区政府赴美国进行招商引资，进行有关项目的法律服务。

在参与天津市及全国这些重大项目中，我作为主谈判人见证了我国改革开放后对外招商引资所带来的经济发展成果，以及法律对于改革开放的保驾护航作用。

我坚持谨守法律原则，维护社会公平、正义，坚守职业操守，努力为当事人提供优质、高效的服务，切实维护当事人的合法权益，受到当事人的欢迎和好评。赢得了广大客户的首肯，在业界享有了一定的声誉。这一切我都要感恩于赶上了改革开放恢复律师制度，让我从事律师职业，并在职业生涯中不断进步和成长，从而赢得各方的信任；感恩各级组织、老师、前辈对我的信任。

子曰："君子怀德……君子怀刑。"所以律师的成功并不等于挣来的财富有多少，而在于依法为当事人提供满意的法律服务为天职。这也是我们做律师的职业操守、社会责任。

作为天津市第十一届、十二届、十三届政协妇女界别的委员，我尤为注重突出界别意识，结合自己的专业优势，为社会稳定、妇女儿童权益的保障、深化司法体制改革做出自己的贡献。

我积极参加中央统战部、市政协、市委统战部、市妇联组织的学习、调研、视察、座谈等活动。从中找到参政议政的角度，结合自己是一名资深律师的优势，坚持作为，履行职能、充分体现民意，维护民利、凝聚民心，视维护群众利益与反映民生问题为己任。善说敢言，还以感恩慈善

作者（右二）参加天津市侨联年会

的仁爱之举，为汶川地震赈灾，西部妇女再就业和天津市单身母亲、下岗女职工、失学儿童等慷慨解囊。通过中央统战部和司法部，我参加了全国首批和第二批同心律师服务团，积极为法律服务不到的偏远区县提供义务法律服务。我还撰写并提交了《在立法、司法实践中亟待加强对妇女儿童权益的保障》《关于刑法对虐待罪提起公诉和量刑幅度的规定的建议》等提案。积极参加市政协组织的各项协商调研活动，充分发挥政协委员参政议政职能。

我作为新一届市人大代表，积极在科学立法和执法检查中发挥法律人的作用。参加了我市有关专项预备立法项目、条例(草案)的调研、座谈并提出建议。提出了规范天津市城市养犬条例的建议，归类为A类建议；作为执法检查组成员，参加了对天津市消防安全执法检查工作；参加了2018年“七五”普法的中期督查工作；参与了天津市法院优秀裁判文书、最高法院优秀庭审评审工作。

此外，还参加了多期市政协的“民心桥”《天津早晨》节目的录制，与市民就高空坠物、社区消防安全、微信朋友圈食品销售管理、未成年人权益保障等社会热点问题，进行互动交流。

我对律师职业的解读

律师，是一个充满了机遇、挑战和神圣的职业。法律专业知识只是律师知识结构中不可或缺的一部分。律师是一个专业。做律师，除了有必要的法律知识外，有许多具体的业务问题，都被我作为工作基准纳入自己的学习范畴。无论是解答咨询、起草和审查合同文件、谈判，还是诉讼，我都努力做到及时学习，弥补知识的不足，力求提供的服务做到标准化、专业化和规范化，在法律的框架内、使委托人的利益最大化，在法律允许的范围内，最大限度地实现委托人的利益。通过自己的工作，找出使委托人利益最大化的事实、证据，提出最有利于委托人的观点和方

作者(左五)参加2018年侨届法治学习活动

案,出具最有利于委托人的法律文件。

伴随改革开放40年取得的发展成果和今后不断推进的全面依法治国各项工作,律师需要加强学习,与时俱进、迎难而上,在新时代具有满足形势发展需要的素质能力和本领。这对律师来说既是挑战,也是机遇。我们需要既应战又迎战,始终情绪饱满地一直做下去。喜欢这一职业是不需要理由的,如果非得说一个原因的话,我觉得这个行业适合我吧。这就是我对自己的定位。我的助手说:“她是我所见过最为正直、恪守职业道德、维护法律尊严、轻视利益而重视当事人合法权益的律师。这就是她能在律师行业内立足的缘故,更是她适合做这一行的原因。”

优秀的律师将维护法律的正确实施、为当事人伸张正义视为自己神圣的责任。有人说:“法律援助既是法律的帮助,也是知识的援助、能力的援助、信心的援助,是无数高尚的人在从事着一项高尚的事业。”作为其中的一员,我一直在践行着这句话,用实际行动诠释着法律援助的真谛。我深知老百姓走法律程序成本高,而调解是无成本高效率的途径。我作为14个社区的公益律师,连续几年克服困难,不管刮风下雨,时间紧事情多,总是要挤出时间每周、每月都要下到社区,以满腔的热忱切实解决社区居民的法律疑难问题，包括住房、财产纠纷、家务矛盾、邻里不和，以及残疾人权益保障……以释法说理平息了事端，化解矛盾，促进和谐。

这么多年的工作和生活历练，使我更忠诚遵循法治的理念，在全面推进依法治国、治市的道路上，贡献自己的绵薄之力。

我的 40 年

张俊红*

我们 60 后是幸运的一代，读书时赶上了高考，工作时正值我国改革开放经济快速发展阶段，荣幸地成了国家进步的见证者、参与者，也是改革开放成果的享用者。过去的 40 年，我们奉献了社会，成就了自己，庆幸赶上了一个好时代。

张俊红近照

知识改变了命运

我出生在沂蒙山区，小时候家境虽不富裕但很幸福，爷爷、奶奶、爸爸、妈妈、姐姐、哥哥、我、三个弟弟一家 10 口人在一起生活。爸爸是济南第二机床厂技校的毕业生，在县印刷厂工作，爷爷、奶奶、妈妈在家中照料着我们。爸爸发了工资会到市场上买粮食弥补生产队分量的不足，

* 张俊红，女，1962 年出生，天津大学内燃机燃烧学国家重点实验室教授、天津大学仁爱学院机械系主任、博士生导师。

他经常从家中带粗粮去上班，将单位食堂中的好吃的带回家给我们吃。在那个物质贫乏的年代，我们没有饿肚子，爷爷、妈妈忙着下地干活，在家有奶奶的看护和兄弟姐妹之间的陪伴，我们的童年是温暖、幸福的。

恢复高考时，大姐已嫁人，大哥顶替爸爸工作了，我和三个弟弟先后考上了天津大学、北京药学院（现北京大学医学部）、山东师范大学、山东滨州医学院，这在我们当地传为佳话，当地广播和报纸都进行了报道。我们四人中三人取得博士学位，一人取得硕士学位。我取得了天津大学的机械制造及其自动化专业的学士学位、教育经济与管理第二学士学位、动力机械及工程硕士学位、动力机械及工程博士学位，目前是天津大学教授、博士生导师。

回想自己的成长历程，深感自己是幸运的，赶上了一个好时代，我们靠知识改变了命运，靠技术融入国家的经济发展中去。

中国女排陪伴我成长，郎平是我的女神

我的中学和大学时代是在中国女排的陪伴下成长的，当时电视机还不普及，欣赏比赛靠收音机。在课间和午间休息，从学校的广播中听到宋世雄那独特、清脆的嗓音，便会有一种激动的心情。“亲爱的听众、亲爱的观众：当你看到中国女排运动员在场上的精彩表现，可曾想到，她们是付出了多少代价啊！年轻的小将郎平，为了提高身体机能，让医生踩她的双腿，疼得她流出了眼泪，咬破了嘴唇，也不哼一声。她曾经这样说：我是个新队员，要接受严格的考验，接受最艰苦的训练，绝不被困难吓倒……”这是宋世雄在1981年的世界杯排球赛上的解说。

宋世雄激情四射的解说让我永远忘不了，通过宋世雄的解说我们身临其境地了解到：中国女排在1979年的亚洲女排锦标赛中击败当时的亚洲和前世界冠军日本女排，首次称霸亚洲。20世纪80年代在袁伟民的指导下开始了腾飞，1981年在日本举行的第三届世界杯，压倒卫

冕的东道主日本，获得冠军，成为中国三大球中的首个世界冠军。1982年，中国女排参加在秘鲁举行的第九届世界女子排球锦标赛，中国女排在决赛以直落三局轻取秘鲁，首次获得世界女排锦标赛冠军。1984年，中国女排参加在洛杉矶举行的洛杉矶奥运会，虽然中国女排又在分组赛被宿敌美国队击败，其后却越战越勇，最终中国女排在决赛以直落三局轻取美国，首次获得奥运金牌，同时亦成为女子排球三连冠。接下来的两年间，中国女排又获得了1985年第四届世界杯冠军和1986年第十届世界女排锦标赛冠军，成就世界女排史上首个五连冠的佳绩。

20世纪80年代初的中国，正是百废待兴，女排以拼搏精神赢得三连冠和五连冠的成绩，成为当时中国人的模范和骄傲，更是中国在80年代腾飞的象征。这种精神也深深地影响着我，从此喜欢上了排球运动，成为了中国女排的忠实粉丝。因为喜欢女排也养成了勤于锻炼的习惯，培养了吃苦耐劳、踏实认真的精神，这些精神支撑着我在教学科研的道路上前行。

我的大学生活

我是1983年参加高考，第一志愿报的清华大学精密仪器专业，落榜后被天津大学机械系录取。我是女承父业，和父亲学的同一个专业——机械制造及其自动化。父亲在临朐印刷厂做技术员，在我入学时特意为我晒了一份120车床的图纸，自己动手打了一个木头箱子装上，送我到车站，鼓励我好好学习，将来在机械制造领域有所贡献。因为多子女上学，家中人口多，我申请到了

大学时代的张俊红

全额助学金，免交学费、书费、住宿费，每月还有18元的生活费。

机械系1983年招了9个班270人，我们机制专业三个班90人一起上专业课，基础课都在阶梯教室上大班课。对我来说英语课有点吃力，一来基础较差，二来方言较重，听说有问题，哑巴英语还行，这个问题持续了一年才有所改观。在课余时间我参加了学校体育队，在学校体育运动会上经常为系里争得荣誉。到了周六，学校的六里台广场有露天电影，隔壁南开大学也有，我们会搬着小木凳结伴去看。天津同学热情好客，周末有时会跟着天津的同学回家，阿姨会以熬鱼加米饭招待我们外地同学。

1986年春天，中环线建成后，我班同学骑自行车绕中环线一圈，全长34.49千米。当时天津大学周边还有稻田和池塘，课余时间经常去遛遛。刚入校时最大的不适应是饮用水，1983年天津的饮用水又苦又咸，难以下咽。1984年引滦入津工程正式交付使用后，我们喝到了甘甜的滦河水；20世纪90年代以后每当天津大旱的时候我们又喝到了黄河水；21世纪我们喝上了长江水，中国的发展是何等的迅猛。1985年卫津河改造，学校专门组织学生去东门帮忙，我就曾经光荣地被抽到去东门铲石子挖淤泥，挥汗如雨的场面至今历历在目。

1985年天津卫津河改造工程现场

近年来天津市政府对卫津河进行了多次改造，将卫津河打造成了一道亮丽的城市景观，水变清了，绿树成荫，这里成了大家休闲漫步的场所。

我的工作生涯

我这人履历十分简单，在天大上学、在天大工作，几十年没有变化。

大学毕业后第一份工作是做学生辅导员，一人负责一个年级百名左右的学生。住在学校提供的辅导员宿舍中，和学生们生活在一起，辅导员工作内容繁杂，包含思想教育、学生干部的选拔培养、学生的日常管理、党建工作、奖助学金、学风、奖惩、就业……辅导员就是一个大家长，学生下课是我最忙的时候，工作不分昼夜，大部分工作时间在中午、晚上、周末，主要上级单位有系党总支、校学工部、校团委、武装部、就业指导中心、保卫处、校医院、宿管中心……如果有突发事件我们一定会在现场，学生因为学业、家庭变故、感情困扰需要彻夜长谈甚至带回家陪伴，学生意外受伤需手术我要在手术单上签字。2003 年春 SARS 期间，接到电话说一学生高烧被 120 救护车拉走了，去向不明，我骑车去了总医院、中医一附院，最后在一中心发热门诊找到该学生，陪伴就医直至出院。

学生工作的重要性及繁杂性培养了我两个能力：一是爱心，要热爱学生，对他们像家人一样，直至现在我对我的研究生就像是对待自己的孩子一样，疼在心里严在行动上；二是处理复杂问题的能力提高了，面对纷繁复杂的工作能够从容应对，且很快能够从一种工作状态转换到另一种工作状态中去，使自己一到办公室就兴奋，越是遇到复杂问题越是头脑清醒镇定。这两种能力使我终身受益。

在我工作的第三个年头学校鼓励我们在职攻读教育经济与管理第二学士学位，我报名参加，经过考试被录取了。这一时期非常的忙，课是不能不上的，课间、中午、晚上用来工作，学习只能是晚上9点以后了，熬夜到深夜一两点钟是家常便饭。有一次上午两节课课间，我找学生布置工作，骑自行车撞上了电线杆，眼镜摔坏了，右眼眉撞破了，疤痕至今能够看得出。经过3年的努力，1993年7月我顺利毕业。

随着改革开放的不断推进，经济在快速发展，自己越来越意识到在高校工作没有学历不行，也更加清醒地意识到只有掌握了先进的科学技术才能够融入改革开放的大潮中去。此时我爸在老家办起了企业，弟弟们先后出国读书，女儿已上小学，35岁的我决定攻读动力机械及工程专业的硕士研究生，师从郝志勇教授，报名考试一次通过，这更加坚定了我读书的决心。1997年开始经过7年的努力于2004年取得动力机械及工程专业的博士学位，实现了要做一名女博士的梦。因为已经对内燃机专业感兴趣，读博士期间没有感到特别的费劲，我的行动为女儿树立了榜样，2007年女儿以优异的成绩考进了天津大学软件学院，2011直博攻读本专业博士学位，后出国深造。

我学的是车用内燃机，主要研究方向为动力机械振动噪声控制与故障诊断。人们对内燃机质量的要求越来越高，由内燃机振动引发的故障以及噪声对环境造成的污染也越发引起人们的重视，尤其是现代工业中使用的内燃机越来越大型化、大功率化，导致振动问题更加严重。因而为了改善生活质量，提高内燃机的性能，迫切需要对内燃机振动采取一定的控制措施，这就给我们内燃机工作者提供了一个大显身手的机会。

我庆幸自己赶上了一个好时代，搭上了祖国经济快速发展的列车，也赶上了我国汽车行业大发展的时代。

我的科研事业

在多年的科研探索过程中，通过不懈的努力，自己发明了轴系弯扭耦合振动主动控制方法和技术、质心位置测量装置与方法、动力总成悬置系统优化设计方法；提出了全生命周期绿色设计和评价方法，搭建了以航空发动机为蓝本的转子系统故障诊断实验系统，提出了基于先进信号处理方法与智能算法的动力机械故障特征提取和诊断方法与技术等。我所在的内燃机燃烧学国家重点实验室围绕着学科发展前沿和国家重大需求，联合大型企业开展了一系列的研究，并将研究成果及时应用到实际的生产中。

记得2003年SARS期间，我们和潍柴动力股份有限公司正在对一款发动机进行减振降噪改进，此时两个单位人员都严禁出差，做试验的发动机不能及时运到天津，我们商定在济青高速公路零千米处会合。我们一路不停车到达目的地，两车车尾相对将发动机装到我们的车上，高速公路工作人员拿手电照着我们提醒回到自己车上去。我们连夜赶回天大，到学校已是凌晨4点钟，距离我们离开学校已过去10小时。那段时间，我将全部的精力都放在了这个项目上，项目组的成员也都拼尽了全力，圆满完成了任务。经过几年的努力，我们所研发的柴油机低噪声低振动关键技术，在我国内燃机企业得到广泛应用，在产品的升级换代，满足各阶段噪声振动限制法规的过程中发挥了重要作用。

潍柴动力的技术人员反映一款乘用车装上潍柴动力的发动机后振

课题组全家福(二排左四位作者)

动超标，发动机本身的振动不超标；悬置系统没有问题，该款发动机和悬置系统装到其他车上没有问题，我的科研团队对此问题开展了科研攻关，经过无数次的实验、建模研究，克服传统减振降噪方法的不足，找出了问题所在，整车振动大大降低，满足了要求。项目结题验收时，潍柴动力股份公司技术中心的人员分批登上了该款乘用车亲身体验，给出了 102 分(满分 100)的高分。

近些年，国家非常重视国产发动机的技术进步，资助力度很大。我先后参加了国家高技术研究发展计划(863 计划)、科技支撑计划、国家自然科学基金、教育部博士点基金等的资助的课题研究，先后荣获 2007 年教育部科技进步二等奖、2011 年中国机械工业科学技术奖特等奖、2014 年中国机械工业科学技术奖一等奖、2015 年国家科学进步奖二等奖。这些奖项是所有科研人员共同努力的成果，也是国家和社会对于我们的认可，更是对于我们日后加倍努力研发的激励。

经济的发展始终离不开科技的进步，科技的进步不仅要求研发人员具有专注的态度，更要有创新的精神和长远的眼光，能够看到未来的可能性，这是我们研究人员应该有的素质。创新精神源于现实世界的体察和感悟，并在所学基础上加以创造。而眼界则需要站在一定的高度去思考和创造，突破现实和思维的层层迷雾，看见未来。

为了学习先进的技术和经验，近几年我曾多次赴美国、新西兰、意大利、奥地利、日本、法国、德国等国家进行专业知识的深造、进修、考察及学术交流活动，了解世界上其他国家的技术水平和应用情况，开阔视野，挖掘世界先进的技术和行业标准，保持与行业前沿接轨。每次回国后，我都将了解到的学术前沿和技术整理并传授给学生。

在教学中，我通过所掌握的现代教学技术手段和前沿成果信息，在课堂内深入浅出地讲解授课内容，在课堂外启发创造地指导工程实践，使青年学生能够了解研究趋势，掌握先进的理论基础和研究方法，为他们日后的科学研究做铺垫。我也注重将科研成果及时引进到教材中，近

作者(左一)陪同苏万华院士(右二)访问 AVL

年来出版了两本本科生教材,结合自己的科研工作准备出版一部专著。

随着年龄的增长,看着学生就像是看着自己的孩子,爱从心生,唯恐误人子弟,不敢有任何怠慢,每天都精神饱满地投入教学科研中去,为学生们树立一个榜样,带领着我的科研团队一路向前,看到学生们的成长进步,我感到由衷的高兴。

中国梦是每一个中国人的梦，我会通过自己踏实的工作为实现伟大的中国梦贡献一分力量！相信祖国会越来越美好!

梦想与执着——我的成长历程

张伟力*

张伟力近照

“冷僻”学科是相对于“热门”学科而言，一般是指研究人数较少，与现实有一定距离，内容又较为深奥的学科。“任何学科都是人类探索知识的体现，本不应该有所谓‘冷’‘热’之分，这种区分是人们从功利角度人为设定的。”人类知识的学科划分滥觞于现代科学的兴起，进入工业社会，学科划分日益细化，尤其自然科学内壁垒分明。“冷门”学科的研究，要有“板凳要坐十年冷”的精神。近年来，通过加强国际学科交流与合作，这些学科在我国获得了较快发展，而且发展历程中有不小的突破。我所

---

* 张伟力，1966年出生，天津大学精仪学院教授、博士生导师，太赫兹研究中心主任，天津市第十四届政协委员。

热爱并从事的太赫兹,就类属于"冷僻"学科,对于协调人和自然的关系很重要,因此我们应该保持完粹的学养去追索、去探究。

梦想在趣味中成就

我出生在天津蓟县(现蓟州区),在那里长大,母亲是当地一所中心小学的校长,父亲是天津卫津化工厂党委书记。上学后学习成绩一直不错,中学考入首批县级重点中学——蓟县上仓中学。1983年高考时,按成绩很想去清华大学,但听从父母建议,最终选择了天津大学。这不仅因为对天大既熟悉又亲近,也是为了曾经对父亲的一个承诺。那时,父亲的工作单位与天津大学隔着一条马路相望,每当寒暑假的时候,母亲就会带着我和妹妹来津探亲,我们兄妹俩经常去天大校园。青年湖的垂柳、爱晚湖的荷花,以及挺立在教学楼前的专家塑像,都会让我们这群孩子感到既神秘向往又肃然起敬,在我的心里留下了深刻的印象。记得刚上初中的一个暑假,我们全家人傍晚在校园散步,我指着一栋教学楼对父亲说:"爸,几年之后您到这里来看我好吗?"父亲当时欣慰地回答:"好,到那时我们父子在这里见面时,那就知道你有没有说大话了。"此后,我便更加努力向心中的圣殿奔跑。

高考时,我的许多老师和学友们都希望我去报考清华大学。当得知我报考的是天津大学,都为恢复高考后的蓟县没能实现清华大学零的突破感到遗憾。我当时给大家的解释是:第一,天津大学的前身北洋大学是中国现代第一所大学,从这里走出了不少顶尖人才。第二,从专业上讲,我填报的第一志愿是天津大学激光专业,天大是我国首批设立该激光专业的高校。当时激光在人们的认识中有着无穷的奥秘,正是我从小时候起就十分着迷的领域。第三,从亲情上讲,可以时常与忙于工作的父亲相互照应,以至于后来母亲带着妹妹调进天津,能在父母膝下承欢,一家人最终能够在天津团聚。此乃我选择天津大学的三全其美。

作者在香港科技大学做博士后时于实验室留影

在天津大学很顺利地取得学士、硕士学位后，我选择继续攻读博士学位，师从我国超快激光先驱王清月教授。在读博期间，又有幸获得留在母校任教的机会。1993 年，博士学位论文答辩后赴香港科技大学做博士后，继续从事超快激光的研究工作。1995 年回到母校从事教学和研究工作。自 1997 年晋升教授起，先后入选国家百千万人才工程、教育部跨世纪人才计划、天津市 131 人才工程，获得教育部首批青年教师奖、天津市杰出青年人才奖、天津青年五四奖章、天津市劳动模范等荣誉。这些奖誉对我来说是鼓励，更是鞭策，使我不能也不敢停下脚步。

千万里一直追寻着

2000 年，我有幸入选教育部青年教师百人留学计划。当时为我提供访问职位的有两位学术大师：一位是 2018 年诺贝尔物理学奖获得者、时任美国密歇根大学教授的超快激光先驱 Gérard Mourou，另一位是超快激光和太赫兹技术的奠基人之一、被国际学术界誉为“太赫兹时域光谱之父”的美国俄克拉荷马州立大学 Daniel Grischkowsky 教授。Grischkowsky 教授看过我的申请材料之后，提出并说服我接受由美方提供的留学资助和访问副教授职位，赴俄克拉荷马州立大学超快光电子实验室从事太赫兹光子学领域的研究。我考虑良久，最终接受了Grischkowsky教授的邀请。随着天津大学与俄克拉荷马州立大学在太赫兹领域学术交流的不断深入，Grischkowsky教授于2008年受聘天津大学的荣誉教授，随后几乎每年都来中国讲学、指导研究工作。

我最初的研究方向是超快激光，这是个和“太赫兹”密切相关的研究领域。最早接触太赫兹，选择这个方向，主要是因为个人的兴趣和太赫兹研究领域的发展前景。太赫兹光子学起始于20世纪80年代末，和光学及微波相比，这是个新兴的领域，有许多方面有待研究、探索和开发。而当时在国内，太赫兹光子学才刚刚起步，使我更感到自己应该深入学习，学成后为国家做点什么。

初到美国的时候，我原计划一两年之后回国。但由于研究工作的深入和一个偶然的机会，直到6年后才首次登上回国的航班。刚进入俄克拉荷马州立大学，研究工作十分顺利，在不到一年的时间，取得了多项重要进展。为此，赢得了同事们的刮目相看，Grischkowsky教授和时任电气与计算机工程系主任Soderstrand教授分别找我谈话，提出共同推荐我进入俄克拉荷马州立大学教师体系。我想，这是为国争光的事，应该当仁不让。自此，我先后取得终身副教授、教授职位，并荣获俄克拉荷马州立大学杰出研究成就奖。

我所从事的太赫兹研究领域确实属于高端冷门，对于老百姓来说似乎十分遥远和陌生，然而对于它的开发和利用又是大大有益于人类。太赫兹是一种“看不见”的远红外光，也有人称它为微微波。它是一种电磁波，是人们最不熟悉的波段，也是最后一段被人类开发的电磁波。

“太”已给雷达、电子对抗、电磁武器、天文学、医学成像（无标记的基因检查、细胞水平的成像）、无损检测、安全检查（生化物的检查）等领域带来了深远的影响。太赫兹波的“能量”很小，因此不会对物质产生破坏作用，与X射线相比更具有优势。太赫兹在粮食选种、优良菌种的选择等农业和食品加工行业有着良好的应用前景。太赫兹波的应用仍然在不断的研究发展中，其科学前景为世界所公认。我们国家的太赫兹研究近些年得到各方的重视，发展得非常快。

作者申请终身职位期间负子加班

八千里路云和月

2006 年，这是我赴美多年第一次回国，心里满怀的是对母校天津大学的感恩之心，感谢母校不但随时为我敞开的怀抱，让我感到游子归兮的温暖；而且学校和精仪学院对太赫兹研究非常重视，使我在事业上尽展所能。在市科委和天津大学领导的支持下，很快成立了天津大学太赫兹研究中心，由我担任中心主任。2010 年，随着一批杰出青年留学人才学成归国，中心组建了太赫兹光子学团队。和美国不同的是，这里团队式的工作方式有利于大项目的申请和实施，让团队成员之间有更多的学术交流和发展空间。

很多人关心太赫兹技术将会给原来的生活带来怎样的不同。从研究角度看，太赫兹的出现是对光波研究的补充。从生活的角度看，太赫兹研究是一场技术革命。归纳起来，太赫兹可以应用在三个重要领域——第一是探测，太赫兹波可以穿透许多不透明的物体，比如信封、包裹，利用太赫兹波可以探测其中可能隐藏的危险品，并鉴别危险品、毒品的类别，可用于人体无害安检；第二是医疗，太赫兹技术可以应用于癌变组织的临床诊断；第三是可以取代微波，用于高速、宽带通信。中国目前在太赫兹的研究上发展很快，并且在有些方面世界处于前列，如太赫兹光子学等前沿基础领域。

天津大学太赫兹研究中心目前主要从事前沿基础和部分应用研究，包括太赫兹亚波长光子学、太赫兹时域光谱、太赫兹近场显微、太赫兹系统和生物医学应用。中心先后承担了国家“973 计划”、科技部重大科学仪器专项、国家自然科学基金、教育部创新团队、天津市创新团队等二十余项研究课题。近年来，中心在太赫兹人工电磁媒质、表面波和三维隐身等研究中取得了一系列国际原创性的研究成果，在国际学术期刊，包括顶尖级刊物，如 *Nature Communications*、*Science Advances*、*Physical Review Letters*、*Advanced Materials*、*Optica* 等发表学术论文百余篇。中心青年教师近几年有三位获得国家自然科学基金优秀青年项目资助，一位教师入选教育部“长江学者奖励计划青年学者”，两人获得天津市青年科技奖，一人获得天津市杰出青年基金资助，一人入选天津市青年拔尖人才，一人入选中国科协青年托举人才。中心近年来先后荣获天津市教育系统“教工先锋号”先进集体、中国侨界(创新团队)贡献奖。我本人也入选教育部“长江学者奖励计划”特聘教授等人才计划。由于在太赫兹亚波长光子学领域的学术贡献，我当选了 2015 年度美国光学学会会士(OSA Fellow)。

国强我亦强

经过多年的海外生活，回国后既看到了中国这几年的飞跃发展，如经济的繁荣，人民生活大幅改善，城镇建设显著改观，高楼大厦栉比林立；同时也看到了中外在社会、文化、观念方面的差异，譬如中小学教育体系、培养理念和侧重点的差别，就医环境和医患关系的不同，事务机关办事程序和效率的差异等。比如美国医学水平、就医环境堪称国际一流，但是保险费用、医疗费用昂贵，对平民百姓和雇主来讲都是一个非常大的负担。美国是个青壮年人的战场，老年人的社会保障体系并不尽如人意，而且贫富差别很大。又比如教授与办公室秘书的待遇就很悬殊：教授一般衣食无忧，而秘书除了白天的正常工作，不少人晚上还要另外打工来保障基本生活开销。由于社会体制、文化传统、家庭观念的差异，许多美国老人的境遇远不如中国的老人。

2014 年 9 月 12 日，中国侨联第五届新侨创新成果交流表彰会在京举行。我们赫兹光子学团队荣获中国侨界（创新团队）贡献奖。我作为天津获奖代表上台领奖，捧着沉甸甸的奖状，心中感慨万分。

在 2016 年，纪念中国人民抗日战争暨世界反法西斯战争胜利 70 周年大会上，我很荣幸地应邀出席在北京天安门广场隆重举行的现场观礼活动。从尖端的导弹、核弹和战机编队，可以看出科技发展对提高国力至关重要。作为科技人员感到非常自豪。通过现场观看阅兵仪式，

作者在天津大学太赫兹中心

感到特别兴奋和震撼。出席阅兵式的有许多国家的朋友，世界上越来越多的国家在支持我们的和平发展。作为回国人员，这时候感受最强烈的就是国家的强大。

2018 年，我荣幸地当选为天津市十四届政协委员。这些年来在国外有过不少经历、感受和见闻，对国外在社会、文化、教育、生活等诸多方面哪些值得我们学习、借鉴，哪些我们应该远离、摒弃，我都有着切身的理解，真切期望用自己的所学为祖国科技、为百姓生活做出更大的贡献。

我的半百旅程

张中标*

天地者，万物之逆旅；光阴者，百代之过客。怀旧过往是情感世界里中不可缺少的一种情愫，不忘过去，珍爱时光，会使人生更完整、更丰富，确证自我本身的价值。如今已是半百之人的我，遵从思想渊薮和科学巨擘的方向，开阔了视野，认识了天地，更坚定地走向未来。

张中标近照

从黑河到海河的人生初旅

1968年12月，我生于祖国最北省份黑龙江，在那里度过童年和少年时代。1986年9月，我以县城第一名的成绩考入了南开大学化学系。带着父母的期待、自己对大学生活的强烈向往迈进了校园。那时的南开校园面积不大，向

* 张中标，1968年出生，天津师范大学水环境与水资源重点实验室教授、博士生导师。

西到经济学院的圆楼基本就到边界了，再向西就是校化工厂以及农场了。我们化学系一年级新生男生安排住宿在第十四学生宿舍，女生住第七学生宿舍，8个人一间，冬天很暖和，夏天就难受了，别说空调，电扇也没有，经常半夜起来到水房冲凉水澡。

就餐在学生第一食堂和第三食堂，每月副食补贴9元钱。在经历3年艰苦的高中生活后，首先感受到的是食堂的饭很香，品种很多。操场（田径场）是煤渣土石地面，篮球场、网球场是柏油的，充满裂纹，而排球场是纯土的，有风的时候尘土飞扬，还有一个小的露天游泳池。每天下课时，操场上人满为患，几乎每一个角落都有人在踢球，大家的运动热情极高，但如果摔一跤就可能受伤，至少是受点皮外伤，因为地面确实太粗糙了。洗澡只有一个公共浴池，永远都人山人海。平时上课分为大课、小课，教室在主楼、电教阶梯教室的居多，英语课在主楼5楼，没有载人电梯，上英语课要比上其他课早出发几分钟。很多同学都骑自行车去上课，车多半是学兄学姐的转赠或是二手市场购买的，车况多不敢恭维。组织郊游多是骑自行车的，照相很奢侈，胶卷多是日本的牌子，很贵，后来才有了乐凯胶卷，一下子便宜了很多。买衣服最时髦的要去滨江道，那里有令人眼花缭乱的个体店铺，算是中国个体经济的先行者吧。以上就是20世纪80年代中期天津大学生活的一个缩影。

我比其他同学有个优越条件，我的舅舅和姨妈家都在天津，每到周末，就到他们家用双缸洗衣机洗衣服，顺便改善一下生活，所以很少自己在宿舍的水房里搓衣服。舅舅和姨妈家住在老城区极其狭窄拥挤的胡同里，有自来水通到了每户，但仍用公共厕所。

1988年9月，在大力发展经济的大环境下，我选择了进修第二学位，南开大学管理系经济管理专业，1990年7月顺利获得了理学及经济学双学士学位。大学4年转瞬即逝，同学们各奔他乡，好在那时大学毕业生还算稀缺，工作不成问题。大部分同学进入国企，因为少数同学进入合资企业，剩下的同学读研究生。由于我们这一届采用半推荐半考试的方式决定，我的平时成绩尚可，考试没怎么准备便被录取了，进入了南开大学元素有机化学研究所，从事有机磷、有机锗化学方面的研究。实验室是木制的通风橱，上面的玻璃门滑动不是很灵活，还时常伴有吱吱的声响，通风效果也不太好。全所有两台核磁共振仪，一台 60 兆，一台 90 兆，化学系的所有师生也要在这测试，后来买了 200 兆的，都由专人负责测试，大家排队等待。冬天虽有暖气，但开起来排风设备，把屋子里的热气全都抽走了，所以很多同学的手会裂开口子，非常难受。夏天当然没有空调，有些低沸点的溶剂打开瓶盖时会发出嘭的声响，人更是汗流浃背，但科研照做，没有人觉得不妥或抱怨。研究所有自己的资料室，但资料不全，有时要到化学系的资料室去看，那时没有任何电子版的资料，全部是纸质的，大厚本，搬起来像搬砖一样，整篇的资料可以复印，但很多是没有原始文献的，只能手抄摘要，有专门的卡片正好适合抄写摘要，毕业时每人都有一大摞。宿舍比本科生有所改善，由原来的 8 人间变成 4 人间了，新建了化学楼、图书馆和体育馆，体育馆很小，而且不是随便对外开放的。出国的气氛越来越浓，有的同学大学毕业后便准备考托福、GRE，有的同学边读研究生边准备出国读书，我则在研究生二年级时被推荐提前攻读博士学位，又加上自己无法忍受苦读托福、GRE 之苦，就顺其自然地把出国计划放在博士毕业之后了。

博士研究生的科研工作非常艰苦，继续有关有机磷、锗方面的合成化学研究，选题虽然具有一定的新颖性，但也是在国外已有成果上的改进，还到不了原创的程度。测试大部分可以在本校完成，包括核磁共振、元素分析、质谱、气相色谱、液相色谱、单晶衍射等。其间在北京听过一次白春礼院士对电镜技术的介绍，那时中国刚刚开始引进这类仪器，可以从分子和原子水平观察物质结构，感觉非常震撼。有机合成的实验仪器诸如电动搅拌、电磁搅拌、真空泵、天平、烘箱、薄膜旋转蒸发仪、紫外灯等都是国产的，虽然噪音普遍较大或看上去笨重，但也都能满足要求。值得一提的是研究所自己配有玻璃工，可根据需要加工特殊的玻璃仪器,非常方便和实惠。毕业论文的打印是个大工程,要委托专门的人员操作,尤其是化学结构式、反应式的绘制,异常烦琐,计算机当然是386之类,软件是WPS,还没有Windows和Microsoft Office。今非昔比,回顾起我们当初的求学条件和求知欲望真是成反比,越是困苦,越是钻研。正如钱穆先生对学生的期许:“艰险我奋进,困乏我多情。千斤担子两肩挑,趁青春,结队向前行。”在南开大学的近十年苦读后,1995年6月我顺利通过答辩,获得有机化学专业理学博士学位。

博士毕业后我留在研究所工作,继续在导师的课题组从事有机磷化学研究,并协助指导研究生的论文工作。这段求知时期,最得益于导师陈茹玉先生。先生夫妇俱是留美博士,享受极高的物质待遇。但是新中国成立后,他们冲破美国政府的重重阻挠,回到祖国参加建设。陈茹玉先生领导了有机磷农药的研制,为我国的农业发展做出了巨大贡献,而何炳林先生领导了离子交换树脂用于浓缩铀的研究,为我国的两弹事业做出不可磨灭的贡献。二位先生工作十分勤奋,生活却非常简朴。在家里,二位先生分享一张圆桌作为办公桌,多少年如一日。这种潜移默化的影响,丰富了我的精神生活。

从国内到国外的深造羁旅

我硕士研究生的同学很多出国继续攻读博士学位,我博士研究生的同学都在全力联系出国做博士后研究。在那个时候,学习化学专业的人出国深造成了必须经历的过程,出国的成功率非常高,尤其有机化学合成专业,原因可能是发达国家的化学研究机构体量非常大,需要更多的外国人加入;另一个可能的原因是化学工作,特别是有机化学的科研,非常辛苦。大部分人去了美国,其次是日本、加拿大、欧洲和澳洲,去以色列、新加坡和南非的也有,但非常少。毕业后我也开始联系出国,但并不太迫切。两年以后,也就是1997年12月,我到香港科技大学参加

1998 年，作者在日本电气通信大学时留影

世界华人化学家大会，有生以来第一次来到了刚刚回到祖国怀抱的香港。短短的几天时间，就被其繁华商业以及各大学优良的学习和科研环境所震撼。

转眼留校工作已经 3 年，这期间，大部分博士同学都已经出国了，我也收到了日本电气通信大学化学系的邀请。办理完一切出国手续，带着两个最大号的箱子，里面装着一切可能用得着的东西，我飞向日本。教授带着他的中国学生到东京成田机场接我，开始我认为他们是开车来的，但一会儿就明白了是要坐电车的，这就苦了我了，提着两个大箱子在中转换乘时上下楼梯，相信是有电梯的，但不会是常用的，因此很难找到，索性不找了。几个小时的奔波之后，终于到了住处。

来之前并不知道住的地方是由学校提供的，也不知道职位属于文部教官，住的地方叫公务员宿舍，三室一厅一卫，每月 6000 日元。教授的中国学生很惊讶，她也是第一次知道日本的国立大学还有这样的待遇，很多学校的教师都住在这里，房子都一样。日本 8 月的天气潮湿炎热，但首次感受到了实验室有空调的舒适。教授的课题组不大，七八个人的样子，除了教授、学生、我，还有一名副教授。我的研究课题是有关 sigma-pai 共轭体系的反应性能研究，实验室的各种合成、测试条件很好，文献查阅完全上网解决，这一巨大的便利也让我感触很深。日本的学生非常勤奋，动手能力强，各种仪器设备操作熟练，做事极其注重细节，有时到了“死板”的程度。他们的英文水平普遍不好，尤其是对话交流，往往在这种时刻，他们就显得很腼腆、很害羞甚至很惭愧的感觉。学生们每人都有自己喜欢的运动，参加相应的俱乐部，记得一个学生玩英式橄榄球，经常鼻青脸肿地就来实验室工作了。

我很快加入了学校的一个篮球俱乐部，一般在晚上活动，这是我第一次在体育馆内的木地板场地打球，不再担心摔跤后会受伤，感觉很好，球技似乎也有了提高。虽然是一个水平不高的俱乐部，但管理很好，训练很正规，要依次完成一系列的准备活动、基本动作练习后才会分组比赛。俱乐部的“社长”是一名在校的大学生，但是已经第七年了，还尚未完成学业，基本靠打工生活，这些都是我在国内闻所未闻的。日本人对中国料理无上崇拜，每年学校都会举办中国料理祭，就是展销会的意思，学校里搭起各种棚子，有学生自己烹饪各色中国美食并出售，周围的居民也会来参加，非常热闹。日本的学术会议非常频繁，全国各地都有，基本上乘电车往来。参会者全部西装革履，认真严肃，也没有任何参观安排。初到日本感觉市容非常混乱，没有太多又宽又直的马路，房子建得到处都是，杂乱无章，电线更是星罗棋布，但时间长了才感受到了其便利性。电车四通八达，时间精确，电车站和公交站无缝对接，再延伸到各处，时间同样精确。电车上经常异常拥挤，但寂静无声、一尘不染。公共场合听不到大声喧哗或广告音乐，也看不见走路吸烟的人。市图书馆对市民及居住在此的外国人都免费开放，不仅可以借阅图书，还可以免费观看电影，同时有很多日语教师志愿者，免费为外国人教授日语。午饭在学校的食堂解决，品种不多，多为套餐，都标有热量值。晚饭自己烹饪，超市的食材非常贵，量很小。

转眼在电气通信大学的职位到期，经教授介绍，我加入了日本电话电报公司（NTT）基础科学研究所（BSL），参加日本科学事业振兴团资助战略的创造研究推进事业项目，任外国人研究员，项目资金 5 亿日元，当时感觉是天文数字。NTT 当时是日本最大的公司,下设多个研究所,而我所在的基础科学研究所的很多研究方向偏向基础,和公司的业务没有什么联系,从中可以看出日本社会对基础科学研究的重视。BSL 位于青山绿水之处,在神奈川县的厚木市,环境和日本的大部分城市地区不同,人口密度相对较小,多个研究所和大学位于此地。同样住在公司提供的宿舍中,上班路上经过很多片稻田,但每块的面积都很小,农民采用很小的机械耕种,可以看出日本对耕地的保护程度,新建的房屋也多建在山脚下不能耕种的地方。BSL 科研条件世界一流,吸引了国外,包括欧美国家的几十位科学家到此工作,官方语言也变成了英语。

2000 年,在日本友人家中(右一为作者)

我的研究工作为手性共轭高分子的合成及性质研究。BSL 有一个不成文的规定,这的研究员四十岁左右要离开,一般是到大学去做教授,因此每人都很拼命,要在离开之前取得较好的成果,才能谋得一个较好的大学职位。从这里我也首次感受到了发达国家竞争的残酷性。我在此工作 2 年,共发表了 7 篇学术论文。平常很多日本同事喜欢找我聊天,原因除了我比较容易相处、工作中乐于助人之外,还有就是和我练习英语。日本人好学,不如人之处就非常虚心地学习,并且带着崇拜之心,而且他们只佩服比他们强的人,这是日本文化的重要的一部分。在

NTT-BSL 工作期间还有两大收获，其一是修好了我的牙，其二是我有了女儿，同时从中感受到了日本医疗保障的全面和高效。我和我的爱人 1996 年成家，然后同一天一起到日本，这和其他的夫妻出国的方式不太一样，大部分中国人出国先是有工作的一方出去，安顿好后再接对方过去。和老外同事聊起这个情况，他们往往表示不太理解，夫妻如何可以分离那么久的时间，我的解释是文化的差异吧。孩子一直待在我们身边，坚持一家人始终在一起，没有送回国交给老人，也没有把老人接出去帮我们带，虽然很辛苦，但家庭的观念优先于一切。

从亚洲到美洲的转战征旅

2001 年 7 月，我接受加拿大多伦多大学化学系的职位，第一次到了北美国家。多大位于市中心中国城的旁边，是加拿大最好的大学之一。由于离中国城很近，每天中午都到那吃饭。饭菜不算太香，但比西式快餐要可口很多。唯一的缺点就是，中国城内的部分地区太脏了，想象不到在发达国家竟然有这么脏的地方。加拿大地广人稀、环境优美，官方语言为英语和法语，但两种文化经常会有冲突，很多在魁北克的人由于受不了当地两种文化的交恶而移居多伦多。课题组有几十人，科研条件较日本的 NTT-BSL 相去甚远，很多学生由于实验室拥挤，或者个人作息习惯而选择在夜间工作。

在加拿大做短暂停留后，受之前联系的美国教授邀请，2001 年 11 月我转赴位于洛杉矶的南加州大学，来到了外国人最多的美国。实验室条件比较简陋，教授很少过问研究工作。很多在洛杉矶工作的中国人住在离市区 20 千米的卫星城，那里生活方便，各种中国商品一应俱全。洛杉矶的堵车情况非常严重，虽然政府设置了多人乘坐车辆专用车道，但效果不大，20 千米的路程基本需要一个小时左右。校内的停车位置很少，当然诺贝尔化学奖得主欧拉教授还是在他办公室很近的位置拥有一个停车位，据说这也是他唯一能够享有的特权了。大部分车停在校外较远的地方，步行十分钟左右。学校建议，每天傍晚以后，需要去停车场的师生可以打电话给学校的巡警，免费开车把师生送到停车处，因为自己走过去太危险，经常有抢劫！我为此感到非常震惊，科技和生活水平如此之高的美国竟然有这样的事情存在！

但震惊并没有终止，还有更大的在后面。2005 年我来到弗吉尼亚理工大学，这是一所高分子科学非常强大的学校，教授是美国工程院院士，科研项目涉及能源和水资源领域的原创工作，非常令人振奋。然而 2007 年 4 月 16 日 7 点 15 分(北京时间 19 点 15 分)，美国弗吉尼亚理工大学发生恶性校园枪击案，枪击造成 33 人死亡，枪手本人开枪自尽，这是美国历史上死亡人数最多的校园枪击案，也是死亡人数第二多的枪击事件。那天早上我还在家里就接到学校发的邮件告诉所有人不要去学校，事发地点与我所在的化学实验楼仅隔一幢楼。很多的例子使我深刻理解了美国并不是天堂，更不是我们中国人的天堂。人的一生匆匆，不仅需要物质生活的舒适，更加需要精神生活的充实、认同感，这些在异国他乡很难实现。国家的强盛使得海外游子更加底气十足，这一点越在国外待久了感受越明显。那么国家靠谁来建设呢？每一个中国人都

2006 年，在美国弗吉尼亚理工大学

有责任，而且我觉得如果在国家快速发展、走向强盛的阶段参与进来，是一件非常荣幸之事。在美国生小孩的时候，家里的老人通过视频观看刚刚出生的婴儿，他们热泪盈眶，那一刻我永远无法忘怀。团圆、家族、家风是我们中国人世代繁衍、生生不息的重要基石。无限的家国情怀无时无刻不在我的胸中荡漾。2007 年 10 月 6 日，在国外工作生活了九年零两个月之后我毅然回国了。回国之前，办公室的美国人秘书问我为什么回去，此刻的我似乎久蓄的思乡之情犹如井喷，顿时有种流泪的冲动，我很简单地回答说："我想回家。"

从离家到回家的生涯归旅

苏轼的《临江仙》里有一句"人生如逆旅，我亦是行人"。对于过去进行复读和诠释，庭训、童趣、青春、工作……这些最难忘的往事行色匆匆，掠过现在，弛向未来——

2007 年 10 月 12 日，我到天津师范大学报到，任天津市水资源与水环境重点实验室教授，从事水处理领域的膜材料研究。这时的天津已经完全变了样，老城区进行了彻底改造，原来我姨妈和舅舅的住处早已拆迁，我的父母也早就回到天津，住进了商品房。街道宽阔、绿化面积大大增加，新的住宅小区大量出现。实验办公条件已经不是出国前的样子了，科研经费有了大幅提高，越来越多的科研成果跻身世界前沿。居民出国旅行签证也变得越来越容易。

回国后的这 10 年，感觉中国更像是搭乘了火箭一样在发展。政府高瞻远瞩，带领人民砥砺前行，为实现中国梦而奋斗。高速公路、高速火车、探月计划、北斗系统、量子通讯、超级水稻、天眼、超级计算机、华为科技等享誉世界。"一带一路"、合作共赢的蓝图赢得了世界的尊重。作为一个中国人的自豪感在回国以后的这段时间里得到了极大的提升。日本的精细、团结，美国人的创新，都是优秀的品质，而经过长时间的海

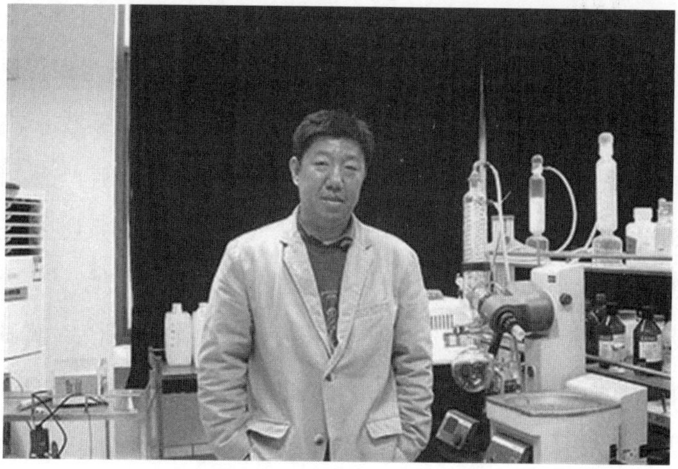

2013 年，作者在实验室

外生活，不断总结与思考，我得出的结论是：外国人能办到的，我们一样可以办到，也可以办得更好！在道路自信、理论自信、制度自信、文化自信的基础上走出属于中国人自己的发展道路。

由于先后在日本、加拿大、美国学习、工作，长期从事与清洁能源和可再生资源相关的材料研究，我在有机高分子膜材料领域积累了丰厚的研究开发经验，回到国内便感觉大有可为。通过创新研发出可以产业化、为生活带来变化的高分子膜材料是我多年追求的目标。于是 2008 年，我们的天津砚津科技有限公司在滨海高新区成立了。

我们的研发团队在学校，我又负责实验室的日常运行，所以我们实验室研发的可行性、针对性很高，和公司的生产、销售实现了无缝对接。这样的模式让公司迅速成长，目前共获得了 22 项国家发明专利。公司的主要产品分为 3 大类、100 余个品种，应用在海水淡化反渗透膜基膜材料、污水处理中空纤维超滤膜材料以及燃料电池质子交换膜材料等领域，产品销往韩国、德国、美国、日本等国家。

国内高端聚砜树脂一直以来全部依赖进口，随着砚津科技 30 吨中试生产基地开车运行，这个现状被一举被打破了。而且其生产的更尖端的磺化聚砜类树脂实现了世界上首次批量生产。公司从事的亲水性、亲脂性可控的新型有机高分子材料领域的前景非常广阔。研发无止境，公司继续开发市场，在膜级高分子方面，为下游的血液透析应用提供原料；而在注塑级高分子方面，会向汽车塑化、电子元器件塑化领域进军。目前新的生产基地已经建成，实现了聚砜磺化聚砜年产3000吨产能。创业是艰苦的，产业化是极其复杂和困难的，团队成员克服了一系列在发达国家无法想象的艰难险阻。产业化基地，往往都是一片不毛之地，远离市区，开始阶段冬天没有暖气，夏天炎热难挨，研发经费短缺，专业人才稀缺，关键设备自己研发等，但这些也无法阻挡我们的创业热情，所有人日夜兼程、不计回报，始终保持平心静气的状态，在试车成功的一刻，这一切都已化成每个人脸上幸福的微笑。

我们是拿产品、技术和服务说话，公司的销售工作也都是由博士来做。滨海高新区许多科技型企业都是不急于求成，对公司的规划更长远，先将技术和品质做到位。

公司成立之初，就获得了滨海高新区免租金、免实验室办公室经费和工商注册等方面的支持，还先后成为滨海新区科技小巨人、高新技术企业，得到了大量的资金扶持，我本人也是第一批滨海高新区的海外高层次人才。这些鼎力支持，让企业可以用实力更雄厚的研发队伍以及较大比例的研发投入，确保长期稳定发展的活力。

我的研究工作一直秉承产业化宗旨，坚持科技发展服务于人类生活思想，经过近十年的努力，目前已经实现了高性能高分子材料的几个品种的产业化，有的品种实现了替代进口，有的在世界范围内首次实现了产业化。更多的品种将逐步上市，为我国在高端材料的国力建设贡献一点力量。回家的感觉真好！在祖国的土地上有亲情凝聚、友情交织、文化蕴藏，使我乐在其中，充分享受，在祖国的土地上同样有创新温床、拼搏疆场、荣誉殿堂，使我尽情驰骋，永远都在的是身后无穷的支持力量。

我回来了，因为一直就没想留居异国他乡；再也不会走了，因为这儿是我的国，这儿是我的家。

后 记

本书共收录35篇文章40位归侨侨眷和留学归国人员经历改革开放的故事，按照姓氏拼音排序，其中33篇为作者个人撰写的亲历回忆。全书充分尊重政协文史资料的“三亲”特色，从征编工作启动到定稿，市政协文史委和市侨联的有关领导与征编工作人员，多次沟通研究，对文稿提出修改意见，得到作者的积极回应。

在书稿即将付梓之际，我们谨向对本书征集、编辑、出版工作给予大力支持的各界同人表示诚挚的感谢。特别感谢滨海新区、和平区、河东区、河西区、河北区、南开区、红桥区、宝坻区区委统战部、区侨联和南开大学、天津大学、天津医科大学、天津师范大学、天津科技大学统战部、侨联对本书征编工作的高度重视和大力支持！感谢各位作者在百忙之中对文稿的精益求精！

在大家的共同努力下，全书终将付梓。由于时间仓促，编者水平所限，书中难免还有疏漏与不当，敬请见谅和批评指正！

编 者

2018年12月